VERÖFFENTLICHUNGEN DES
HWWA-INSTITUT FÜR WIRTSCHAFTSFORSCHUNG-HAMBURG

Auslandsverschuldung und die Rolle von IWF, BIZ und Pariser Club

Inhalt und Grenzen der Verpflichtungen des internationalen Währungsfonds sowie der Bank für Internationalen Zahlungsausgleich und der Teilnehmer des Pariser Clubs

Kay-Michael Schanz

1988

VERLAG WELTARCHIV GMBH · HAMBURG

CIP-Titelaufnahme der Deutschen Bibliothek

Schanz, Kay-Michael:
Auslandsverschuldung und die Rolle von IWF, BIZ und Pariser Club: Inh. u. Grenzen d. Verpflichtungen d. internat. Währungsfonds sowie d. Bank für Internat. Zahlungsausgleich u. d. Teilnehmer d. Pariser Clubs/ Kay-Michael Schanz. – Hamburg: Verl. Weltarchiv, 1988
(Veröffentlichungen des HWWA-Institut für Wirtschaftsforschung, Hamburg)
Zugl.: Frankfurt, Univ., Diss.
ISBN 3-87895-344-5

ISBN 3-87895-344-5

V O R W O R T

Die vorliegende Studie von Kay-Michael Schanz ist eine willkommene Ergänzung der umfangreichen Arbeiten, die das HWWA-Institut für Wirtschaftsforschung-Hamburg über die Frage der Verschuldungsfähigkeit der Entwicklungsländer erstellt hat. Die Ereignisse an den internationalen Finanzmärkten seit dem 19.Oktober 1987 haben die Probleme der Auslandsverschuldung der Staaten der Dritten Welt zwar etwas in den Hintergrund gedrängt, doch belegt schon allein die steigende Zahl von Ländern mit Zahlungsrückständen ihre unverändert hohe Aktualität.

In den dadurch ausgelösten Umschuldungsverhandlungen spielen der Internationale Währungsfonds (IWF), der sogenannte Pariser Club und die Bank für Internationalen Zahlungsausgleich (BIZ) eine zentrale Rolle. Häufig vernachlässigt oder übergangen werden in der Diskussion die rechtlichen Aspekte der Beteiligung des IWF, des Pariser Clubs und der BIZ an der Bewältigung der Verschuldungsprobleme, insbesondere die Frage, inwieweit diese Institutionen zur Unterstützung von Schuldnern und Gläubigern rechtlich verpflichtet sind.

Diesen Problemkreis behandelt die Studie von Kay-Michael Schanz, die als Dissertation am Juridicum der Johann-Wolfgang-Goethe-Universität, Frankfurt, entstanden ist. Eng verbunden, insbesondere mit der Verfahrensweise des Pariser Clubs, ist die Frage nach einem internationalen Umschuldungsrecht. Verschiedene Ansätze werden vom Verfasser zu einem internationalen Vergleichsverfahren ausgebaut, das die Hoffnung begründet, daß die Umschuldungsprozesse beschleunigt werden könnten.

Otto G. Mayer

I N H A L T S V E R Z E I C H N I S

ABKÜRZUNGSVERZEICHNIS

a.A.	anderer Ansicht
a.a.O.	am angegebenen Ort
AaP	Auszüge aus Presseartikeln
Abs.	Absatz Abschnitt
aff'd	affirmed
AJIL	American Journal of International Law
al.	alia
App.	Appendix
AR	Annual Report
Art.	Artikel
AULR	American University Law Review
AV	Archiv des Völkerrechts
Auwi	Aussenwirtschaft
AWD	Außenwirtschaftsdienst des Betriebsberaters
BaöRV	Beiträge zum ausländischen öffentlichen Recht und Völkerrecht
BdiP	Blätter für deutsche und internationale Politik
BEQB	Bank of England Quarterly Bulletin
BERI	Business Environment Risk Information
BGBl.	Bundesgesetzblatt
BGH	Bundesgerichtshof
BGHZ	Entscheidungssammlung des Bundesgerichtshofs
BIZ	Bank für Internationalen Zahlungsausgleich
Bl.	Booklet
BVerfG	Bundesverfassungsgericht
BVerfGE	Entscheidungssammlung des Bundesverfassungsgerichts
BYIL	British Year Book of International Law
BZ	Börsenzeitung
bzw.	beziehungsweise

cert.	certiorari
Chap.	Chapter
CILJ	Cornell International Law Journal
Cir.	Circuit
CJTL	Columbia Journal of Transnational Law
CJWB	Columbia Journal of World Business
Co.	Company
CoLR	Connecticut Law Review
COMECON	Council for Mutual Economic Aid
Cong.	Congress
Cor.	Corporation
CrLR	Creighton Law Review
DA	Deutsche Außenpolitik
DBBk	Deutsche Bundesbank
ders.	derselbe
d.h.	das heißt
dies.	dieselbe
Doc.	Documents
EA	Europa-Archiv
ECU	European Currency Unit
e.g.	exempli gratia
ERFR	Economic Review, Federal Reserve Bank of Richmond
etc.	et cetera
Eumo	Euromoney
f	folgend
F. 2d	Federal Reporter, Second Series
FA	Foreign Affairs
FAZ	Frankfurter Allgemeine Zeitung
F&E	Finanzierung & Entwicklung
ff	fortfolgend
Fn.	Fußnote
FRB	Federal Reserve Bulletin
F.Supp.	Federal Supplement

GATT	General Agreement on Tariffs and Trade
GB	Geschäftsbericht
GG	Grundgesetz
HB	Handelsblatt
HILJ	Harvard International Law Journal
HLR	Harvard Law Review
h.M.	herrschende Meinung
Hrsg.	Herausgeber
IA	International Affairs
IADB	Inter-American Development Bank
IBL	International Business Lawyer
ICJ	International Court of Justice
ICLQ	International and Comparative Law Quarterly
ICR	International Currency Review
IDA	International Development Association
IFC	International Finance Corporation
IFLR	International Financial Law Review
IGH	Internationaler Gerichtshof
II	Institutional Investor
IL	International Lawyer
ILA	International Law Association
ILM	International Legal Materials
IMF	International Monetary Fund
Inc.	Incorporated
IO	International Organization
ITLJ	International Trade Law Journal
i.V.m.	in Verbindung mit
IWF	Internationaler Währungsfonds
JB	Jahresbericht
JBF	Journal of Banking and Finance
JBL	Journal of Business Law
JCBCML	Journal of Comparative Business and Capital Market Law
JDI	Journal du droit international
JEA	Journal of Economic Affairs

JILE	Journal of International Law and Economics
JWTL	Journal of World Trade Law
JZ	Juristenzeitung
KJ	Kritische Justiz
KO	Konkursordnung
KTS	Konkurs-, Treuhand- und Schiedsgerichtswesen
KWG	Gesetz über das Kreditwesen
LBR	Lloyds Bank Review
LCP	Law and Contemporary Problems
LDC	Less Developed Country
LLDC	Least Developed Country
LPIB	Law and Policy in International Business
Ltd.	Limited
MB	Monatsbericht
MDR	Monatsschrift für Deutsches Recht
m.E.	meines Erachtens
m.w.N.	mit weiteren Nachweisen
N.D.Tex.	United States District Court for the Northern District of Texas
N.E.	North Eastern Reporter
NEER	New England Economic Review
No.	Number
nom.	sub nom. (unter der Bezeichnung)
Nr.	Nummer
NYIL	Netherlands Yearbook of International Law
N.Y. 2d	New York Court of Appeals Reports, Second Series
N.Y.S.	New York State Reporter
NYT	New York Times
NYULR	New York University Law Review
NZZ	Neue Zürcher Zeitung

ÖBA	Österreichisches Bankarchiv
OECD	Organization for Economic Cooperation and Development
op.	opinion
OPEC	Organization of Petroleum Exporting Countries
p.a.	pro anno
PCIJ	Permanent Court of International Justice
PB	Platow Brief
Par.	Paragraph
Q.B.	Queen's Bench Law Reports
RabelsZ	Rabels Zeitschrift für ausländisches und internationales Privatrecht
RdC	Recueil des Cours
RCDIP	Revue critique de droit international privé
Rdnr.	Randnummer
rev'd	reversed
RGBl.	Reichsgesetzblatt
RGDIP	Revue géńeral de droit international public
RGZ	Entscheidungssammlung des Reichsgerichts in Zivilsachen
RIW	Recht der Internationalen Wirtschaft
S.	Seite
S.A.	Sociedad Anonima
Sec.	Section
Sess.	Session
S.D.N.Y.	United States District Court for the Southern District of New York
Supp.	Supplement
SZR	Sonderziehungsrecht
u.a.	unter anderem und andere
UILR	University of Illinois Law Review
UN	United Nations
UNCTAD	United Nations Conference on Trade and Development

U.S.	United States Supreme Court Reports
U.S.C.	United States Code
u.U.	unter Umständen
v.	versus
VerglO	Vergleichsordnung
vgl.	vergleiche
VJIL	Virginia Journal of International Law
VJTL	Vanderbilt Journal of Transnational Law
VLR	Vanderbilt Law Review
Vol.	Volume
VRÜ	Verfassung und Recht in Übersee
vs.	versus
VwVfG	Verwaltungsverfahrensgesetz
WD	World Development
Wiwo	Wirtschaftswoche
W.L.R.	Washington Law Reporter
WM	Wertpapiermitteilungen
WP	Wertpapier
WSJ	Wall Street Journal
WuR	Wirtschaft und Recht
YLJ	Yale Law Journal
ZfdgK	Zeitschrift für das gesamte Kreditwesen
ZaöRV	Zeitschrift für ausländisches öffentliches Recht und Völkerrecht
z.B.	zum Beispiel
ZHR	Zeitschrift für das gesamte Handelsrecht und Wirtschaftsrecht
Ziff.	Ziffer
ZIP	Zeitschrift für Wirtschaftsrecht und Insolvenzpraxis
ZPO	Zivilprozeßordnung
z.T.	zum Teil

I. EINLEITUNG

Obwohl temporäre Illiquidität souveräner Schuldner und Umschuldungsverhandlungen zwischen diesen und ihren privaten und/oder offiziellen Gläubigern kein Novum darstellen [1], wird der Auslandsverschuldung von Staaten in den letzten Jahren immer größere Beachtung geschenkt. Ausgelöst wurde dieser Trend am Anfang dieses Jahrzehnts, als Finanzschwierigkeiten einer Vielzahl von Staaten in Lateinamerika, Afrika sowie Osteuropa verstärkt massive Strukturprobleme widerzuspiegeln begannen. [2] Die hieraus resultierende Erschütterung des Vertrauens in das reibungslose Funktionieren der internationalen Kreditmärkte wurde 1982 durch die Beeinträchtigung der Zahlungsfähigkeit Argentiniens und die - im wesentlichen durch eine massive Flucht mexikanischen Kapitals in die USA [3] ausgelöste - Schuldenkrise Mexikos [4] verstärkt. [5] In Form von Regionalisierungssyndromen hatten diese Vertrauenskrisen ihre un-

---

1) Vgl. z.B.
W. Wynne "State Insolvency and Foreign Bondholders", S. 1 ff;
P. Wood "Law and Practice of International Finance", S. 4 - 76.2 ff;
H. Bittermann "The Refunding of International Debt", S. 109 ff;
E. Löschner "Souveräne Risken und internationale Verschuldung", S. 44 ff

2) BIZ JB Nr. 53 (82/83), S. 141;
T. Hindle (Hrsg.) "A Nightmare of Debt", The Economist (Survey) Nr. 282 vom 20. März 1982, S. 19 ff;
A. Angelini "Financing Foreign Governments", in E. Roussakis (Hrsg.) "International Banking", S. 430 ff

3) Nach W. Philippengracht "Mexiko rutscht in eine neue Wirtschaftskrise", FAZ vom 18. November 1985, S. 14 wird die Höhe der aus Mexiko in den letzten 10 Jahren abgezogenen Gelder auf 40 Milliarden US Dollar geschätzt.
Vgl. auch "Vom Musterknaben zum neuen Krisenfall", NZZ vom 18. Februar 1986, S. 6;
R. Evans "Forcing Discreet Money into the Open", Eumo November 1986, S. 167

4) Vgl. hierzu D. Delamaide "Debt Shock", S. 1 ff

5) BIZ JB a.a.O., S. 141 f

mittelbaren Konsequenzen für andere Staaten. [1] Diese Ereignisse beleuchteten nicht nur die Probleme wirtschaftlicher, politischer und sozialer Art der verschuldeten Staaten, sondern zeigten auch die Gefahren auf, die für die kreditgebenden Banken, die Industrienationen und ihre gesamten Wirtschaftssysteme aus der immens hohen Verschuldung einiger Staaten erwachsen können [2]. Dabei besteht insbesondere das Risiko, daß im Falle der Unfähigkeit eines Großschuldners, einen Teil seiner Verbindlichkeiten zu erfüllen, die in internationale Kreditverträge regelmäßig aufgenommene Verbundklausel ("cross-default clause") aktiviert wird und so mit einem Schlag alle, d.h. auch die erst Jahre später fällig werdenden Verbindlichkeiten zur Zahlung fällig sind [3].

---

1) BIZ JB a.a.O., S. 142;
DBBk GB 1983, S. 84 f;
G. Johnson / R. Abrams "Aspects of the International Banking Safety Net", S. 13;
L. Gleske "Erfolgreiches Krisenmanagement", DBBk AaP Nr. 4 vom 10. Januar 1984, S. 1

2) Vgl. hierzu G. Johnson / R. Abrams a.a.O., S. 6 ff

3) Vgl. K. Clark / A. Taylor "Events of Default in Eurocurrency Loan Agreements", IFLR September 1982, S. 13;
M. Walker / L. Buchheit "Legal Issues in the Restructuring of Commercial Bank Loans to Sovereign Borrowers", in M. Gruson / R. Reisner (Hrsg.) "Sovereign Lending: Managing Legal Risk", S. 152 ff;
J. Hurlock "Advising Sovereign Clients on the Renegotiation of Their External Indebtedness", CJTL 23/1984, S. 40 f;
R. Ryan, "Defaults and Remedies Under International Bank Loan Agreements with Foreign Sovereign Borrowers - A New York Lawyer's Perspective", UILR 1982, S. 95 f.
Da eine Fälligstellung der Kredite eine Rückführung des verliehenen Kapitals aber nicht wahrscheinlicher macht, vermeiden es die Gläubiger verschuldeter Staaten durchweg, sich durch formelle Erklärung des default auf die cross-default clause zu berufen. Sie beschränken sich vielmehr darauf, diese Möglichkeit als Druckmittel in Umschuldungsverhandlungen einzusetzen.
Vgl. N. Horn "Rechtsfragen internationaler Umschuldungen", WM Teil IV 1984, S. 717;
ders. "Das Recht der internationalen Anleihen", S. 323 f;
L. Clarke / S. Farrar "Rights and Duties of Managing and Agent Banks in Syndicated Loans to Government Borrowers", UJLR 1982, S. 231 f;
B. Barnett / S. Galvis / G. Gouraige "On Third World Debt", HILJ 25/1984, S. 113;
C. Schmitthoff "Zurückhaltende Praxis bei formellen Verzugserklärungen", NZZ vom 23. November 1982, S. 19

Die dann notwendig werdenden Abschreibungen würden aber nicht nur die Gewinn- und Verlustrechnung oder gar die Solvenz der unmittelbar betroffenen Gläubiger beeinträchtigen, sondern würden sich infolge der gewachsenen Interdependenz von Banken durch einander eingeräumte Kreditlinien auf das ganze internationale Bankensystem auswirken und so zu einer Kettenreaktion führen [1], die unweigerlich auch andere Wirtschaftszweige erfassen würde. [2]

Eine Realisation der eben skizzierten Gefahren konnte bislang durch ad hoc stattfindende Umschuldungen bestehender Verbindlichkeiten, d.h. durch Umstrukturierung ihrer Fälligkeiten, oder durch Vergabe neuer Kredite zur Tilgung der fälligen Schuld [3] vermieden werden, wobei durchweg ein zweigleisiges Verfahren dergestalt eingeschlagen wird, daß über von Banken vergebene Kredite einerseits und staatliche oder staatlich verbürgte Forderungen andererseits getrennt verhandelt wird. [4] Bei diesen multilateralen Umschuldungsverhandlungen, deren Häufigkeit in den letzten Jahren ebenso dramatisch anstieg wie die Zahl der umschuldenden Staaten und die Höhe der betroffenen Forderungen [5], spielten

---

1) P. Cooke "Developments in Co-operation Among Banking Supervisory Authorities", BEQB 21/1981, S. 241.
In diesem Zusammenhang bedeutsam ist auch die zunehmende Verletzbarkeit des Bankensystems durch die Finanzinnovationen der letzten Jahre sowie die verstärkte Deregulierung der Finanzmärkte. Vgl. hierzu "G-10 Study Warns That Financial Innovations May Reduce Effectiveness of Monetary Policy", IMF Survey vom 2. Juni 1986, S. 173;
BIZ (Hrsg.) "Recent Innovations in International Banking", S. 189 ff

2) Vgl. auch BIZ JB Nr. 53 (82/83), S. 200

3) Vgl. statt vieler H. Bittermann "The Refunding of International Debt", S. 56 f

4) F. Zehetner "Ansätze zu einem völkerrechtlichen Umschuldungsrecht?", ÖBA 6/1984, S. 217 weist zu Recht darauf hin, daß diese Teilelemente des daher mehrphasigen, dezentralisierten Umschuldungsverfahrens trotz ihrer rechtlichen und organisatorischen Selbständigkeit in Anbetracht der jeweils gegenseitigen Orientierung eng ineinander verzahnt sind.

5) Vgl. hierzu R. Plan "External Debt Rescheduling", S. 1

der Internationale Währungsfonds (IWF), der aus Regierungsvertretern bestehende Pariser Club und die Bank für Internationalen Zahlungsausgleich (BIZ) zentrale Rollen, letztere freilich nur zeitweise, nämlich während des bisherigen Höhepunktes der Finanzkrise in den Jahren 1982 und 1983. Die Bedeutung der beiden erstgenannten Institutionen bei der Lösung der internationalen Schuldenkrise wird auch in Zukunft wachsen, da - trotz einiger positiver Aspekte wie Verbesserung des Fälligkeitsprofils der Auslandsverschuldung durch Umschuldungen, Nachlassen der Kapitalflucht aus Lateinamerika, Absinken von Dollarkursen und Zinsniveau sowie Verbesserung der Zahlungsbilanz einiger Staaten [1] - schon angesichts der weiter ansteigenden Außenverschuldung vieler Entwicklungsländer und einiger osteuropäischer Staaten, der anhaltenden Zahlungsbilanzungleichgewichte großer Industrienationen sowie fortbestehendem Preisdruck bei Rohöl [2] und auf anderen Rohstoffmärkten von einer Verschärfung der Situation an den internationalen Kreditmärkten gesprochen werden muß und die international tätigen Banken immer weniger zur Kreditvergabe an hochverschuldete Staaten mit nicht haltbarer Zahlungsbilanzlage bereit sind [3]. Die BIZ steht derzeit dagegen im Schatten von IWF und Pariser Club, da ihre Überbrückungsfinanzierungen gegenwärtig infolge erhöhter Sensi-

---

1) BIZ JB Nr. 54 (83/84), S. 124

2) Vgl. hierzu J. Eckhardt "Neue Gefahr für Energiekredite", HB vom 24./25. Januar 1986, S. 2;
"Vom Musterknaben zum neuen Krisenfall", NZZ vom 18. Februar 1986, S. 6.
Während der Verfall des Ölpreises eine erhebliche Belastung für Länder wie Mexiko oder Venezuela darstellt, führt er gleichzeitig zu einer Entlastung der Handelsbilanzen der Netto-Ölimporteure.
Vgl. "Glück für die Deutschen", Wiwo vom 14. Februar 1986, S. 17;
a.A. das BERI-Institut laut G. Czerwensky "Risk Management: Noch mehr einseitige Zahlungsmoratorien zu befürchten", PB vom 26. Februar 1986, S. 3

3) DBBk MB Januar 1987, S. 40;
BIZ JB a.a.O., S. 117;
J. Hurlock "Advising Sovereign Clients on the Renegotiation of Their External Indebtness", CJTL 23/1984, S. 45

bilität für sich abzeichnende Entwicklungen sowie Etablierung eines Prozederes für Umschuldungen weniger dringlich ist. Die Erfahrungen der Vergangenheit belegen aber die Unverzichtbarkeit von "Feuerwehraktionen" dieses Instituts bei potentiellen künftigen Eskalationen.

Diese Situation bietet gerade vor dem Hintergrund der Verschärfung, die aus dem Anfang 1987 von Brasilien einseitig für Zinszahlungen und Rückführungen kurzfristiger Banklinien verhängten Moratorium resultiert, Anlaß, nach einer zum Verständnis der Thematik erforderlichen kurzen Darstellung der Entstehung der Schuldenkrise die rechtlichen Aspekte der Beteiligung des IWF, der BIZ und des Pariser Clubs bei deren Bewältigung aufzuzeigen und hierbei zu untersuchen, inwieweit diese Institutionen zur Unterstützung von Schuldnern und Gläubigern rechtlich verpflichtet sind.

Dabei steht die Frage nach dem internationalen "Kapitalgeber in letzter Instanz" ("lender of last resort") im Mittelpunkt. Diese Fragestellung wird in den letzten Jahren auch im nationalen Kontext wieder verstärkt diskutiert [1], was u.a. durch die Zusammenbrüche der Franklin National Bank of New York, des Bankhauses I.D. Herstatt [2] sowie der Israel-British Bank im Jahre 1974 veranlaßt wurde. Beigetragen haben hierzu weiter der im wesentlichen durch unlautere Geschäftspraktiken verursachte Zusammenbruch der

---

1) Vgl. G. Johnson / R. Abrams "Aspects of the International Banking Safety Net", insbesondere S. 31 ff;
T. Humphrey "The Classical Concept of the Lender of Last Resort", ERFR 61 / (Januar/Februar 1975), S. 2 ff;
C. Kindleberger "Manias, Panics and Crashes", S. 161 ff;
M. de Kock "Central Banking", S. 94 ff;
A. Frankel "The Lender of Last Resort Facility in the Context of Multinational Banking", CJWB 10/1975, S. 120 ff;
J. Guttentag / R. Herring "The Lender of Last Resort Function in an International Context", S. 1 ff

2) Vgl. hierzu K. Nadelmann "Rehabilitating International Bankruptcy Law: Lessons Taught by Herstatt and Company", NYULR 52/1977, S. 4 ff

Banco Ambrosiano und ihrer 65-prozentigen Tochter Banco Ambrosiano Holding Luxemburg (1982) [1] sowie die Schwierigkeiten der Continental Illinois National Bank & Trust Co. [2] und einer Vielzahl anderer nordamerikanischer Geschäftsbanken und Sparkassen [3].

Die Rolle der Internationalen Bank für Wiederaufbau und Entwicklung (Weltbank) und ihrer beiden Töchter International Development Association und International Finance Corporation bei der Bewältigung der Schuldenkrise soll im folgenden aus Gründen einer notwendigen Eingrenzung des Themas nicht untersucht werden. Dies erscheint auch gerechtfertigt, da diese Organisationen bei der Finanzierung von Leistungsbilanzdefiziten und bei Umschuldungen nur eine beschränkte Rolle spielen.

---

1) Die Probleme der Luxemburger Tochter sind in diesem Zusammenhang von besonderer Bedeutung, da hier erstmals eine Patronatserklärung einer ausländischen Mutterbank für ihre Luxemburger Tochtergesellschaft ausgeblieben ist und auch die italienische Zentralbank nicht sofort eingegriffen hat. Dies erschütterte das Vertrauen in die Funktionsfähigkeit des Luxemburger Euromarktes, der auf der Zuversicht basiert, daß die Mutterbanken und notfalls Konsortien uneingeschränkt für Eurotöchter geradestehen. Vgl. "Die Vatikanbank will 250 Millionen Dollar zahlen", FAZ vom 3. März 1984. S. 12;
G. Johnson / R. Abrams a.a.O., S. 21 f;
E. Löschner "Souveräne Risken und internationale Verschuldung", S. 87

2) Vgl. "Quadratur des Kreises", Wiwo vom 22. Juni 1984, S. 72 ff

3) Vgl. hierzu C. Hasche-Preuße "US-Bankaktien mit Nachholbedarf", WP 1986, S. 240 ff;
"US-Banken. Das lange Sterben", Wiwo vom 10. Oktober 1986, S. 138 ff

Die Weltbank beteiligt sich zwar an Umschuldungsverhandlungen und hat auch bereits eigene Kredite restrukturiert [1], was auch in ihrer Satzung vorgesehen ist [2]. Diese ermächtigt die Bank auch in außergewöhnlichen Umständen zur Vergabe von nicht-projektgebundenen, langfristigen Anleihen für Stabilisierungszwecke. [3] Angesichts des engen Zusammenhangs zwischen Zahlungsbilanzschwierigkeiten und Entwicklungsprozeß [4] macht die Bank seit 1980 von dieser Ermächtigung durch Gewährung sogenannter Strukturanpassungsdarlehen Ge-

---

1) Vgl. z.B. Weltbank JB 1969, S. 27;
R. Gerster "Fallstricke der Verschuldung: der Internationale Währungsfonds und die Entwicklungsländer", S. 42;
H. Bittermann "The Refunding of International Debt", S. 79;
Dies wird zu Unrecht in DBBk "Internationale Organisationen und Abkommen im Bereich von Währung und Wirtschaft", S. 44 mit Hinweis auf das eigene Kreditstanding der Weltbank verneint. Auf einem anderen Blatt steht, daß Schuldnerländer im Regelfall Weltbankkredite ihrer eigenen Reputation willen und zur Offenhaltung dieser günstigen Kapitalquelle bedienen.
Vgl. N. Horn "Rechtsfragen internationaler Umschuldungen", WM Teil IV 1984, S. 716;
falsch insoweit auch E. Storck "Umschuldungen am Euromarkt", Die Bank 1983, S. 309.
In jüngster Zeit kommen aber immer mehr Staaten (z.B. Peru, Sambia, Sierra Leone) mit gleichzeitig wachsenden Beträgen gegenüber der Weltbank in Verzug.
Vgl. "Weitere Kreditausstände bei der Weltbank", NZZ vom 20. August 1987, S. 13

2) Art. IV Abs. 4 (c) des Abkommens über die Internationale Bank für Wiederaufbau und Entwicklung, BGBl. 1952 II S. 664 ff und 1965 II S. 1089 f (im folgenden zitiert: Weltbank-Abkommen);
H. Scott "The Enforceability of Loan Agreements Between the World Bank and Its Member Countries", AULR 13/1964, S. 193

3) Art. III Abs. 4 (vii) Weltbank-Abkommen;
J. Gold "Keynes on Legal Problems of International Organization", CoLR 14/1981, S. 19 ff;
M. Deppisch-Hubmann "Die Rolle des IWF in der Schuldenkrise II", ZfdgK 21/1986, S. 987

4) C. Hardy "Rescheduling Developing Country Debts", The Banker Juli 1981, S. 38

brauch [1], womit sie sich in den noch aufzuzeigenden Tätigkeitsbereich der IWF begibt.

Die Finanzierung von Zahlungsbilanzdefiziten und damit die Beteiligung an internationalen Umschuldungsaktionen zur - im Zentrum dieser Abhandlung stehenden - Bewältigung der internationalen Schuldenkrise bildet aber im Gegensatz zum IWF nicht die konstitutionelle Hauptaufgabe der Weltbank, selbst wenn der Baker-Plan nunmehr die verstärkte Vergabe von Strukturanpassungsdarlehen durch diese vorsieht und ihre Bedeutung daher auch in diesem Bereich wachsen wird. Die der Bank von ihrer Verfassung zugewiesene Hauptaufgabe besteht vielmehr in der Förderung des (Wiederaufbaus und des) Entwicklungsprozesses durch langfristige Finanzierung bestimmter Projekte. [2]

---

1) Weltbank JB 1980, S. 67 f;
DBBk GB 1980, S. 56 f;
P. Allen "The Recent Shift in United States Policies Toward the International Monetary Fund and the World Bank", VJTL 16/1983, S. 19;
G. Howe "The International Monetary Fund and the World Bank: The British Approach", IA 58/1982, S. 205;
J. Gold "The Relationship Between the International Monetary Fund and the World Bank", CrLR 15/1982, S. 516 f;
E. Wright "Weltbankkredite zur Strukturanpassung", F&E September 1980, S. 20 ff;
P. Landell-Mills "Kredite zur Strukturanpassung: erste Erfahrungen", F&E Dezember 1981, S. 17 ff

2) Art. III Abs. 1 Weltbank-Abkommen;
P. Allen a.a.O., S. 7;
H. Scott a.a.O., S. 185 ff;
S. Silard "Financial Institutions, Inter-Governmental", in R. Bernhardt (Hrsg.) "Encyclopedia of Public International Law", Vol. V, S. 13;
A. Broches "The World Bank", in R. Rendell (Hrsg.) "International Financial Law: Lending, Capital Transfers and Institutions", S. 256;
zur Abgrenzung der Aufgabenstellung der Weltbank von der des Fonds vgl. C. Oechsli "Procedural Guidelines for Renegotiating LDC Debt: An Analogy to Chapter 11 of the U.S. Bankruptcy Reform Act", VJIL 21/1981, S. 309 ff

II. URSACHEN UND ENTWICKLUNG DER SCHULDENKRISE

Umfang und Dynamik der Außenverschuldung der von der derzeitigen Schuldenkrise hauptsächlich betroffenen Entwicklungsländer und osteuropäischen Staaten haben in den letzten 15 Jahren dramatische Ausmaße angenommen, wovon aber die einzelnen Länder und Ländergruppen (insbesondere die "least developed countries" (LLDCs) einerseits und die Schwellenländer [1] andererseits) in durchaus unterschiedlicher Weise betroffen sind. Gleiches gilt für die verschiedenen für die Verschuldung verantwortlichen Ursachen [2], die sich auf die Zahlungsbilanz des einen Staates stärker, auf die des anderen dagegen schwächer auswirkten. In den gravierendsten Aspekten lassen sich aber Gemeinsamkeiten feststellen.

Während die Nicht-OPEC-Entwicklungsländer bis 1973 ihre relativ geringen strukturellen Leistungsbilanzdefizite hauptsächlich mittels offizieller Kapitaltransfers, Direktinvestitionen und Importfinanzierungen abdecken konnten, [3] führte die Erhöhung des Kontraktpreises für Rohöl von US $ 3 pro Barrel auf über US $ 11 [4] zu einer raschen Zunahme ihrer externen Verschuldung. Hierfür waren die direkten Auswirkungen der Preisanhebung in Form deutlich gestiegener Öleinfuhrrechnungen angesichts des niedrigen Industrialisierungsgrades der erdölimportierenden Staaten der Dritten Welt nur in zweiter Linie von Bedeutung.

---

1) Zu den diversen Länderkategorien vgl. C. Oechsli "Procedural Guidelines for Renegotiating LDC Debt: An Analogy to Chapter 11 of the U.S. Bankruptcy Reform Act", VJIL 21/1981, S. 305 Fn. 3

2) Eingehend hierzu D. Münch "Internationale Verschuldungskrise: Zwischenbilanz", RIW 1985, S. 634 ff

3) BIZ JB Nr. 53 (82/83), S. 133

4) BIZ JB Nr. 44 (73/74), S. 3

Wesentlich eklatanter stellten sich nämlich die indirekten Folgen dar. Die Preiserhöhung für Rohöl führte in den Industrieländern zu einer tiefgreifenden Rezession und Inflation. Bedingt durch die so verursachte geringere Nachfrage nach Rohstoffen in den Industriestaaten kam es zu einem Preisverfall für Primärprodukte (außer Öl) und so - verstärkt durch protektionistische Tendenzen [1] - zu einem Rückgang der Exporterlöse der Nicht-Öl-Entwicklungsländer [2]. Bei gleichzeitigem inflationsbedingten Anstieg der Importrechnungen für Industriegüter bedeutete dies für viele Entwicklungsländer eine gravierende Verschlechterung der terms of trade. Besonders die Ärmeren unter ihnen wurden zusätzlich durch eine Stagnation der öffentlichen Entwicklungshilfe betroffen [3].

Die Finanzierung der so entstandenen Leistungsbilanzdefizite erwies sich aber für die betroffenen Staaten, mit Ausnahme der ärmsten Entwicklungsländer, denen der Zugang zu den internationalen Finanzmärkten praktisch verschlossen war und ist [4], als nicht überaus schwierig. Das Gegenstück zu den durch den Ölpreis induzierten Leistungsbilanzdefiziten der Ölimporteure bildeten die Überschüsse der Exporteure, die großteils zur Bezahlung von Käufen in die

---

1) Vgl. hierzu B. Nowzad "The Rise in Protectionism", S. 10 ff; M. Mendelsohn "Protectionism is now the Main Worry", The Banker September 1985, S. 35 ff

2) J. Betz "Verschuldung, Verschuldungskrisen und Anpassungsfähigkeit von Entwicklungsländern", VRÜ 1982, S. 455; B. Nowzad / R. Williams "External Indebtedness of Developing Countries", S. 7; W. Brandt (Hrsg.) "Hilfe in der Weltkrise", S. 52, 104 ff; N. Fieleke "International Lending on Trial ", NEER Mai/Juni 1983, S. 7

3) J. Betz a.a.O., S. 467

4) G. Frankenberg / R. Knieper "Rechtsprobleme der Überschuldung von Ländern der Dritten Welt", RIW 1983, S. 571; B. Cohen "Balance-of-Payments Financing: Evolution of a Regime", IO 1982, S. 471

Industrieländer flossen oder in dortigen Banken angelegt wurden [1].

Der erhöhten Verfügbarkeit von Kapital stand aber in den entwickelten Staaten angesichts der Rezession nur eine beschränkte Nachfrage gegenüber. Dies hatte zur Folge, daß die Banken sich verstärkt im internationalen Geschäft zu engagieren versuchten, ohne hierbei in ausreichendem Maße den Länderrisiken [2] Rechnung zu tragen [3] und diesen sowie den im Eurokreditgeschäft auftretenden Fristen- und Zinsänderungsrisiken gerecht werdenden Rückstellungen zu bilden [4]. Dabei entstand bei der Finanzierung der Leistungsbilanzdefizite angesichts der attraktiven Gewinnmargen ein scharfer Wettbewerb unter den Banken [5], an dem sich - mit Blick und Vertrauen auf die größeren - verstärkt

---

1) I. Friedman "The Emerging Role of Private Banks in the Developing World", S. 62 f;
E. Tapia "Mexico's Debt Restructuring: The Evolving Solution", CJTL 23/1984, S. 2;
P. Heininger "Liability of U.S. Banks for Deposits Placed in Their Foreign Branches", LPIB 11/1979, S. 915

2) Vgl. hierzu I. Walter "Country Risk and International Bank Lending", UILR 1982, S. 71 ff;
R. Dale / R. Mattione "Managing Global Debt", S. 19 ff

3) A. Angelini / M. Eng / F. Lees "International Lending, Risk and the Euromarkets", S. 18 f;
G. Bird "The Banks and the IMF-Division of Labour", LBR October 1983, S. 23;
W. Eskridge "Les Jeux Sont Faits: Structural Origins of the International Debt Problem", VJIL 25/1985, S. 292, 335 ff;
W. Guth "Das internationale Finanzsystem in der Bewährungsprobe", S. 19 f, der als weiteren Grund für die Ausdehnung des internationalen Bankgeschäfts die zunehmende Abhängigkeit der Investitionsgüterausfuhr von der gleichzeitigen Bereitstellung adäquater Finanzierungsmöglichkeiten nennt.

4) E. Löschner "Die internationale Finanzkrise", ÖBA 1/1984, S. 26, 31

5) A. Angelini / M. Eng / F. Lees a.a.O., S. 84;
BIZ JB Nr. 53 (82/83), S. 135;
I. Walter a.a.O., S. 87;
C. Oechsli "Procedural Guidelines for Renegotiating LDC Debt: An Analogy to Chapter 11 of the U.S. Bankruptcy Reform Act", VJIL 21/1981, S. 316

auch kleinere Kreditinstitute mit bislang regional beschränktem Betätigungsfeld beteiligten. [1]

Das Recycling der Überschüsse der Ölexporteure durch die Banken führte zu einer Erhöhung privater Kredite an Staatsschuldner von 61 % (1970) auf 77 % (1980). [2] Diese Strukturveränderung der Kreditquellen war für die weitere Entwicklung der externen Verschuldung vieler Staaten von ausschlaggebender Bedeutung, da private Kredite regelmäßig kürzere Laufzeiten [3] und höhere (oftmals variable) Zinssätze aufweisen als solche offizieller Kreditgeber. [4] Hieraus resultierte eine Erhöhung der durchschnittlichen Finanzierungskosten, eine verkürzte Fälligkeitsstruktur sowie eine gestiegene Anfälligkeit für Zinssatzerhöhungen auf den internationalen Kapitalmärkten. [5]

---

1) D. Tinnin "The War Among Brazil's Bankers", Fortune vom 11. Juli 1983, S. 51;
G. Eichler "Anatomie eines Umschuldungsprozesses", NZZ vom 23. November 1982, S. 16

2) G. Frankenberg / R. Knieper a.a.O., S. 570

3) Als problematisch erwies sich auch, daß mit kurzfristigen Krediten langfristige Zielsetzungen finanziert wurden. Dies geschah in der Hoffnung, daß die Verbindlichkeiten bei Fälligkeit jeweils von den Gläubigern übergerollt würden. Vgl. P. Leslie "Techniques of Rescheduling: The Latest Lessons", The Banker April 1983, S. 23;
H. Schlesinger "Internationale Finanzprobleme und nationale Geldpolitik", DBBk AaP Nr. 48, 15. Juni 1984, S. 5;
W. Zügel "Sind die internationalen Verschuldungsprobleme lösbar?", ZfdgK 1984, S. 19

4) P. Wood "Law and Practice of International Finance", S. 4 - 72;
B. Nowzad / R. Williams "External Indebtedness of Developing Countries", S. 3, 5;
W. Guth "Probleme des internationalen Währungs- und Finanzsystems", unveröffentlichte Rede in der Industrie- und Handelskammer Frankfurt, April 1984, S. 20

5) BIZ JB Nr. 53 (82/83), S. 137;
vgl. auch B. Nowzad / R. Williams a.a.O., S. 8 ff

Der zeitweise relativ leichte Zugang zu privaten Kreditquellen erlaubte es vielen Staaten [1], den IWF und seine Stabilisierungsprogramme zu umgehen und so adäquate Maßnahmen zur Anpassung an das veränderte weltwirtschaftliche Umfeld aufzuschieben [2], was innenpolitisch auch weitaus bequemer war. So wurden vielfach wichtige Produktionsfaktoren wie Energie, Kapital und Devisen zu lange künstlich verbilligt, überhöhte Wechselkurse führten im Verein mit - in Relation zur Inflationsrate - zu niedrigen Zinsen zu Importstimulation und Kapitalflucht [3].

Von zentraler Bedeutung für die Umschuldungsproblematik ist die Verwendung des aufgenommenen Kapitals. Dieses floß nur zu einem geringen Teil in produktive Investitionen, von denen zudem ein Teil nicht die prognostizierten Entwicklungseffekte hatte, da die Produkte der so errichteten Industrien in den Industriestaaten immer stärker auf

---

1) Dies gilt nicht für die ärmsten Entwicklungsländer, die infolge fehlender Kreditwürdigkeit an den internationalen Finanzmärkten auf offizielle Kredite und insbesondere auf finanzielle Hilfe durch den IWF angewiesen waren, der Anpassungsprogramme zur Voraussetzung macht(e). Vgl. B. Cohen a.a.O., S. 471

2) J. de Larosière "Address Before the Economic and Social Council of the United Nations, Geneva, on July 5, 1984", DBBk AaP Nr. 57 vom 11. Juli 1984, S. 1; IMF AR 1977, S. 41; A. Angelini / M. Eng / F. Lees "International Lending, Risk and the Euromarkets", S. 91; C. Köhler "Nationale und internationale Währungsprobleme", DBBk AaP Nr. 51 vom 22. Juni 1984, S. 5

3) H. Schulmann "Knacken im Gebälk", Wiwo vom 10. Februar 1984, S. 66; R. Bee "Lessons from the Debt Reschedulings in the Past", Eumo April 1977, S. 33; F. Leutwiler "Anpassung und Finanzierung", in H. Halbheer / E. Kilgus (Hrsg.) "Der Finanzplatz Schweiz und seine Bedeutung aus nationaler und internationaler Sicht", S. 149 f; "Kapitalflucht: Kein Thema", Wiwo vom 11. Oktober 1985, S. 19; A. Gutowski "Vor einer neuer Runde von Verschuldungskrisen?", bislang unveröffentlichte Rede vom Malenter Symposium, November 1985, S. 15 f

Importrestriktionen trafen. [1] Hohe Anteile der Kredite wurden zur Finanzierung von Nahrungsmittelimporten verwendet oder für Käufe von (Status-) Waffen und Luxusgütern für herrschende Eliten verschleudert. Zeitweilig niedrige oder gar negative reale Zinssätze veranlaßten zum Aufbau von Reserven durch Kreditaufnahme ohne Blick auf das Zinsänderungsrisiko. [2] Hinzu kamen Verschwendung, Mißwirtschaft und Korruption [3].

Ermöglicht wurde die großteils unproduktive Verwendung aufgenommener Gelder auch durch die Kreditvergabepolitik der international tätigen Banken [4]. Bedingt durch den scharfen Wettbewerb und einem zeitweise bedenkenlos bestehenden Vertrauen in die Rückzahlungsfähigkeit der Kreditnehmer (das zudem noch vom Vertrauen auf offizielle Kapitalquellen ergänzt wurde [5]) unterließen diese es nämlich häufig, eine Devisen erwirtschaftende Investition sicherzustellen. Dies machen auch die Probleme deutlich, denen sich Erdölexporteure wie Mexiko und Venezuela ausgesetzt sehen.

Veranlaßt durch temporär günstige Rahmenbedingungen vollzogen diese, besonders nach der zweiten großen Erhöhung der Ölpreise auf über US $ 30 pro Barrel im Jahre 1979 [6], die

---

1) G. Frankenberg / R. Knieper "Rechtsprobleme der Überschuldung von Ländern der Dritten Welt", RIW 1983, S. 571; S. Koepp "The Gathering Storm", Time vom 2. Juli 1984, S. 5; BIZ JB Nr. 53 (82/83), S. 145

2) BIZ JB Nr. 53 (82/83), S. 135 f; E. Brau / R. Williams u.a. "Recent Multilateral Debt Restructurings with Official and Bank Creditors", S. 7

3) A. Taylor "The Vexing Question: Where Did All the Money Go?", Time vom 2. Juli 1984, S. 6 f mit Beispielen

4) Vgl. G. Bird "The Banks and the IMF-Division of Labour", LBR Oktober 1983, S. 24 Fn. 2

5) H. Bittermann "The Refunding of International Debt", S. 235; B. Barnett / S. Galvis / G. Gouraige "On Third World Debt", HILJ 25/1984, S. 89 f

6) Vgl. BIZ JB Nr. 54 (83/84), S. 21

eine zusätzliche Belastung der Leistungsbilanzen der ölimportierenden (Entwicklungs-) Länder mit sich brachte, im Vertrauen auf konstante Überschüsse übertrieben ehrgeizige Entwicklungs- und Investitionsprogramme, die zudem nur unter anhaltend günstigen Bedingungen erfolgversprechend sein konnten. [1]

Diese wurden von den Banken infolge der nunmehr erhöhten Kreditwürdigkeit der Ölexporteure ohne ausreichende Berücksichtigung von Rentabilitätsgesichtspunkten mitfinanziert. Die durch den zweiten Ölschock ausgelöste Rezession führte aber (nicht nur zu einem Rückgang der Nachfrage nach den übrigen Rohstoffen und einer Verschlechterung der terms of trade, sondern auch) zu einer notwendigen Begrenzung der Rohölförderung, was zusammen mit der nachfragebedingten Abschwächung der Ölpreise [2] und den hohen Schuldendienstverpflichtungen zur Verzeichnung hoher Defizite in den Leistungsbilanzen einiger Ölexporteure führte [3].

Eine weitere Belastung für die Leistungsbilanzen der verschuldeten Staaten resultierte aus dem zeitweise stark gestiegenen Dollarkurs und den hohen US-Zinssätzen, die ihre Ursache in der Konjunkturbelebung, dem US-Haushaltsdefizit sowie dem in den Vereinigten Staaten verfolgten monetaristischen Kurs zur Inflationsbekämpfung fanden [4] und regel-

---

1) E. Storck "Umschuldungen im Euromarkt", Die Bank 1983, S. 306

2) Vgl. BIZ JB Nr. 54 (83/84), S. 21

3) E. Brau / R. Williams u.a. a.a.O., S. 7;
"The Latin American Crisis ....", ICR 15 / Juli 1983, S. 57 f;
P. Allen "The Recent Shift in United States Policies Toward the International Monetary Fund and the World Bank", VJTL 16/1983, S. 5;
E. Tapia "Mexico's Debt Restructuring: The Evolving Solution", CJTL 23/1984, S. 3

4) BIZ JB Nr. 54 (83/84), S. 7;
P. Behrens "Allgemeine Aspekte der Verschuldungskrise", in L. Späth / H. Dräger (Hrsg.) "Zielsetzung Partnerschaft: Die weltwirtschaftliche Bedeutung von Auslandsinvestitionen und Technologietransfer", S. 350

recht zu einer Eigendynamik der internationalen Verschuldung führten [1]. Die hierdurch erhöhten Schuldendienstverpflichtungen machten weitgehend die Gewinne zunichte, die durch gestiegene Exporteinnahmen erzielt werden konnten. [2]

Die Verschuldungsproblematik ist deshalb trotz jüngster Erfolge bei der Durchführung von Anpassungmaßnahmen (auch und gerade in Süd- und Mittelamerika [3]) und trotz Erholung der Weltkonjunktur [4] von gravierendem Ausmaß. Besonders schwerwiegend ist die Verschuldung lateinamerikanischer Staaten, was unter anderem darauf zurückzuführen ist, daß diese eine importsubstituierende Anpassungspolitik betrieben haben anstatt sich, wie die dem japanischen Beispiel folgenden Entwicklungsländer Asiens, auf Exportdiversifikation zu konzentrieren. [5]

Die oben skizzierte Entwicklung und die sich hieraus ergebende Problematik werden in ihren Größenordnungen durch die beiden folgenden Graphiken [6] veranschaulicht, die - für die Einschätzung der finanziellen Schwierigkeiten bedeutsame - absolute Zahlen wie Gesamtverschuldung und Leistungsbilanzdefizit sowie die Entwicklung der terms of trade einmal für die Gesamtheit der Nicht-OPEC-Entwicklungsländer

---

1) E. Löschner "Die internationale Finanzkrise", ÖBA 1/1984, S. 22

2) In "Eine zusätzliche Last", Wiwo vom 1. Juni 1984, S. 22 werden die aus den zu dieser Zeit vorgenommenen Erhöhungen der prime rate von 11 auf 12,5 Prozent resultierenden zusätzlichen Zinskosten mittel- und südamerikanischer Schuldner auf 3,3 Milliarden Dollar geschätzt.

3) BIZ JB Nr. 55 (84/85), S. 151

4) Vgl. BIZ JB Nr. 54 (83/84), insbesondere S. 3 ff, 8 ff; DBBk GB 1983, S. 10

5) BIZ JB Nr. 54 (83/84), S. 112;
H. Schulmann "Knacken im Gebälk", Wiwo vom 10. Februar 1984, S. 67;
W. Eskridge "Les Jeux Sont Faits: Structural Origins of the International Debt Problem", VJIL 25/1985, S. 374

6) Mit freundlicher Genehmigung der BIZ deren JB Nr. 57 (86/87), S. 123 f entnommen

Bestimmungsgründe des Kreditbedarfs bestimmter Entwicklungsländergruppen 1980–86[1]

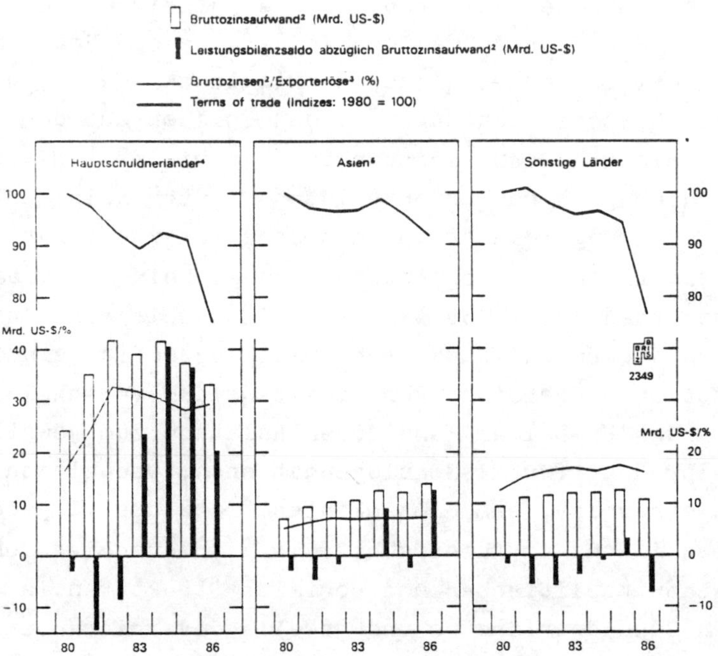

[1] Ohne OPEC-Länder des Nahen Ostens und Offshore-Zentren. [2] Schätzungen auf der Basis von IWF-Quellen. [3] Export von Waren und Dienstleistungen. [4] Von der Baker-Initiative anvisierte Länder mit Ausnahme Jugoslawiens. [5] Ohne die Philippinen.

Entwicklung der internationalen Verschuldung bestimmter Entwicklungsländergruppen 1980–86[1]

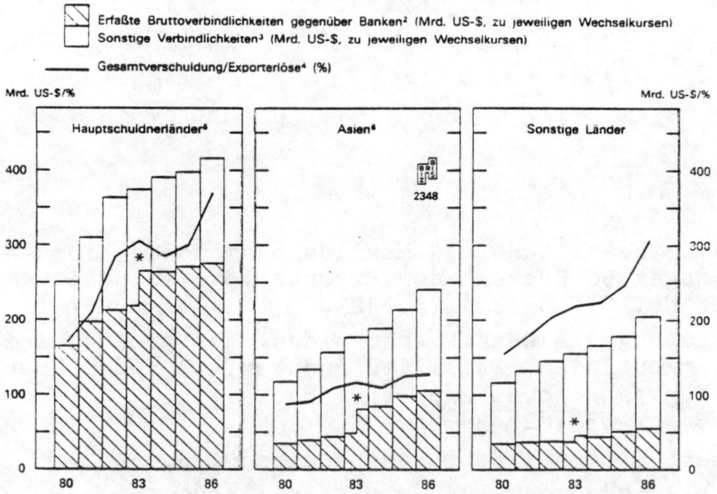

* Bruch in der Reihe wegen der Erweiterung der statistischen Erfassung bei der internationalen Bankenstatistik der BIZ.

[1] Ohne OPEC-Länder des Nahen Ostens und Offshore-Zentren. [2] Gegenüber Banken in den der BIZ berichtenden Ländern. [3] Schätzungen auf der Basis von IWF-Quellen. [4] Export von Waren und Dienstleistungen. [5] Von der Baker-Initiative anvisierte Länder mit Ausnahme Jugoslawiens. [6] Ohne die Philippinen.

und einmal für die besonders hart betroffenen lateinamerikanischen Staaten auf Gruppenbasis aufzeigen. Besonders deutlich wird das Ausmaß der Krise aber bei Betrachtung der ebenfalls dargestellten Entwicklungen des Verhältnisses von Nettozinszahlungen zu den Erlösen aus dem Export von Gütern und Dienstleistungen [1] sowie dessen von Gesamtverschuldung zu den Exporterlösen [2], vor allem unter Berücksichtigung, daß "(t)he net debt to export ratio ... has traditionally been interpreted as being in a safe range at less than 125 - 150 % ... [3]. Inwieweit einzelne Staaten von der Umschuldungsproblematik betroffen sind, zeigt die folgende Übersicht von Gesamtauslandsverschuldung (in Milliarden US-Dollar) und deren Relation zum jeweiligen Sozialprodukt für 21 Schuldnernationen, wenngleich darauf hinzuweisen ist, daß diese Zahlen trotz der vorgenommenen Gruppenbildung in Anbetracht völlig unterschiedlicher ökonomischer, politischer und sozialer Strukturen in den einzelnen Schuldnerländern und jeweils divergierendem Vertrauen der Gläubiger nur beschränkt vergleichbar sind.

Öl-Exporteure			Rohstoff-Exporteure			Fertigwaren-Exporteure		
Mexiko	39,3%	(103,7)	Brasilien	25,1%	(106,1)	Südkorea	32,7%	(45,5)
Indonesien	31,9%	(39,0)	Argentinien	27,7%	(54,4)	Indien	14,2%	(41,9)
Venezuela	47,6%	(36,2)	Philippinen	55,9%	(26,9)	Polen	16,6%	(32,9)
Ägypten	99,2%	(33,6)	Chile	58,9%	(23,0)	Jugoslawien	23,1%	(19,7)
Nigeria	23,1%	(22,3)	Thailand	30,8%	(19,1)	Pakistan	29,6%	(14,0)
Algerien	40,7%	(21,5)	Marokko	55,5%	(15,6)	Ungarn	18,5%	(13,1)
Malaysia	43,9%	(18,6)	Kolumbien	29,2%	(15,4)	Rumänien	7,3%	(7,0)

Insgesamt: 28,9% (709,4)

---

1) Im Falle Brasiliens und Mexikos nahmen die Zinszahlungen 1983 sogar 50 Prozent der Exporterlöse in Anspruch.
BIZ JB Nr. 54 (83/84), S. 123

2) 1982 betrug die Gesamtverschuldung der größten Kreditnehmer (Argentinien, Brasilien und Mexiko) sogar über 400 Prozent der jährlichen Exporterlöse.
BIZ JB Nr. 53 (82/83), S. 137

3) R. Plan "External Debt Rescheduling", S. 11

4) Wiwo vom 17.4.1987; Stand Dezember 1986

III. DIE VERPFLICHTUNGEN DES INTERNATIONALEN WÄHRUNGSFONDS

1. Bedeutung des Fonds

Der IWF spielt bei der Bewältigung von Zahlungsschwierigkeiten eines verschuldeten Staates die wohl wichtigste Rolle. Dies gilt ungeachtet der in zunehmendem Maße gegen ihn gerichteten Angriffe sowie der in jüngster Zeit erfolgten Weigerung Brasiliens, ihn in die Umschuldungsverhandlungen einzuschalten, und basiert zum einen auf der technischen Unterstützung [1], die er u.a. bei multilateralen Umschuldungsverhandlungen leistet. So hilft er dem Schuldner bei der Schaffung und Darstellung eines Überblicks über die Verschuldungssituation, d.h. über Höhe und Fälligkeitsstruktur der externen Verbindlichkeiten [2], was angesichts schlechten Schuldenmanagements und infolge fehlender zentraler Erfassungsstellen in den Schuldnerländern häufig Schwierigkeiten bereitet [3]. Den Gläubigern ermöglicht der IWF durch seine Einschätzung der wirtschaftlichen Situation und vor allem der voraussichtlichen Entwicklung der Zahlungsbilanz des Schuldners ein Urteil über dessen zukünftige Zahlungsfähigkeit. Wichtig sind auch die regelmäßigen sowie die außergewöhnlichen Konsultationen des Fonds mit seinen Mitgliedern, bei denen die Schuldenprobleme und ihre Ursachen diskutiert und analysiert werden. Die Mitglieder bekommen so Anregungen für Änderungen ihrer (Wirtschafts-) Politik zur Bewältigung gegenwärtiger bzw.

1) Vgl. IMF "Technical Assistance Services of the International Monetary Fund", S. 1 ff;
P. Kaul "Technische Hilfe vom Fonds: Zentralbankabteilung", F&E Juni 1981, S. 34 ff

2) B. Nowzad / R. Williams "External Indebtedness of Developing Countries", S. 26

3) Vgl. C. Brown / C. Wilson "Brazil: The Restructuring that Almost Failed", IFLR August 1983, S. 4;
J. Guttentag / R. Herring "What Happens when Countries Cannot Pay Their Bank Loans? The Renegotiation Process", JCBCML 5/1983, S. 226

Vermeidung drohender Zahlungsbilanzschwierigkeiten. [1]

Seine hohe Bedeutung im globalen Finanzsystem gewinnt der IWF aber durch die Schaffung von Liquidität durch Zuteilung von Sonderziehungsrechten sowie vor allem durch die großteils sehr kostengünstige Bereitstellung seiner Ressourcen für Finanzierungszwecke und die hiermit regelmäßig verbundenen Anpassungsprogramme. Festzustellen ist allerdings, daß die Gewährung finanzieller Hilfe durch den Fonds (ebenso wie die Förderung von Entwicklung [2]) nicht dessen eigentlicher Zweck ist, sondern nur ein Mittel zur Verwirklichung seiner konstitutionellen Ziele darstellt. [3] Diese bestehen gemäß Art. I des IWF-Übereinkommens in der Förderung der internationalen Kooperation auf dem Gebiet der Währungspolitik, der Erleichterung der Ausweitung und eines ausgewogenen Wachstums des Welthandels, der Einrichtung eines freien multilateralen Zahlungssystems sowie der möglichst kurzfristigen Bereinigung von Zahlungsbilanzungleichgewichten. Weitere Zwecke des Fonds sind Aufrechterhaltung geordneter Währungsbeziehungen unter den Mitgliedern, Vermeidung von Währungsabwertungen aus Wettbewerbsgründen sowie die Förderung der Stabilität der Wechselkurse, die heute nicht mehr - wie in Bretton Woods bei der Gründung des IWF vorgesehen - fest, wenn auch anpassungsfähig, sind,

---

1) Vgl. hierzu E. Brau "Der Konsultationsprozeß des Fonds", F&E Dezember 1981, S. 13 ff; G. Johnson "Erhöhung der Wirksamkeit der Überwachung", F&E Dezember 1985, S. 2 ff

2) J. Gold "'... To Contribute Thereby To ... Development ...': Aspects of the Relations of the International Monetary Fund with Its Developing Members", CJTL 10/1971, S. 267

3) Das ergibt sich aus Art. I (v) der Zweiten Änderung und Ergänzung des Übereinkommens über den Internationalen Währungsfonds (authentische Fassung mit deutscher Übersetzung abgedruckt in BGBl. 1978 II, S. 15 ff), wonach es zu den Zielen des IWF gehört, "to give confidence to members by making the general resources of the Fund temporarily available to them under adequate safeguards, thus providing them with opportunity to correct maladjustments in their balance of payments without resorting to measures destructive of national or international prosperity".

sondern nach temporärer diesbezüglicher Illegalität [1] nunmehr gemäß Art. IV Abs. 2 b (iii) des IWF-Übereinkommens von den Trägern der Währungshoheit eines Staates rechtmäßig freigegeben werden können [2].

Verschuldete Staaten sind heute mehr denn je auf die Inanspruchnahme der finanziellen Mittel des IWF angewiesen, da die international tätigen Banken ihr Engagement bei der Zahlungsbilanzfinanzierung verringern wollen. [3] Ursache hierfür ist eine erhöhte Sensibilität seitens der Kreditinstitute infolge der hohen Verschuldung und der hohen Schuldendienstquotienten vieler Länder [4] sowie wegen der steigenden Zahl internationaler Umschuldungsverhandlungen [5], die sich zudem als immer schwieriger und langwieriger erweisen. Ein weiterer Grund ist auch in dem Vorgehen mancher nationaler Bankaufsichtsbehörden zu sehen, die zeitweise zügelnd auf die Banken einzuwirken versuchten. [6]

---

1) Vor allem nach dem 15. August 1971, partiell aber auch schon früher; vgl. J. Gold "Unauthorized Changes of Par Value and Fluctuating Exchange Rates in the Bretton Woods System", AJIL 65/1971, S. 128; H. Köck / P. Fischer "Grundzüge des Rechtes der Internationalen Organisationen", S. 294 f

2) Vgl. hierzu H. Hahn "Aufwertung und Abwertung im Internationalen Recht" in H. Hahn / G. Roth "Fragen des Rechtes der Auf- und Abwertung", S. 8 ff

3) P. Allen "The Recent Shift in United States Policies Toward the International Monetary Fund and the World Bank", VJTL 16/1983, S. 23

4) A. Porzecanski "The International Financial Role of U.S. Commercial Banks: Past and Future", JBF 5 / März 1981, S. 15

5) N. Horn "Rechtsfragen internationaler Umschuldungen", WM Teil IV 1984, S. 713; vgl. auch die Statistiken bei E. Brau / R. Williams u.a. "Recent Multilateral Debt Restructurings with Official and Bank Creditors", S. 16 und 30 ff

6) J. Betz "Verschuldung, Verschuldungskrisen und Anpassungsfähigkeit von Entwicklungsländern", VRÜ 1982, S. 458

Diese haben bisher den Auslandsanteil ihrer Forderungen zwar aus Angst vor kumulierenden Effekten nicht durch Kündigung bestehender Kredite und Kreditlinien verkleinert. [1] Sie sind aber im Falle vieler Debitoren nicht mehr freiwillig zur Vergabe neuer Kredite bereit. Hiervon sind nicht wie früher nur die ärmsten Entwicklungsländer, sondern auch die meisten Schwellenländer betroffen. Deshalb sahen sich IWF und Zentralbanken schon veranlaßt, neben moralischem Druck auch direkten auf die Kreditinstitute auszuüben, um mit deren Hilfe erfolgversprechende Paketlösungen zustande zu bringen. [2] Dies geschah angesichts des Fehlens rechtlicher Grundlagen für ein Zudiktat von Neukrediten [3] indem die Bereitstellung finanzieller Hilfe von neuen Krediten der Banken abhängig gemacht wurde. [4]

---

1) G. Bird "The Banks and the IMF - Division of Labour", LBR Oktober 1983, S. 32

2) DBBk GB 1983, S. 83;
P. Allen "The Recent Shift in United States Policies Toward the International Monetary Fund and the World Bank", VJTL 16/1983, S. 24 (Fn. 146);
BIZ JB Nr. 54 (83/84), S. 119

3) N. Horn "Rechtsfragen internationaler Umschuldungen", WM Teil IV 1984, S. 713

4) Vgl. P. Field, D. Shirreff, W. Ollard "The IMF and Central Banks Flex Their Muscles", Eumo Januar 1983, S. 35 ff;
J. DeMott "Turbulent Times for the IMF", Time vom 21. Mai 1984, S. 43;
C. Stoakes / C. Wilson "The Deals of 1983", IFLR Januar 1984, S. 9;
M. Walker / L. Buchheit "Legal Issues in the Restructuring of Commercial Bank Loans to Sovereign Borrowers", in M. Gruson / R. Reisner (Hrsg.) "Sovereign Lending: Managing Legal Risk", S. 149;
E. Löschner "Souveräne Risken und internationale Verschuldung", S. 89.
In ähnlicher Weise üben aber auch die Banken untereinander Druck aus.
Vgl. E. Tapia "Mexico's Debt Restructuring: The Evolving Solution", CJTL 23/1984, S. 6.
Zu den hierbei zu berücksichtigenden kartell- und wettbewerbsrechtlichen Gesichtspunkten vgl. B. Barnett / S. Galvis / G. Gouraige "On Third World Debt", HILJ 25/1984, S. 149 Fn. 356

Umgekehrt machen die Kreditinstitute das Bestehen eines Abkommens zwischen IWF und Debitor häufig in ihren Kreditverträgen [1] oder auch informell zur Voraussetzung ihrer Kreditlinien. [2] Ursache hierfür ist aber weniger das Interesse der Banken an einer zusätzlichen Kreditlinie, da der Beitrag des IWF zur Defizitfinanzierung von Staaten in Relation zu dem der Banken klein ist [3]. Von noch größerer Bedeutung sind für sie ebenso wie für die staatlichen Teilnehmer der Verhandlungen des Pariser Clubs, die die Existenz entsprechender Vereinbarungen zur Vorbedingung für ein Zusammenkommen machen, vielmehr die Stabilisierungsprogramme des IWF [4], denen sich dessen Mitglieder bei Inanspruchnahme der Mittel des Fonds in den meisten Fällen unterwerfen müssen. [5]

Sinn und Zweck dieser Programme ist es, das entsprechende Mitglied zur Befolgung einer Politik zu bewegen, die es ihm gestattet, seine Zahlungsbilanzschwierigkeiten ohne Einführung von währungs- oder handelspolitischen Restriktionen zu bewältigen und seinen externen Verbindlichkeiten nachzukommen. Eine Vereinbarung mit dem IWF über die Inanspruchnahme von dessen Ressourcen stellt deshalb ein wich-

---

1) Vgl. J. Gold "Relations Between Banks' Loan Agreements and IMF Stand-by Arrangements", IFLR September 1983, S. 28 ff

2) J. Gold "Certain Aspects of the Law and Practice of the International Monetary Fund", in S. Schwebel (Hrsg.) "The Effectiveness of International Decisions", S. 81; P. Wood "Law and Practice of International Finance", S. 4 - 144

3) R. Knieper "Zurichtung nationaler Politik durch internationales Recht?", KJ 3/1979, S. 273; so wurde nach DBBk GB 1983, S. 88 im Jahre 1983 vom zusammengefaßten Leistungsbilanzdefizit der Entwicklungsländer 20 % durch den IWF finanziert. Dessen Anteil betrug aber 1982, als diese Defizite wesentlich höher waren, nicht mehr als 7 %.

4) P. Allen "The Recent Shift in United States Policies Toward the International Monetary Fund and the World Bank", VJTL 16/1983, S. 24; M. Mendelsohn (Hrsg.) "The Outlook for International Bank Lending", S. 41; R. Ryan "Defaults and Remedies Under International Bank Loan Agreements with Foreign Sovereign Borrowers - A New York Lawyer's Perspective", UILR 1982, S. 97 f

5) Vgl. hierzu unten S. 102 ff

tiges "Gütesiegel" einer erfolgversprechenden Haushaltspolitik dar und ist für die Kreditwürdigkeit eines verschuldeten Staates von hoher Bedeutung. [1] Dies wird u.a. durch symbolische Ziehungen von Währungen durch einzelne Mitglieder belegt, die sie ohne echtes Bedürfnis tätigten, um ihr Einvernehmen mit dem IWF unter Beweis zu stellen [2]. So haben die Anpassungsprogramme des Fonds insbesondere deshalb ein bedeutendes Gewicht, da die Kreditinstitute, welche früher vielen Entwicklungsländern eine Umgehung des Fonds und damit ein Aufschieben nötiger Anpassungsmaßnahmen durch bereitwillige Kreditvergabe ermöglicht haben [3], an einen Großteil der verschuldeten Staaten keine Kredite mehr ohne eine Vereinbarung zwischen dem Schuldner und dem IWF über eine Inanspruchnahme dessen finanzieller Mittel vergeben und da der IWF hierfür ein Stabilisierungsprogramm zur Voraussetzung macht. Die Banken, die - wie ihr erst- und letztmaliger, gescheiterter Versuch in Peru im Jahre 1976 beweist [4] - mangels Authorität und Überwachungsmöglichkeiten einem Schuldner nicht in erfolgversprechender

---

1) B. Cohen "Balance-of-Payments Financing: Evolution of a Regime", IO 36/1982, S. 474;
G. Bird "The Banks and the IMF-Division of Labour", LBR Oktober 1983, S. 23;
A. Pine "Critics Charge the IMF Eases Its Rules Forcing Borrowers to Shape Up", WSJ vom 21. September 1981, S. 1;
vgl. aber auch D. Delamaide "Debt Shock", S. 227 f

2) J. Gold "Financial Assistance by the International Monetary Fund", S. 40

3) C. Reich "Why the IMF Shuns a 'Super' Role", II September 1977, S. 182;
J. Betz "Verschuldung, Verschuldungskrisen und Anpassungsfähigkeit von Entwicklungsländern", VRÜ 1982, S. 472 f;
C. Lichtenstein "The U.S. Response to the International Debt Crisis: The International Lending Supervision Act of 1983", VJIL 25/1985, S. 411;
vgl. auch J. Gold a.a.O., S. 38, der deshalb in "Order in International Finance, the Promotion of IMF Stand-By Arrangements, and the Drafting of Private Loan Agreements", S. 1 auch der Ansicht zustimmt, "that the private provision of resources to governments for balance of payments purposes or for the augmentation of reserves may be, or has been, detrimental to broader interests of the international monetary system." Zur Kritik am Verhalten der Banken vgl. auch R. O'Brien "The International Monetary Fund and the Private Banks: The Expanding Relationship", S. 3 ff

4) Vgl. R. Plan "External Debt Rescheduling", S. 58 ff

Manier Anpassungsprogramme auferlegen können [1], genießen so den Schutz des IWF, obwohl dieser keine direkten Maßnahmen zu ihren Gunsten betreibt [2] und auch keine Kofinanzierungen mit ihnen durchführt [3]. Die hierauf basierende Bedeutung des IWF als Katalysator für andere Kapitalquellen einschließlich solcher für langfristige Zwecke wie Entwicklung, kann nicht über betont werden [4], wobei allerdings zu berücksichtigen ist, daß heute höhere Beträge als früher zur Mobilisierung privaten Kapitals erforderlich sind [5].

---

1) B. Cohen "Balance-of-Payments Financing: Evolution of a Regime", IO 36/1982, S. 473 f;
C. Hardy "Rescheduling Developing Country Debts", The Banker Juli 1981, S. 37;
J. Higgins "Sovereign Lending and IMF Conditionality", IFLR Mai 1984, S. 26;
J. Gold "Legal and Institutional Aspects of the International Monetary System: Selected Essays", S. 50;
J. Guttentag / R. Herring "What Happens when Countries Cannot Pay Their Bank Loans? The Renegotiation Process", JCBCML 5/1983, S. 220 f

2) V. Marmorstein "Responding to the Call for Order in International Finance: Cooperation Between the International Monetary Fund and Commercial Banks", VJIL 18/1978, S. 453

3) J. Gold "Balance of Payments Transactions of the International Monetary Fund", in R. Rendell (Hrsg.) "International Financial Law: Lending, Capital Transfers and Institutions", S. 244;
vgl. auch J. Gold "Relations Between Bank's Loan Agreements and IMF Stand-By Arrangements", IFLR September 1983, S. 35

4) Vgl. M. Guitián "Die Auflagen des IWF und der internationale Anpassungsprozeß: ein Blick auf die 80er Jahre", F&E Juni 1981, S. 17;
E. Robichek "The International Monetary Fund: An Arbiter in the Debt Restructuring Process", CJTL 23/1984, S. 147 f;
DBBk GB 1983, S. 88;
C. Johnson "International Bank Lending after the Slowdown", The Banker Januar 1984, S. 25;
J. Gold " '...To Contribute Thereby To...Development...': Aspects of the International Monetary Fund with its Developing Members", CJTL 10/1971, S. 292;
J. de Larosière "Der Internationale Währungsfonds und die Hauptprobleme der Weltwirtschaft", EA 1981, S. 457;
L. of Manchester u.a. "The Debt Crisis and the World Economy", S. 58 f

5) BIZ JB Nr. 53 (82/83), S. 201

2. Relevantes Recht

Die Verpflichtungen des Fonds, der als internationale Organisation Völkerrechtssubjektivität genießt und so Träger völkerrechtlicher Rechte und Pflichten sein kann [1], werden wie seine Rechte von der für ihn maßgeblichen Rechtsordnung bestimmt. Diese besteht aus mehreren, hierarchisch geordneten Rechtsquellen, deren oberste das nunmehr zum zweitenmal geänderte und ergänzte IWF-Übereinkommen in seiner englischen Originalfassung [2] darstellt. Das Abkommen ist somit (in seiner ursprünglichen Konzeption) nicht nur der völkerrechtliche Vertrag zur Gründung einer internationalen Organisation, sondern bildet gleichzeitig die

---

1) C. Ebenroth in K. Rebmann / F. Säcker (Hrsg.) "Münchner Kommentar zum Bürgerlichen Gesetzbuch", Band VII, S. 370 ff; vgl. G. Tunkin "Völkerrechtstheorie", S. 394 ff; H. Müller "Grundsätze der völkerrechtlichen Verantwortlichkeit internationaler Organisationen", DA 23/1978 Nr. 3, S. 90; H. Peters "Internationale Entwicklungsfinanzierung: Die Rolle der International Finance Corporation im Entwicklungsprozeß", S. 203 ff; daß internationalen Organisationen neben Staaten Völkerrechtspersönlichkeit zukommen kann, ist seit dem Rechtsgutachten des IGH im Falle "Reparations for Injuries Suffered in the Service of the UN" (ICJ Reports 1949, S. 174 ff) allgemein anerkannt. Diese Frage der Völkerrechtsfähigkeit wird nicht bereits durch Art. IX Abs. 2 des IWF-Übereinkommens geregelt, nach dem der Fonds volle Rechtspersönlichkeit besitzt, da diese Vorschrift nur die Rechtsfähigkeit nach den nationalen Rechtsordnungen, nicht aber die nach Völkerrecht verleiht. Vgl. H. Mosler "Die Erweiterung des Kreises der Völkerrechtssubjekte", ZaöRV 22 / 1962, S. 35; A. Broches "International Legal Aspects of the Operations of the World Bank", RdC 98/1959 III, S. 323

2) Diese Version ist die einzige authentische, da nur sie den Beitrittsabkommen zugrunde gelegt wird und da Englisch die offizielle Sprache des IWF ist (Rules and Regulations, Rule C-13). Vgl. H. Aufricht "The Fund Agreement: Living Law and Emerging Practice", S. 2; J. Fawcett "The Place of Law in an International Organization", BYIL 36/1960, S. 342

Konstitution einer Staatengemeinschaft [1], die deren Organe bei ihren Entscheidungen zu beachten haben. Dies gilt sowohl für die Beschlüsse individueller als auch für die genereller Art. [2]

Letztere bilden das Sekundärrecht des Fonds, zu dessen Setzung die Organe entweder durch ausdrückliche satzungsmäßige Bestimmung oder - bei Fehlen einer solchen - ausnahmsweise kraft Natur der Sache ermächtigt sind [3]. Zu diesem gehören zum einen die By-Laws, die der das oberste Organ des Fonds darstellende und als solches die Generalkompetenz ausübende Gouverneursrat gemäß Art. XII Abs. 2 (g)

---

1) E. Hexner "Das Verfassungs- und Rechtssystem des Internationalen Währungsfonds", S. 55;
F. Seyersted "Applicable Law in Relations Between Intergovernmental Organisations and Private Parties", RdC 122/1967 III, S. 531;
P. Cahier "Le droit interne des organisations internationales", RGDIP 67/1963, S. 577 f;
H. Schermers "International Institutional Law", S. 559 f;
J. Detter "Law-Making by International Organizations", S. 24 f;
H. Mosler "Die Erweiterung des Kreises der Völkerrechtssubjekte", ZaöRV 22/1962, S. 37

2) E. Hexner a.a.O., S. 55;
so für die rechtsetzenden Beschlüsse F. Ermacora in H. Golsong / F. Ermacora "Das Problem der Rechtsetzung durch internationale Organisationen (insbesondere im Rahmen der UN)", S. 93

3) R. Bernhardt in R. Bernhardt / H. Miehsler "Qualifikation und Anwendungsbereich des internen Rechts internationaler Organisationen", S. 45;
I. Seidl-Hohenveldern "Das Recht der Internationalen Organisationen einschließlich der Supranationalen Gemeinschaften", S. 226 f;
K. Skubiszewski "International Legislation" in R. Bernhardt (Hrsg.) "Encyclopedia of Public International Law", Vol. V, S. 101;
vgl. auch W. Wengler "Völkerrecht", S. 326;
M. Virally in E. Yemin "Legislative Powers in the United Nations and Specialized Agencies", S. 16 f, der außerdem die Möglichkeit einer gewohnheitsrechtlich entstandenen Rechtsetzungskompetenz erwähnt.

des IWF Übereinkommens erlassen hat, sowie die mit Ermächtigung des Gouverneursrates [1] ergangenen Richtlinien und Anordnungen (Rules and Regulations) des Exekutivdirektoriums [2].

Diese Geschäftsbestimmungen umfassen nicht nur technische Ausführungsvorschriften, sondern reglementieren auch bedeutende Sparten formellen und materiellen Rechts wie Gebühren, Zinsen und Bewertung von Sonderziehungsrechten. Zum anderen umfaßt das sekundäre Fondsrecht neben weiteren Beschlüssen des Gouverneursrates, neben den das Abkommen interpretierenden und den die Wechselkurs- und Währungspraktiken der IWF-Mitglieder betreffenden Entscheidungen des Direktoriums auch solche, durch die dieses die Devisentransaktionen mit den Mitgliedern regelt und die Voraussetzungen für den Gebrauch der finanziellen Ressourcen des Fonds formuliert.

Nach Hexner [3] sind diese Entscheidungen der Direktoren, denen im Rahmen dieser Thematik besondere Bedeutung zukommt, "eine Art Ankündigung oder Versprechen, wie das Direktorium seine Zuständigkeit in bestimmten Situationen ausüben wird und welches Verhalten der Mitglieder es vom Standpunkt der Währungsgemeinschaft als wünschenswert betrachtet". Er sieht in ihnen den Entstehungsgrund für Gewohnheitsrecht, das in seinen Augen nicht auf den traditionellen Elementen des Gewohnheitsrechts im Sinne der kontinental-europäischen Rechtswissenschaft beruht. Es gleiche strukturell vielmehr dem Common Law und basiere im wesentlichen auf indirekten Vollmachten, die das Abkommen

---

1) Vgl. Sec. 16 By-Laws

2) Diese werden vom IWF gemeinsam mit den By-Laws veröffentlicht in: International Monetary Fund "By-Laws, Rules and Regulations";
vgl. J. Gold "The Rule of Law in the International Monetary Fund", S. 21 f

3) A.a.O., S. 63

den Organen durch die Vorschriften einräumt, welche eine Zusammenarbeit der Mitglieder mit dem IWF verlangen und Ermessensakte gestatten. Das für Hexner wohl gravierendste Argument für diese Qualifikation der generellen Direktoriumsentscheidungen ist, "daß das Abkommen dem Direktorium des Fonds formell keine legislative Zuständigkeit zuspricht." [1]

Die generellen Entscheidungen des Direktoriums können nicht als Gewohnheitsrecht qualifiziert werden. Zwar ist eine Bedeutung der generellen Entscheidungen der Organe des IWF für die Entstehung und Entwicklung von Gewohnheitsrecht nicht zu leugnen. [2] Dabei können sich sogar illegale, weil gegen das Abkommen verstoßende, Entscheidungen zu Gewohnheitsrecht verfestigen und auf diesem Wege die Satzung außer Kraft setzen (desuetudo) [3]. Ebensowenig soll die Möglichkeit einer spontanen Entstehung von Gewohnheitsrecht im Völkerrecht durch Entscheidungen von Organen internationaler Organisationen in Abrede gestellt werden. [4] Entscheidend gegen eine Zuordnung zum Gewohnheitsrecht spricht aber, daß diese Beschlüsse ihre rechtserzeugende Wirkung ausschließlich aus einer primären Völkerrechtsquelle, nämlich dem

---

1) A.a.O., S. 64

2) So allgemein für Entscheidungen internationaler Organisationen I. Brownlie "Principles of Public International Law", S. 674

3) Vgl. B. Simma, in H. Neuhold / W. Hummer / C. Schreuer (Hrsg.) "Österreichisches Handbuch des Völkerrechts", S. 49 f;
W. Meng "Das Recht der Internationalen Organisationen - eine Entwicklungsstufe des Völkerrechts", S. 188;
W. Friedmann "The Changing Structure of International Law", S. 132 ff;
H. Köck / P. Fischer "Grundzüge des Rechtes der Internationalen Organisationen", S. 294 f;
einschränkend I. Seidl-Hohenveldern "Das Recht der Internationalen Organisationen einschließlich der Supranationalen Gemeinschaften", S. 224

4) Vgl. I. Seidl-Hohenveldern "International Economic 'Soft Law'", RdC 163/1979 II, S. 189;
C. Tomuschat "Die Charta der wirtschaftlichen Rechte und Pflichten der Staaten", ZaöRV 36/1976, S. 467 f

IWF-Übereinkommen herleiten. [1] Entgegen der Ansicht von Hexner findet sich im IWF-Übereinkommen auch für das Exekutivdirektorium eine legislative Zuständigkeit. Diese resultiert zum einen aus dem bereits erwähnten Art. XII Abs. 2 (g) des IWF-Übereinkommens, nach dem

> "(t)he Board of Governors, and the Executive Board to the extend authorized [2], may adopt such rules and regulations as may be necessary or appropriate to conduct the business of the Fund".

Festzustellen ist, daß sich diese Ermächtigung relativ weit auslegen läßt, so daß auch materiell-rechtliche Regelungen von ihr gedeckt sind. Eine weitere Übertragung legislativer Kompetenz findet sich in Art. V Abs. 3 (a), wonach

> "(t)he Fund shall adopt policies on the use of its general resources, including policies on stand-by or similar arrangements, and may adopt special policies for special balance of payments problems, ...".

Diese Norm spricht zwar keine Zuständigkeit des Exekutivdirektoriums aus. Da aber nach Sec. 15 der By-Laws

> "(t)he Executive Board is authorized by the Board of Governors to exercise all the powers of the Board of Governors except those conferred directly by the Articles of Agreement on the Board of Governors",

sind die Direktoren auch als zur Beschlußfassung von Geschäftsgrundsätzen für die Inanspruchnahme der Fondsmittel befugt anzusehen.

Das Gesagte rechtfertigt es, die generell abstrakten Entscheidungen von Gouverneursrat und Direktorium als eine - vom Gewohnheitsrecht zu trennende - eigene Rechtsquelle

---

1) A. Verdross / B. Simma "Universelles Völkerrecht", S. 324

2) Vgl. die in Sec. 16 der By-Laws ausgesprochene Ermächtigung des Gouverneursrates

anzusehen. [1] Diese Beschlüsse sind deshalb auch nicht nur - wie Hexner meint [2] - "eine Art Ankündigung oder Versprechen", sondern bilden Rechtsnormen, die bindende Wirkung entfalten. Eine solche Bindungswirkung kann zwar auch einem Versprechen zukommen. [3] Die Qualifikation der Entscheidungen als Versprechen erscheint aber angesichts der hierdurch induzierten rechtsgeschäftlichen und individuell-konkreten Charakterisierung als nicht treffend.

Als Rechtsnormen sekundären Charakters sind die generell-abstrakten Entscheidungen der Organe des Fonds, sofern sie nicht nur empfehlender Natur sind [4], nicht nur für die Mitgliedsstaaten verbindlich [5], sondern auch für das jeweils rechtsetzende Gremium selbst. Die Organe des IWF

---

1) So allgemein für die Entscheidungen internationaler Organisationen:
A. Tammes "Decisions of International Organs as a Source of International Law", RdC 94/1958 II, S. 269;
H. Kelsen / R. Tucker (Hrsg.) "Principles of International Law", S. 506 ff;
vgl. auch G. Schulz "Entwicklungsformen internationaler Gesetzgebung", S. 6

2) S. oben S. 28

3) G. Venturini "La portée et les effets juridiques des attidudes et des actes unilatéraux des états", RdC 112/1964 II, S. 404;
G. Fitzmaurice "The Law and Procedure of the International Court of Justice 1951 - 4: Treaty Interpretation and Other Treaty Points", BYIL 33/1957, S. 230

4) Vgl. A. Weber "Die Satzungsnovelle des Internationalen Währungsfonds und das Völkerrecht", in "Festschrift für F.A. Mann", S. 822;
R. Bindschedler "International Organizations, General Aspects", in R. Bernhardt (Hrsg.) "Encyclopedia of Public International Law", Vol. V, S. 124

5) J. Gold "Membership and Nonmembership in the International Monetary Fund", S. 214

sind deshalb als Adressaten ihrer eigenen Rechtsetzung anzusehen [1], d.h. der Gouverneursrat ist bei seinen Einzelfallentscheidungen nicht nur an die Satzung des Fonds, sondern auch an die von ihm erlassenen generellen Beschlüsse gebunden. Gleiches gilt für das für die allgemeine Geschäftsführung des Fonds verantwortliche [2] Direktorium, das zudem die Entscheidungen des ihm übergeordneten Gouverneursrates zu beachten hat. [3] Für die Mitglieder bedeutet dies, daß ihnen durch die Beschlüsse legislativer Natur der IWF-Organe nicht nur - soweit diese hierzu berechtigt sind - Pflichten auferlegt werden können, sondern daß ihnen so u.U. auch Rechte zufließen, die bei Vorliegen der entsprechenden tatbestandlichen Voraussetzungen befriedigt werden müssen und deshalb Verpflichtungen des IWF darstellen.

Da aber Legislative und Exekutive in den beiden Organen des Fonds jeweils zusammentreffen, könnte man argumentieren, daß ein einer abstrakt-generellen Entscheidung eines Organs widersprechender konkret-individueller Beschluß des gleichen Gremiums nicht rechtswidrig, sondern als eine Abänderung bzw. Aufhebung des vorhergehenden grundsätzlichen Entscheids anzusehen ist. Bei dieser Betrachtungsweise würde z.B. ein Bescheid des Exekutivdirektoriums, mit dem dieses einen Antrag eines Mitglieds auf Ziehung von Devisen vom IWF trotz des Vorliegens aller tatbestandlichen Voraus-

---

1) W. Meng "Das Recht der Internationalen Organisationen - eine Entwicklungsstufe des Völkerrechts", S. 76; G. Stratmann "Der Internationale Währungsfonds", S. 214 f, 218

2) Art. XII Abs. 3 (a) IWF-Übereinkommen; vgl. E. Hexner "Das Verfassungs- und Rechtssystem des Internationalen Währungsfonds", S. 51

3) J. Gold "The Rule of Law in the International Monetary Fund", S. 5

setzungen eines gemäß Art. V Abs. 3 (a) des IWF-Übereinkommens ergangenen Geschäftsgrundsatzes über die Inanspruchnahme der allgemeinen IWF-Mittel ablehnt, eine konkludente Änderung der Norm darstellen. Wollte man dem folgen, so würde das sekundäre Recht des IWF weitgehend seines Sinnes entledigt, da hieraus weder Vorhersehbarkeit noch Rechtssicherheit, weder der Schutz von einzelnen Mitgliedern noch der von Minderheiten resultieren würde. Deshalb ist die Möglichkeit einer konkludenten Änderung bzw. Aufhebung von Normen durch konkret-individuelle Entscheidungen der Organe abzulehnen. Diese sind vielmehr so lange an die von ihnen jeweils selbst gesetzten Regelungen gebunden, wie diese nicht durch Zeitablauf (bei Terminierung) unwirksam oder formell aufgehoben [1] oder über die Notstandsregelung des Art. XXVII Abs. 1 des IWF-Übereinkommens suspendiert werden. Soweit die Satzung die Aufstellung solcher Normen vorsieht [2], ergibt sich dies bereits aus den konstitutionellen Erfordernissen. [3]

Die Bindung an bestehende Geschäftsgrundsätze wirft die Frage nach der Möglichkeit des Widerrufs desselben auf. Der ehemalige Leiter der Rechtsabteilung des IWF, Sir Joseph Gold, schreibt dem Fonds das Recht zu, jede seiner Entscheidungen zu widerrufen. [4] Dabei unterscheidet es zunächst nicht danach, ob der Beschluß nur Auswirkungen auf den Einzelfall hat oder ob er normsetzender Natur ist. Für den Bereich der

---

1) H. Schermers "International Institutional Law", S. 589 f

2) Vgl. z.B. Art. V Abs. 3 (a) IWF-Übereinkommen

3) So H. Schermes a.a.O., S. 590 für verfahrensrechtliche Regelungen. Dies muß m.E. um so mehr für Normen mit materiellrechtlichem Inhalt gelten.

4) J. Gold "Use of the International Monetary Fund's Resources: 'Conditionality' and 'Unconditionality' as Legal Categories", JILE 6/1971, S. 14, 25;
so auch E. Hexner "Das Verfassungs- und Rechtssystem des Internationalen Währungsfonds", S. 64;
H. Schermers a.a.O., S. 442 ff und S. 586 f, allgemein für internationale Organisationen

hier allein interessierenden generell-abstrakten Entscheidungen ist dem unter der Einschränkung zuzustimmen, daß für die Änderung wie für den Widerruf sowohl aus allgemeinen Rechtsgrundsätzen wie Treu und Glauben, Vertrauensschutz [1] und Gleichheitssatz [2] als auch aus der Satzung Bindungen resultieren können. So darf durch Widerruf von Geschäftsgrundsätzen nicht die Erfüllung der konstitutionellen Aufgaben unmöglich gemacht werden. Soweit das Abkommen den Beschluß von Richtlinien vorschreibt, entstehen hieraus zwar keine inhaltlichen Bindungen. Abänderungen solcher Normen sind insoweit daher unproblematisch, satzungswidrig wäre aber ein Widerruf sämtlicher Richtlinien [3].

Umstritten ist das Verhältnis des so umrissenen corpus juris des IWF, zu dem angesichts ihrer Bedeutung für das Gewohnheitsrecht sowie für billigkeits- und gleichheitsrechtliche Erwägungen bei späteren Entscheidungen auch noch die konkret-individuellen Beschlüsse der Fonds-Organe

---

1) Dem Prinzip des Vertrauensschutzes dürfte in diesem Zusammenhang aber keine große Bedeutung zukommen, da die Entscheidungen materiell-rechtlichen Inhalts zum Großteil ihre Überprüfbarkeit zu einem bestimmten Termin oder gar jederzeit vorsehen. Vgl. z.B. Decision No. 6783-(81/40) des Direktoriums betreffend die "Politik des Erweiterten Zugangs", in IMF "Selected Decisions of the International Monetary Fund and Selected Documents", Tenth Issue (1983), S. 40, 45; "Guidelines on Enlarged Access to Resources Permit Up to 450 Per Cent of Higher Quotas", IMF Survey vom 26. Januar 1981, S. 17, 21

2) Zur Geltung des Prinzips der Gleichheit von Staaten im Völkerrecht vgl. I. Seidl-Hohenveldern "Das Recht der Internationalen Organisationen einschließlich der Supranationalen Gemeinschaften", S. 12, 147, 168;
G. Jaenicke "Gleichbehandlung" und G. Leibholz "Gleichheit der Staaten" in K. Strupp / H. Schlochauer "Wörterbuch des Völkerrechts" Band I, S. 690 ff bzw. S. 694 ff;
I. Brownlie "Prinziples of Public International Law", S. 19, 280;
G. Dahm "Völkerrecht", Band I, S. 161 ff

3) Vgl. J. Gold "Legal and Institutional Aspects of the International Monetary System: Selected Essays", S. 427

gehören [1], zum allgemeinen Völkerrecht. [2] Richtigerweise ist das Fondsrecht nicht als eine eigene Rechtsordnung [3], sondern in seiner Gesamtheit als (partikuläres) Völkerrecht zu betrachten. [4] Diese Einstufung als Teil des Völkerrechts ändert nichts an der hiergegen als Argument vorgebrachten Regel [5], daß Nichtmitglieder des IWF durch das Abkommen

---

1) O. Schachter "Towards a Theory of International Obligation", in S. Schwebel (Hrsg.) "The Effectiveness of International Decisions", S. 18;
A. Verdross / B. Simma "Universelles Völkerrecht", S. 328;
R. Bernhardt in R. Bernhardt / H. Miehsler "Qualifikation und Anwendungsbereich des internen Rechts internationaler Organisationen", S. 16;
a.A. K. Skubiszewski "Enactment of Law by International Organizations", BYIL 41/1965-66, S. 201 f

2) Eine umfassende Darstellung des Streitstandes findet sich bei W. Meng "Das Recht der Internationalen Organisationen - eine Entwicklungsstufe des Völkerrechts", S. 149 ff

3) So aber u.a.
H. Schermers "International Institutional Law", S. 586;
A. Sereni "International Economic Institutions and the Municipal Law of States", RdC 96/1959 I, S. 143;
F. Seyersted "Applicable Law in Relations Between Intergovernmental Organizations and Private Parties", RdC 122/1967 III, S. 531 f;
J. Kramer "Die Rechtsnatur der Geschäfte des Internationalen Währungsfonds", S. 58;
H. Miehsler in R. Bernhardt / H. Miehsler a.a.O., S. 65 ff, der meint, daß auch der verbandsrechtliche Teil eines Gründungsvertrages Teil eines selbständigen Rechtssystems ist und deshalb nicht dem Völkerrecht zugeordnet werden kann (S. 82).
F. Zehetner ("Ansätze zu einem völkerrechtlichen Umschuldungsrecht?", ÖBA 6/1984, S. 212) spricht von einer "Sonderrechtsordnung des IWF", ohne näher auf deren Verhältnis zum Völkerrecht einzugehen.

4) I. Seidl-Hohenveldern "Das Recht der Internationalen Organisationen einschließlich der supranationalen Gemeinschaften", S. 219 f;
R. Bernhardt in R. Bernhardt / H. Miesler a.a.O., S. 24 m.w.N.;
W. Friedmann "The Changing Structure of International Law", S. 152;
W. Meng a.a.O., S. 209;
A. Tammes "Decisions of International Organs as a Source of International Law", RdC 94/1958 II, S. 266 m.w.N.
so wohl auch J. Gold "The Rule of Law in the International Monetary Fund", S. 5

5) Vgl. P. Wood "Law and Practice of International Finance", S. 2 - 19

keinen Bindungen unterworfen sind (pacta tertiis nec prosunt nec nocent) [1].

Für diese Qualifikation spricht, daß das IWF-Rechtssystem die internen Verhältnisse eines Völkerrechtssubjekts, des Fonds, und dessen Beziehungen zu anderen Völkerrechtssubjekten, den Staaten, regelt. Auch umgeht diese einheitliche Betrachtungsweise die Abgrenzungsschwierigkeiten bei der Feststellung des "internen Rechts" [2] einer internationalen Organisation [3], denen die Autoren unterliegen, die das "interne Recht" als eine eigene, vom Völkerrecht zu trennende Rechtsordnung ansehen. Festzustellen ist auch, daß durch diese Ansicht nichts gewonnen wird. Da angesichts der Erwähnung völkerrechtlicher Verträge in Art. 38 des IGH-Statuts die Zugehörigkeit des IWF-Abkommens zum Völkerrecht nicht bestritten werden kann [4], erweckt diese Lehre vielmehr den Eindruck, als wolle sie, sich dogmatischen Zwängen unterwerfend, ein einheitliches Rechtssystem zerreißen. Dies gilt um so mehr, da die internationalen Or-

---

1) F. Berber "Lehrbuch des Völkerrechts", Band I, S. 62; vgl. auch R. Jennings "Treaties as 'Legislation'", in G. Wilner (Hrsg.) "Jus et Societas", S. 160 ff; T. Elias "The Modern Law of Treaties", S. 59 ff; U. Scheuner "Internationale Verträge als Elemente der Bildung von völkerrechtlichem Gewohnheitsrecht", in "Festschrift für F.A. Mann", S. 411 und 429, der zu Recht auch darauf hinweist, daß eine Bindung für andere Staaten als die Signatare aber über den Weg der Bildung von Gewohnheitsrecht entstehen kann.

2) Soweit G. Balladore Pallieri ("Le droit interne des organisations internationales", RdC 127/1969 II, S. 36) meint, organisationsinterne Vorschriften seien kein Recht und deshalb die Existenz "internen Rechts" verneint, kann ihm nicht gefolgt werden.

3) Zu den verschiedenen Ansichten bezüglich des Umfangs des "internen Rechts" vgl. H. Schermers a.a.O., S. 585; H. Miehsler a.a.O., S. 72 ff m.w.N.

4) F. Mann "Studies in International Law", S. 572

ganisationen wohl unstreitig dem allgemeinen Völkerrecht und seinen Rechtsgrundsätzen unterliegen. [1)]

Der oben vertretenen Ansicht, nach welcher auch die Entscheidungen des IWF eine Völkerrechtsquelle darstellen, steht auch nicht der erwähnte Art. 38 des IGH-Statuts entgegen, der als Quellen von Völkerrecht nur

- internationale Übereinkünfte,
- internationales Gewohnheitsrecht,
- die allgemeinen Rechtsgrundsätze sowie
- (als Hilfsmittel zur Feststellung von Rechtsnormen) richterliche Entscheidungen sowie Lehrmeinungen

aufführt, nicht aber die Beschlüsse einer internationalen Organisation. Zum einen ist diese Norm nämlich offen, d.h. nicht abschließend [2)], zum anderen könnten sonst die Beschlüsse der Organe den völkerrechtlichen Verträgen, auf denen sie beruhen, zugeordnet werden.

---

1) R. Bernhardt in R. Bernhardt / H. Miehsler a.a.O., S. 29; S. Silard "Financial Institutions, Inter-governmental", in R. Bernhardt (Hrsg.) "Encyclopedia of Public International Law", Vol. V, S. 14; F. Seyersted "Applicable Law in Relations Between Intergovernmental Organizations and Private Parties", RdC 122/1967 III, S. 531; J. Gold "Internationales Recht und IWF", F&E Dezember 1977, S. 35; K. Ahluwalia "The Legal Status, Privileges and Immunities of the Specialized Agencies of the United Nations and Certain Other International Organizations", S. 48

2) W. Meng "Das Recht der Internationalen Organisationen - eine Entwicklungsstufe des Völkerrechts", S. 181 Fn. 130; A. Verdross / B. Simma "Universelles Völkerrecht", S. 259; vgl. auch O. Schachter "Towards a Theory of International Obligation", in S. Schwebel (Hrsg.) "The Effectiveness of International Decisions", S. 9 ff; A. Tammes "Decisions of International Organs as a Source of International Law", RdC 94/1958 II, S. 267 ff. So sieht denn auch M. Bothe ("Legal and Non-Legal Norms - A Meaningful Distinction in International Relations?", NYIL XI/1980, S. 76) "the instant general consensus of the international community, as expressed in the resolution (der Generalversammlung der Vereinigten Nationen) as a source of international law which is not mentioned in Article 38 of the ICJ Statute."

3. Rechtliche Qualifikation der finanziellen Unterstützung durch den IWF

Die Finanztransaktionen des Fonds weisen einige juristische Besonderheiten auf, die teilweise nicht nur im Völkerrecht einzigartig sind, sondern z.T. auch in den nationalen Rechtsordnungen keine Parallelen finden. Diese Aspekte sind im folgenden darzustellen.

a) Die "Kredit" - "Vereinbarungen" als mitwirkungsbedürftige Hoheitsakte

Der IWF stellt seinen Mitgliedsstaaten auf deren Antrag unter bestimmten Voraussetzungen, auf die noch näher einzugehen sein wird, durch eine auf Empfehlung des Geschäftsführenden Direktors ergangene Entscheidung des Exekutivdirektoriums [1] die von ihm gehaltenen Devisen für Finanzierungszwecke zur Verfügung. Dies geschieht entweder durch die Ermöglichung direkter, d.h. sofortiger Ziehungen der Devisen oder durch eine Bereitstellung derselben im Rahmen von Bereitschaftskreditvereinbarungen ("stand-by arrangements"). Zu letzteren gehören auch die "extended arrangements", die für eine spezielle Tranche, die Erweiterte Fonds Fazilität ("Extended Fund Facility") entwickelt wurden. Da der einzige Unterschied in einer längeren Laufzeit der extended arrangements (bis zu 10 Jahren [2] gegenüber einer Höchstgrenze von 3 Jahren für stand-by arrangements [3] besteht [4], können sie im folgenden gleich behandelt werden.

---

1) J. Gold "The Stand-By Arrangements of the International Monetary Fund", S. 40 ff

2) Decision No. 6830-(81/65) vom 22. April 1981, in IMF "Selected Decisions of the International Monetary Fund and Selected Documents", Tenth Issue (1983), S. 30

3) Decision No. 6056-(79/38) vom 2. März 1979, in IMF a.a.O., S. 21

4) J. Gold "Balance of Payments Transactions of the International Monetary Fund", in R. Rendell (Hrsg.) "International Financial Law: Lending, Capital Transfers and Institutions", S. 240

Die Bereitschaftskreditvereinbarungen waren weder in der ursprünglichen Fassung des IWF-Übereinkommens noch in dessen erster großer Novellierung erwähnt. [1] Ihre konstitutionelle Verankerung fanden sie vielmehr erst in Art. XXX (b) des IWF-Übereinkommens in der derzeit geltenden Fassung, nachdem sie sich nach einer Entscheidung des Exekutivdirektoriums im Jahre 1952 [2] bereits längst zum Hauptinstrument der Finanzhilfe des IWF entwickelt hatten. [3] Sinn und Zweck der Bereitschaftskreditvereinbarungen ist, den sofortigen Devisenbedarf eines Mitglieds zu befriedigen [4] und/oder diesem die Aufstellung und Durchführung von Strukturanpassungsprogrammen durch die Zusicherung zu ermöglichen, daß es zu einem bzw. mehreren späteren Zeitpunkten bei Erfüllung bestimmter Voraussetzungen ohne erneute Prüfung durch den Fonds und ohne nochmalige formelle Entscheidung des Exekutivdirektoriums zwecks Finanzierung dieses Programms in bestimmtem Umfang auf die Ressourcen des IWF zurückgreifen kann. [5] Somit lassen sich gewisse Parallelen zu den durch Banken eingeräumten Kreditlinien feststellen. [6]

---

1) R. Knieper "Zurichtung nationaler Politik durch internationales Recht?", KJ 3/1979, S. 275

2) Decision No. 102-(52/11), in IMF "Selected Decisions of the International Monetary Fund and Selected Documents" Fourth Issue (1970), S. 21 ff

3) J. Gold "Legal and Institutional Aspects of the International Monetary System: Selected Essays", S. 463

4) Die sofortige Bereitstellung der gesamten vereinbarten finanziellen Unterstützung erfolgt unter stand-by arrangements allerdings nur in echten Ausnahmefällen. Vgl. J. Gold "'... To Contribute Thereby To ... Development ...': Aspects of the Relations of the International Monetary Fund with Its Developing Members", CJTL 10/1971, S. 279

5) J. Gold "Financial Assistance by the International Monetary Fund", S. 12;
vgl. auch Art. I (v) des IWF-Übereinkommens

6) M. Shuster "The Public International Law of Money", S. 197;
R. Knieper a.a.O., S. 277;
J. Gold "The Stand-By Arrangements of the International Monetary Fund", S. 29: "... analogy of a confirmed line of credit.";
J. Kramer "Die Rechtsnatur der Geschäfte des Internationalen Währungsfonds", S. 108 f

Das auf "Abschluß" einer Bereitschaftskreditvereinbarung ausgerichtete Verfahren beginnt mit einer an den Geschäftsführenden Direktor des Fonds gerichteten Absichtserklärung ("letter of intent") des Mitglieds, in dem dieses um finanzielle Hilfe in bestimmter Höhe bittet und seine beabsichtigte Wirtschaftspolitik für den Zeitraum der Vereinbarung beschreibt. Des weiteren enthält das vom jeweiligen Finanzminister oder Präsidenten der Zentralbank unterzeichnete Schreiben gewisse makroökonomische Zielgrößen ("performance criteria") [1], die das Mitglied innerhalb eines bestimmten Zeitraums erreichen möchte. Diese macht es selbst zur Voraussetzung späterer Ziehungen von Devisen, indem es zusichert, daß es sich bei einer diesbezüglichen Erfolglosigkeit der Ziehung von Devisen enthalten werde, falls es nicht bei dann zu erfolgenden Konsultationen mit dem IWF zu neuen Vereinbarungen kommen sollte. [2]

Hält der Geschäftsführende Direktor das von dem den Antrag stellenden Mitglied beantragte Programm für erfolgversprechend, so empfiehlt er dem Exekutivdirektorium eine positive Entscheidung, die von dem ihm unterstehenden Personal des IWF [3] vorbereitet wurde. Diese Entscheidung stellt die eigentliche Bereitschaftskreditvereinbarung dar [4] und legt den Gesamtbetrag der finanziellen Unterstützung, die hierfür zu entrichtenden Gebühren, die jeweiligen Ziehungszeitpunkte und Laufzeiten sowie die genauen Voraussetzungen für die einzelnen Ziehungen fest. Außerdem inkorporiert sie den letter of intent durch Bezugnahme auf denselben. [5]

---

1) Vgl. unten S. 112 ff

2) Vgl. Absatz Nr. 9 des bei J. Gold "The Stand-By Arrangements of the International Monetary Fund", S. 60 ff abgedruckten letter of intent (Muster)

3) Art. XII Abs. 4 (b) IWF-Übereinkommen

4) Art. XXX (b) IWF-Übereinkommen;
J. Gold "Legal and Institutional Aspects of the International Monetary System: Selected Essays", S. 463

5) Vgl. das bei J. Gold "The Stand-By Arrangements of the International Monetary Fund", S. 57 ff abgedruckte Muster eines stand-by arrangements

Die Bereitschaftskreditvereinbarungen werden von einigen Autoren als (völkerrechtliche) Verträge qualifiziert. 1) Die Absichtserklärung des Mitglieds wird dabei als Angebot, die Entscheidung des Exekutivdirektoriums als dessen Annahme eingestuft.

Dieser Meinung kann nicht gefolgt werden, da in Art. XXX (b) des IWF-Übereinkommens die Bereitschaftskreditvereinbarungen nicht als Verträge definiert werden, sondern als

> "... a decision of the Fund by which a member is assured that it will be able to make purchases from the General Resources Account in accordance with the terms of the decision during a specified period and up to a specified amount."

Obige Definition wurde erst 1978 mit der 2. Novellierung des IWF-Übereinkommens in die Satzung aufgenommen. Hieraus resultierte aber weder eine Änderung der diesbezüglichen Rechtslage noch der Praxis beim Zustandekommen der Bereitschaftskreditvereinbarungen. Diese konnten bereits vorher nicht als völkerrechtliche Verträge qualifiziert werden, sondern stellten "nur" Entscheidungen des Exekutivdirektoriums dar. 2) Zum Ausdruck kommt diese Interpretation in einer Entscheidung des Direktoriums, in der dieses

---

1) J. Kramer "Die Rechtsnatur der Geschäfte des Internationalen Währungsfonds", S. 16 ff;
J. Fawcett "The International Monetary Fund and International Law", BYIL 40/1964, S. 75;
ders. "Trade and Finance in International Law", RdC 123/1968 I, S. 236;
so wohl auch E. Hexner "Das Verfassungs- und Rechtssystem des Internationalen Währungsfonds", S. 80;
ablehnend O. Wulff "Die Konditionalität des IWF", Die Bank 1985, S. 608

2) J. Gold "The Legal Character of the Fund's Stand-By Arrangements and Why It Matters", S. 2 ff

folgendes statuierte:

> "In view of the character of stand-by arrangements, language having a contractual flavor will be avoided in the stand-by documents". 1)

Die Gründe, die den Fonds zum Erlaß obiger Entscheidung sowie zur Aufnahme der zitierten Definition in der Satzung veranlaßten, sind u.a. die folgenden:

- Der IWF befürchtete, daß sich die öffentliche Meinung in einem Mitgliedsland (eventuell nach Aufstachelung durch die jeweilige politische Opposition) gegen ein Abkommen wenden würde, durch das sich eine Regierung zur Durchführung einer bestimmten Politik verpflichtet und so ihre Freiheit und Souveränität einschränkt. Als Resultat hieraus sah man ein Schwinden der Attraktivität der Bereitschaftskreditabkommen und damit verbunden ein Unterlassen bzw. Hinauszögern erforderlicher Anpassungsmaßnahmen voraus.

- Eine präzise, dem Bestimmtheitsgrundsatz genügende vertragliche Festschreibung eines verabredeten Wirtschaftsprogrammes wurde nicht für möglich gehalten. Außerdem sollte eine gewisse Flexibilität erhalten bleiben, Programmpunkte während der Laufzeit der Bereitschaftskreditvereinbarung veränderten wirtschaftlichen Rahmenbedingungen anzupassen.

- Der Fonds wollte einem Mitglied die Peinlichkeit ersparen, im Falle des Nichterreichens eines gesetzten Ziels als Verletzer einer völkerrechtlichen Verpflichtung angesehen zu werden.

---

1) Decision No. 2603-(68/132) vom 20. September 1968, in IMF "Selected Decisions of the International Monetary Fund and Selected Documents", Eighth Issue (1976), S. 49; J. Gold ("Legal and Institutional Aspects of the International Monetary System: Selected Essays", S. 464) räumt ein, daß bis zu dieser Entscheidung die Rechtsnatur der Bereitschaftskreditvereinbarungen unklar und ihre Qualifikation als Verträge vertretbar war.

- Ein völkerrechtlicher Vertrag müßte nach den jeweiligen konstitutionellen Vorschriften der nationalen Rechtsordnung des betroffenen Mitglieds ratifiziert und so transformiert werden. Außerdem wäre dann eine Registrierung und Veröffentlichung gemäß Art. 102 der UN-Charta erforderlich. Die Qualifikation als Entscheidung des Direktoriums ermöglicht hingegen eine relativ schnelle und zudem vertrauliche Abwicklung. [1]

Den Vertretern der Vertragstheorie kann zugute gehalten werden, daß obige Argumentation wenig überzeugend ist. Zum einen handelt es sich bei diesen durchweg politischen Erwägungen teilweise "um Zirkelschlüsse, bei denen von einer unerwünschten Konsequenz auf die Charakterisierung zurückverwiesen wird: die Definition wird gewählt, um die unerwünschte Konsequenz zu vermeiden". [2] Dies wird deutlich durch die - durch die Qualifikation als Entscheidungen statt als Völkerrechtsverträge erzielte - Umgehung der Registrations- und Publikationsvorschriften des Art. 102 der UN-Charta [3], die

---

1) Zu diesen sowie weiteren Gründen vgl. J. Gold "The Legal Character of the Fund's Stand-By Arrangements and Why It Matters", S. 5 ff;
R. Knieper "Zurichtung nationaler Politik durch internationales Recht?", KJ 3/1979, S. 276;
P. Wood "Law and Practice of International Finance", S. 4 - 171 f

2) R. Knieper a.a.O., S. 277

3) J. Kramer ("Die Rechtsnatur der Geschäfte des Internationalen Währungsfonds", S. 56) hält - obwohl der Vertragstheorie folgend - die "Devisengeschäfte" des Fonds mit seinen Mitgliedern für nicht nach dieser Vorschrift registrierungspflichtig. Art. 102 der UN-Charta gelte nur für von Völkerrechtssubjekten abgeschlossene Verträge, die dem Völkerrecht unterstehen. Hier fände er aber keine Anwendung, da die Mitgliedsstaaten nicht in ihrer Eigenschaft als Völkerrechtssubjekte handelten und auch nicht mit dem Fonds auf der Ebene rechtlicher Gleichheit und Unabhängigkeit verkehren würden. Auch leiteten die Geschäfte des IWF mit seinen Mitgliedern ihre Geltung aus dem internen Fondsrecht ab. Dieser Begründung ist nicht zuzustimmen, da das Fondsrecht als Teil des Völkerrechts anzusehen ist (s.o. S. 35) und die Staaten sehr wohl in ihrer Eigenschaft als Völkerrechtssubjekte handeln. Einleuchtender für Kramers Ergebnis erschiene vielmehr eine auf gewohnheitsrechtlichen Grundsätzen basierende Argumentation.

von der Weltbank bei deren Kreditvergabe beachtet werden [1], ohne daß hieraus Probleme entstehen [2], sowie der konstitutionellen Ratifikationsnormen nationaler Rechtsordnungen [3].

Auch die innenpolitische Problematik wird auf diese Weise nicht umgangen, da die stand-by arrangements größtenteils standardisiert sind und da oftmals Delegationen des IWF die Staaten bei der Abfassung eines letter of intent unterstützen. Hierbei haben die Fondsmitarbeiter relativ großen Einfluß, weil sie über die Anforderungen des Fondsdirektoriums an das durchzuführende Anpassungsprogramm informiert sind und diese deshalb bei der Ausarbeitung der Absichtserklärung berücksichtigen werden, da nur so eine Chance der Annahme des Ziehungsantrags durch das Exekutivdirektorium besteht. [4] Dies erweckt oftmals den nicht immer gänzlich ungerechtfertigen Eindruck des Oktroyierens eines Anpassungsprogramms, was in der Vergangenheit in den betroffenen Mitgliedsstaaten bereits mehrfach zu (blutig

---

1) A. Broches "International Legal Aspects of the Operations of the World Bank", RdC 98/1959 III, S. 353 ff

2) Einzuräumen ist freilich, daß die Zahlungsbilanzfinanzierung durch den IWF eher Devisenspekulationen auslösen kann als die Finanzierung von Projekten durch die Weltbank. Obwohl dieser Aspekt bis zu einem gewissen Grad auch für Publikationen nach Erlaß einer Bereitschaftskreditvereinbarung relevant ist, veröffentlicht der IWF Pressekommuniqués, in denen er solche Entscheidungen bekannt gibt. Vgl. J. Gold "The Stand-By Arrangements of the International Monetary Fund", S. 54 und 256 ff;
O. Wulff ("Die Konditionalität des IWF", Die Bank 1985, S. 608 Fn. 29) meint wohl zu Recht, es wäre nicht unwahrscheinlich, "daß manches Bereitschaftskreditabkommen nicht rechtskräftig geworden wäre, wenn das Abkommen wie ein internationaler Vertrag hätte ratifiziert werden müssen".

3) Das hieraus resultierende Fehlen des jeweiligen Transformationsprozesses dürfte allerdings nicht die Gefahr rechtlicher Komplikationen in sich bergen, da die Mitgliedsstaaten mit ihren Zustimmungsgesetzen zur 2. Novellierung des IWF-Übereinkommens auch die Definition der Bereitschaftskreditabkommen als Entscheidungen gebilligt haben.

4) J. Gold "The Stand-By Arrangements of the International Monetary Fund", S. 41

verlaufenden) Unruhen führte. Letztendlich ist auch das Argument der Rücksichtnahme auf den Ruf des Mitglieds als wertlos anzusehen, da auch bei Qualifikation der Bereitschaftskreditvereinbarungen als Entscheidungen des Fonds ein Nichterreichen bestimmter Programmpunkte zur Suspendierung der Devisenziehungsrechte führen kann [1] und dies für das Ansehen eines Mitglieds, insbesondere auf den internationalen Kapitalmärkten, alles andere als förderlich sein dürfte.

Dennoch sind die Bereitschaftskreditvereinbarungen nicht als völkerrechtliche Verträge, sondern als Beschlüsse des IWF anzusehen. [2] Entscheidendes Argument hierfür ist das Fehlen eines rechtsgeschäftlichen animus contrahendi [3], der auch nach völkerrechtlichem Vertragsrecht für das Zustandekommen eines Vertrages erforderlich ist. Dieser ist zumindest auf seiten des IWF nicht vorhanden. Da dies den Mitgliedern angesichts der konstitutionellen Festschreibung in Art. XXX (b) des IWF-Übereinkommens sowie der bereits oben zitierten Entscheidung des Exekutivdirektoriums aus dem

---

1) J. Gold "Certain Aspects of the Law and Practice of the International Monetary Fund", in S. Schwebel (Hrsg.) "The Effectiveness of International Decisions", S. 80

2) P. Wood "Law and Practice of International Finance", S. 4 - 172 f;
P. Behrens "Allgemeine Aspekte der Verschuldungskrise", in L. Späth / H. Dräger "Zielsetzung Partnerschaft. Die weltwirtschaftliche Bedeutung von Auslandsinvestitionen und Technologietransfer", S. 353;
F. Zehetner "Ansätze zu einem völkerrechtlichen Umschuldungsrecht?", ÖBA 6/1984, S. 216 Fn. 33, der auf die Bedeutung einer exakten Qualifikation im Hinblick auf etwaige Rechtsfolgen aus der Nichteinhaltung eines stand-by-arrangements hinweist.
J. Gold u.a. in "The Legal Character of the Fund's Stand-By Arrangements and Why It Matters", wo er mit jeweils ablehnender Schlußfolgerung untersucht, inwieweit Bereitschaftskreditvereinbarungen als Gentlemen's Agreements, bindende einseitige Erklärungen oder nicht durchsetzbare Verträge anzusehen sind (S. 19 ff)

3) P. Wood a.a.O., S. 4 - 172 f;
J. Gold "The Legal Character of the Fund's Stand-By Arrangements and Why It Matters", S. 12

Jahre 1968 und einer weiteren aus dem Jahre 1979 [1] auch bekannt ist, erscheint die Vertragstheorie unhaltbar. Wer dieser Argumentation entgegenhält, Verhandlungspartner könnten zwar festlegen, ob das Ergebnis einer Verhandlung verbindlichen Charakter haben soll oder nicht, nicht aber eine Entscheidung über die Rechtsnatur gegen die vorliegenden inhaltlichen Kriterien zu treffen [2], übersieht die Rechtsetzungsbefugnis des IWF [3], die es ihm im Gegensatz zu gleichrangigen Partnern ermöglicht, festzusetzen, ob er rechtliche Beziehungen durch Vertrag oder in anderer Form regelt.

Die Qualifikation als Beschlüsse des Fonds wirft die Frage auf, inwieweit sich diese in bekannte juristische Konzepte einordnen lassen. Nach näherer Betrachtung des gesamten Fondsrechts sowie der aus einer Bereitschaftskreditvereinbarung für Fonds und Mitglied resultierenden Verpflichtungen [4] ist festzustellen, daß es sich hierbei um Hoheitsakte handelt, die angesichts des Antragserfordernisses [5]

---

1) Decision No. 6056-(79/38) vom 2. März 1979, in IMF "Selected Decisions of the International Monetary Fund and Selected Documents", Tenth Issue (1983), S. 21, wo ausdrücklich statuiert wird, daß Bereitschaftskreditvereinbarungen keine internationalen Verträge sind.

2) R. Knieper "Zurichtung nationaler Politik durch internationales Recht?", KJ 3/1979, S. 277

3) Die Kompetenz internationaler Organisationen zur Setzung eines eigenen Rechts bestreitet H. Peters "Internationale Entwicklungsfinanzierung: Die Rolle der International Finance Corporation im Entwicklungsprozeß", S. 216

4) Siehe unten S. 56 ff, 111 ff

5) Vgl. Art. V Abs. 2 (a) IWF-Übereinkommen; G. Stratmann "Der Internationale Währungsfonds", S. 230 f

mitwirkungsbedürftig sind. [1]

So ist eine Bereitschaftskreditvereinbarung eine individuell-konkrete Entscheidung einer internationalen Organisation auf dem Gebiet des Völkerrechts, die auf unmittelbare Rechtswirkung nach außen gerichtet ist. Diese Entscheidung trägt auch hoheitliche Züge. Prinzipiell ist das die Entscheidungen des Fonds regierende Völkerrecht [2] zwar ein Recht der Gleichordnung. [3] Dennoch ist die Existenz eines völkerrechtlichen Verwaltungsrechts mit subordinations-

---

1) J. Kramer "Die Rechtsnatur der Geschäfte des Internationalen Währungsfonds", S. 59 f, der aber trotzdem Bereitschaftskreditvereinbarungen für Verträge hält.
E. Hexner ("Das Verfassungs- und Rechtssystem des Internationalen Währungsfonds", S. 13, 26, 58 ff) spricht von Verwaltungsakten des Fonds, ohne dies näher zu begründen.
Nach I. Seidl-Hohenveldern ("Das Recht der Internationalen Organisationen einschließlich der Supranationalen Gemeinschaften", S. 218) äußert sich das Tätigwerden einer internationalen Organisation (nicht nur) "in der Setzung von Einzelakten, die, wenn sie von einem Staat vorgenommen würden, Verwaltungsakte wären, ...".
Ablehnend G. Stratmann "Der Internationale Währungsfonds", S. 209

2) J. Gold "Legal and Institutional Aspects of the International Monetary System: Selected Essays", S. 225;
H. Miehsler (R. Bernhardt / H. Miehsler "Qualifikation und Anwendungsbereich des internen Rechts internationaler Organisationen", S. 68) meint, ein stand-by arrangement sei "eine rechtsgeschäftliche Kreditgewährung zwischen zwei Völkerrechtssubjekten, bei der nicht mit Sicherheit ausgeschlossen werden kann, daß sie privatrechtlichen Charakter hat."

3) H. Mosler "Die Erweiterung des Kreises der Völkerrechtssubjekte", ZaöRV 22/1962, S. 38;
J. Hatschek "Völkerrecht im Grundriß", S. 1;
A. Verdross "Völkerrecht", S. 110

rechtlichen Zügen anerkannt. [1] So weisen auch weite Bereiche des spezifischen Fondsrechts den Charakter eines staatengemeinschaftlichen Verwaltungsrechts auf. Verwiesen sei nur auf die Bestimmungen über die Wechselkursregelungen und deren Überwachung (Art. IV Abs. 2 und 3) [2], über die (Wieder-) Einführung eines Wechselkurssystems auf der Grundlage stabiler, aber anpassungsfähiger Paritäten (Art. IV Abs. 4) sowie über die Einführung von Zahlungsverkehrsbeschränkungen und diskriminierenden Währungspraktiken (Art. VIII Abs. 2 und 3) [3]. Demnach läßt sich eine Rechtsstellung der Überlegenheit des Fonds gegenüber seinen Mitgliedern feststellen. [4] Daß er eine solche auch bei der Bereitstellung finanzieller Mittel innehat, zeigen u.a. Art. V Abs. 4 des IWF-Übereinkommens, nach dem der IWF nach eigenem Ermessen auf konstitutionelle Ziehungsvoraussetzungen verzichten kann, sowie Art. V Abs. 5,

---

1) A. Verdross a.a.O., S. 589 f, der den Unterschied zum internationalen Verwaltungsrecht betont, das den Inbegriff der innerstaatlichen Normen darstellt, die regeln, welche Tatbestände nach fremdem Verwaltungsrecht zu beurteilen sind.
J. Kramer a.a.O., S. 58 f;
E. Steindorff "Verwaltungsrecht, Internationales" in K. Strupp / H. Schlochauer "Wörterbuch des Völkerrechts", Band III, S. 581 ff;
C. Jenks "The Proper Law of International Organisations", XXXI ff;
E. Hexner ("Das Verfassungs- und Rechtssystem des Internationalen Währungsfonds", S. 26) bezeichnet die Mitgliedsstaaten als Verwaltungssubjekte des Fonds.
C. Alexandrowicz "World Economic Agencies", S. 181

2) Vgl. hierzu J. Gold "SDRs, Currencies, and Gold: Fifth Survey of New Legal Developments", S. 43 ff;
J. Gold "Developments in the International Monetary System, the International Monetary Fund and International Monetary Law Since 1971", RdC 174/1982 I, S. 220 ff

3) Vgl. hierzu J. Gold "Use, Conversion, and Exchange of Currency Under the Second Amendment of the Fund's Articles", S. 3 ff

4) J. Kramer a.a.O., S. 59, der aber zu Recht darauf hinweist, daß dieser rechtlichen Überlegenheit infolge von Abhängigkeiten politischer Art und Rücksichten auf nationale Souveränitätsansprüche keine tatsächliche entspricht.

durch den dem Fonds bei Vorliegen gewisser Umstände die Möglichkeit eingeräumt wird, die Inanspruchnahme seiner Devisen für bestimmte Mitglieder zu beschränken.

Die Auswirkungen dieser Qualifikation der Bereitschaftskreditabkommen als mitwirkungsbedürftige Hoheitsakte auf die Rechte und Pflichten des IWF und seiner Mitglieder werden noch aufzuzeigen sein. Hier verbleibt festzustellen, daß diese dem Völkerrecht unterstehende Finanzierungshilfe durch Hoheitsakt nicht nur zur bundesdeutschen Subventionspraxis [1] Parallelen aufweist, sondern auch zu der der Vereinigten Staaten, wo Regierungsgelder ebenfalls durch Hoheitsakte und nicht durch Verträge zugeteilt werden [2].

Wie die Bereitschaftskreditvereinbarungen sind auch die Entscheidungen des Exekutivdirektoriums, durch die einem Mitglied die direkte Ziehung von Devisen gestattet wird, nicht als Bestandteil eines völkerrechtlichen Vertrages anzusehen. Vielmehr sind auch sie als Hoheitsakte zu qualifizieren, obwohl für sie eine dem Art. XXX (b) entsprechende Regelung im IWF-Übereinkommen fehlt und auch keine generell-abstrakten Entscheidungen des Direktoriums bekannt sind, in denen dieses wie für die Bereitschaftskreditvereinbarungen die Charakterisierung als völkerrechtliche Verträge ablehnt. Einzuräumen ist auch, daß für direkte Ziehungen nicht immer Anpassungsprogramme zur Voraussetzung gemacht werden [3], so daß ein Teil der oben er-

---

1) Vgl. H. Wolff / O. Bachof "Verwaltungsrecht", Band III, S. 301 ff, 309 f;
H. Bull "Allgemeines Verwaltungsrecht", S. 292;
H. Maurer "Allgemeines Verwaltungsrecht", S. 334 ff

2) Vgl. K. Davis "Administrative Law Treatise", Vol. I, S. 295

3) So nicht bei Ziehungen in der Reservetranche; J. Gold "Financial Assistance by the International Monetary Fund", S. 20;
vgl. auch Art. V Abs. 3 (c) IWF-Übereinkommen

wähnten Argumente für die Qualifikation der Bereitschaftskreditabkommen als Entscheidungen des Fonds nicht für alle direkten Ziehungen Anwendung findet. Da aber auch hier weder eine Registrierung gemäß Art. 102 der UN-Charta noch eine Transformation in die nationalen Rechtsordnungen durch Ratifikation stattfindet und auch Anzeichen für einen hier (auf seiten des Fonds) vorliegenden animus contrahendi ebensowenig ersichtlich sind wie sonstige Gründe für eine unterschiedliche Behandlung, sind die direkte Ziehungen betreffenden Entscheidungen des IWF denen gleichzusetzen, mit denen einem Mitglied ein stand-by arrangement (bzw. extended arrangement) eingeräumt wird.

Als Ergebnis kann insoweit deshalb festgehalten werden, daß der verpflichtende Bestandteil der finanziellen Unterstützung eines Mitglieds durch den IWF jeweils nicht einen völkerrechtlichen Vertrag, sondern einen mitwirkungsbedürftigen Hoheitsakt darstellt.

b) Abwicklung der Finanzhilfe

aa) Kauf statt Anleihe

Die Bereitstellung finanzieller Mittel durch den IWF erfolgt nicht - wie im nationalen und auch internationalen Bereich sonst üblich - durch Kreditvergabe. Vielmehr verkauft der Fonds gemäß Art. V Abs. 2 (a) des IWF-Übereinkommens einem Mitglied gegen dessen Währung Sonderziehungsrechte oder die Währung anderer Mitglieder, die er in einem seiner Konten [1], dem Allgemeinen Konto (General Resources Account), hält, wohingegen die spätere Rückführung regelmäßig durch einen entsprechenden Rückkauf erfolgt. [2] Diese Verfahrensweise, die ökonomisch freilich der Vergabe von Krediten entspricht [3], hat zur Folge, daß durch die Devisentransaktionen des IWF nicht der Wert seiner Währungsbestände verändert wird, sondern nur deren Zusammensetzung [4].

---

1) Die verschiedenen Konten des IWF sind aufgeführt bei: J. Gold "New Directions in the Financial Activities of the International Monetary Fund", IL 13/1979, S. 449; J. Gold "Balance of Payments Transactions of the International Monetary Fund" in R. Rendell (Hrsg.) "International Financial Law: Lending, Capital Transfers and Institutions", S. 237 f

2) J. Gold "Financial Assistance by the International Monetary Fund", S. 10 f; P. Wood "Law and Practice of International Finance", 4-170

3) J. Fleming "The International Monetary Fund: Its Form and Functions", S. 28; G. Stratmann "Der Internationale Währungsfonds", S. 203 m.w.N.; P. Allen "The Recent Shift in United States Policies Toward the International Monetary Fund and the World Bank", VJTL 16/1983, S. 8; F. Mann "Money in Public International Law", RdC 96/1959 I, S. 24 f, der aber auch darauf hinweist, daß "if the point should become important it would not be permissible in law to allow the economics of the transactions to override their legal nature as plainly indicated by the language of the Agreement."

4) D. Williams "Erhöhung der Fondsressourcen: Kredite", F&E September 1976, S. 19; J. Gold "Financial Assistance by the International Monetary Fund", S. 7

bb)Ausnahmen: Trust Fund und Strukturanpassungsfazilität

Kredite im juristischen Sinn vergab der Fonds bislang dagegen nur über den mittlerweile ausgelaufenen [1] "Trust Fund". Durch diesen stellte er den ärmsten seiner Mitglieder die beim Verkauf von 25 Millionen Unzen Gold aus seinen Beständen erzielte Differenz zwischen dem offiziellen Buchwert und dem Verkaufskurs zu einem Zinssatz von 0,5 % p.a. [2] zur Verfügung. [3] Diese Kreditvergabe stellte keinen Verstoß gegen Art. V Abs. 2 (a) des IWF-Übereinkommens dar, nach dem sich die Transaktionen für Rechnung des Fonds vorbehaltlich anderslautender Bestimmungen des IWF-Übereinkommens auf Transaktionen beschränken, durch die einem Mitglied auf seinen Antrag gegen Zahlung seiner Währung Sonderziehungsrechte oder die Währungen anderer Mitglieder aus den allgemeinen Fondsmitteln zur Verfügung gestellt werden. Der IWF handelte bei der Kreditvergabe nämlich nicht auf eigene Rechnung, sondern als Treuhänder [4], so daß die Zulässigkeit dieser Politik nach Art. V Abs. 2 (b) zu bejahen war [5].

Seit 1986 werden Kredite auch unter der neu geschaffenen Structural Adjustment Facility [6] vergeben, die im Rahmen

---

1) Vgl. Decision No. 5069-(76/72) vom 5. Mai 1976 (Sec. II Par. 1), in IMF "Selected Decisions of the International Monetary Fund and Selected Documents", Tenth Issue (1983), S. 302 ff (S. 307)

2) Decision No. 5069-(76/72) vom 5. Mai 1976 (Sec. I Par. 4 b) a.a.O., S. 304 f

3) J. Gold "Legal and Institutional Aspects of the International Monetary System: Selected Essays", S. 61, 516 f;
J. Gold "Financial Assistance by the International Monetary Fund", S. 36;
A. Weber "Die Satzungsnovelle des Internationalen Währungsfonds und das Völkerrecht", in "Festschrift für F.A. Mann", S. 843;
vgl. auch Anhang B, Par. 7 IWF-Übereinkommen

4) Decision No. 5069-(76/72) vom 5. Mai 1976 (Introductory Section) a.a.O., S. 303;
J. Gold "Balance of Payments Transactions of the International Monetary Fund" in R. Rendell (Hrsg.) "International Financial Law: Lending, Capital Transfers and Institutions", S. 238

5) J. Gold "Legal and Institutional Aspects of the International Monetary System: Selected Essays", S. 517 Fn. 127

6) Vlg. hierzu unten S. 98 ff

des "Special Disbursement Account" geführt wird. Die Rechtmäßigkeit dieses Ausnahmeprocederes ergibt sich aus Art. V Abs. 12 (f) (ii) des IWF-Übereinkommens, nach dem die auf diesem Konto befindlichen Guthaben für Transaktionen zu Gunsten von Mitgliedern (Entwicklungsländern) mit Zahlungsbilanzproblemen eingesetzt werden können, wenn diese Transfers im Einklang mit den Aufgaben des Fonds stehen und nicht schon von anderen Normen des Abkommens gedeckt werden.

cc) Auswahl der Währungen

Die Auswahl der im Zuge der Devisentransaktion vom Mitglied zu kaufende(n) Währung(en) erfolgt durch den Fonds. [1] Dem geht eine Konsultation des das Mitglied, dessen Währung für eine Ziehung in Betracht gezogen wird, vertretenden Exekutivdirektors durch den Geschäftsführenden Direktor voraus [2], allerdings ohne daß das Mitglied einen Verkauf seiner Währung durch sein Veto verhindern könnte. [3] Für die Wahl hat das Exekutivdirektorium - wie in Art. V Abs. 3 (d) des IWF-Übereinkommens vorgesehen - Geschäftsgrundsätze erlassen [4], nach denen folgende Faktoren für die Verwendung der Währung eines Mitglieds ausschlaggebend sind [5]:

---

1) J. Gold "Relations Between Banks' Loan Agreements and IMF Stand-By Arrangements", IFLR September 1983, S. 34.
Eine Ausnahme stellen auch in dieser Beziehung die Transaktionen unter der Strukturanpassungsfazilität dar, die in der Regel in US-Dollar erfolgen. Vgl. Par. 9 von Annex to Decision No. 8238-(86/56) SAF vom 26. März 1986, in IMF "Selected Decisions of the International Monetary Fund and Selected Documents", Twelfth Issue (1986), S. 136 f

2) M. Shuster "The Public International Law of Money", S. 192 f

3) J. Gold "Financial Assistance by the International Monetary Fund", S. 11;
P. Wood "Law and Practice of International Finance", S.4-180

4) Decision No. 6774-(81/35) vom 5. März 1981, in IMF "Selected Decisions of the International Monetary Fund and Selected Documents", Tenth Issue (1983), S. 96 ff

5) Diese bereits vor dieser Entscheidung etablierten Auswahlkriterien sind näher dargestellt bei J. Horsefield (Hrsg.) "The International Monetary Fund 1945 - 1965" II, S. 451 ff

- Zahlungsbilanzsituation des Mitglieds
- Reservesituation des Mitglieds
- Höhe der Fondsbestände in dieser Währung
- Entwicklung des Kurses der Währung an den internationalen Devisenmärkten.

Unter Berücksichtigung der erwähnten Aspekte erstellt das Direktorium vierteljährlich ein Betriebsbudget, in dem es die Währungen und deren jeweilige Beträge, die es während des nächsten Quartals für Ziehungen bereitstellen wird, festsetzt. [1)]

Das IWF-Übereinkommen räumt einem Mitglied für den Regelfall keinen Anspruch auf Kauf einer bestimmten Währung ein. Die Mitglieder sind vielmehr nur dann zum Kauf der Währung eines bestimmten anderen Mitglieds berechtigt, wenn sie den Kauf dieser Währung beantragen, weil sie einen entsprechenden Betrag ihrer eigenen Währung erwerben möchten, den das andere, d.h. das die Währung emittierende Mitglied angeboten hat. [2)] Auch dieser Anspruch entfällt, wenn der Fonds gemäß Art. VII Abs. 3 des IWF- Übereinkommens erklärt hat, daß seine Bestände an dieser Währung knapp geworden sind. [3)]
Diese Regelung, nach der ein Mitglied normalerweise kein Recht auf Kauf der Devisen eines bestimmten Mitglieds hat, erweist sich aber für einen Staat, dessen Zahlungsbilanz Defizite aufweist, als nicht problematisch. Während früher vor Rückkehr zur de facto und de jure Konvertibilität der Währungen der wichtigsten Handelsnationen (1958 bzw. 1961) sich für die meisten Länder nur der US-Dollar zur Zahlungs-

---

1) J. Gold "Order in International Finance, the Promotion of IMF Stand-By Arrangements, and the Drafting of Private Loan Agreements", S. 28;
F. Roessler "Pressures to Adjust Balance of Payments Disequilibria: An Analysis of the Powers of the International Monetary Fund", IO 30/1976, S. 445;
vgl. auch Rules and Regulations, Rule O - 10

2) Art. V Abs. 3 (d) IWF-Übereinkommen

3) Vgl. hierzu G. Stratmann "Der Internationale Währungsfonds", S. 170 ff;
F. Roessler a.a.O., S. 439 ff;
J. Gold "Legal and Institutional Aspects of the International Monetary System: Selected Essays", S. 207 ff

bilanzfinanzierung eignete und deshalb die am häufigsten von den Mitgliedern vom Fonds gekaufte Währung war [1], können heute nämlich alle von IWF-Mitgliedern emittierten Währungen von einem anderen Mitgliedsstaat zur Bereinigung seiner Zahlungsbilanzdefizite verwendet werden. Hierzu ist, falls vom Fonds eine andere als die beantragte Währung bereitgestellt wird [2], ein Umtausch der gekauften Devisen in die benötigten erforderlich. Dieser kann auf den internationalen Kapitalmärkten erfolgen, wenn das Mitglied eine frei verwendbare Währung vom Fonds kaufen konnte, d.h. die Währung eines Mitglieds, die nach Feststellung des Fonds bei Zahlungen für internationale Geschäfte verbreitet Verwendung findet und auf den wichtigsten Devisenmärkten stark gehandelt wird [3]. Diese Voraussetzungen erfüllen nach einer Entscheidung des IWF die Deutsche Mark, der französische Franc, der japanische Yen, das britische Pfund sowie der US Dollar [4]. Hat der Fonds dagegen dem Mitglied eine nicht frei verwendbare Währung verkauft, so kann dieses versuchen, die Devisen am Devisenmarkt in die benötigte Währung umzutauschen, oder es kann von dem ihm durch Art. V Abs. 3 (e) des IWF-Übereinkommens eingeräumten Recht Gebrauch machen. Nach dieser Norm hat das Mitglied einen Anspruch gegen den Emittenten der gekauften, nicht frei verwendbaren Währung auf Umtausch in eine der (derzeit) fünf frei verwendbaren [5], die allerdings der Anspruchs-

---

1) M. Shuster "The Public International Law of Money", S. 192; J. Fleming "The International Monetary Fund: Its Form and Functions", S. 42

2) Zu den Verwendungsmöglichkeiten von auf Antrag vom Fonds verkauften Sonderziehungsrechten siehe unten S. 143 ff

3) Art. XXX (f) IWF-Übereinkommen

4) Decision No. 5719-(78/46) vom 31. März 1978, in IMF "Selected Decisions of the International Monetary Fund and Selected Documents", Tenth Issue (1983), S. 301

5) J. Gold "Relations Between Banks' Loan Agreements and IMF Stand-By Arrangements", IFLR September 1983, S. 34, der auch darauf hinweist, daß ein Mitglied bei Ziehung einer frei verwendbaren Währung vom Fonds gegen deren Emittenten keinen Anspruch auf Umtausch in eine andere frei verwendbare Währung hat.

gegner auswählen kann. Der Wechselkurs dieser Transaktion muß so festgesetzt werden, daß das Mitglied den gleichen Betrag in der frei verwendbaren Währung erhält, den es bekommen hätte, wenn der Fonds ihm diese verkauft hätte. [1] Falls die so erhaltenen Devisen nicht die benötigten sind, kann der Umtausch am Devisenmarkt erfolgen.

dd) Rückkauf oder Verkauf durch den Fonds

Die Rückabwicklung der Devisentransaktion erfolgt entweder indem das Mitglied, das vom Fonds die Währung eines anderen gekauft hatte, seine eigene Währung vom IWF zurückkauft oder indem der Fonds diese an ein anderes Mitglied verkauft. [2] Beides hat die gleichen juristischen Auswirkungen auf die Rückkaufsverpflichtung des Mitglieds, d.h. diese wird durch einen Verkauf der Devisen durch den IWF pro tanto erfüllt. [3]

Der Rückkauf durch das Mitglied wird nicht unbedingt mit der gekauften Währung abgewickelt, sondern gemäß Art. V Abs. 7 (i) des IWF-Übereinkommens mit Sonderziehungsrechten oder mit vom Fonds bestimmten Währungen anderer Mitglieder, die nach den gleichen Aspekten ausgewählt werden wie diejenigen, die der Fonds für Ziehungen bereitstellt. [4] Die Fälligkeit des Rückkaufs wird durch Art. V Abs. 7 des IWF-Übereinkommens geregelt, dessen Bestimmungen z.T. in den Vereinbarungen wiederholt bzw. konkretisiert werden.

---

1) J. Gold "Use, Conversion, and Exchange of Currency under the Second Amendment of the Fund's Articles", S. 71 ff

2) P. Wood "Law and Practice of International Finance", S. 4 - 170;
J. Gold "The Relationship Between the International Monetary Fund and the World Bank", CrLR 15/1982, S. 502 f

3) J. Gold "Legal and Institutional Aspects of the International Monetary System: Selected Essays", S. 46

4) J. Gold "Financial Assistance by the International Monetary Fund", S. 26 f;
vgl. auch jeweils Ziffer 8 c der Muster der stand-by und extended arrangements bei J. Gold a.a.O., S. 46 ff

Danach gilt für den Rückkauf der Fondsbestände in der Währung des jeweiligen Mitglieds, soweit sie infolge von Käufen unter der jeweiligen Vereinbarung gemäß Art. V Abs. 8 (b) gebührenpflichtig sind, d.h. 100 Prozent der Subskriptionsquote übersteigen, folgende Regelungen:

- Rückkäufe können jederzeit erfolgen (Art. V Abs. 7 (a)).

- Der Fonds erwartet, daß ein Mitglied entsprechend der Verbesserung seiner Zahlungsbilanz - und Reservesituation Rückkäufe tätigt (Art. V Abs. 7 (b) Satz 1). [1]

- Dieses hat diese Bestände zurückzukaufen, wenn der Fonds in Einklang mit den von ihm beschlossenen Geschäftsgrundsätzen für Rückkäufe [2] und nach Konsultation mit dem Mitglied diesem mitteilt, daß es wegen einer Verbesserung seiner Zahlungsbilanz - und Reservesituation zurückkaufen soll (Art. V Abs. 7 (b) Satz 2).

- Außerdem wird ein Termin festgesetzt, an dem ein Rückkauf spätestens zu erfolgen hat bzw. im Falle der Vereinbarung des Rückkaufs in Raten spätestens abgeschlossen sein muß (Art. V Abs. 7 (c)). Die so vereinbarte äußerste Laufzeit variiert je nach Tranche, unter der die Ziehung

---

1) In Decision No. 5703-(78/39) vom 22. März 1978 in der Fassung von Decision No. 6862-(81/81) vom 13. Mai 1981 (IMF "Selected Decisions of the International Monetary Fund and Selected Documents", Tenth Issue (1983), S. 105 ff) werden für gewisse special policies weitere Umstände statuiert, bei deren Vorliegen der IWF vorzeitige Rückkäufe durch das Mitglied erwartet.

2) Decision No. 5704-(78/39) vom 22. März 1978, Decision No. 6172-(79/101) vom 28. Juni 1979, in IMF a.a.O., S. 101 f bzw. S. 103 ff

erfolgt, und beträgt höchstens 10 Jahre [1]. Gemäß Art. V Abs. 7 (g) kann der IWF die Erfüllung einer Rückkaufsverpflichtung hinausschieben, bis die sich aus den Geschäftsgrundsätzen des Fonds ergebende Höchstlaufzeit erreicht ist. Diese kann allerdings überschritten werden, wenn die fristgemäße Erfüllung für das Mitglied eine außergewöhnliche Härte bedeuten würde. Angesichts der Praxis des IWF, Anträgen von Mitgliedern auf aufeinanderfolgende Bereitschaftskreditvereinbarungen stattzugeben, [2] dürfte diese Einschränkung aber nicht von großer praktischer Relevanz sein.

Die Rückkaufspflicht eines Mitglieds kann nach Ablehnung der Vertragstheorie nicht als eine Vertragspflicht angesehen werden, die unter der auflösenden Bedingung des Verkaufs der Währung durch den Fonds an dritte Mitglieder steht [3]. Deshalb stellt sich die Frage, wie diese Verpflichtung juristisch zu qualifizieren ist. Dabei ist zwischen der Rückkaufsverpflichtung nach Art. V Abs. 7 (b) Satz 2 und der nach Art. V Abs. 7 (c) des IWF-Übereinkommens zu differenzieren.

---

1) Vgl. Art. V Abs. 7 (c) Satz 3 IWF-Übereinkommen i.V.m. Par. 5 der Decision No. 4377-(74/114) vom 13. September 1974 in der durch Decision No. 6339-(79/179) vom 3. Dezember 1979 und durch Decision No. 6830-(81/65) vom 22. April 1981 geänderten Fassung, in IMF "Selected Decision of the International Monetary Fund and Selected Documents", Tenth Issue (1983), S. 30

2) J. Gold "'... To Contribute Thereby To ... Development ...': Aspects of the Relations of the International Monetary Fund with Its Developing Members", CJTL 10/ S. 292; M. Shuster "The Public International Law of Money, S. 185 f; J. Fleming "The International Monetary Fund: Its Form and Functions", S. 31

3) So aber - von seinem Standpunkt auch folgerichtig - J. Kramer "Die Rechtsnatur der Geschäfte des Internationalen Währungsfonds", S. 103

Bei letzterer wird die im IWF-Übereinkommen vorgesehene Laufzeit festgesetzt. Da die Satzung und die über spezielle Tranchen ergangenen generell-abstrakten Entscheidungen des Direktoriums aber immer nur Höchstlaufzeiten angeben, die ihre Konkretisierung jeweils erst in der konkret-individuellen Entscheidung finden, beruht die Pflicht zum Rückkauf zu einem bestimmten Termin nicht auf primärem oder sekundärem Fondsrecht. [1] Da dieses aber, wie bereits festgestellt wurde [2], verwaltungsrechtliche Züge aufweist, kommt in Betracht, die Festsetzung der terminierten Rückkaufspflicht als eine dem begünstigenden Hoheitsakt beigefügte Auflage zu betrachten. Dieser Einstufung könnte man zwar entgegenhalten, Auflagen träten selbständig zum Hauptinhalt des Hoheitsaktes hinzu [3], die Rückkaufspflicht gehöre aber eben hierzu. Entscheidendes Argument ist aber, daß die Entscheidung des Direktoriums in ihrem rechtlichen Schicksal nicht schlechthin von der Rückzahlung und damit der Auflage abhängig ist [4]. Außerdem erscheint es möglich, als Hauptinhalt des Hoheitsaktes nur die Bereitstellung der finanziellen Unterstützung anzusehen und deren Rückabwicklung insoweit auszuklammern. Die dem Mitglied somit durch eine Auflage aufgetragene Verpflichtung zum Rückkauf seiner Währung zu einem bestimmten Termin steht freilich unter der auflösenden Bedingung des Verkaufs derselben durch den Fonds an ein anderes Mitglied. [5]

---

1) Vgl. P. Wood "Law and Practice of International Finance", S. 4 - 173

2) Vgl. oben S. 46 f

3) E. Forsthoff "Lehrbuch des Verwaltungsrechts", Band I, S. 215

4) Vgl. E. Forsthoff a.a.O., S. 215

5) J. Kramer "Die Rechtsnatur der Geschäfte des Internationalen Währungsfonds", S. 103

Dagegen entsteht die Rückkaufsverpflichtung nach Art. V Abs. 7 (b) Satz 2 IWF-Übereinkommen mit der Aufforderung des Fonds, das Mitglied solle wegen einer Verbesserung seiner Zahlungsbilanz- und Reservesituation seine Währung zurückkaufen. Hierbei handelt es sich nicht um einen rein feststellenden Hoheitsakt, da nach Satz 1 dieser Norm der IWF bei einer Verbesserung der genannten wirtschaftlichen Faktoren zwar schon einen Rückkauf erwarten kann, aber allein hieraus noch keine diesbezügliche Verpflichtung für das Mitglied resultiert [1]. Da der Wortlaut von Satz 1 - insbesondere bei Vergleich mit Satz 2 und (c) Satz 1 - keine andere Interpretation zuläßt, ist die fälligstellende Erklärung des Fonds gemäß Art. V Abs. 7 (b) Satz 2 als verpflichtender Hoheitsakt anzusehen.

---

1) P. Wood "Law and Practice of International Finance", S. 4 - 180;
vgl. J. Gold "Financial Assistance by the International Monetary Fund", S. 26

c) Gebühren

Gemäß Art. V Abs. 8 des IWF-Übereinkommens erhebt der Fonds Gebühren auf Käufe von Sonderziehungsrechten und Fremdwährungen, die seine Mitglieder im Regelfall in Sonderziehungsrechten zu bezahlen haben [1]. Die Höhe der Gebühren wird nicht durch diese Norm der Satzung, sondern durch Rule I der Rules and Regulations bzw. unter Berücksichtigung von in Rule I - 6 (4) festgesetzten Zielvorstellungen durch generell-abstrakte Entscheidungen des Exekutivdirektoriums festgelegt [2]. Die Vereinbarungen enthalten als Auflagen zu qualifizierende Klauseln, nach denen das Mitglied zur Zahlung von Gebühren entsprechend diesen Entscheidungen des Fonds verpflichtet ist. [3]

Der Berechnung der Gebühren wird nicht der Betrag der gekauften Devisen, sondern die Höhe der vom Fonds gehaltenen Bestände der Währung des Mitglieds zugrundegelegt. [4] Ziehungen in der Resevetranche [5], sowie die sie betreffenden Vereinbarungen sind gebührenfrei. [6] Bei den übrigen Trans-

---

1) Art. V Abs. 8 (e) IWF-Übereinkommen; vgl. aber auch Decision No. 5702-(78/39) G/S vom 22. März 1978 in der Fassung von Decision No. 7096-(82/57) G/S vom 23. April 1982, in IMF "Selected Decisions of the International Monetary Fund and Selected Documents", Tenth Issue (1983), S. 110 f

2) Vgl. z.B. Decision No. 7130-(82/80) vom 9. Juni 1982, in IMF a.a.O., S. 111

3) Vgl. jeweils Ziffer 6 der Muster der Stand-By und Extended Arrangements bei J. Gold "Financial Assistance by the International Monetary Fund", S. 46 ff;
zu dem aus dieser Gestaltung resultierenden nachträglichen Bestimmungsrecht des Fonds vgl. G. Stratmann "Der Internationale Währungsfonds", S. 284 f

4) Vgl. Art. V Abs. 8 (a) und (b) IWF-Übereinkommen

5) Zur Definition der Reservetranche vgl. unten S. 81 ff

6) Rules and Regulations, Rule I - 1 und Rule I - 6. Die Bereitschaftskreditvereinbarungen betreffende Rule I - 8, nach der eine Bereitstellungsgebühr zu erheben ist, findet auf diese Vereinbarungen keine Anwendung. Käufe in der Reservetranche werden nämlich ohne Abschluß eines stand-by arrangements sofort abgewickelt. Vgl. J. Gold "The Stand-By Arrangements of the International Monetary Fund", S. 114

aktionen fallen dagegen Gebühren an, die für alle Mitglieder gleich sind [1]. Diese bestehen zum einen aus einer einmaligen Bearbeitungsgebühr von 0,5 Prozent. [2]

Zum anderen erhebt der Fonds auf seine durchschnittlichen Tagesbestände in der Währung eines Mitglieds (mit Zinsen vergleichbare) Gebühren. [3] Deren Höhe ist nicht einheitlich, sondern differiert je nachdem, ob die Tranche, unter der ein Mitglied Devisen vom IWF kauft, mit Eigenmitteln finanziert wird. Bei Kreditaufnahme durch den IWF berechnet dieser die zu erhebenden Gebühren nach den von ihm zu zahlenden Zinsen zuzüglich eines Aufschlags. [4] Da sich diese Gebühren an dem auf den internationalen Kapitalmärkten geltenden Zinsniveau orientieren, sind sie höher als in denjenigen Tranchen, die mit - hauptsächlich aus Subskriptionszahlungen der Mitglieder stammenden - Eigenmitteln des Fonds finanziert werden [5]. Diese Gebühren stellen nicht nur, wie dies bei Zinsen der Fall ist, eine Vergütung für die Überlassung von Kapital dar, sondern sind gleichzeitig ein Druckmittel zur Anpassung an wirtschaftliche Rahmenbedingungen und zur Reduzierung der vom IWF gehaltenen Bestände der Eigenwährung des Mitglieds zumindest auf Höhe von dessen Quote. [6] Dies wird deutlich

---

1) Art. V Abs. 8 (d) IWF-Übereinkommen

2) Art. V Abs. 8 (a) IWF-Übereinkommen i.V.m. Rules and Regulations, Rule I - 1

3) Art. V Abs. 8 (b) IWF-Übereinkommen

4) Vgl. Rules and Regulations, Rule I - 6 (3) und (5)

5) Allerdings ist auch der Gebrauch seiner Eigenmittel für den Fonds u.U. mit Kosten verbunden, da er, wenn seine Bestände in der Währung eines Mitglieds einen bestimmten, nach Art. V Abs. 9 (b) des IWF-Übereinkommens zu berechnenden Prozentsatz der Quote dieses Mitglieds unterschreiten, an dieses gemäß Art. V Abs. 9 i.V.m. Rules and Regulations, Rule I - 9 und I - 10, eine zinsähnliche Vergütung zu zahlen hat. Vgl. J. Gold "Financial Assistance by the International Monetary Fund", S. 11

6) J. Kramer "Die Rechtsnatur der Geschäfte des Internationalen Währungsfonds", S. 77

durch Art. V Abs. 8 (b) Satz 2 des IWF-Übereinkommens, nach dem die Gebührensätze normalerweise periodisch ansteigen, solange die Bestände des Fonds in der Währung des Mitglieds dessen Quote übersteigen. [1] Im Gegensatz zu früher sieht das sekundäre Fondsrecht aber kein periodisches Ansteigen der Gebühren mehr vor. [2]

Des weiteren fällt, wie bereits erwähnt, gemäß Rule I - 8 eine Bereitstellungsgebühr für Devisen an, die unter einem stand-by arrangement bereitgestellt, vom Mitglied aber noch nicht abgezogen wurden. Diese beträgt 0,25 Prozent pro Jahr, wird aber bei einer Ziehung auf die Bearbeitungsgebühr angerechnet. [3]

---

1) Vgl. J. Gold "Uniformity as a Legal Principle of the International Monetary Fund", LPIB 7/1975 II, S. 793

2) Vgl. Rules and Regulations, Rule I - 6 (11) und Note to Rules I - 6 (10) and I - 6 (11) (in Rules and Regulations S. 64 ff). Eine Ausnahme gilt lediglich für Ziehungen, die unter der inzwischen abgelaufenen Supplementary Financing Facility getätigt, aber noch nicht rückabgewickelt wurden. Vgl. Rules and Regulations, Rule I - 6 (3) (a)

3) Vgl. Art. V Abs. 8 (a) (ii) Satz 2 IWF-Übereinkommen i.V.m. Rules and Regulations, Rule I - 8 (b)

4. Bedingungen für die Inanspruchnahme der allgemeinen Fondsmittel durch Mitglieder

Die Mitgliedsstaaten des IWF haben gemäß Art. V Abs. 3 (b) des IWF-Übereinkommens bei Beachtung gewisser Formvorschriften [1] und Erfüllung bestimmter Voraussetzungen einen Rechtsanspruch gegen den Fonds auf Zugang zu dessen finanziellen Ressourcen [2], solange diese Norm nicht im Falle eines Notstandes oder der Entwicklung unvorhergesehener Umstände, die die Tätigkeit des Fonds gefährden, vom Exekutivdirektorium zeitweilig außer Kraft gesetzt ist [3]. Diese Voraussetzungen sind danach zu unterscheiden, ob sie immer Geltung beanspruchen oder ob sie, wie beispielsweise die Durchführung eines Strukturanpassungsprogramms, nur in einzelnen Tranchen Anwendung finden.

a) Allgemeine Voraussetzungen

aa) Zahlung der festgesetzten Subskription

Gemäß Art. III des IWF-Übereinkommens wird für jedes Mitglied mit dessen Zustimmung vom Gouverneursrat eine Quote festgesetzt, die seine Beteiligung am Fonds darstellt und u.a. für die Zahl seiner Stimmrechte [4] und die Berechnung seiner Ziehungsrechte von Bedeutung ist. [5] Dieser Quote entspricht die Subskription des Mitglieds, die dieses in

---

1) Vgl. hierzu G. Stratmann "Der Internationale Währungsfonds", S. 231 f

2) Art. V Abs. 3 (b) IWF-Übereinkommen; J. Kramer "Die Rechtsnatur der Geschäfte des Internationalen Währungsfonds", S. 50, der als Vertreter der Vertragstheorie von "Kontrahierungspflicht" spricht

3) Vgl. Art. XXVII IWF-Übereinkommen

4) Vgl. Art. XII Abs. 5 IWF-Übereinkommen; J. Gold "Voting and Decisions in the International Monetary Fund", S. 18 ff

5) Näher zur rechtstechnischen Bedeutung der Quote G. Stratmann "Der Internationale Währungsfonds", S. 85 ff

voller Höhe an den Fonds zu zahlen hat [1], wobei die Zahlung regelmäßig weder bei Neueintritt eines Staates noch bei einer Quotenerhöhung ganz in der Eigenwährung eines Landes erfolgen kann. Vielmehr sind im Regelfall bei einer Quotenerhöhung 25 Prozent der Erhöhung [2] und bei Eintritt eines neuen Mitglieds ein ähnlicher Prozentsatz der Quote in Sonderziehungsrechten oder in vom Fonds zu bestimmenden Währungen [3] zu zahlen. Dessen Höhe wird nach - auf dem Prinzip der gleichen Rechtsstellung von Alt- und Neumitgliedern [4] beruhenden - Grundsätzen festgelegt, die mit denen vereinbar sind, die für andere Länder galten, welche bereits Mitglieder des IWF sind. [5]

Die Zahlung der festgesetzten Subskription durch ein neues Mitglied ist als Grundvoraussetzung für die Bereitstellung finanzieller Ressourcen durch den IWF anzusehen. Dies ist zwar nicht in der Satzung des Fonds ausdrücklich verankert, wird aber in der Entscheidung des Gouverneursrates über die Bedingungen für den Beitritt eines Landes regelmäßig ausbedungen. [6] Gleichzeitig wird aber dem Exekutivdirektorium die Befugnis eingeräumt, nach seinem Ermessen trotz nicht erfolgter vorheriger Subskriptionszahlung Finanztransaktionen mit dem entsprechenden Mitglied zuzulassen.

---

1) Art. III Abs. 1 Satz 4 IWF-Übereinkommen

2) Art. III Abs. 3 IWF-Übereinkommen

3) Vgl. Par. 8 der Decision No. 6266-(79/156) vom 10. September 1979, in IMF "Selected Decisions of the International Monetary Fund and Selected Documents", Tenth Issue (1983), S. 7

4) J. Gold "Uniformity as a Legal Principle of the International Monetary Fund", LPIB 7/1975 II, S. 777; ders. "The International Monetary Fund and International Law", S. 5

5) Art. II Abs. 2 Satz 2 IWF-Übereinkommen. Nach der gemäß dieser Norm ergangenen Entscheidung des Direktoriums (Decision No. 6266-(79/156) vom 10. September 1979, in IMF a.a.O., S. 4 ff) beträgt der Anteil der Quote, den ein Land bei Eintritt in den IWF im allgemeinen nicht in der eigenen Währung zahlen kann, derzeit 21,7 Prozent.

6) Vgl. Par. 6 des in J. Gold "Membership and Nonmembership in the International Monetary Fund", S. 495 ff abgedruckten Musters einer "Resolution of Board of Governors Setting forth the Terms and Conditions Governing Admission to Membership in the International Monetary Fund"

Trotz fehlender Festschreibung im primären oder sekundären Fondsrecht wird der dieser Regelung zugrunde liegende Rechtsgedanke auch auf den Fall der Quotenerhöhung anzuwenden sein. Demnach ist eine Berechnung der Ziehungsrechte eines Mitglieds nicht auf der Basis der festgesetzten Quote, sondern unter Berücksichtigung der auf sie geleisteten Subskriptionszahlungen durchzuführen, solange das Exekutivdirektorium keine Ausnahme zuläßt.

bb) Generelle Berechtigung zur Inanspruchnahme der allgemeinen Fondsmittel

Weitere tatbestandliche Voraussetzung für einen Anspruch auf finanzielle Unterstützung durch den IWF ist gemäß Art. V Abs. 3 (b) (iv) des IWF-Übereinkommens, daß der Fonds nicht die Berechtigung eines Mitglieds zur Inanspruchnahme der allgemeinen Fondsmittel beschränkt oder entzogen hat. Diese Sanktion, die nach dem zwangsweisen Ausscheiden gemäß Art. XXVI Abs. 2 [1] die gravierendste ist, welche die Satzung vorsieht, kann unter folgenden Bedingungen verhängt werden:

- Wenn ein Mitglied nach Meinung des IWF die allgemeinen Fondsmittel in einer den Zielen [2] des Fonds zuwiderlaufenden Weise verwendet, so kann dieser nach Übergabe eines seine Auffassung darlegenden Berichts an das Mitglied die Inanspruchnahme seiner allgemeinen Mittel

---

1) Vgl. hierzu J. Gold "The 'Sanctions' of the International Monetary Fund", AJIL 66/1972, S. 749 ff; L. Sohn "Expulsion or Forced Withdrawal from International Organizations", HLR 77/1963-1964, S. 1404 ff; zum Ausscheiden aus dem IWF wurde bislang nur die Tschechoslowakei gezwungen (1954). Vgl. E. Hexner "Interpretation by Public International Organizations of Their Basic Instruments", AJIL 53/1959, S. 362 ff; J. Gold "Membership and Nonmembership in the International Monetary Fund", S. 360 ff

2) Vgl. Art. I IWF-Übereinkommen

durch dieses beschränken und, wenn das Mitglied innerhalb einer gesetzten Frist keine befriedigende Stellungnahme abgibt, diesem die Berechtigung zum Zugang zu den allgemeinen Ressourcen des IWF entziehen. [1] Erwägt der Fonds die Übergabe eines solchen Berichts, so kann es schon vor einer diesbezüglichen Entscheidung die Ziehungsberechtigung zeitweilig aussetzen. [2]

- Da die Bereitstellung finanzieller Ressourcen durch den Fonds nur zur Finanzierung laufender Transaktionen [3] erfolgt, nicht aber um einem Mitglied die Deckung eines beträchtlichen oder anhaltenden Kapitalabflusses zu ermöglichen, kann der Fonds ein Mitglied auffordern, Kontrollen auszuüben, die eine solche Verwendung der allgemeinen Fondsmittel verhindern. Unterläßt das Mitglied dies, so kann ihm die generelle Berechtigung zum Kauf von Devisen vom IWF entzogen werden. [4]

- Hierzu ist der IWF gemäß Art. XXVI Abs. 2 (a) auch ermächtigt, wenn ein Mitglied eine seiner Verpflichtungen nach dem IWF-Übereinkommen nicht erfüllt, z.B. wenn es nicht die vereinbarten Subskriptionszahlungen auf Quotenerhöhungen leistet [5] oder seinen in Art. VIII Abs. 5

---

1) Art. V Abs. 5 IWF-Übereinkommen;
Decision No. 284-3 vom 10. März 1948, in IMF "Selected Decisions of the International Monetary Fund and Selected Documents", Tenth Issue (1983), S. 99;
G. Stratmann "Der Internationale Währungsfonds", S. 287 ff

2) Decision No. 286-1 vom 15. März 1948, in IMF a.a.O., S. 99

3) Vgl. Art. XXX (d) IWF-Übereinkommen;
J. Fleming "The International Monetary Fund: Its Form and Functions", S. 37 f

4) Art. VI Abs. 1 (a) IWF-Übereinkommen;
vgl. J. Gold "International Capital Movements under the Law of the International Monetary Fund", S. 20 ff

5) J. Gold "Membership and Nonmembership in the International Monetary Fund", S. 210, sieht hierin sogar einen Grund zum Ausschluß aus dem Fonds. Peru wurde mit Wirkung vom 15. August 1986 die Berechtigung entzogen, da es seinen finanziellen Verpflichtungen gegenüber dem Fonds nicht nachkam. Press Release No. 86/25, August 15, IMF Survey vom 15. September 1986, S.280

verankerten Informationspflichten nicht nachkommt [1]. Gleiches gilt, wenn ein Mitgliedsland unter Verstoß gegen Art. VIII i.V.m. Art. XIV des IWF-Übereinkommens diskriminierende Währungspraktiken oder multiple Kursregelungen durchführt [2], Zahlungen und Übertragungen für laufende internationale Geschäfte ohne Zustimmung des Fonds Beschränkungen unterwirft [3] oder nicht die Konvertibilität von auf seine Währung lautenden Guthaben anderer Mitglieder gewährleistet [4].

- Außerdem könnte der Fonds gemäß Art. XXVI Abs. 2 (a) i.V.m. Anhang C Par. 8 des IWF-Übereinkommens die Berechtigung zur Inanspruchnahme der allgemeinen Fondsmittel entziehen, wenn er nach Art. IV Abs. 4 ein weitverbreitetes System von Wechselkursregelungen auf der Grundlage stabiler, aber anpassungsfähiger Paritäten einführt und ein Mitglied die einmal auf seine eigene freie Entscheidung [5] festgesetzte Parität später wieder aufhebt. [6]

Die Berechtigung zur Inanspruchnahme der allgemeinen Fondsmittel wird durch eine Entscheidung des Exekutivdirektoriums mit der Mehrheit der abgegebenen Stimmen entzogen [7], wobei allerdings für den Entzug der Berechtigung

---

1) V. Marmorstein "Responding to the Call for Order in International Finance: Cooperation Between the International Monetary Fund and Commercial Banks", VJIL 18/1978, S. 471

2) Art. VIII Abs. 3 IWF-Übereinkommen; vgl. hierzu J. Lizondo "Multiple Wechselkurse", F&E Dezember 1985, S. 23 f, 37

3) Art. VIII Abs. 2 IWF-Übereinkommen

4) Art. VIII Abs. 4 IWF-Übereinkommen

5) Anhang C Par. 3 IWF-Übereinkommen; J. Gold "Legal and Institutional Aspects of the International Monetary System: Selected Essays", S. 71 f

6) J. Gold "Order in International Finance, the Promotion of IMF Stand-By Arrangements, and the Drafting of Private Loan Agreements", S. 21

7) Art. XII Abs. 5 (c) IWF-Übereinkommen

wegen einer gegen die Ziele des Fonds verstoßenden Verwendung der Ressourcen des IWF [1] die Stimmgewichtung abweichend vom üblichen Modus erfolgt. [2] Diese Entscheidung ist seit der 2. Novellierung immer erforderlich, da das Abkommen im Gegensatz zu seiner früheren Fassung keinen automatischen Wegfall der Berechtigung mehr vorsieht. [3] Festzustellen ist aber, daß der Fonds selbst den Entzug der Ziehungsberechtigung eines Mitglieds als wenig vorteilhaft für die Förderung seiner Ziele ansieht und deshalb von der Verhängung dieser in seinem Ermessen stehenden Sanktion nach Möglichkeit absieht. [4] Er zieht es statt dessen vor, besondere Bedingungen für Ziehungen des betreffenden Mitglieds aufzustellen [5].

Hat der IWF einem Mitglied aber die Berechtigung zur Ziehung entzogen, so ist für einen Kauf von Devisen entweder eine Wiedererteilung derselben [6] oder eine Ausnahmeerklärung gemäß Art. V Abs. 4 des IWF-Übereinkommens erforderlich. Stratmann [7] nimmt an, daß ein solcher "waiver of conditions" gemäß Art. V Abs. 4 zumindest dann vom Fonds

---

1) Art. V Abs. 5 IWF-Übereinkommen

2) Art. XII Abs. 5 (b) IWF-Übereinkommen;
J. Gold "Legal and Institutional Aspects of the International Monetary System: Selected Essays", S. 158 f

3) F. Kirgis "International Organizations in Their Legal Setting", S. 535;
P. Wood "Law and Practice of International Finance", S. 4 - 181

4) J. Gold "Order in International Finance, the Promotion of IMF Stand-By Arrangements, and the Drafting of Private Loan Agreements", S. 24 f;
vgl. auch F. Roessler "Pressures to Adjust Balance of Payments Disequilibria : An Analysis of the Powers of the International Monetary Fund", IO 30/1976, S. 437 f

5) J. Gold "Financial Assistance by the International Monetary Fund", S. 40;
vgl. Rules and Regulations, Rule K - 2

6) Vgl. Rules and Regulations, Rule K - 4

7) "Der Internationale Währungsfonds", S. 235

erteilt werde, wenn Zweifel an der Rechtmäßigkeit des Entzugs der Ziehungsberechtigung bestünden. Angesichts der restriktiven Haltung des Fonds beim Gebrauch seiner Kompetenzen zur Entziehung des generellen Ziehungsrechtes erscheint ein solcher Fall aber undenkbar. Vielmehr ist anzunehmen, daß die Berechtigung nur entzogen wird, wenn die Rechtmäßigkeit eines solches Entzugs einwandfrei feststeht.

cc) Erforderlichkeit des Kaufs

Nach Art. V Abs. 3 (b) (ii) des IWF-Übereinkommens muß ein Mitglied darlegen, daß der beantragte Kauf wegen seiner Zahlungsbilanz- oder Reservesituation oder wegen der Entwicklung seiner Reserven erforderlich ist. Diese subjektive Behauptung ist allerdings nicht ausreichend. Wie sich aus Art. V Abs. 3 (c) ergibt, nach dem der Fonds einen Kaufantrag auf die Beachtung der durch das Abkommen und die Geschäftsgrundsätze erzeugten tatbestandlichen Voraussetzungen für eine Ziehung prüft [1], muß die Notwendigkeit auch objektiv vorliegen.

Die Satzung legt nicht dar, wann ein Kauf wegen der Zahlungsbilanz- oder Reservesituation eines Mitglieds oder wegen der Entwicklung von dessen Reserven erforderlich ist. Deshalb meint G. Stratmann, die Frage der Erforderlichkeit der beantragten Kreditmittel sei eine Ermessensfrage [2], übersieht bei dieser Klassifizierung aber, daß es hier noch nicht um die Bestimmung einer Rechtsfolge

---

1) Nach J. Gold ("Use of the International Monetary Fund's Resources: 'Conditionality' and 'Unconditionality' as Legal Categories", JILE 6/1971, S. 15) resultiert aus dieser Vorschrift nicht nur eine Ermächtigung des Fonds zur Prüfung, sondern gleichzeitig auch eine Verpflichtung. So auch M. Shuster "The Public International Law of Money", S. 183

2) "Der Internationale Währungsfonds", S. 243

nach Feststellung eines Tatbestandes geht. Es handelt sich hierbei vielmehr um eine Operation, die erforderlich ist, um einen unbestimmten Rechtsbegriff auf seinen konkreten Gehalt zu fixieren. [1] Soweit er damit allerdings andeutet, daß das Abkommen die Auslegung des Begriffs "Erforderlichkeit" allein dem Fonds überlassen will, d.h. diesem einen Beurteilungspielraum einräumt, so ist dem - mit Hinweis auf die Grenzen der Vertretbarkeitstheorie [2] - wohl zu folgen. Diese materiell-rechtliche Frage bedarf hier aber keiner Vertiefung, da der Fonds von seinen Mitgliedern nicht verklagt werden kann [3] und angesichts dieser formell-rechtlichen Lösung die Problematik des Beurteilungsspielraums keine praktische Relevanz gewinnen kann.

Stratmann's umfassender Darstellung [4] folgend sind bei der Prüfung der Erforderlichkeit eines beantragten Kaufs folgende Punkte zu untersuchen:

- Notwendigkeit finanzieller Unterstützung

  Die Frage, ob das Mitglied überhaupt finanzieller Hilfe bedarf, ist unter Berücksichtigung

  . der Höhe seiner Währungsreserven,
  . seiner laufenden und zu erwartenden Zahlungsverpflichtungen sowie
  . der zu erwartenden kurz- und langfristigen spekulativen Kapitalbewegungen

  zu entscheiden.

---

1) E. Forsthoff "Lehrbuch des Verwaltungsrechts", Band I, S. 85 f;
H. Maurer "Allgemeines Verwaltungsrecht", S. 100

2) D. Haas "Unbestimmter Rechtsbegriff oder Ermessen", MDR 7/1953, S. 653

3) Siehe unten S. 166 ff

4) a.a.O., S. 243 ff. Diese Ausführungen beziehen sich auf Art. V Abs. 3 (a) (i) des IWF-Übereinkommens in der Form der 1. Novellierung (vgl. BGBl. 1952 II, S. 633 ff), gelten aber trotz des geänderten Wortlauts insoweit für den jetzigen Art. V Abs. 3 (b) (ii) fort.

- Einsatz anderer Maßnahmen

  Die Feststellung der Erforderlichkeit umfaßt auch die Entscheidung über den Einsatz anderer Maßnahmen, die zur Behebung der Zahlungsbilanzprobleme eines Mitglieds im konkreten Fall geeigneter erscheinen. In Betracht kommen vor allem:

  . Auf- oder Abwertung
  . Einführung von Devisen- und/oder Handelsbeschränkungen
  . exportfördernde Maßnahmen
  . Dämpfung inflationistischer Lohn- und Preistendenzen
  . maßvolle Anpassungsinflation von Überschußländern.

  Bei der Entscheidung sind Prioritäten zu beachten, die im Verhältnis der einzelnen Maßnahmen bei der Bewältigung der Zahlungsbilanzschwierigkeiten bestehen und durch das IWF-Übereinkommen, die ständige Entscheidungspraxis des Fonds sowie durch das GATT gesetzt wurden. Danach genießt der Einsatz von Fondsmitteln zumindest bei nur temporären Defiziten in der Zahlungsbilanz Priorität vor Auf- und Abwertung, da das Abkommen auch in der derzeit geltenden Fassung von einem möglichst stabilen Wechselkursgefüge ausgeht [1]. Gleiches gilt für die Einführung von Devisen- [2] und Handelsbeschränkungen [3]. Andererseits gebührt dem Einsatz innerstaatlicher Anpassungsmaßnahmen Vorrang gegenüber dem von Fondsmitteln.

---

1) Vgl. Art. I (iii) IWF-Übereinkommen

2) Vgl. Art. I (ii) IWF-Übereinkommen

3) Vgl. Art. III ff GATT, abgedruckt in Anlagenband I zum BGBl. 1951 II, S. 8 ff

- Höhe der finanziellen Unterstützung

  Nach der Feststellung, daß ein Mitglied der finanziellen Unterstützung durch den Fonds bedarf, ist zu untersuchen, ob dies auch in dem beantragten Umfang der Fall ist. Dabei erlauben wirtschaftliche Überlegungen nicht die Festlegung eines konkreten Betrages, sondern allenfalls von Höchst- und Mindestgrenzen, innerhalb derer dem Fonds Beurteilungsspielraum zukommt.

- Zeitraum der Finanzhilfe

  Das Abkommen fordert nicht mehr wie in der Fassung seiner ersten Novellierung ausdrücklich, daß die Ziehung

  "is presently needed" [1],

  sondern verwendet nur noch den Begriff "need". Dies kann aber nicht als eine materiell-rechtliche Änderung angesehen werden, da "need" auch ein zeitliches Element beinhaltet. Demnach ist die Erforderlichkeit einer beantragten Ziehung zu dem (oder den) beantragten Zeitpunkt(en) auch weiterhin als eine tatbestandliche Voraussetzung für diese anzusehen. Eine Bereitschaftskreditvereinbarung kann aber auch ohne konkreten Bedarf, schon aus Gründen der Vorsorge, abgeschlossen werden.

dd) Satzungsgemäße Verwendung der Devisen

Gemäß Art. V Abs. 3 (b) (i) des IWF-Übereinkommens muß die Inanspruchnahme der allgemeinen Fondsmittel durch das Mitglied den Bestimmungen der Satzung und den nach ihr beschlossenen Geschäftsgrundsätzen entsprechen. Demnach muß eine Ziehung von Währungen sowie deren Verwendung mit den in Art. I verankerten Zielen des IWF vereinbar sein. [2]

---

1) Art. V Abs. 3 (a) (i)

2) G. Stratmann a.a.O., S. 237 f;
Decision No. 287-3 vom 17. März 1948, in IMF "Selected Decisions of the International Monetary Fund and Selected Documents", Tenth Issue (1983), S. 18 f

Die Ressourcen des Fonds werden den Mitgliedern zur Verfügung gestellt, um ihnen so die Gelegenheit zu geben, Unausgeglichenheiten in ihrer Zahlungsbilanz zu bereinigen, ohne zu dem nationalen oder internationalen Wohlstand schadenden Maßnahmen Zuflucht nehmen zu müssen. [1] Dagegen erfolgt ihre Bereitstellung nicht zwecks Entwicklungshilfe und auch nicht zur Finanzierung spezieller Projekte. [2] Auch dürfen die gekauften Währungen theoretisch nicht zur Erfüllung spezifischer Verpflichtungen gegenüber Gläubigern aus noch nicht zurückbezahlten Krediten eingesetzt werden, was aber in praxi nicht immer verhindert werden kann. [3] Gemäß Art. VI Abs. 1 und 2 darf ein Mitglied die allgemeinen Fondsmittel mit Ausnahme der in der Reservetranche [4] gekauften nicht dazu verwenden, um einen beträchtlichen oder anhaltenden Kapitalabfluß in andere Staaten zu decken. Zulässig ist dagegen deren Verwendung für Kapitalübertragungen angemessenen Umfangs, soweit sie für die Ausweitung der Ausfuhr oder im gewöhnlichen Handels-, Bank- oder Geschäftsverkehr notwendig sind. [5] Abschließend ist festzustellen, daß das IWF-Übreinkommen nur einen zeitweiligen Gebrauch der Fondsmittel durch die Mitgliedsstaaten vorsieht. [6] Dieser kann auch nur kurzfristig

---

1) Art. I (v) IWF-Übereinkommen

2) J. Gold "Balance of Payments Transactions of the International Monetary Fund", in R. Rendell (Hrsg.) "International Financial Law: Lending, Capital Transfers and Institutions", S. 239;
G. Stratmann a.a.O., S. 239

3) P. Wood "Law and Practice of International Finance", S. 4 - 169

4) Hierzu unten S. 77 ff

5) M. Shuster "The Public International Law of Money", S. 195 f;
P. Wood a.a.O., S. 4 - 169;
G. Stratmann a.a.O., S. 241 ff;
vgl. auch Decision No. 1238-(61/43) vom 28. Juli 1961, in IMF "Selected Decisions of the International Monetary Fund and Selected Documents", Tenth Issue (1983), S. 18

6) Vgl. Art. I (v) und Art. 5 Abs. 3 (a)

sein, da der vom IWF gehalten Währungspool angesichts seines begrenzten Umfangs notwendig revolvierenden Charakter hat. [1]

ee) Höhe des Anspruchs

Erfüllt das Mitglied die oben unter aa) bis dd) genannten Voraussetzungen und kommt (bei Käufen außerhalb der Reservetranche) zwischen ihm und dem Fonds eine Einigung über ein Stabilisierungsprogramm zustande, so hat es einen Anspruch auf Gewährung finanzieller Unterstützung gegen den IWF, falls die beantragte Ziehung einen Kauf in der Reservetranche darstellt oder nicht bewirkt, daß die Bestände des Fonds an der Währung des kaufenden Mitglieds zweihundert Prozent seiner Quote übersteigen. [2] Der Umfang des Anspruchs ist demnach auf der Basis der Quote des jeweiligen Mitglieds unter Berücksichtigung seiner früheren Käufe und Rückkäufe bzw. der Verkäufe seiner Währung durch den Fonds zu berechnen.

Auf die aus Art. V Abs. 3 (b) (iii) resultierende umfangmäßige Begrenzung der Ansprüche seiner Mitglieder kann der Fonds gemäß Abs. 4 des Art. V nach seinem Ermessen und unter Wahrung seiner Interessen verzichten,

> "especially in the case of members with a record of avoiding large or continuous use of the Fund's general resources. In making a waiver it shall take into consideration periodic or exceptional requirements of the member requesting the waiver. The Fund shall also take into consideration a member's willingness to pledge as collateral security acceptable assets having a value sufficient in the opinion of the Fund to protect its interests and may require as a condition of waiver the pledge of such collateral security."

---

1) G. Stratmann a.a.O., S. 239

2) Art. V Abs. 3 (b) (iii) IWF-Übereinkommen

Von der Kompetenz, auf das durch Art. V Abs. 3 (b) (iii) gesetzte Limit zu verzichten, macht der Fonds regelmäßig Gebrauch. In den gemäß Art. V Abs. 3 (a) zu erlassenden Geschäftsgrundsätzen für die Inanspruchnahme der allgemeinen Fondsmittel werden nämlich durch die Schaffung neuer Fazilitäten höhere Grenzen für Ziehungen von Devisen durch Mitglieder festgesetzt. Gleichzeitig wird die Erteilung des Verzichts bei der späteren konkret-individuellen Entscheidung angekündigt. [1] Hieraus resultiert für die Entscheidung über den Antrag eines Mitglieds auf finanzielle Unterstützung eine Einschränkung des durch Art. V Abs. 4 des IWF-Übereinkommens eingeräumten Entscheidungsspielraums des Fonds, da ein Mitglied bei Erfüllung der in diesen Geschäftsgrundsätzen statuierten Voraussetzungen einen Rechtsanspruch auf die vorgesehenen Käufe und damit auch auf den Verzicht hat.

---

1) Vgl. z.B. Par. 11 der Decision No. 6783-(81/40) vom 11. März 1981;
Par. 4 (b) der Decision No. 4377-(74/114) vom 13. September 1974 in der Fassung der Decision No. 6830-(81/65) vom 22. April 1981, in IMF "Selected Decisions of the International Monetary Fund and Selected Documents", Tenth Issue (1983), S. 45 bzw. S. 29 f

b) Die Fazilitäten des Fonds und ihre Besonderheiten

Die Bereitstellung von Devisen durch den Fonds zur Finanzierung der Zahlungsdefizite seiner Mitglieder erfolgt nicht im Rahmen nur einer Tranche, die mit einer limitierten Kreditlinie vergleichbar wäre. Das primäre und sekundäre Fondsrecht sieht vielmehr mehrere Fazilitäten vor, welche sich nach einer Vielzahl von Gesichtspunkten unterscheiden. So werden z.B. die allgemeinen Voraussetzungen für einen Anspruch eines Mitglieds auf Ziehung von Devisen in manchen Tranchen modifiziert oder durch spezielle ergänzt. Des weiteren unterscheiden sich die Tranchen in ihrem Umfang und nach den Konditionen, unter denen die Mitglieder in der jeweiligen Fazilität Devisen kaufen können, sowie nach der Herkunft der Mittel. Weitere Differenzen sind in den Zielsetzungen festzustellen. So bezwecken einige Tranchen allgemein die Lösung der Zahlungsbilanzschwierigkeiten der Mitglieder, während andere auf die Bewältigung ganz spezieller Probleme ausgerichtet sind.

aa) Reservetranche

Die Reservetranche ist die einzige Fazilität, deren Umfang von der Satzung des IWF festgesetzt wird. Gemäß Art. XXX (c) des IWF-Übereinkommens ist unter einem Kauf in der Reservetranche der Kauf von Sonderziehungsrechten oder der Währung eines anderen Mitgliedslandes durch ein Mitglied gegen seine eigene Währung zu verstehen, der nicht dazu führt, daß die im Allgemeinen Konto gehaltenen Bestände des Fonds an der Währung dieses Mitglieds dessen Quote übersteigen. Die Reservetranche ist also nicht als der Prozentsatz der Quote definiert, der im Regelfall von einem Mitglied bei dessen Eintritt in den Fonds bzw. bei einer Quotenerhöhung in einer anderen Währung als der eigenen oder in Sonderziehungsrechten zu bezahlen ist [1]. Es wäre demnach verfehlt, den Umfang der Ziehungsrechte eines Mitglieds in dieser Fazilität mit 25 Prozent seiner Quote anzugeben [2]. Dieser wird vielmehr nicht nur durch den Eigenwährungsanteil an der Subskriptionszahlung des Mitglieds bestimmt, sondern auch durch Verkäufe dieser Währung durch den Fonds an andere Mitgliedsländer [3] und prinzipiell auch durch Ziehungen des Mitglieds gegen eigene Währung in anderen Tranchen. Allerdings hat der Fonds von der ihm durch Art. XXX (c) seiner Satzung eingeräumten Kompetenz Gebrauch gemacht und für die Berechnung der Reservetranche seine aus Käufen in anderen Fazilitäten resultierenden Bestände an der Währung des Mitglieds ausgeklammert. [4] Durch diesen Berechnungsmodus soll dem Mitglied ermöglicht werden, Ziehungen in den übrigen Tranchen durchzuführen, ohne hierdurch seine Ansprüche in der Reservetranche zu verlieren. [5] Dies ist für ein Mitgliedsland deshalb von Bedeutung, da der Fonds Anträgen auf Käufe in dieser Fazilität gemäß

---

1) Vgl. hierzu oben S. 64 f

2) So aber P. Wood "Law and Practice of International Finance", S. 4 - 174;
A. Verdross / B. Simma "Universelles Völkerrecht", S. 182

3) R. Gerster "Fallstricke der Verschuldung: Der Internationale Währungsfonds und die Entwicklungsländer", S. 294 Fn. 2

4) Decision No. 6830-(81/65) vom 22. April 1981, Par. 1, S. 299;
Decision No. 6783-(81/40) vom 11. März 1981, S. 45;
Decision No. 5591-(77/163) vom 5. Dezember 1977, S. 298;
Decision No. 2836-(69/87) vom 15. September 1969, Par. 2, S. 298;
Decision No. 6860-(81/81) vom 13. Mai 1981, Par. 11, S. 68 f;
Decision No. 5508-(77/127) vom 29. August 1977, Par. 9, S. 38;
Decision No. 5371-(77/51) vom 8. April 1977, S. 299,
in IMF "Selected Decisions of the International Monetary Fund and Selected Documents", Tenth Issue (1983)

5) J. Gold "Financial Assistance by the International Monetary Fund", S. 27

Art. V Abs. 3 (c) des IWF-Übereinkommens nicht widersprechen kann [1] und diese deshalb im Bedarfs- bzw. Notfall sehr schnell abgewickelt werden können.

Infolge des fehlenden Widerspruchsrechts des Fonds bei Ziehungen in der Reservetranche können diese nicht von der Durchführung eines Stabilitätsprogramms oder von anderen Bedingungen abhängig gemacht werden. Deshalb stellen die Ziehungsrechte eines Mitglieds in der Reservetranche für dieses liquide Reserven dar [2] und werden von ihm bzw. von seiner nach Art. V Abs. 1 des IWF-Übereinkommens bestimmten Währungsbehörde in der Bilanz als solche Aktiva verbucht. [3] Daß der Fonds dem Antrag eines Mitglieds auf Durchführung eines Kaufs in dieser Fazilität nicht widersprechen kann, bedeutet aber nicht, daß diese Ziehungen von sämtlichen materiell-rechtlichen Voraussetzungen frei wären. Der Fonds kann deshalb nach Vollzug einer Ziehung diese auf ihre Rechtmäßigkeit überprüfen [4] und gegebenenfalls zu dem Schluß kommen, daß der Kauf nicht wegen der Zahlungsbilanz- oder Reservesituation des Mitglieds oder wegen der Entwicklung seiner Reserve erforderlich war [5], oder daß die Inanspruchnahme der allgemeinen Fondsmittel nicht der Satzung oder den hiernach beschlossenen Geschäftsgrundsätzen entsprach [6]. Werden hierdurch die tatbestand-

---

1) J. Gold "Balance of Payments Transactions of the International Monetary Fund", in R. Rendell (Hrsg.) "International Financial Law: Lending, Capital Transfers and Institutions", S. 242

2) P. Allen "The Recent Shift in United States Policies Toward the International Monetary Fund and the World Bank", VJTL 16/1983, S. 8

3) Vgl. z.B. DBBk GB 1983, S. 152

4) F. Kirgis "International Organizations in Their Legal Setting", S. 536;
J. Gold "Financial Assistance by the International Monetary Fund", S. 27

5) Vgl. Art. V Abs. 3 (b) (iii) IWF-Übereinkommen

6) Vgl. Art. V Abs. 3 (b) (i) IWF-Übereinkommen

lichen Voraussetzungen für einen Entzug der generellen Berechtigung des Mitglieds zur Inanspruchnahme der allgemeinen Fondsmittel [1] erfüllt, so kann der IWF über die Verhängung dieser Sanktion entscheiden.

Für die Ziehungen in der Reservetranche, die immer ohne Abschluß einer Bereitschaftskreditvereinbarung direkt abgewickelt werden, erhebt der Fonds weder eine Bearbeitungsgebühr [2] noch eine periodische Gebühr [3]. Des weiteren ist das ziehende Mitglied nicht zur Rückabwicklung der Käufe in dieser Fazilität verpflichtet. [4]

bb) Kredittranchen

Gemäß Art. V Abs. 3 (b) (iii) des IWF-Übereinkommens hat ein Mitglied bei Erfüllung anderer Voraussetzungen einen Anspruch auf finanzielle Unterstützung, wenn die beantragte Ziehung einen Kauf in der Reservetranche darstellt oder kein Ansteigen der Fondsbestände an der Währung des kaufenden Mitgliedsstaates über 200 Prozent seiner Quote bewirkt. Nach obiger Definition der Reservetranche steht einem Mitglied demnach zusätzlich das Recht zum Kauf von Sonderziehungsrechten oder Fremdwährungen im Gegenwert von 100 Prozent seiner Quote zu, da auch bei dieser Berechnung

---

1) Vgl. hierzu oben S. 66 ff

2) Art. V Abs. 8 (a) des IWF-Übereinkommens i.V.m. Rules and Regulations, Rule I - 1

3) Rules and Regulations, Rule I - 6;
J. Gold "Balance of Payments Transactions of the International Monetary Fund", in R. Rendell (Hrsg.) "International Financial Law: Lending, Capital Transfers and Institutions", S. 242

4) P. Wood "Law and Practice of International Finance", S. 4 - 174;
J. Gold "Financial Assistance by the International Monetary Fund", S. 27;
A. Hooke "The International Monetary Fund", S. 43;
a.A. E. Bernstein "The International Monetary Fund", in R. Gardner / M. Millikan (Hrsg.) "The Global Partnership", S. 136

aus Ziehungen in anderen Fazilitäten resultierende Bestände des IWF ausgeklammert werden. [1] Diese 100 Prozent sind gleichmäßig auf die vier "Kredittranchen" verteilt, die wie die Reservetranche mit aus Subskriptionszahlungen der Mitglieder stammenden Devisen finanziert werden.

Ziehungen in der ersten Kredittranche, d.h. also Käufe, die kein Ansteigen der Fondsbestände an der Währung des ziehenden Mitglieds über 125 Prozent der Quote bewirken, werden im Regelfall zwar im Rahmen einer Bereitschaftskreditvereinbarung abgewickelt, aber immer sofort vollzogen [2]. Wie in allen anderen Fazilitäten sind auch hier Ziehungen vom Vorliegen der oben unter III 4 a aa bis dd beschriebenen tatbestandlichen Voraussetzungen abhängig. Im übrigen ist "(t)he Fund's attitude to requests for transactions within the "first credit tranche" ... a liberal one, provided that the member itself is making reasonable efforts to solve its problems." [3] Demzufolge sind die Anforderungen an die Stabilisierungsprogramme der Mitglieder für Ziehungen in dieser Fazilität relativ gering. [4]

Werden dagegen Ziehungen in den höheren Kredittranchen beantragt, so macht der Fonds hierfür strengere Anpassungsprogramme zur Voraussetzung. Dabei sind aber die Anforderungen an diese weniger davon abhängig, ob das Mitglied

---

1) J. Gold "Financial Assistance by the International Monetary Fund", S. 28

2) Vgl. Par. 6 der Decision No. 6056-(79/38) vom 2. März 1979, in IMF "Selected Decisions of the International Monetary Fund and Selected Documents", Tenth Issue (1983), S. 21

3) IMF AR 1962, S. 31

4) P. Wood "Law and Practice of International Finance", S. 4 - 175;
B. Cohen "Balancing the System in the 1980s: Private Banks and the IMF", in G. Hufbauer (Hrsg.) "The International Framework for Money and Banking in the 1980s", S. 150

einen Kauf in der zweiten oder vierten Kredittranche beantragt, als von der Art und der Bedeutung seiner Zahlungsbilanzprobleme. [1] Des weiteren kann ein Mitglied im Regelfall nicht sofort Devisen im gesamten in der Bereitschaftskreditvereinbarung festgesetzten Umfang abziehen, sondern nur einen bestimmten Anteil. Der Rest ist dagegen erst später fällig und zudem - wie immer bei Terminierung des Ziehungsanspruchs unter einer Bereitschaftskreditvereinbarung - in gewisser Weise vom Erfolg des vereinbarten Stabilisierungsprogramms abhängig. [2]

Die normale Laufzeit für Bereitschaftskreditvereinbarungen in den Kredittranchen beträgt ein Jahr, kann aber vom Fonds auf Antrag des Mitglieds auf höchstens drei Jahre verlängert werden, wenn er dies für eine erfolgreiche Durchführung des Anpassungsprogramms erforderlich hält. [3] Die Rückabwicklung erfolgt in vierteljährlichen Raten gleicher Höhe, beginnend drei Jahre nach einem Kauf und muß spätestens [4] fünf Jahre nach diesem abgeschlossen sein. [5] Neben der in allen Tranchen außer der Reservetranche anfallenden einmaligen Bearbeitungsgebühr in Höhe von 0,5 Prozent [6] und der Bereitstellungsgebühr in Höhe von 0,25 Prozent p.a. auf bereitgestellte, aber noch nicht

---

1) J. Gold "Financial Assistance by the International Monetary Fund", S. 21

2) Vgl. hierzu unten S. 102 ff;
F. Roessler "Pressures to Adjust Balance of Payments Disequilibria: An Analysis of the Powers of the International Monetary Fund", IO 30/1976, S. 438

3) Par. 2 der Decision No. 6056-(79/38) vom 2. März 1979, in IMF "Selected Decisions of the International Monetary Fund and Selected Documents", Tenth Issue (1983), S. 21

4) Vgl. hierzu oben S. 57 f

5) Par. 1 (a) der Decision No. 5703-(78/39) vom 22. März 1978 in Fassung der Decision No. 6862-(81/81) vom 13. Mai 1981, in IMF a.a.O., S. 105

6) Rules and Regulations, Rule I - 1

abgerufene Devisen [1] hat ein Mitglied auf Fondsbestände an seiner Währung, die aus Ziehungen in einer Kredittranche resultieren, noch eine periodische Gebühr zu bezahlen. Diese wird am Beginn jedes Rechnungsjahres vom Fonds festgesetzt [2] und beträgt z.Z. 7 Prozent [3].

cc) Erweiterte Fondsfazilität

Seit 1974 stellt der IWF im Rahmen der durch eine Entscheidung des Exekutivdirektoriums geschaffenen Erweiterten Fondsfazilität ("Extended Fund Facility") seinen Mitgliedern weitere finanzielle Unterstützung auf mittelfristiger Basis zur Verfügung, wenn

> "(a) an economy (is) suffering serious payments imbalance relating to structural maladjustments in production and trade and where prices and cost distortions have been widespread;"

oder wenn

> "(b) an economy (is) characterized by slow growth and an inherently weak balance of payments position which prevents pursuit of an active development policy." [4]

Die Tranche wird mit aus Subskriptionszahlungen der Mitglieder stammenden Devisen finanziert [5] und steht allen

---

1) Rules and Regulations, Rule I - 8 (a)

2) Rules and Regulations, Rule I - 6 (4)

3) IMF JB 1986, S. 79

4) Sec. I (ii) der Decision No. 4377-(74/114) vom 13. September 1974 in der Fassung von Decision No. 6830-(81/65) vom 22. April 1981, in IMF "Selected Decisions of the International Monetary Fund and Selected Documents", Tenth Issue (1983), S. 27

5) J. Gold "Financial Assistance by the International Monetary Fund", S. 34; insoweit falsch P. Wood "Law and Practice of International Finance", S. 4 - 175

Mitgliedern offen [1], auch wenn der Fonds davon ausgeht, daß "(t)he facility in its formulation and administration, is likely to be beneficial for developing countries in particular." [2] Da durch Ziehungen in dieser Tranche nicht nur die Behebung temporärer Zahlungsbilanzprobleme ermöglicht werden soll, sondern die Korrektur struktureller Mißstände und Verzerrungen im Wirtschaftssystem des Mitgliedslandes, werden vom Fonds erhebliche Anpassungsbemühungen zur Voraussetzung dieser Käufe gemacht.

Legt ein Mitglied dem Fonds ein diesen überzeugendes Programm zur Bewältigung seiner Zahlungsbilanzprobleme vor und ist dieser zudem der Ansicht, daß die Lösung jener Schwierigkeiten eine längere Inanspruchnahme der Fondsressourcen erforderlich macht, als dies in den Kreditfazilitäten möglich ist, so ist das Mitglied zu Käufen in dieser Tranche berechtigt. [3] Diese Ziehungsberechtigung ist auf höchstens 140 Prozent der Quote des Mitglieds begrenzt. Allerdings dürfen die Bestände des Fonds an der Währung des ziehenden Mitglieds, die dieser infolge von Käufen in der Erweiterten Fondsfazilität und in den Kredittranchen hält, durch Ziehungen in diesen Fazilitäten 265 Prozent der Quote nicht übersteigen. [4] D.h., die kombinierten Ziehungsrechte in diesen fünf Tranchen betragen 165 Prozent der Quote des jeweiligen Mitglieds.

---

1) R. Gerster "Fallstricke der Verschuldung: Der Internationale Währungsfonds und die Entwicklungsländer", S. 295; J. Gold "Uniformity as a Legal Principle of the International Monetary Fund", LPIB 7/1975, S. 789

2) Sec. I (i) der Decision No. 4377-(74/114), a.a.O., S. 27

3) Sec. II Par. 2 der Decision No. 4377-(74/114), a.a.O., S. 28

4) Sec. II Par. 4 (a) und (b) der Decision No. 4377-(74/114), a.a.O., S. 29 f; vgl. hierzu J. Gold "Financial Assistance by the International Monetary Fund", S. 33

Die Bereitschaftskreditvereinbarungen über Ziehungen in dieser Fazilität ("Extended Arrangements") haben eine Laufzeit von höchstens drei Jahren. Auch hier werden die Ziehungen im Regelfall nicht sofort in der festgesetzten Gesamthöhe abgewickelt. Vielmehr kann das Mitglied nur einen Teil der Devisen sofort kaufen, während der Rest erst zu späteren Terminen fällig ist. [1] Zudem sind die späteren Käufe vom Vorliegen bestimmter objektiver makroökonomischer Daten abhängig. [2] Diese werden in der Bereitschaftskreditvereinbarung nur für die im ersten Jahr der vorgesehenen Laufzeit erfolgenden Ziehungen festgesetzt. Für den Rest des Zeitraums erfolgt die Festsetzung dagegen erst am Anfang des jeweiligen Jahres unter Berücksichtigung des veränderten wirtschaftlichen Umfeldes und des bisherigen Erfolgs der Strukturanpassungsmaßnahmen.

Die Rückabwicklung von Ziehungen in der Erweiterten Fondsfazilität erfolgt ratenweise. Sie hat spätestens vier Jahre nach dem jeweiligen Kauf zu beginnen und muß nach zehn Jahren abgeschlossen sein. [3] Die Finanzhilfe im Rahmen der Erweiterten Fondsfazilität ist mit den gleichen Gebühren wie die der Kredittranchen verbunden. [4]

---

1) Sec. II Par. 3 der Decision No. 4377-(74/114), a.a.O., S. 29

2) Vgl. hierzu unten S. 113 f

3) Sec. II Par. 5 der Decision No. 4377-(74/114), a.a.O., S. 30

4) Vgl. hierzu oben S. 83 f;
Decision No. 4720-(75/114) vom 2. Juli 1975, in IMF a.a.O., S. 32 f;
Rules and Regulations, Rule I - 6 (4);
Rules and Regulations, Rule I - 1

dd) Politik des Erweiterten Zugangs

Seit Ablauf der "Witteveen Fazilität" ("Supplementary Financing Facility") [1] im Februar 1982 stellt der Fonds einem Mitglied, dessen Zahlungsbilanzdefizit im Verhältnis zu seiner Fondsquote hoch ist, neben der finanziellen Unterstützung im Rahmen der oben genannten Tranchen [2] durch die "Politik des Erweiterten Zugangs" ("Policy on Enlarged Access") weitere Devisen temporär zur Verfügung.

Voraussetzung für Ziehungen in dieser Fazilität ist, daß nach Ansicht des Fonds

- "... the member needs financing from the Fund that exceeds the amount available to it in the four credit tranches or under the Extended Fund Facility and its problem requires a relatively long period of adjustment and a maximum period for repurchase longer than the three to five years under the credit tranche policies;
- on the basis of a detailed statement of the economic and financial policies the member will follow and the measures it will apply during the period of the stand-by or extended arrangement, that the member's program will be adequate for the solution of its problem and is compatible with the Fund's policies on the use of its resources beyond the first credit tranche or under the Extended Fund Facility." [3]

---

1) Decision No. 5508-(77/127) vom 29. August 1977, in IMF "Selected Decisions of the International Monetary Fund and Selected Documents", Tenth Issue (1983), S. 33 ff; vgl. hierzu J. Gold "Financial Assistance by the International Monetary Fund", S. 34; ders. "New Directions in the Financial Activities of the International Monetary Fund", IL 13/1979, S. 457 f; A. MacBean / P. Snowden "International Institutions in Trade and Finance", S. 54 f

2) Par. 2 der Decision No. 6783-(81/40) vom 11. März 1981, in IMF "Selected Decisions of the International Monetary Fund and Selected Documents", Tenth Issue (1983), S. 41

3) Par. 3 der Decision 6783-(81/40), a.a.O., S. 41

Die Finanzhilfe im Rahmen dieser Tranche wird entweder über stand-by arrangements mit einer normalen Laufzeit von einem bis zu drei Jahren oder über extended arrangements, die normalerweise über drei Jahre laufen, abgewickelt [1] und nach einem festgesetzten Berechnungsmodus teils mit aus Subskriptionszahlungen stammenden Devisen und teils mit Mitteln finanziert, die der Fonds gemäß Art. VII Abs. 1 (i) des IWF-Übereinkommens bei seinen Mitgliedern aufgenommen hat. [2] Auch hier werden die Ziehungen nicht sofort in der vorgesehenen Gesamthöhe abgewickelt, sondern z.T. erst während der Laufzeit bei Vorliegen bestimmter Voraussetzungen [3]. [4]

Die Höhe der Ziehungsrechte in dieser Fazilität wird nicht in der sie etablierenden Entscheidung festgesetzt. Statt dessen sieht deren Par. 7 [5] vor, daß der Fonds hierfür von Zeit zu Zeit Richtlinien erläßt. Dies geschieht im Lichte der Erfahrung des IWF mit den Strukturanpassungsprogrammen seiner Mitglieder und unter Berücksichtigung seiner Liquiditätslage. [6] Nach den im Januar 1981 durch Beschluß des Exekutivdirektoriums ergangenen Geschäftsgrundsätzen konnte ein Mitglied bei Erfüllung der Voraussetzungen in dieser Fazilität jährlich bis zu 150 Prozent und innerhalb einer Dreijahresperiode bis zu 450 Prozent seiner Quote ziehen. Allerdings wurde das kumulierte Ziehungsrecht aus dieser Fazilität, den Kredittranchen und der Erweiterten Fondsfazilität auf 600 Prozent der Quote

---

1) Par. 6 der Decision No. 6783-(81/40), a.a.O., S. 41 f

2) Par. 8 der Decision No. 6783-(81/40), a.a.O., S. 42 f; P. Wood "Law and Practice of International Finance", S. 4 - 176

3) Vgl. hierzu unten S. 111 ff

4) Par. 5 der Decision No. 6783-(81/40), a.a.O., S. 41

5) a.a.O., S. 42

6) IMF AR 1981, S. 81 f

eines Mitglieds beschränkt. [1] Diese Richtlinien wurden im Gefolge der Achten Allgemeinen Erhöhung der Fondsquoten geändert und sehen in ihrer derzeit gültigen Fassung als jährliches Limit 90 bzw. 110 Prozent, als Dreijahreslimit 270 bzw. 330 Prozent und als Gesamtbegrenzung 400 bzw. 440 Prozent der jeweiligen Mitgliedsquote vor, "depending on the seriousness of the member's balance of payments needs and the strength of its adjustment effort". [2] Die so gesetzten Begrenzungen der Ziehungsmöglichkeiten unter der Politik des Erweiterten Zugangs sind aber nicht unabdingbar. [3] Vielmehr gestatten die Richtlinien eine gewisse Flexibilität in ihrer Anwendung. So kann der Fonds einem Mitglied höhere Ziehungen gestatten als diese Limitierungen normalerweise erlauben, wenn die Quote dieses Mitglieds in Relation zu seiner ökonomischen Größe und Bedeutung ungewöhnlich niedrig ist oder wenn es ein außergewöhnlich umfassendes Anpassungsprogramm durchführt. Ausserdem hat der Fonds sich bereiterklärt, "also (to) consider members' requests, on a case-by-case basis, for augmentation of the amounts of existing stand-by and extended arrangements in light of the new guidelines, taking into account the progress of the adjustment program in individual countries, normally at the end of the first year of an arrangement but some flexibility on the timing of such reviews will be allowed for." [4]

---

1) IMF AR 1981, S. 87;
"Guidelines on Enlarged Access to Resources Permit Up to 450 Per Cent of Higher Quotas", IMF Survey vom 26. Januar 1981, S. 17, 21;
R. Gerster "Fallstricke der Verschuldung: der Internationale Währungsfonds und die Entwicklungsländer", S. 294

2) Decision No. 7600-(84/3) vom 6. Januar 1984 i.V.m. Decision No. 8147-(85/177) vom 9. Dezember 1985, in IMF "Selected Decisions of the International Monetary Fund and Selected Documents", Twelfth Issue (1986), S. 50 f

3) Vgl. Decison No. 7600-(84/3) vom 6. Januar 1984, in IMF a.a.O., S. 51

4) IMF AR 1981, S. 87

Die Rückabwicklung von Ziehungen in dieser Fazilität hat in halbjährlichen Raten gleicher Höhe in einem Zeitraum von dreieinhalb und sieben Jahren nach dem jeweiligen Kauf zu erfolgen, soweit dieser mit vom Fonds geborgten Devisen finanziert wurde. Im übrigen gilt die Satzung des Fonds und seine Entscheidungen. D.h., Ziehungen von aus Subskriptionszahlungen der Mitglieder stammenden Devisen sind spätestens 5 Jahre nach dem Kauf rückabzuwickeln, wenn sie im Rahmen eines stand-by arrangements erfolgt sind. [1] Wurden diese dagegen unter einem extended arrangement vollzogen, so wird der Rückkauf ratenweise in einem Zeitraum zwischen vier und zehn Jahren nach der betreffenden Ziehung durchgeführt. [2]

Auch bei der Berechnung der periodischen Gebühren wird danach differenziert, ob die gezogenen Devisen aus Subskriptionszahlungen der Mitglieder stammen oder ob der Fonds hierfür Kredite aufgenommen hat. Im ersten Fall gilt dieselbe Regelung wie in der Erweiterten Fondsfazilität und den Kredittranchen. [3] Für die von ihm aufgenommenen Devisen erhebt er dagegen eine Gebühr, die nach den aus der Kreditaufnahme resultierenden Unkosten zuzüglich eines Aufschlags von 0,2 Prozent errechnet wird. [4] Neben der periodischen Gebühr fallen, wie in den Kredittranchen und der Erweiterten Fondsfazilität, Bearbeitungsgebühren und Bereitstellungsgebühren an. [5]

---

1) Art. V Abs. 7 (c) des IWF-Übereinkommens
2) Vgl. oben S. 85
3) Rules and Regulations, Rule I - 6 (7) i.V.m. Rule I - 6 (4)
4) Rules and Regulations, Rule I - 6 (5)
5) Rules and Regulations, Rule I - 1 und Rule I - 8 bzw. Decision No. 4720-(75/114) vom 2. Juli 1975, in IMF "Selected Decisions of the International Monetary Fund and Selected Documents", Tenth Issue (1983), S. 32 f

ee) Fazilität zur kompensierenden Finanzierung von Exporterlösausfällen

Im Rahmen der oben genannten Tranchen stellt der Fonds seinen Mitgliedern Devisen zwecks Lösung von Zahlungsbilanzschwierigkeiten zur Verfügung, ohne daß es auf die spezifische Ursache dieser Probleme ankäme. Im Gegensatz hierzu kann ein Mitglied unter der "Fazilität zur kompensierenden Finanzierung von Exporterlösausfällen" ("Facility for the Compensatory Financing of Export Fluctuations") [1] wie auch unter den beiden im folgenden zu behandelnden Tranchen nur dann Ziehungen tätigen, wenn das Defizit seiner Zahlungsbilanz ganz bestimmten Gründen zuzuschreiben ist. [2]

Voraussetzung für einen Kauf in dieser Tranche, die in erster Linie den für Naturkatastrophen und Schwankungen der Welthandelspreise besonders anfälligen Exporteuren von Rohstoffen zugute kommen soll [3], ist, daß das Mitglied einen Rückgang seiner Exporterlöse zu verzeichnen hat, der - nach Ansicht des Fonds - von nur kurzfristigem und vorübergehendem Charakter ist und zudem großteils auf dem Einflußbereich des Mitglieds entzogenen Umständen beruht. [4] Außerdem muß ein Mitglied, falls dies in den Augen des

---

1) Zur Entstehung vgl. R. Meagher "The Expansion and Modification of the IMF's Compensatory Finance Facility", IL 11/1977, S. 277

2) J. Gold "Financial Assistance by the International Monetary Fund", S. 29

3) P. Wood "Law and Practice of International Finance", S. 4 - 175;
R. Gerster "Fallstricke der Verschuldung: Der Internationale Währungsfonds und die Entwicklungsländer", S. 295;
J. Fleming "The International Monetary Fund: Its Form and Functions", S. 38

4) A. MacBean / P. Snowden "International Institutions in Trade and Finance", S. 127;
E. Bernstein "The International Monetary Fund", in R. Gardner / M. Millikan (Hrsg.) "The Global Partnership", S. 140

Fonds erforderlich sein sollte, mit diesem in dem Bemühen zusammenarbeiten, eine angemessene Lösung für seine Zahlungsschwierigkeiten zu finden. [1] Allerdings wird in dieser Fazilität nicht wie bei einem Teil der oben genannten die Durchführung eines bestimmten Strukturanpassungsprogramms zwischen Fonds und ziehendem Mitglied vereinbart [2], da es bei der Komplexität der Probleme oftmals schwierig wäre, kurzfristig ein geeignetes und für das Mitgliedsland annehmbares Programm auszuarbeiten [3]. Ausreichend ist vielmehr die Fähigkeit und die Bereitschaft des Mitglieds, an der Ausarbeitung und Durchführung von Maßnahmen zur Lösung seiner Zahlungsbilanzprobleme mitzuarbeiten. [4]

In dieser Tranche kann ein Mitgliedsland Devisen im Gegenwert von bis zu 83 Prozent seiner Quote [5] ohne Anrechnung dieser Ziehungen auf seine Ansprüche im Rahmen anderer Fazilitäten [6] vom Fonds kaufen, mehr als 50 Prozent aber erst, "if the Fund is satisfied that the member has been cooperating with the Fund in an effort to find, where required, appropriate solutions for its balance of payments

---

1) Par. 2 der Decision No. 6224-(79/135) vom 2. August 1979, in IMF "Selected Decisions of the International Monetary Fund and Selected Documents", Tenth Issue (1983), S. 62

2) P. Wood a.a.O., S. 4 - 175;
J. Gold "Financial Assistance by the International Monetary Fund", S. 30

3) IMF "Compensatory Financing of Export Fluctuations" (1963), S. 11 f

4) G. Stratmann "Der Internationale Währungsfonds", S. 272;
M. Goreux "Compensatory Financing Facility", S. 8

5) Decision No. 7602-(84/3) vom 6. Januar 1984 (a), in IMF "Selected Decisions of the International Monetary Fund and Selected Documents", Supplement to Tenth Issue (1984), S. 15

6) Par. 9 der Decision No. 6224-(79/135), in IMF "Selected Decisions of the International Monetary Fund and Selected Documents", Tenth Issue (1983), S. 63;
vgl. J. Gold "Use of the International Monetary Fund's Resources: 'Conditionality' and 'Unconditionality' as Legal Categories", JILE 6 / 1971, S. 12

difficulties." [1] Eine weitere Grenze ist die Höhe des Exporterlösrückgangs, d.h. eine Überkompensation desselben ist ausgeschlossen. Der Umfang des Erlösrückgangs wird in bezug auf die letzten zwölf Monate, für die dem Fonds genügend statistisches Material zur Verfügung steht, errechnet, kann z.T. aber auch geschätzt werden. [2] Er stellt die Differenz der Erträge dieses Jahres zum geometrischen Durchschnitt der Erlöse in einem Fünfjahreszeitraum dar. Dieser umfaßt neben dem Jahr, in dem der Rückgang zu verzeichnen ist, die beiden diesem vorhergehenden sowie die beiden diesem folgenden Jahre, wobei die Werte des letztgenannten Zeitabschnitts auf Schätzungen des Fonds und des Mitglieds beruhen. [3]

Bei Beurteilung der Frage, ob der so errechnete Rückgang der Exporterlöse "is largely attributable to circumstances beyond the control of the member", steht dem Fonds zumindest in Grenzfällen ein relativ weiter Entscheidungsspielraum zu [4], da von dieser Formulierung nicht nur durch eine umfangreiche Kasuistik eingegrenzte Rechtsbegriffe wie "act of God" [5] oder "force majeure" umfaßt sind, zu denen z.B. Ernteausfälle als Folge von Naturkatastrophen, Streiks, Aufstände, Bürgerkriege und Kriege, die nicht von dem betreffenden Mitglied selbst ausgelöst wurden, zählen [6]. Hierzu gehören nach der Entscheidungspraxis des

---

1) Par. 3 der Decision No. 6224-(79/135), a.a.O., S. 62; vgl. hierzu Attachment EBS/83/171 von Decision No. 7528-(83/140) vom 14. September 1983, in IMF "Selected Decisions of the International Monetary Fund and Selected Documents", Supplement to Tenth Issue (1984), S. 17

2) Par. 5 der Decision No. 6224-(79/135), a.a.O., S. 62

3) Par. 6 der Decision No. 6224-(79/135), a.a.O., S. 62 f; L. Goreux "Compensatory Financing Facility", S. 31 f

4) G. Stratmann a.a.O., S. 270 f

5) IMF "Compensatory Financing of Export Fluctuations" (1966), S. 15 f

6) G. Stratmann a.a.O., S. 269 f

IWF vielmehr auch solche wirtschaftlichen Entwicklungen, die durch wirtschafts- oder währungspolitische Entscheidungen des Mitglieds selbst ausgelöst wurden, aber bei einer vernünftigen Würdigung unter Berücksichtigung aller Umstände für dieses weder vorhersehbar noch vermeidbar waren. [1] Allerdings wird der hieraus resultierende Beurteilungsspielraum des Fonds zum einen dadurch eingeschränkt, daß der Rückgang der Exporterlöse nicht ausschließlich auf Umständen außerhalb des Einflußbereichs des Mitglieds beruhen muß, sondern nur großteils [2]. Zum anderen folgt eine erhöhte Bestimmbarkeit der Entscheidung über einen Ziehungsantrag in dieser Tranche durch die wohl immer noch geltende Zusicherung des Fonds, in Zweifelsfällen werde eine Auslegung vorgezogen, die für das Mitglied günstig ist [3]. [4]

Ziehungen in dieser Fazilität sind in gleicher Weise gebührenpflichtig wie solche in der ersten Kredittranche. [5] Da auch hier die Ziehungen ohne Abschluß eines stand-by oder extended arrangements direkt abgewickelt werden [6], fällt keine Bereitstellungsgebühr an. Der Rückkauf muß spätestens fünf Jahre nach dem Kauf abgeschlossen sein. [7]

---

1) IMF a.a.O., S. 16

2) Vgl. Par. 2 (a) der Decision No. 6224-(79/135), a.a.O., S. 62

3) IMF a.a.O., S. 16

4) J. Gold "'... To Contribute Thereby to ... Development ...': Aspects of the Relations of the International Monetary Fund with its Developing Members", CJTL 10/1971, S. 286;
G. Stratmann a.a.O., S. 271

5) Rules and Regulations, Rule I - 1 und Rule I - 6 (4)

6) J. Gold "Relations Between Banks' Loan Agreements and IMF Stand-By Arrangements", IFLR September 1983, S. 30

7) Par. 1 (a) der Decision No. 5703-(78/39) vom 22. März 1978 in Fassung von Decision No. 6862-(81/81) vom 13. Mai 1981, in IMF "Selected Decisions of the International Monetary Fund and Selected Documents", Tenth Issue (1983), S. 105; vgl. oben S. 86

ff) Fazilität zur kompensierenden Finanzierung von Kostensteigerungen für Nahrungsmittelimporte

Im Rahmen dieser Fazilität ("Facility for Compensatory Financing of Fluctuations in the Cost of Cereal Imports") gewährt der Fonds seit 1981 denjenigen Mitgliedern finanzielle Unterstützung, deren Zahlungsbilanz infolge eines namentlich durch Ernteausfälle oder höhere Importpreise verursachten Anstiegs der Kosten für Getreideeinfuhren Defizite aufweist. [1]

Voraussetzung für eine Ziehung in dieser Tranche ist, daß "the Fund is satisfied that

(a) any shortfall in exports and any excess costs of cereal imports that result in a net shortfall in the member's exports are of a short-term character and are largely attributable to circumstances beyond the control of the member; and

(b) the member will cooperate with the Fund in an effort to find, where required, appropriate solutions for its balance of payments difficulties." [2]

Wie bereits obige Formulierung der tatbestandlichen Voraussetzungen für einen Anspruch im Rahmen dieser Tranche zeigt, weist diese nicht nur große Ähnlichkeit mit der Fazilität zur kompensierenden Finanzierung von Exporterlösausfällen auf, sondern ist mit jener auch auf das engste verbunden. So unterliegen Ziehungen neben ähnlichen Voraussetzungen [3] auch denselben Gebühren und Rückkaufmodalitäten [4]. Auch wird die Existenz und der Umfang des Anstiegs der Kosten für Nahrungsmittelimporte nach dem

---

1) J. de Larosière "Der Internationale Währungsfonds und die Hauptprobleme der Weltwirtschaft", EA 1981, S. 457

2) Par. 3 der Decision No. 6860-(81/81) vom 13. Mai 1981, in IMF "Selected Decisions of the International Monetary Fund and Selected Documents", Twelfth Issue (1986), S. 89

3) Siehe hierzu oben S. 90 ff

4) Siehe hierzu oben S. 93

gleichen Modus berechnet wie der Rückgang bei den Exporterlösen [1]. Die Entwicklung der Erträge aus Exporten ist zudem für die Höhe des Anspruchs auf Ziehung von Devisen unter der Fazilität zur kompensierenden Finanzierung von Kostensteigerungen für Nahrungsmittelimporte von Bedeutung, da "a member may request a purchase under this Decision for an amount equal to the net shortfall in its export calculated as the sum of its export shortfall and the excess in its cereal import costs". [2] Allerdings ist der Anspruch auf 83 Prozent der Quote eines Mitglieds beschränkt, das zudem in dieser Tranche und der Fazilität zur kompensierenden Finanzierung von Exporterlösausfällen nicht mehr Devisen als im Gegenwert von 105 Prozent seiner Quote vom Fonds kaufen darf. [3]

---

1) Vgl. Par. 5 und 6 der Decision No. 6860-(81/81), a.a.O., S. 89 f

2) Par. 4 (a) der Decision No. 6860-(81/81), a.a.O., S. 89

3) Par. 9 (c) und (a) der Decision No. 6860-(81/81), i.V.m. Decision No. 7967-(85/69) vom 3. Mai 1985, a.a.O., S. 91

gg) Fazilität zur Finanzierung von Rohstoffausgleichslagern

Im Rahmen der "Buffer Stock Financing Facility" unterstützt der Fonds Exporteure und Importeure von Rohstoffen unter seinen Mitgliedern [1], denen die Erfüllung ihrer Verpflichtung zur Zahlung von Beiträgen zur Unterhaltung von Rohstoffausgleichslagern angesichts ihrer Zahlungsbilanzsituation Schwierigkeiten bereitet. [2] Diese Rohstofflager werden zur Begrenzung von Preisschwankungen auf den Rohstoffmärkten eingerichtet und haben für Exporteure den Vorteil einer Stabilisierung der Exporterlöse, während sie gleichzeitig eine kontinuierliche Versorgung der Käufer ermöglichen. [3]

Voraussetzung für Ziehungen in dieser Tranche ist, daß sie mit der Finanzierung internationaler Rohstoffausgleichslager in Zusammenhang stehen, die sich mit gewissen vom Wirtschafts- und Sozialrat der Vereinten Nationen empfohlenen Prinzipien im Einklang befinden. [4] Diese Grundsätze

---

1) J. Gold "'... To Contribute Thereby To ... Development ...': Aspects of the Relations of the International Monetary Fund with its Developing Members", CJTL 10/1971, S. 279

2) J. Gold "Financial Assistance by the International Monetary Fund", S. 30

3) W. Künne "Die Einzelforderungen des Integrierten Programms", in D. Kebschull / W. Michalski / H. Scharrer (Hrsg.) "Die neue Weltwirtschaftsordnung", S. 82; H. Köck / P. Fischer "Grundzüge des Rechtes der Internationalen Organisationen", S. 374; vgl. hierzu auch A. MacBean / P. Snowden "International Institutions in Trade and Finance", S. 122 ff; "Fragen einer neuen Weltwirtschaftsordnung", Gutachten des Wissenschaftlichen Beirats beim Bundesministerium für Wirtschaft, AV 20/1982, S. 111

4) Par. 1 der Decision No. 2772-(69/47) vom 25. Juni 1969 in Fassung der Decision No. 4913-(75/207) vom 24. Dezember 1975, in IMF "Selected Decisions of the International Monetary Fund and Selected Documents", Tenth Issue (1983), S. 70; J. Gold "Legal and Institutional Aspects of the International Monetary System: Selected Essays", S. 433

betreffen beispielsweise Teilnahme und Stimmrecht, Zielsetzung und geplante Dauer des Programms sowie Fairneß und Verbot der Diskriminierung von unbeteiligten Fondsmitgliedern in ihren Handelsbeziehungen. [1] Weitere tatbestandliche Voraussetzung ist neben dem Bedarf des Mitglieds an finanzieller Unterstützung seine Fähigkeit und Bereitschaft, mit dem Fonds auf der Suche nach einer angemessenen Lösung seiner Zahlungsbilanzschwierigkeiten zusammenzuarbeiten, soweit dies erforderlich sein sollte. [2]

Die Höhe des Anspruchs beträgt im Höchstfall 45 Prozent der Quote [3], wird aber gleichzeitig durch die Verpflichtung des Mitglieds zur Beitragszahlung für das Rohstoffausgleichslager begrenzt. [4] Auf Ziehungen in dieser Tranche sind Gebühren wie auf die im Rahmen der Fazilität zur kompensierenden Finanzierung von Exporterlösausfällen getätigten [5] zu bezahlen. Die Rückabwicklung erfolgt auch hier in vierteljährlichen Raten gleicher Höhe, beginnend nach drei Jahren, und muß fünf Jahre nach dem Kauf abgeschlossen sein. [6] Allerdings sind die Mitglieder in dieser Fazilität zu früherer Rückabwicklung verpflichtet, wenn und soweit von dem Rohstoffausgleichslager Devisen an seine Mitglieder ausbezahlt werden. [7]

---

1) J. Gold a.a.O., S. 433

2) IMF "The Problem of Stabilization of Prices of Primary Products: Report of the Executive Directors - Scope for Action by the Fund", S. 14 f;
P. Wood "Law and Practice of International Finance", S. 4 - 175

3) Par. 2 der Decision No. 2772-(69/47), a.a.O., S. 70 i.V.m. Decision No. 7602-(84/3) vom 6. Januar 1984, in IMF "Selected Decisions of the International Monetary Fund and Selected Documents", Supplement to Tenth Issue (1984), S. 18

4) J. Gold "Financial Assistance by the International Monetary Fund", S. 30 f

5) Siehe hierzu oben S. 90

6) Par. 1 (a) der Decision No. 5703-(78/39) vom 22. März 1978 in Fassung von Decision No. 6862-(81/81) vom 13. Mai 1981, in IMF "Selected Decisions of the International Monetary Fund and Selected Documents", Tenth Issue (1983), S. 105 f

7) Par. 1 (b) der Decision No. 5703-(78/39), a.a.O., S. 106

hh) Strukturanpassungsfazilität

Den 60 ärmsten Entwicklungsländern unter den Mitgliedern des Fonds [1] steht seit 1986 bei Bedarf neben [2] den vorstehend genannten Ziehungsmöglichkeiten auch im Rahmen der "Structural Adjustment Facility" finanzielle Unterstützung zur Verfügung. Im Gegensatz zu den anderen Tranchen können unter dieser wie unter ihrem Vorgänger "Trust Fund" Darlehen im juristischen Sinn [3] zu einem Vorzugszinssatz von 0,5 % p.a. [4] aufgenommen werden, die im wesentlichen aus Mitteln finanziert werden, welche der IWF durch Rückzahlung von "Trust Fund"-Krediten erhält. [5]

Voraussetzung für den Erhalt von Krediten unter der Strukturanpassungsfazilität ist neben der Zugehörigkeit zu dem enumerativ umschriebenen (aber gegebenenfalls revidierten) [6]

---

1) Vgl. Annex to Decision No. 8240-(86/56) SAF vom 26. März 1986, in IMF "Selected Decisions of the International Monetary Fund and Selected Documents", Twelfth Issue (1986), S. 138 f.
Von diesen 60 Staaten haben aber Indien und die Volksrepublik China mitgeteilt, daß sie von den Ansprüchen im Rahmen dieser Fazilität keinen Gebrauch machen wollen (a.a.O., S. 139). Sie bleiben daher bei der Kalkulation der Anspruchshöhe für die übrigen Mitglieder unberücksichtigt.
Par. 4 (2) und (1) des Annex to Decision No. 8238-(86/56) SAF vom 26. März 1986, in IMF a.a.O., S. 134

2) Par. 4 (4) des Annex to Decision No. 8238-(86/56) SAF, a.a.O., S. 134

3) Par. 3 des Annex to Decision No. 8238-(86/56) SAF, a.a.O., S. 134;
vgl. hierzu auch oben S. 51 ff

4) Par. 7 (1) des Annex to Decision No. 8238-(86/56) SAF, a.a.O., S. 136

5) Par. 2 des Annex to Decision No. 8238-(86/56) SAF, a.a.O., S. 133 i.V.m. Decision No. 8237-(86/56) SAF vom 26. März 1986, im IMF a.a.O., S. 132 f i.V.m. Par. 2 (b) und 3 (b) von Decision No. 6704-(80/185) TR vom 17. Dezember 1980, in IMF a.a.O., S. 360 f

6) Vgl. "The Chairman's Summing Up at the Conclusion of the Discussion on Special Disbursement Account; Executive Board Meeting 86/56 - March 26, 1986", in IMF a.a.O., S. 140

Kreis der prinzipiell berechtigten Fondsmitglieder, daß der die Kreditgewährung beantragende Staat anhaltende Zahlungsbilanzschwierigkeiten hat [1] und angemessene Bemühungen zu deren Beseitigung unternimmt. Dabei wird letzteres unterstellt, wenn das Mitglied dem Fonds nach Konsultation mit dessen Geschäftsführendem Direktor

"(i) a three-year adjustment program which seeks to correct macroeconomic and structural problems that have impeded balance of payment adjustment and economic growth"

sowie

"(ii) the first of three annual programs setting forth the objectives for the year and the policies to be followed during the year to meet those objectives"

präsentiert. [2] Diese mittelfristig orientierten Programme sollen in enger Zusammenarbeit zwischen den Behörden des Mitgliedsstaates einerseits sowie den Mitarbeitern von Fonds und Weltbank andererseits ausgearbeitet werden [3] und auf Schaffung der Voraussetzungen für ein anhaltendes Wirtschaftswachstum durch Erhöhung der Effektivität der Volkswirtschaft sowie auf Stärkung der Zahlungsbilanz zielen. Hierdurch soll das Mitglied in die Lage versetzt werden, seinen Schuldendienstverpflichtungen vertragsgemäß und ohne Rückgriff auf Restriktionen im Außenhandel oder im Zahlungsverkehr nachzukommen. [4] Dementsprechend

---

1) Vgl. hierzu a.a.O., S. 140

2) Par. 5 (1), (3) und (4) des Annex to Decision No. 8238-(86/56) SAF, a.a.O., S. 134 f

3) Vgl. hierzu "The Chairman's Summing Up at the Conclusion of the Discussion on Special Disbursement Account; Executive Board Meeting 86/56 - March 26, 1986", in IMF a.a.O., S. 141 ff

4) "Board Approves First Program Under New Low-Income Facility", IMF Survey vom 11. August 1986, S. 253; Press Release No. 86/9 vom 27. März 1986, in IMF Survey vom 31. März 1986, S. 109

liegt den Programmen eine Erhebung des Kapitalbedarfs des Mitgliedsstaates und eine Aufstellung der (potentiellen) Kapitalquellen inklusive der Strukturanpassungsfazilität zugrunde.

Unter dieser Tranche kann ein Mitglied nach Billigung der Programme durch den Fonds [1] innerhalb von 3 Jahren Kredite in Höhe von derzeit bis zu 47 Prozent seiner Quote erhalten, wovon 20 Prozent im ersten Jahr und jeweils 13,5 Prozent in den beiden folgenden Jahren ausbezahlt werden können. [2] Dabei wird die Auszahlung der späteren Darlehen nicht wie Käufe im Rahmen anderer Fazilitäten vom Erreichen bestimmter, quantitativ festgelegter Indikatoren abhängig gemacht [3]. [4] Voraussetzung hierfür ist vielmehr neben der einer grundsätzlichen Verpflichtungserklärung [5] entsprechenden Billigung des 3-Jahresprogramms durch den Fonds und anhaltendem Kapitalbedarf, daß das Mitglied innerhalb der Laufzeit des 3-Jahresprogramms [6] wiederum einen angemessenen Jahresplan präsentiert. [7] Wird dieser akzeptiert, so bleibt das Mitglied selbst dann bezugsberechtigt, wenn die Prämissen des Planes nicht erreicht werden oder es durch Entscheidung des Fonds aus dem Kreis der prinzipiell bezugs-

---

1) Par. 5 (2), (3) und (4) des Annex to Decision No. 8238-(86/56) SAF, a.a.O., S. 134 f

2) Par. 2 von Decision No. 8240-(86/56) SAF vom 26. März 1986, in IMF a.a.O., S. 138; "The Chairman's Summing Up at the Conclusion of the Discussion on Special Disbursement Account; Executive Board Meeting 86/56 - March 26, 1986", in IMF a.a.O., S. 145

3) Vgl. hierzu unten S. 102 ff

4) "The Chairman's Summing Up at the Conclusion of the Discussion on Special Disbursement Account; Executive Board Meeting 86/56 - March 26, 1986", in IMF a.a.O., S. 144

5) Vgl. Par. 5 (2) des Annex to Decision No. 8238-(86/56) SAF, a.a.O., S. 134 f

6) Par. 5 (5) des Annex to Decision No. 8238-(86/56) SAF, a.a.O., S. 135

7) Par. 5 (6) des Annex to Decision No. 8238-(86/56) SAF, a.a.O., S. 135

berechtigten IWF-Mitglieder ausscheidet. [1] Im erstgenannten Fall werden die Versäumnisse samt Ursachen aber Gegenstand der Diskussionen mit dem Fonds betreffend den nächsten Jahresplan und können so dessen Billigung beeinflussen. [2] Die Auszahlung laufender Kredite unterbleibt aber nach Ablauf des 3-Jahresprogramms und wenn ein Mitglied seinen finanziellen Verpflichtungen gegenüber dem Fonds nicht nachkommt. [3]

Die Darlehen sind in 10 halbjährlichen Raten gleicher Höhe rückzahlungspflichtig, deren erste spätestens 5 Jahre und 6 Monate nach Auszahlung fällig ist. Auf Antrag des Mitglieds kann der Fonds Raten für höchstens 2 Jahre stunden, wenn eine vereinbarungsgemäße Rückzahlung eine außerordentliche Belastung darstellen würde. [4]

---

1) Par. 5 (7) des Annex to Decision No. 8238-(86/56) SAF, a.a.O., S. 135

2) Vgl. "The Chairman's Summing Up at the Conclusion of the Discussion on Special Disbursement Account; Executive Board Meeting 86/56 - March 26, 1986", in IMF a.a.O., S. 144

3) Par. 6 (2) und (3) des Annex to Decision No. 8238-(86/56) SAF, a.a.O., S. 136

4) Par. 7 (2) und (3) des Annex to Decision No. 8238-(86/56) SAF, a.a.O., S. 136

c) Durchführung eines Stabilisierungsprogramms

Der IWF macht - wie die vorstehenden Ausführungen gezeigt haben - Käufe der von ihm gehaltenen Devisen, soweit diese Ziehungen über die Reservetranche [1] hinausgehen, im Regelfall von der Durchführung eines Anpassungsprogramms durch das ziehende Mitglied oder zumindest von dessen Fähigkeit und Bereitschaft abhängig, mit ihm bei der Lösung der Zahlungsbilanzschwierigkeiten zusammenzuarbeiten. Ziehungen in der Reservetranche sind hiervon deshalb ausgenommen, da der Fonds gemäß Art. V Abs. 3 (c) des IWF-Übereinkommens Anträgen auf Käufe in dieser Tranche nicht widersprechen und sie deshalb auch nicht von der Erfüllung von Auflagen und Bedingungen abhängig machen kann.

Sinn dieser Programme ist die Anpassung der Wirtschaftspolitik eines Mitglieds an das wirtschaftliche Umfeld, um so eine ausgeglichene Zahlungsbilanz zu schaffen und die Finanzprobleme des Landes zu lösen. [2] Diese Anpassung soll schnellstmöglich erfolgen, da eine defizitäre Politik angesichts beschränkter finanzieller Reserven auf Dauer sowieso nicht durchgehalten werden kann und ihre damit in jedem Fall durchzuführende Berichtigung bei sofortiger Inangriffnahme wesentlich weniger Schwierigkeiten bereitet, als wenn dies aufgeschoben wird. [3] Dabei soll das Mitglied eine mit den Zielen des IWF vereinbare Politik be-

---

1) Vgl. hierzu S. 77 ff

2) J. Gold "Law and Reform of the International Monetary System", JILE 10/1975, S. 378;
M. Guitián "Economic Management and International Monetary Fund Conditionality", in T. Killick (Hrsg.) "Adjustment and Financing in the Developing World: The Role of the International Monetary Fund", S. 75

3) M. Guitián "Die Auflagen des IWF und der internationale Anpassungsprozeß: die wechselhaften 70er Jahre", F&E März 1981, S. 11

treiben und nicht zu Restriktionen greifen, die dem nationalen oder internationalen Wohlstand abträglich sein könnten. Weiterer Zweck ist die Gewährleistung, daß das Mitglied durch die Verfolgung einer Devisen erwirtschaftenden Politik zur Erfüllung seiner Rückkaufverpflichtung in der Lage sein wird. [1] Praktiziert das eine Ziehung beantragende Mitglied bereits eine dem oben Gesagten entsprechende, erfolgverheißende Politik, so ist die Vereinbarung eines korrigierenden Stabilisierungsprogramms überflüssig. [2]

Die in den Anpassungsprogrammen vorgesehenen makroökonomischen Maßnahmen betreffen wirtschaftlich und politisch wichtige und sensible Bereiche wie z.B. Finanz-, Kredit-, Einkommens-, Sozial- und Wechselkurspolitik sowie Auslandsverschuldung und Handels- und Zahlungsrestriktionen der Mitgliedsländer. [3] Sie sind in erster Linie auf eine Begrenzung der Nachfrage privater und öffentlicher Haushalte sowie auf eine Stimulierung des Angebots [4] gerichtet, um so ein Zahlungsbilanzdefizit zu verringern bzw. in einen Überschuß umzuwandeln. Mit dieser Zielsetzung regelmäßig angewandte Standardmaßnahmen sind - der die Tätigkeit des Fonds prägenden strengsten monetaristisch/neoklassischen

---

1) J. Gold "Financial Assistance by the International Monetary Fund", S. 19

2) J. Gold "Order in International Finance, the Promotion of IMF Stand-By Arrangements, and the Drafting of Private Loan Agreements", S. 4

3) M. Guitián a.a.O., S. 11;
B. Cohen "Balance-of-Payments Financing: Evolution of a Regime", IO 36/1982, S. 464

4) M. Guitián "Die Auflagen des IWF und der internationale Anpassungsprozeß: ein Blick auf die 80er Jahre", F&E Juni 1981, S. 15 f

Orthodoxie entsprechend [1] - z.B. Verringerung von Haushaltsdefiziten, Währungsabwertungen, Verfolgung einer restriktiven monetären und fiskalischen Politik, Begrenzung der Auslandsverschuldung und der von der jeweiligen Zentralbank eingeräumten Kreditlinien sowie Festsetzung bestimmter Mindestsätze für die Reservenhaltung durch Notenbank und Kreditinstitute. [2] Dagegen bezwecken die Stabilisierungsprogramme keine Veränderung des Wirtschaftssystems des betreffenden Mitglieds [3]. So zielen sie nicht auf die Umwandlung einer zentral verwalteten Planwirtschaft in eine kapitalistische Marktwirtschaft ab, sondern akzeptieren den Grad öffentlicher Kontrolle und staatlichen Eigentums an den Produktionsmitteln. Auch werden die Grundsätze der Sozialpolitik und ihre Prioritäten als unabänderliche Rahmenbedingungen für ein Anpassungsprogramm anerkannt, allerdings unter der Voraussetzung, daß hierdurch das Erreichen einer auf mittlere und längere Frist haltbaren Zahlungsbilanz nicht von vornherein ausgeschlossen ist. [4]

Aufgrund dieser Beschränkungen sind die Strukturanpassungsprogramme, die oftmals erst nach erheblichem Druck durch den IWF von dessen Mitgliedern ausgearbeitet oder akzep-

---

1) G. Leithäuser "Der Internationale Währungsfonds (IWF) und die eingeschränkte Souveränität nationalstaatlicher Wirtschaftspolitik in seinem Einflußbereich", BdiP 1978, S. 296

2) J. Fawcett "Trade and Finance in International Law", RdC 123/1968 I, S. 234;
P. Allen "The Recent Shift in United States Policies Toward the International Monetary Fund and the World Bank", VJIL 16/1983, S. 14;
H. Schäfer "Die Bereitschaftskreditabkommen des Internationalen Währungsfonds in der Kritik", in H. Schäfer (Hrsg.) "Gefährdete Weltfinanzen", S. 230 ff

3) O. Wulff "Die Konditionalität des IWF", Die Bank 1985, S. 605

4) J. Gold "Financial Assistance by the International Monetary Fund", S. 20

tiert werden, entgegen anderslautenden Vorwürfen [1] keinesfalls als rechtswidrige Eingriffe in die Souveränität des Mitglieds oder als Verstöße gegen die von der UN-Generalversammlung am 16. Dezember 1966 angenommenen Menschenrechtspakte anzusehen, deren übereinstimmender Art. 1 lautet:

> "All peoples have the right of self-determination. By virtue of that right they freely determine their political status and freely pursue their economic, social and cultural development." [2]

Zwar ist einzuräumen, daß der Druck des IWF zur Verfolgung einer bestimmten Politik sowohl eine Einschränkung des nationalen Selbstbestimmungsrechts als auch eine Begrenzung der parlamentarischen Prärogative [3] darstellt. Zu berücksichtigen ist aber, daß bereits aus der Mitgliedschaft im IWF, die den entsprechenden konstitutionellen Erfordernissen in den einzelnen Staaten zufolge wohl meistens mit der Zustimmung des jeweiligen Parlaments eingegangen wird [4], Beschränkungen der Souveränität resultieren, so z.B. auf dem Gebiet der Währungspolitik [5]. [6] Außerdem besteht bei Inanspruchnahme finanzieller Unterstützung des IWF durch ein Mitglied keine rechtliche Verpflichtung für dieses zur Befolgung der in der Bereitschaftskreditvereinbarung

---

1) R. Knieper "Zurichtung nationaler Politik durch internationales Recht", KJ 3/1979, S. 279 ff; vgl. C. Brown / C. Wilson "Brazil: The Restructuring that Almost Failed", IFLR August 1983, S. 6

2) Zitiert bei A. Verdross / B. Simma "Universelles Völkerrecht", S. 254

3) Wenn auch keine Aushöhlung derselben, wie R. Knieper (a.a.O., S. 279) meint.

4) Vgl. J. Gold "Membership and Nonmembership in the International Monetary Fund", S. 489, 497

5) Vgl. Art. IV IWF-Übereinkommen

6) P. Wood "Law and Practice of International Finance", S. 4 - 76.2

und der Absichtserklärung beschriebenen Politik [1], da das Fondsrecht einen so weitgehenden Eingriff in das nationale Selbstbestimmungsrecht nicht vorsieht. Soweit ersichtlich, wird auch von den Anhängern der Vertragstheorie nicht das Bestehen einer solchen Pflicht behauptet. [2] Aus der Nichtbefolgung des vereinbarten Programms als solcher resultiert deshalb höchstens eine Unterbrechung bzw. ein Wegfall der Ziehungsberechtigung unter der bestehenden Bereitschaftskreditvereinbarung. Des weiteren darf nicht übersehen werden, daß zwar oftmals eine faktische Notwendigkeit, aber keine juristische Pflicht existiert, die es den Mitgliedsstaaten vorschreibt, sich bei Zahlungsbilanzschwierigkeiten mit dem Antrag auf finanzielle Hilfe an den IWF zu wenden [3] und sich so "dessen" hiermit verbundenen Strukturanpassungsprogrammen zu "unterwerfen". Letztendlich muß die Einschränkung des nationalen Selbstbestimmungs-

---

1) Vgl. auch J. Gold "The Legal Character of the Fund's Stand-By Arrangements and Why It Matters", S. 36 ff;
S. Silard "The Role of the International Monetary Fund", AULR 32/1982, S. 95, nach denen die Abweichung des Mitgliedsstaates vom Anpassungsprogramm keine Verletzung internationalen Rechts darstellt.
M. Bothe "Legal and Non-Legal Norms - A Meaningful Distinction in International Relations?", NYIL XI/1980, S. 83.
Siehe auch E. Lauterpacht "Gentleman's Agreements", in "Festschrift für F.A. Mann", S. 383, der betreffend die Absichtserklärungen der Mitglieder richtigerweise ausführt: "(...) the State declaring its intentions is clearly entering into an undertaking which can adequately be described as a "gentleman's agreement", unenforceable in law though nonetheless enforceable by extra-legal sanctions."

2) Vgl. z.B. J. Kramer "Die Rechtsnatur der Geschäfte des Internationalen Währungsfonds", S. 64 f

3) W. Guth "The International Monetary System in Operation", S. 27;
J. Gold "Order in International Finance, the Promotion of IMF Stand-By Arrangements, and the Drafting of Private Loan Agreements", S. 2.
So ist aus juristischer Sicht auch nichts dagegen einzuwenden, wenn ein Schuldner - wie in jüngster Vergangenheit Brasilien - über eine seiner Verbindlichkeiten unter Umgehung des Fonds direkt mit den Gläubigerbanken verhandelt. Vgl. "Brasilien ohne Währungsfonds" FAZ vom 27. November 1985, S. 13

rechts als durch den überragenden Gemeinzweck gerechtfertigt angesehen werden, der auf Dauer nur verfolgt werden kann, wenn der Bestand des Devisenpools des Fonds und damit auch dessen eigene Existenz gesichert ist.

Ihre Rechtsgrundlage findet die Erhebung der Stabilisierungsprogramme zur Voraussetzung einer Bereitschaftskreditvereinbarung in Art. V Abs. 3 (a) des IWF-Übereinkommens [1], nach dem der Fonds Geschäftsgrundsätze zu beschließen hat,

> "that will assist members to solve their balance of payments problems in a manner consistent with the provisions of this Agreement and that will establish adequate safeguards for the temporary use of the general resources of the Fund."

Festzustellen ist, daß den Organen des Fonds durch diese Norm ein sehr weiter Handlungsspielraum gesteckt wird, in dem ihre Entscheidungen materiell-rechtlich nicht anfechtbar sind. Dies gilt nicht nur für die Schaffung der generell-abstrakten Geschäftsgrundsätze, denen gemäß Art. V Abs. 3 (b) (i) die Inanspruchnahme der allgemeinen Fondsmittel durch ein Mitglied zu entsprechen hat, sondern auch für die individuell-konkreten Entscheidungen über Ziehungsanträge von Mitgliedsstaaten. Die gemäß Art. V Abs. 3 (a) ergangenen "guidelines on conditionality" [2] geben nämlich nicht konkrete Programme an, die ein Mitglied zu verfolgen hat, um in den Genuß der Unterstützung durch die IWF zu kommen.

Da dies angesichts der Vielfalt der Ursachen für Zahlungsbilanzschwierigkeiten auch kaum sinnvoll wäre, statuieren diese Richtlinien [3] nur, daß

---

1) J. Gold "Use of the International Monetary Fund's Resources: 'Conditionality' and 'Unconditionality' as Legal Categories", JILE 6/1971, S. 21

2) Decision No. 6056-(79/38) vom 2. März 1979, in IMF "Selected Decisions of the International Monetary Fund and Selected Documents", Tenth Issue (1983), S. 20 ff

3) a.a.O., S. 21

"1. Members should be encouraged to adopt corrective measures, ..."

und

"4. In helping members to devise adjustment programs, the Fund will pay due regard to the domestic social and political objectives, the economic priorities, and the circumstances of members, including the causes of their balance of payments problems."

Die Ausarbeitung des konkreten Inhalts und Umfangs des jeweiligen Anpassungsprogramms überlassen die Geschäftsgrundsätze dagegen dem Einzelfall. [1] Hierdurch genießt der IWF bei der Beurteilung der Erfolgsaussichten eines Stabilisierungsprogramms und der hiervon umfaßten Kreditwürdigkeit eines Mitglieds Entscheidungsspielraum. Dieser ist als Ermessen zu qualifizieren [2], da es hier nicht nur um die Konkretisierung eines unbestimmten Rechtsbegriffs

1) Eine hiervon zu trennende Frage ist, inwieweit diese Programme tatsächlich auf die optimale Lösung der Probleme des konkreten Falles ausgerichtet und den individuellen Gegebenheiten angepaßt sind. Auf den Vorwurf, die Austeritätsprogramme des IWF wären weitgehend standardisiert und nähmen auf die jeweils besonderen wirtschaftlichen, politischen und soziologischen Umstände der einzelnen Schuldnerländer zuwenig Rücksicht, kann hier ebensowenig wie auf die im übrigen an ihnen ausgeübte Kritik eingegangen werden. Vgl. hierzu R. Knieper "Zurichtung nationaler Politik durch internationales Recht", KJ 3/1979, S. 275 f, S. 284 ff;
C. Pirizio-Biroli "Making Sense of the IMF Conditionality Debate", JWTL 17/1983, S. 119 ff;
A. Robinson "The IMF vs. The People", Eumo Oktober 1983, S. 90 ff;
R. Gerster "Fallstricke der Verschuldung: Der Internationale Währungsfonds und die Entwicklungsländer", S. 67 ff;
B. Nowzad "The IMF and Its Critics", S. 9 ff;
J. Fleming "The International Monetary Fund", S. 35 ff;
R. Jeker "Conditionality and Stand-By Credits of the International Monetary Fund and the Less Developed Countries", Auwi I/1980, S. 40 f;

2) O. Wulff "Die Konditionalität des IWF", Die Bank 1985, S. 609; ders. "Zur Kritik an der Auflagenpolitik des Internationalen Währungsfonds", Die Bank 1986, S. 20 ff

("adequate safeguards for the temporary use of the general resources of the Fund") geht, sondern auch die Rechtsfolgenseite durch das Setzen von Bedingungen in der Entscheidung des Fonds betroffen wird [1].

Trotz bestehender Pflichtgebundenheit muß dieser Ermessensfreiraum als sehr weitgehend angesehen werden. Angesichts des Fehlens konkreter Bestimmungen für Anpassungsprogramme im IWF-Übereinkommen, den By-Laws, den Rules and Regulations sowie den übrigen generell-abstrakten Beschlüssen bestehen für die sie betreffenden Entscheidungen nämlich nur Bindungen, die aus den Grundsätzen des Ermessensmißbrauchs [2] und vor allem aus dem Willkürverbot [3], dem Gleichheitsgrundsatz [4] sowie den hiermit verknüpften Regeln über die Selbstbindung der Verwaltung [5] resultieren. Die Anwendung dieser Prinzipien bei der Beurteilung eines Stabilisierungsprogramms ist aber angesichts der unterschiedlichen Verhältnisse in den Mitgliedsstaaten, der vielfältigen Ursachen für Defizite [6] sowie der hieraus folgenden Subjektivität nicht unproblematisch. Außerdem muß es dem Fonds, der für die ihm von seinen Mitgliedern überlassenen Devisen und deren optimalen, und d.h. auch revolvierenden, Einsatz verantwortlich ist, möglich sein, bei der Beurteilung der Kreditwürdigkeit eines Mitglieds bzw. bei der Schaffung derselben einmal den einen und ein anderes Mal den anderen zu berücksichtigenden Faktor stärker zu

---

1) Siehe unten S. 115 ff

2) G. Stratmann "Der Internationale Währungsfonds", S. 216 ff; vgl. J. Fawcett "Détournement de Pouvoir by International Organizations", BYIL 33/1957, S. 311 ff

3) F. Morgenstern "Legality in International Organizations", BYIL 48/1976-1977, S. 242;
vgl. hierzu G. Leibholz "Das Verbot der Willkür und des Ermessensmißbrauchs im völkerrechtlichen Verkehr der Staaten"

4) Siehe hierzu unten S. 119 ff

5) G. Stratmann a.a.O., S. 211 ff

6) J. Gold "The Stand-By Arrangements of the International Monetary Fund", S. 147

gewichten. Eine Verletzung obiger Grundsätze und eine hieraus resultierende Rechtswidrigkeit einer Ablehnung des Antrags eines Mitglieds auf finanzielle Unterstützung durch den Fonds dürfte deshalb nur in ganz eklatanten Ausnahmefällen feststellbar sein.

d) Ziehungsvoraussetzungen bei bestehender Bereitschaftskreditvereinbarung

Erfüllt ein Mitglied die für die jeweilige Tranche festgesetzten tatbestandlichen Voraussetzungen, so werden die beantragten Käufe nicht immer sofort abgewickelt. Dies geschieht vielmehr nur bei Ziehungen in der Reservetranche und der ersten Kredittranche. [1] Bei Käufen in höheren Fazilitäten werden die Devisen dagegen vom Fonds nur dann sofort in vollem Umfang bereitgestellt, wenn dieser die sofortige Verfügbarkeit des vollen Betrags des Bereitschaftskreditabkommens wegen außergewöhnlich ernsthafter Zahlungsbilanzschwierigkeiten als wichtig ansieht. [2] Im Regelfall aber kann das Mitglied nur einen Teil der Devisen sofort kaufen, während der Rest erst zu in der Bereitschaftskreditvereinbarung bestimmten Terminen gezogen werden kann. [3] Diese Ziehungen sind an das Vorliegen gewisser Voraussetzungen gebunden, obwohl vom Fonds nach Abschluß einer Bereitschaftskreditvereinbarung nicht vor jeder unter sie fallenden Devisentransaktion das Vorliegen der oben unter a) und b) genannten Tatbestandsmerkmale geprüft wird. [4] Diese Voraussetzungen "sollen ein Gleichgewicht herstellen zwischen der Zusicherung an das Mitglied einerseits, daß es für die Laufzeit des Abkommens Zugriff auf die Fondsmittel nehmen kann, und der Zusicherung an

---

1) J. Gold "Financial Assistance by the International Monetary Fund", S. 27 f;
vgl. auch Par. 6 der Decision No. 6056-(79/38) vom 2. März 1979, in IMF "Selected Decisions of the International Monetary Fund and Selected Documents", Tenth Issue (1983), S. 21.
Zu den Besonderheiten in der Strukturanpassungsfazilität vgl. oben S. 98

2) O. Johnson "Verwendung der Fondsmittel und Bereitschaftskreditabkommen", F&E März 1977, S. 21

3) Vgl. die bei J. Gold a.a.O., S. 46 ff abgedruckten Muster der Bereitschaftskreditvereinbarungen (jeweils Par. 4)

4) J. Gold "The Stand-By Arrangements of the International Monetary Fund", S. 24 f;
ders. "Financial Assistance by the International Monetary Fund", S. 12

den Fonds andererseits, daß seine Mittel durch das Mitglied nur zweckentsprechend verwendet werden." [1]

Entsprechend dem Sinn der Bereitschaftskreditvereinbarungen wird nicht die plangerechte Durchführung des gesamten Programms zur Bedingung für spätere Ziehungen erhoben. Durch den Erlaß einer dem Antrag auf finanzielle Unterstützung durch den IWF stattgebenden Entscheidung des Exekutivdirektoriums soll dem Mitglied nämlich die Zusicherung einer terminierten Ziehungsberechtigung gegeben werden, die von einer weiteren subjektiven Beurteilung durch den Fonds weitestgehend frei ist. [2] Da dieser Zweck nicht erfüllt würde, wenn das Direktorium vor jedem Kauf an den in den Bereitschaftskreditvereinbarungen festgesetzten Terminen die Durchführung und den Erfolg des jeweiligen Programms in allen Einzelheiten überprüfen müßte, werden in den Vereinbarungen, soweit diese Ziehungen in höheren Fazilitäten als der ersten Kredittranche vorsehen [3], nur einige wenige Kriterien ("performance criteria") zur Voraussetzung für spätere Ziehungen gemacht. Hierfür werden objektive, makroökonomische Werte gewählt, die als Indikatoren den Erfolg des Programms aufzeigen sollen, ohne subjektiven Bewertungen Raum zu lassen. [4] Es handelt sich hierbei deshalb um quantitativ meßbare Daten, wie z.B.

---

1) O. Johnson a.a.O., S. 20

2) J. Gold "The Stand-By Arrangements of the International Monetary Fund", S. 198

3) J. Gold "Use of the International Monetary Fund's Resources: 'Conditionality' and 'Unconditionality' as Legal Categories", JILE 6/1971, S. 24;
Par. 6 der Decision No. 6056-(79/38) vom 2. März 1979, in IMF "Selected Decisions of the International Monetary Fund and Selected Documents", Tenth Issue (1983), S. 21

4) O. Johnson a.a.O., S. 20 f

- Höchstwerte für das Kreditvolumen von Zentralbank und Geschäftsbanken zwecks Drosselung der inländischen Nachfrage; [1]

- Begrenzung der Neuverschuldung des Staates zur Reduzierung des Haushaltsdefizits;

- Begrenzung der Neuverschuldung im Ausland zur Drosselung der Importe von Waren und Dienstleistungen;

- Mindestbestand an Nettoauslandsreserven um zu vermeiden, daß das Mitglied einen überbewerteten Wechselkurs stützt und so Importe gefördert und Exporte erschwert werden;

- Margen für den Wechselkurs zur Sicherstellung der internationalen Wettbewerbsfähigkeit. [2]

Mikroökonomische Kriterien wie Preise von Waren und Dienstleistungen oder Höhe spezieller Subventionen oder Steuern werden dagegen nur in Ausnahmefällen vereinbart. [3]

Erfüllt ein Mitglied die so festgesetzten, objektiv feststellbaren Voraussetzungen zu dem für eine Ziehung vorgesehenen Zeitpunkt nicht, so ist es zu einer solchen nicht

---

1) Vgl. G. Kincaid "Was sind Kreditgrenzen", F&E März 1983, S. 28 f

2) P. Wood "Law and Practice of International Finance", S. 4 - 179 f;
O. Johnson a.a.O., S. 21;
J. Gold "The Stand-By Arrangements of the International Monetary Fund", S. 148 f;
A. Crocket "Aspekte der Inanspruchnahme von Fondsmitteln", F&E Juni 1982, S. 15

3) J. Gold "Financial Assistance by the International Monetary Fund", S. 22;
vgl. auch Par. 9 der Decision No. 6056-(79/38) vom 2. März 1979, in IMF "Selected Decisions of the International Monetary Fund and Selected Documents", Tenth Issue (1983), S. 22

berechtigt, wenn es zwischen ihm und dem Fonds nicht zu einer Einigung über die Umstände kommt, unter denen es den Kauf trotz Nichterreichung der objektiven Voraussetzungen durchführen darf. [1] Angesichts der so statuierten "Vorleistungspflicht" des Mitglieds sind diese Voraussetzungen als aufschiebende Bedingungen ("conditions precedent") zu qualifizieren. [2] Daneben enthalten die Bereitschaftskreditvereinbarungen aber auch auflösende Bedingungen ("conditions subsequent"), indem sie regelmäßig einen automatischen Wegfall der Ziehungsberechtigung vorsehen, wenn das Mitglied

- Restriktionen auf Zahlungen und Übertragungen für laufende internationale Transaktionen einführt oder verschärft,
- Importrestriktionen aus mit der Zahlungsbilanz zusammenhängenden Gründen verhängt,
- multiple Währungspraktiken einführt oder modifiziert oder
- bilaterale Zahlungsvereinbarungen abschließt, die gegen Art. VIII des IWF-Übereinkommens verstoßen. [3]

---

1) J. Gold "Balance of Payments Transactions of the International Monetary Fund", in R. Rendell (Hrsg.) "International Financial Law: Lending, Capital Transfers and Institutions", S. 249, 247;
vgl. auch jeweils Par. 4 der in IMF "Selected Decisions of the International Monetary Fund and Selected Documents", Tenth Issue (1983), abgedruckten Muster von Bereitschaftskreditvereinbarungen (S. 51, 55).

2) Zur Bedingung als Nebenbestimmung eines Hoheitsakts im deutschen Verwaltungsrecht vgl. z.B.
H. Maurer "Allgemeines Verwaltungsrecht", S. 253;
H. Erichsen / W. Martens "Allgemeines Verwaltungsrecht", S. 176;
die Bedingung ist aber, wie die Auflage, auch im common law bekannt;
vgl. L. Simpson "Handbook of the Law of Contracts", S. 300 ff

3) P. Wood a.a.O., S. 4 - 179;
vgl. Par. 4 (d) der Muster der in IMF a.a.O. (S. 50, 55) abgedruckten Bereitschaftskreditvereinbarungen

Sind diese Bedingungen in der Bereitschaftskreditvereinbarung festgesetzt und erfüllt das Mitglied einen dieser Tatbestände, so ist es auch hier nur zu Ziehungen berechtigt, wenn der Fonds solche trotz der veränderten Umstände zuläßt.

Soweit die in den Programmen geplante Politik dagegen nicht durch oben genannte Kriterien objektiviert wird, ist eine juristische Qualifikation schwierig. Die Bezeichnung als Auflage [1] erscheint jedenfalls als nicht treffend, da aus einer Bereitschaftskreditvereinbarung - wie bereits oben festgestellt wurde [2] - keinesfalls eine juristische Verpflichtung zur Befolgung der beschriebenen Politik resultiert, was aber eine solche Qualifizierung gerade implizieren würde [3]. Eine solche Pflicht besteht auch nicht, soweit diese Politik durch obige Indikatoren erfaßt wird. Eine Nichtbefolgung stellt deshalb auch keine Verletzung des Völkerrechts dar [4] und zielt nach erfolgtem Kauf auch nicht die Pflicht zum unmittelbaren Rückkauf nach sich, wohl aber zu weitergehender Berichterstattung und Beratung mit dem Fonds [5].

---

1) So G. Stratmann "Der Internationale Währungsfonds", S. 281; G. Erler "Wirtschaftshilfeabkommen" in K. Strupp / H. Schlochauer "Wörterbuch des Völkerrechts", Band III, S. 855 für Wirtschaftshilfe zwischen einzelnen Staaten

2) Siehe oben S. 105 f

3) Vgl. E. Forsthoff "Lehrbuch des Verwaltungsrechts", Band I, S. 215

4) S. Silard "The Role of the International Monetary Fund", AULR 32 / 1982, S. 95;
J. Gold "Balance of Payments Transactions of the International Monetary Fund", in R. Rendell (Hrsg.) "International Financial Law: Lending, Capital Transfers and Institutions", S. 249;
J. Gold "Relations Between Banks' Loan Agreements and IMF Stand-By Arrangements", IFLR September 1983, S. 32

5) G. Stratmann a.a.O., S. 281
Vgl. aber auch "Power and the IMF: the Example of Bolivia", Eumo Januar 1982, S. 105: "The Fund knew it could not enforce these clauses "("committing the government to follow sounder financial policies")", since aid was disbursed immediately rather than being conditional on performance."

Ein Mitglied des Fonds ist deshalb auch bei Nichtdurchführung des vorgesehenen Programms als ziehungsberechtigt anzusehen [1], solange hierdurch noch nicht die Tatbestandsmerkmale einer aufschiebenden Bedingung wegfallen bzw. die einer auflösenden Bedingung entstehen oder die tatbestandlichen Voraussetzungen für den Entzug der allgemeinen Berechtigung zur Inanspruchnahme der Fondsressourcen geschaffen werden [2]. Außerdem muß dem Fonds für diesen Fall wohl ein Recht zum Widerruf der Bereitschaftskreditvereinbarung zugestanden werden. Solange der IWF diese in seinem Ermessen stehenden Sanktionen aber nicht verhängt hat, besteht der Anspruch des Mitglieds auf Ziehung von Devisen in dem in der Entscheidung des Direktoriums festgesetzten Umfang fort. Dieser Argumentation könnte zwar mit einer gewissen Berechtigung entgegengehalten werden, die Fortsetzung von Ziehungen unter einer bestehenden Bereitschaftskreditvereinbarung trotz Nichtbefolgung des von ihr vorgesehenen Strukturanpassungsprogramms stelle einen Verstoß gegen Treu und Glauben dar. Wollte man hieraus aber die entsprechende Konsequenz ziehen, so wäre das Resultat eine Einschränkung der Rechtssicherheit. Auch würde das Institut der Bereitschaftskreditvereinbarung weitgehend seines Sinnes entledigt, wenn dem Fonds auch nach Abschluß einer solchen noch Spielraum für subjektive Erwägungen bei den einzelnen Ziehungen zustünde. Daß er einen solchen Freiraum bei der Entscheidung über die Verhängung der oben erwähnten Sanktionen durch einen formellen Beschluß genießt, muß als ausreichender Schutz seiner Ressourcen angesehen werden.

---

1) A.A. M. Bothe "Legal and Non-Legal Norms - A Meaningful Distinction in International Relations?", NYIL XI/1980, S. 83

2) Vgl. hierzu oben S. 66 ff

In diesem Zusammenhang stellt sich auch die Frage, inwieweit der IWF durch die Bereitschaftskreditvereinbarungen begründete Ansprüche seiner Mitglieder durch einseitige Entscheidung aufheben oder suspendieren kann. Wie bereits oben festgestellt wurde, kann er eine Bereitschaftskreditvereinbarung bei Nichtbefolgung des Stabilisierungsprogramms durch das Mitglied widerrufen. Darüber hinaus ist kein Widerrufsrecht des Fonds anzuerkennen [1], während sich die Mitglieder jederzeit von einer Bereitschaftskreditvereinbarung lösen können [2]. Dem dürfte nun wohl auch Sir Joseph Gold zustimmen, der schreibt,

> "that the Fund has an innate right to cancel any of its decisions, and stand-by arrangements are decisions." [3]

In einer Überarbeitung dieses Aufsatzes fügt er dem nämlich folgendes hinzu:

> "It is more likely that the Fund would decide that under its policies it had forgone any right to cancel a stand-by arrangement." [4]

Im übrigen sehen die Bereitschaftskreditvereinbarungen eine Suspension der aus ihnen dem jeweiligen Mitglied zufließenden Ansprüche vor und setzen die Voraussetzungen hierfür fest. [5] Danach können diese Rechte des Mitglieds-

---

1) M. Bothe "Legal and Non-Legal Norms - A Meaningful Distinction in International Relations?", NYIL XI/1980, S. 83

2) J. Gold "Use of the International Monetary Fund's Resources: 'Conditionality' and 'Unconditionality' as Legal Categories", JILE 6/1971, S. 25

3) a.a.O., S. 25

4) "Legal and Institutional Aspects of the International Monetary System: Selected Essays", S. 439;
vgl. hierzu auch J. Gold "The Stand-By Arrangements of the International Monetary Fund", S. 134

5) Vgl. jeweils Par. 5 der in IMF "Selected Decisions of the International Monetary Fund and Selected Documents", Tenth Issue (1983) abgedruckten Muster von Bereitschaftskreditvereinbarungen (S. 51, 55 f)

landes nach dem Ermessen des Fonds außer Kraft gesetzt werden,

- wenn diesem Mitglied formell die generelle Berechtigung zur Inanspruchnahme der allgemeinen Fondsmittel entzogen wurde [1] oder

- wenn das Exekutivdirektorium nach einem Antrag eines Exekutivdirektors oder des Geschäftsführenden Direktors, die generelle Berechtigung dieses Mitglieds zur Inanspruchnahme der allgemeinen Fondsmittel zu beschränken oder zu entziehen, eine Suspension der Transaktionen mit diesem Mitgliedsstaat beschlossen hat oder

- wenn das Direktorium im Falle eines Notstandes oder der Entwicklung unvorhergesehener Umstände, welche die Tätigkeit des Fonds gefährden, gemäß Art. XXVII Abs. 1 des IWF-Übereinkommens die Entscheidung gefällt hat, alle Finanztransaktionen des Fonds zu suspendieren. Eine solche generelle Suspension ist auch möglich, wenn das Exekutivdirektorium bei Vorliegen eines Notstandes zu dem Schluß kommt, daß eine Liquidation des Fonds erforderlich sein könnte, der für eine Auflösung allein zuständige Gouverneursrat hierüber aber noch nicht entschieden hat. [2]

Aus Gründen der Rechtssicherheit muß der Fonds diese Entscheidungen bereits vor einem Antrag des Mitglieds auf Durchführung der jeweiligen Ziehung gefällt haben. Ist dies nicht geschehen, so kann das Recht des Mitglieds zum Vollzug des unter der Bereitschaftskreditvereinbarung fälligen Kaufs nicht auf diesem Wege suspendiert werden. [3]

---

1) Siehe oben S. 66 ff

2) Art. XXVII Abs. 2 (a) IWF-Übereinkommen

3) J. Gold "The Stand-By Arrangements of the International Monetary Fund", S. 154 ff

5. Bedeutung des Gleichheitsprinzips

Wie obige Darstellung der allgemeinen und der speziellen, tranchenbezogenen tatbestandlichen Voraussetzungen für Ansprüche der Fondsmitglieder auf finanzielle Unterstützung durch den IWF gezeigt hat, genießt der Fonds bei der Feststellung des Vorliegens oder Nichtvorliegens vieler Tatbestandsmerkmale einen relativ weiten Beurteilungsspielraum. Bedingt wird dies dadurch, daß diese Kriterien nicht allein nach quantitativ-statistischen Daten beurteilt werden können [1], sondern auch qualitative Elemente umfassen. Hierdurch, sowie durch das oftmals ebenfalls vorliegende Erfordernis einer Prognose der künftigen Entwicklung wirtschaftlicher Faktoren, wird eine rein objektive, positivrechtlich fixierte Entscheidung über Bestehen und Umfang eines Ziehungsanspruchs ausgeschlossen. [2] Da es zudem der Entscheidung des Fonds überlassen ist, wann ein Mitglied "adequate safeguards for the temporary use of the general resources of the Fund" [3] bietet, und Umfang und Härte des Strukturanpassungsprogramms, das er zur Voraussetzung für eine Ziehung macht, deshalb weitgehend in seinem Ermessen stehen [4], ist die Gewährung finanzieller Unterstützung außerhalb der Reservetranche letztendlich von der Ermessensentscheidung des Fonds abhängig. Eine solche ist aber einer umfassenden rechtliche Überprüfung nicht zugänglich [5], da in sie neben juristischen Gesichtspunkten auch währungs- und wirtschaftspolitische Erwägungen einfließen.

---

1) Vgl. IMF "Compensatory Financing of Export Fluctuations", S. 5 ff

2) G. Stratmann "Der Internationale Währungsfonds", S. 265

3) Vgl. Art. V Abs. 3 (a) IWF-Übereinkommen

4) So wohl auch G. Stratmann a.a.O., S. 281 f

5) B. Cheng "General Principles of Law as Applied by International Courts and Tribunals", S. 132;
G. Leibholz "Das Verbot der Willkür und des Ermessensmißbrauchs im völkerrechtlichen Verkehr der Staaten", S. 17

Problematisch ist dies vor allem deshalb, da die Entscheidungen des zu politischer Neutralität verpflichteten Fonds [1] über Anträge auf finanzielle Unterstützung von einem Gremium gefällt werden, das sich aus ernannten und gewählten Vertretern [2] seiner Mitglieder zusammensetzt. So besteht die Gefahr, daß ein Mitglied seine Zustimmung zu einem Ziehungsantrag eines anderen Fondsmitglieds bewußt oder unbewußt davon abhängig macht, ob ihm dieses, dessen politisches System und dessen Innen- und Außenpolitik genehm sind oder nicht, und daß der IWF so zum Spielball politischer Interessen wird.

Diese Problematik wird auch nicht durch alleinige Verantwortlichkeit der Exekutivdirektoren gegenüber dem Fonds abgemildert, da die ernannten Exekutivdirektoren zwar nicht nach Fondsrecht, dafür aber zumindest z.T. nach ihrer jeweiligen nationalen Rechtsordnung weisungsgebunden sind. [3] Außerdem ist anzunehmen, daß sie auch ohne Weisung den politischen Interessen der jeweils von ihnen vertretenen Fondsmitglieder erhöhte Beachtung schenken [4], auch wenn "their status and duties in the Fund inevitably and properly make them view problems as officers of the Fund and not simply as spokesmen for the countries that

---

1) P. Wood "Law and Practice of International Finance", S. 4 - 169

2) Art. XII Abs. 3 (b) IWF-Übereinkommen; vgl. hierzu J. Gold "Legal and Institutional Aspects of the International Monetary System: Selected Essays", S. 241

3) J. Gold "Certain Aspects of the Law and Practice of the International Monetary Fund", in S. Schwebel (Hrsg.) "The Effectiveness of International Decisions", S. 84 f; vgl. H. Lange "Die internationalen Banken", S. 25 f; J. Gold "The Rule of Law in the International Monetary Fund", S. 63; S. Nora "US Gives IMF Its Conditions for Future Lending", IFLR Januar 1984, S. 17 ff

4) Vgl. hierzu z.B. U. Gupta "The North-South Dialogue and The New International Economic Order", in S. Agrawala / T. Rama Rao / J. Saxena (Hrsg.) "New Horizons of International Law and Developing Countries", S. 146

have appointed or elected them." [1] Zu berücksichtigen ist weiterhin, daß die von einem einzelnen Mitgliedsland ernannten Direktoren von diesem jederzeit abberufen werden können [2], während die gewählten im Regelfall wohl auf eine Wiederwahl nach Ablauf ihrer zweijährigen Amtsperiode [3] Wert legen werden. Die Gefahr eines entscheidenden Einflusses politischer Faktoren bei der Entscheidungsfindung des Exekutivdirektoriums kann auch nicht mit dem Hinweis geleugnet werden, dieses entscheide im Regelfall sowieso ohne formelle Abstimmung [4], da diese Neigung zu durch Konsens gefaßten Beschlüssen nicht nur auf der Kooperationsbereitschaft der Direktoren und ihrem Willen zur Ausarbeitung tragfähiger Kompromisse beruht [5]. Die Seltenheit formeller Abstimmungen resultiert vielmehr auch daraus, daß Mitglieder, die sich in der Minderheit befinden und mit denen ihnen zustehenden Stimmen den Erlaß eines Beschlusses sowieso nicht verhindern können, lieber eine Entscheidung so hinnehmen als zusätzlich auch noch eine relativ sichere Niederlage in einer formellen Abstimmung einstecken wollen. [6]

Obige Ausführungen machen die Bedeutung des Gleichheitssatzes und des hieraus abgeleiteten Diskriminierungsverbots für die Entscheidungsfindung des IWF deutlich. Das

---

1) J. Gold "Legal and Institutional Aspects of the International Monetary System: Selected Essays", S. 213

2) J. Gold "International Monetary Fund", in R. Bernhardt (Hrsg.) "Encyclopedia of Public International Law", Vol. V, S. 110

3) Art. XII Abs. 3 (d) IWF-Übereinkommen

4) J. Gold "Certain Aspects of the Law and Practice of the International Monetary Fund", in S. Schwebel (Hrsg.) "The Effectiveness of International Decisions", S. 85; vgl. auch Rules and Regulations, Rule C - 10

5) So J. Gold "Voting and Decisions in the International Monetary Fund", S. 199 ff

6) I. Seidl-Hohenveldern ("International Economic 'Soft Law'", RdC 163/1979 II, S. 185) konstatiert deshalb zu Recht, daß "adoption by consensus is a very different thing from a genuinely unanimous meeting of minds."

Gleichheitsprinzip gehört zu den "prinzipes généraux reconnus par les nations civilsées" [1] und damit zum Völkerrecht. [2] Es beeinflußt deshalb sämtliche Aktivitäten des Fonds [3] und verbietet die Diskriminierung von Mitgliedern sowohl durch generell-abstrakte als auch durch konkret-individuelle Beschlüsse. Dieses Verbot bedeutet aber nicht, daß die Mitgliedsstaaten immer gleich zu behandeln sind oder überall dieselbe Rechtsstellung genießen. Wie in den nationalen Rechtsordnungen läßt der Gleichheitssatz auch im Völkerrecht Differenzierungen zu soweit diese sachlich gerechtfertigt sind. [4] So muß die in der Satzung des IWF verankerte Gewichtung des Stimmrechts nach der Höhe des finanziellen Beitrags des jeweiligen Mitglieds ebenso wie die Quotengebundenheit der Ziehungsrechte als mit diesem allgemeinen Rechtsprinzip vereinbar angesehen werden. [5] Gleiches gilt für die in Art. XII Abs. 3 (b) getroffene Regelung, nach der nur die fünf Mitglieder mit den größten Quoten das Recht zur Ernennung eines eigenen Exekutivdirektors haben, während die anderen Mitglieder nur gruppenweise durch insgesamt fünfzehn von ihnen ge-

---

1) Art. 38 Abs. 1 (c) IGH-Statut

2) J. Fawcett "The International Monetary Fund and International Law", BYIL 40/1964, S. 34;
M. Shuster "The Public International Law of Money", S. 4;
vgl. auch I. Brownlie "Principles of Public International Law", S. 254, 283 f

3) J. Gold "Uniformity as a Legal Principle of the International Monetary Fund", LPIB 7/1975, S. 765;
vgl. auch ders. "Membership and Nonmembership in the International Monetary Fund", S. 217 ff

4) P. Wood "Law and Practice of International Finance", S. 4 - 124;
J. Gold "Uniformity as a Legal Principle of the International Monetary Fund", LPIB 7/1975, S. 794

5) J. Gold a.a.O., S. 767;
I. Brownlie a.a.O., S. 283;
R. Bindschedler "International Organizations, General Aspects", in R. Bernhardt (Hrsg.) "Encyclopedia of Public International Law", Vol. V, S. 132

wählten Direktoren vertreten werden. [1] Das völkerrechtliche Prinzip der Gleichheit steht auch nicht der Schaffung einer Fazilität entgegen, die die Bewältigung von auf ganz speziellen Ursachen beruhenden Zahlungsbilanzschwierigkeiten bezweckt und so den Kreis der Ziehungsberechtigten von vornherein beschränkt. [2]

Sachgerecht sind aber nur Kriterien, die mit dem Fondsrecht vereinbar sind. [3] Dies ist bei denen der Fall, die wirtschafts- oder währungspolitischen Charakter aufweisen, nicht dagegen bei rein politischen Faktoren. [4] Dies ist zwar in der Satzung des Fonds nicht so ausdrücklich wie in der der Weltbank festgelegt, nach deren Art. IV Abs. 10

> "(t)he Bank and its officers shall not interfere in the political affairs of any member; nor shall they be influenced in their decisions by the political character of the member or members concerned. Only economic considerations shall be relevant to their decisions, and these considerations shall be weighed impartially in order to achieve the purposes stated in Article I."

---

1) Das Direktorium kann aber auch aus 21 oder 22 Direktoren bestehen. Art. XII Abs. 3 (c) des IWF-Übereinkommens gewährt den beiden Mitgliedern, deren Währungen in den Fondsbeständen des Allgemeinen Kontos im Durchschnitt der beiden vorangegangenen Jahre um die größten absoluten Beträge unter ihren Quoten lagen, das Recht zur Ernennung je eines Exekutivdirektors, falls ihnen dieses Recht nicht schon nach Art. XII Abs. 3 (b) (i) zusteht.

2) J. Gold "Balance of Payments Transactions of the International Monetary Fund", in R. Rendell (Hrsg.) "International Financial Law: Lending, Capital Transfers and Institutions", S. 244

3) J. Gold "The Rule of Law in the International Monetary Fund", S. 59

4) P. Wood "Law and Practice of International Finance", S. 4 - 169;
so auch H. Lange "Die Internationalen Banken", S. 204 für die Weltbank, die IDA und die IADB

Daß dieser Rechtsgedanke aber auch für die Tätigkeit des IWF gilt, ergibt sich aus dem letzten Satz des Art. I des IWF-Übereinkommens, wonach

> "(t)he Fund shall be guided in all its policies and decisions by the purposes set forth in this Article." 1)

Die ausschlaggebende Berücksichtigung der Innen- oder Aussenpolitik eines Mitglieds oder dessen praktizierter Einstellung gegenüber den Menschenrechten bei der Ermessensentscheidung des Fonds über den Antrag dieses Mitgliedslandes auf finanzielle Unterstützung wäre demnach nicht sachgerecht und deshalb wegen eines Verstoßes gegen den Gleichheitsgrundsatz ermessensmißbräuchlich. 2)

---

1) J. Gold "The Rule of Law in the International Monetary Fund", S. 59

2) Die Anweisung in Section 804 des US-Bretton Woods Agreement Act (22 U.S.C. Sections 286 ff), nach der der Exekutivdirektor der Vereinigten Staaten angewiesen ist, jedem Gebrauch von Fondsressourcen durch kommunistische Diktaturen oder Staaten, in denen Apartheid praktiziert wird, aktiv entgegenzutreten, verstößt daher gegen das Völkerrecht. Vgl. hierzu S. Nora "US Gives IMF Its Conditions for Future Lending", IFLR Januar 1984, S. 18

6. Umfang der Verpflichtungen des Fonds zur Gewährung finanzieller Unterstützung

Die extrem hohe Verschuldung vieler Fondsmitglieder und ihre - besonders in Relation zu ihren Exporterlösen gesehen - hohen Schuldendienstverpflichtungen rücken eine Eskalation der Schuldenkrise in den Bereich des Möglichen. Dies wirft die Frage nach den Grenzen der Verpflichtung des IWF zur finanziellen Unterstützung seiner Mitglieder auf. Nachstehend wird deshalb zu untersuchen sein, ob und inwieweit dieser seinen Mitgliedsländern im Bedarfsfall durch Eröffnung neuer Fazilitäten in größerem Umfang als im Rahmen bestehender Tranchen Devisen bereitstellen kann und muß. Von dieser Fragestellung umfaßt wird auch die nach dem Recht des Fonds zur Schließung laufender Fazilitäten und umfangmäßigen Begrenzung derzeit existierender Ziehungsrechte durch generell-abstrakte Beschlüsse.

Sie beinhaltet dagegen nicht die Problematik der Widerrufbarkeit einer bestehenden Bereitschaftskreditvereinbarung bei Verschlechterung der Kreditwürdigkeit des von ihr begünstigten Fondsmitglieds infolge eines Anstiegs seiner Schuldenlast. Wie hierzu bereits ausgeführt wurde, ist ein solcher Widerruf einzig und allein dann zulässig, wenn das Mitgliedsland das vereinbarte Strukturanpassungsprogramm nicht ordnungsgemäß durchführt. [1] Allerdings ist ein darüber hinausgehendes Kündigungsrecht des Fonds zum Schutz seiner Ressourcen nicht erforderlich, da sich ein Sinken der Kreditwürdigkeit - beispielsweise durch eine hohe Neuverschuldung - regelmäßig im Nichtvorliegen der festgesetzten objektiven Ziehungsvoraussetzungen ("performance criteria") manifestieren wird und so automatisch zum Wegfall des Ziehungsrechts führt. [2]

---

1) Siehe S. 116

2) Siehe S. 113 f

a) Berechtigung zur Schaffung von Ziehungsrechten

Die Satzung des Fonds beschränkt dessen Fähigkeit und Recht zur finanziellen Unterstützung seiner Mitglieder nicht durch Festsetzung eines absoluten, unabdingbaren Höchstwertes. Eine konkrete Begrenzung dieses Rechts resultiert angesichts fehlender Bestimmbarkeit auch nicht aus ihrem Art. I (v), nach dem der Fonds seine finanziellen Mittel seinen Mitgliedern nur zeitweilig und nur unter angemessenen Sicherungen zur Verfügung stellt. Gleiches gilt für die in Art. I des Übereinkommens statuierten Ziele des Fonds. Daß dessen konstituionell festgesetzter Aufgabenbereich im Gegensatz zu dem der Weltbank nicht die Gewährung von Entwicklungshilfe umfaßt [1], schließt den - nach Ansicht von A. MacBean / P. Snowden [2] de facto bereits praktizierten - Einsatz des Fondsvermögens zu eben diesem Zweck jedenfalls dann nicht aus, wenn hierdurch nicht nur einzelne Projekte finanziert werden, sondern eine Sanierung der Zahlungsbilanz als Ganzes bezweckt wird. Da eine solche Form der Entwicklungshilfe immer der Aufrechterhaltung geordneter Währungsbeziehungen unter den Mitgliedern [3] dient und damit von den Zielen des Fonds gedeckt ist, muß hier nicht darauf eingegangen werden, ob eine internationale Organisation lediglich zur Wahrnehmung

---

1) J. Fleming "The International Monetary Fund: Its Form and Functions", S. 30 f;
J. Gold "The Relationship Between the International Monetary Fund and the World Bank", CrLR 15/1982, S. 505, 509 f;
vgl. auch den "White Plan", in J. Horsefield (Hrsg.) "The International Monetary Fund: 1945 - 1965", Vol. III, S. 39

2) "International Institutions in Trade and Finance", S. 60; so auch A. Wirth "Zwischen Währungspolitik und Entwicklungshilfefinanzierung: Veränderte Aufgabenstellung des Internationalen Währungsfonds", S. 446

3) Vgl. Art. I (iii) IWF-Übereinkommen;
J. Gold "'... To Contribute Thereby To ... Development ...': Aspects of the Relations of the International Monetary Fund with Its Developing Members", CJTL 10/1971, S. 270

der in ihrem Gründungsvertrag ausdrücklich angeführten Rechte und Pflichten berechtigt ist [1] oder ob diese konstitutionelle Aufzählung nur eine nicht abschließende Illustration ist [2]. Somit wäre auch die Schaffung einer neuen Fazilität mit den Zielen des IWF vereinbar, die nur den von der derzeitigen Schuldenkrise besonders betroffenen Entwicklungs- und Schwellenländern offensteht. [3]

Das IWF-Übereinkommen verzichtet also auf eine konkrete umfangmäßige Begrenzung der Möglichkeiten des Fonds zur Gewährung finanzieller Unterstützung. So bleibt es den für das Fondsvermögen verantwortlichen Organen überlassen, unter Berücksichtigung der jeweils bestehenden Liquiditätslage des Fonds sowie der Weltwirtschaftssituation nach pflichtgemäßem Ermessen darüber zu entscheiden, inwieweit sie die Eröffnung von Ziehungsansprüchen für möglich und sinnvoll halten und vor allem in welchem Umfang solche Ziehungen unter "adequate safeguards for the temporary use of the general resources of the Fund" [4] erfolgen können,

---

1) Vgl. H. Kelsen "The Law of the United Nations", S. 337; K. Ginther "Die völkerrechtliche Verantwortlichkeit internationaler Organisationen gegenüber Drittstaaten", S. 47 ff

2) F. Mann "Studies in International Law", S. 578; vgl. auch I. Seidl-Hohenveldern "Das Recht der Internationalen Organisationen einschließlich der Supranationalen Gemeinschaften", S. 39 f; J. Gold "Balance of Payments Transactions of the International Monetary Fund", in R. Rendell (Hrsg.) "International Financial Law: Lending, Capital Transfers and Institutions", S. 237

3) Soweit J. Gold (a.a.O., S. 244) die Schaffung einer solchen Tranche als mit dem Gleichheitssatz unvereinbar hält, kann ihm nicht gefolgt werden, da die Begründung von Ziehungsrechten für besonders Bedürftige zumindest in beschränktem Umfang als sachlich gerechtfertigt angesehen werden muß. Die unterschiedlichen Voraussetzungen und Bedürfnisse von Industrie- und Entwicklungsländern erkennend sah auch die "Outline of Reform" des "Committee of Twenty" für letztere besondere Privilegien vor; vgl. J. Gold "Uniformity as a Legal Principle of the International Monetary Fund", LPIB 7/1975, S. 796 ff

4) Vgl. Art. V Abs. 3 (a) IWF-Übereinkommen

d.h. bis zu welchem Grade sie die spätere Rückabwicklung von Käufen als gesichert ansehen.

Ausgeschlossen wird durch die Satzung aber eine Kompetenz zur Schaffung weiterer Fazilitäten, die einem Mitglied wie die Reservetranche de facto automatischen Zugang zu den Fondsressourcen gestatten. [1] Aus Art. V Abs. 3 (c) des IWF-Übereinkommens ergibt sich nämlich, daß der Fonds sämtliche über diese Tranche hinausgehenden Ziehungen auf ihre Vereinbarkeit mit dem Fondsrecht und vor allem mit den gemäß Art. V Abs. 3 (a) zu erlassenden Geschäftsgrundsätzen zu überprüfen hat. Diese Regelung "reflects the view that, with the establishment of the new facility based on special drawing rights [2], any need for additions to existing reserve assets will be met, as and when it arises, through allocations of special drawing rights." [3]

---

1) J. Gold "Use of the International Monetary Fund's Resources: 'Conditionality' and 'Unconditionality' as Legal Categories", JILE 6/1971, S. 16

2) Vgl. hierzu unten S. 146 ff

3) IMF "Establishment of a Facility Based on Special Drawing Rights in the International Monetary Fund and Modifications in the Rules and Practices of the Fund: A Report by the Executive Directors to the Board of Governors Proposing Amendment of the Articles of Agreement", S. 25

b) Pflicht zur Aufrechterhaltung bestehender und Schaffung neuer Fazilitäten

aa) aus Abkommen

Das IWF-Übereinkommen gibt den Fondsmitgliedern bei Vorliegen gewisser Voraussetzungen das Recht zum Kauf von Devisen in der Reservetranche sowie zu weiteren Ziehungen, wenn diese kein Ansteigen der Fondsbestände an der Währung des ziehenden Mitglieds über 200 Prozent von dessen Quote bewirken. [1] Durch diese Regelung wird der Mindestumfang der vom Fonds seinen Mitgliedern zu gewährenden finanziellen Unterstützung konstitutionell verankert, der ohne formelle Satzungsänderung nur bei Vorliegen der tatbestandlichen Voraussetzungen der in Art. XXVII des IWF-Übereinkommens geregelten Notstandsbestimmungen unterschritten werden kann. So ist die Beibehaltung der Reservetranche satzungsmäßig ebenso festgeschrieben wie die eines darüber hinausgehenden Ziehungsrechts in Höhe von 100 Prozent der Quote, wenn auch letzteres nach den Vorschriften des Übereinkommens nicht notwendigerweise im Rahmen von vier Kredittranchen gewährt werden muß. Im Gegensatz zu Ziehungen in der Reservetranche, denen der Fonds gemäß Art. V Abs. 3 (c) seiner Satzung nicht widersprechen kann [2], ließe das Abkommen aber für Ziehungen im Rahmen dieser 100 Prozent die Schaffung schärferer Voraussetzungen zu, als sie durch die nach Art. V Abs. 3 (a) erlassenen Geschäftsgrundsätze derzeit festgesetzt sind.

Darüber hinaus resultiert aus dem IWF-Übereinkommen keine Verpflichtung zur Beibehaltung bestehender Fazilitäten bzw. zur Eröffnung weiterer. So kann auch die Erwähnung

---

1) Art. V Abs. 3 (b) (iii) IWF-Übereinkommen

2) Vgl. hierzu oben S. 78 f

von Geschäftsgrundsätzen über die Verwendung der allgemeinen Fondsmittel für die kompensierende Finanzierung von Ausfuhrschwankungen und für die Finanzierung von Beiträgen zu internationalen Rohstoffausgleichslagern in Art. XXX (c) (i) und (ii) nicht als Rechtsgrundlage für eine Pflicht zur Aufrechterhaltung der beiden Fazilitäten verstanden werden, da der Erlaß von besonderen Geschäftsgrundsätzen für spezielle Zahlungsbilanzprobleme dem pflichtgemäßen Ermessen der Fondsorgane überlassen ist. [1] Des weiteren erscheint auch die Argumentation unvertretbar, der Umfang der Tranchen werde letztendlich durch die in Art. I der Satzung statuierten Ziele des Fonds bestimmt und deshalb müsse dieser durch Schaffung neuer Fazilitäten den Mitgliedern weitere Ziehungsansprüche einräumen, wenn nur so seine Aufgaben erfüllt werden können. Die unbedingte Pflicht des IWF zum Streben nach Verwirklichung seiner Ziele muß nämlich als durch die in Art. V Abs. 3 (b) (iii) getroffene Regelung begrenzt angesehen werden. So ergibt sich auch aus Art. V Abs. 3 (a), nach dem der Fonds durch Erlaß von Geschäftsgrundsätzen ausreichende Sicherungen für einen nur zeitweiligen Gebrauch des Fondsvermögens durch seine Mitglieder zu schaffen hat, daß diese Ziele nicht um jeden Preis erreicht werden sollen, sondern nur soweit dies unter Gewährleistung des Bestandes des vom Fonds gehaltenen Währungspools möglich ist. [2] Bezweckt wird hierdurch eine Erhaltung der Funktionsfähigkeit des IWF im globalen Interesse. Angesichts dieser klaren und eindeutigen Regelung des Art. V Abs. 3 (a) der Satzung soll hier die Möglichkeit einer Übertragung der in der Lehre von den services publics enthaltenen Rechtsgedanken nicht näher untersucht werden, mit der Teile von Praxis und Doktrin in Belgien und vor allem in Frankreich einen Kontrahierungszwang der für die Kreditversorgung der Wirtschaft verantwortlichen Banken auch im Falle erhöhten

1) Art. V Abs. 3 (a) IWF-Übereinkommen

2) Vgl. auch Art. V Abs. 4 IWF-Übereinkommen

Risikos und sogar absehbaren Verlusts annehmen. Begründet wird dies damit, daß die Kreditinstitute wie auch die übrigen services publics "bestimmte im Interesse des Gemeinwohls unentbehrliche Aufgaben erfüllen, in der Regel gewisse Vorrechte haben und besonderen öffentlich- und wirtschaftsrechtlichen Vorschriften unterworfen sind." 1)

Das so gefundene Ergebnis einer nur begrenzten aus der Satzung resultierenden Verpflichtung wird durch eine Untersuchung der in Bretton Woods debattierten Pläne bestätigt. So sah sowohl der Plan der kanadischen Regierung eine "International Exchange Union" 2) als auch der von Lord Keynes für eine "International Clearing Union" 3) wie auch die den Fonds letztendlich entscheidend prägenden 4) Vorstellungen von H.D. White für einen "United Nations Stabilization Fund" 5) nur beschränkte Ansprüche der Mitglieder auf Zugang zum Währungsbestand der zu errichtenden Organisation vor. Einzuräumen ist freilich, daß einer historischen Interpretation in diesem Zusammenhang kein hohes Gewicht zukommen kann, da sich seit Errichtung des IWF dessen Bedeutung wie auch das wirtschaftliche und finanzielle Umfeld tiefgreifend und in unvorhersehbarer Weise verändert haben.

---

1) K. Hopt "Rechtspflichten der Kreditinstitute zur Kreditversorgung, Kreditbelassung und Sanierung von Unternehmen", ZHR 143/1979, S. 142 (143) ff m.w.N.

2) Vgl. J. Horsefield (Hrsg.) "The International Monetary Fund 1945 - 1965", Vol. III, S. 103, 112 ff

3) a.a.O., S. 19, 23 f

4) Zum Verlauf der Verhandlungen vgl. R. Gardner "Sterling-Dollar Diplomacy", S. 110 ff, 257 ff

5) J. Horsefield (Hrsg.) a.a.O., S. 37, 50 ff

bb) aus Gewohnheitsrecht

Wie soeben festgestellt wurde, verpflichtet das Übereinkommen den Fonds in wesentlich geringerem Umfang zur finanziellen Unterstützung seiner Mitglieder, als sie dieser im Rahmen existierender Fazilitäten derzeit gewährt. Möglich erscheint, daß der IWF unter gewohnheitsrechtlichen Aspekten zur Aufrechterhaltung dieser oder zumindest eines Teils dieser Tranchen verpflichtet ist und deshalb die Bereitstellung von Devisen außerhalb der Reservetranche und der Kredittranchen nicht mehr, wie in seiner Satzung vorgesehen, in seinem pflichtgemäßen Ermessen steht [1]. Auch könnte die erfolgte kontinuierliche Ausweitung der Ziehungsmöglichkeiten durch Schaffung von immer mehr und immer umfangreicheren Fazilitäten sowie die Bereitstellung von Devisen in speziellen Tranchen bei unerwarteten besonderen Belastungen der Zahlungsbilanzen der Fondsmitglieder, wie sie beispielsweise im Rahmen der beiden abgelaufenen Ölfazilitäten [2] erfolgte, Anlaß für die Entstehung von Gewohnheitsrecht gewesen sein. So könnte dies die Entwicklung einer gewohnheitsrechtlichen Verpflichtung bewirkt haben, nach der der IWF auch in Zukunft die von ihm gewährte finanzielle Unterstützung entsprechend dem jeweiligen Bedarf seiner Mitglieder ausweiten muß.

Trotz der inzwischen überragenden Bedeutung völkerrechtlicher Verträge als formelle Völkerrechtsquelle [3] genießt

---

1) Vgl. Art. V Abs. 3 (b) (iii) i.V.m. Art. V Abs. 4 IWF-Übereinkommen

2) Vgl. hierzu IMF "Selected Decisions of the International Monetary Fund and Selected Documents", Tenth Issue (1983), S. 80 ff;
J. Gold "Financial Assistance by the International Monetary Fund", S. 31 f;
A. MacBean / P. Snowden "International Institutions in Trade and Finance", S. 52 f

3) Vgl. A. Verdross / B. Simma "Universelles Völkerrecht", S. 268 f;
W. Friedmann "The Changing Structure of International Law", S. 123 ff

das Gewohnheitsrecht im Völkerrecht angesichts dessen Lückenhaftigkeit immer noch bedeutendes Gewicht. Wie Art. 38 Abs. 1 des IGH-Statuts zeigt, kommt ihm dabei der gleiche Stellenwert zu wie dem aus internationalen Übereinkünften entstandenen Recht. [1] Gewohnheitsrecht wird aber durch vertragliche Regelungen verdrängt, wenn diese - wie hier Art. V Abs. 3 (b) (iii) IWF-Übereinkommen - abschließend sind. Eine gewohnheitsrechtliche Erweiterung der aus dem IWF-Übereinkommen resultierenden Pflichten des Fonds wäre deshalb nur durch ein spezifisches, das Abkommen insoweit derogierendes Gewohnheitsrecht möglich.

Die Rechtsprechung des Internationalen Gerichtshofs macht die Entstehung von Gewohnheitsrecht wie die h.M. in der Völkerrechtslehre vom Vorliegen zweier Voraussetzungen abhängig. Danach ist neben einer einheitlichen und konstanten Übung ("extensive and virtually uniform State practice") [2] auch erforderlich, daß diese vom Rechtsbewußtsein (opinio iure sive necessitatis) getragen wird. [3] Für die Begrün-

---

1) A. Bennett "International Organizations: Principles and Issues", S. 155

2) Vgl. hierzu R. Baxter "Treaties and Custom", RdC 129/1970 I, S. 67 ff;
R. Bernhardt "Ungeschriebenes Völkerrecht", ZaöRV 36/1976, S. 64 ff

3) ICJ Reports 1969, S. 44 (North Sea Continental Shelf Cases);
ICJ Reports 1950, S. 276 f (Asylum Case);
H. Wehberg / H. Goldschmidt "Der Internationale Gerichtshof", S. 24;
P. Guggenheim "Traité de Droit international public", Tome I, S. 101 ff;
H. Kelsen / R. Tucker (Hrsg.) "Principles of International Law", S. 440 ff, 450 f;
I. Brownlie "Principles of Public International Law", S. 4 ff;
U. Scheuner "Internationale Verträge als Elemente der Bildung von völkerrechtlichem Gewohnheitsrecht", in "Festschrift für F.A. Mann", S. 412 f.
So aber auch die Voraussetzungen in den nationalen Rechtsordnungen. Vgl. N. Horn "Das Recht der internationalen Anleihen", S. 518 f m.w.N.

dung von Gewohnheitsrecht nicht ausreichend ist dagegen das alleinige Vorliegen einer einheitlichen und kontinuierlichen Übung oder das Vorliegen einer nicht praktizierten Rechtsüberzeugung. [1]

Die Anwendung obiger Grundsätze im Rahmen einer Feststellung der Verpflichtungen des IWF bereitet in bezug auf die tatsächliche Seite keine Schwierigkeiten. Soweit eine gewohnheitsrechtliche Pflicht zur Beibehaltung existierender Fazilitäten untersucht wird, ist die kontinuierliche Übung bereits infolge des jeweils schon über eine gewisse Zeit andauernden Bestehens der betreffenden Tranche zu bejahen. Auch die Frage nach einer gewohnheitsrechtlichen Verpflichtung des Fonds zur Schaffung weiterer Fazilitäten bei einer Ausweitung des Bedarfs fände ihren faktischen Anknüpfungspunkt, nämlich in der Tatsache, daß der IWF in der Vergangenheit stets um die Deckung des ständig steigenden Finanzbedarfs seiner Mitglieder bemüht war und diesen deshalb in immer größerem Umfang Ziehungsrechte einräumte.

Diese Praxis wird auch durch die Überzeugung ihrer Rechtmäßigkeit gedeckt, welche sich unschwer mit Hinweis auf Art. V Abs. 4 i.V.m. Art. I des IWF-Übereinkommens begründen läßt [2]. Das Rechtsbewußtsein, die Gewährung finanzieller Unterstützung über den vom Abkommen konkret gesetzten Rahmen hinaus sei rechtmäßig, kann aber für die Entstehung einer gewohnheitsrechtlichen Verpflichtung nicht ausreichen. Hierfür wäre über das Bewußtsein der Rechtskonformität hinaus vielmehr auch die Überzeugung von einer diesbezüglichen Rechtspflicht erforderlich, wobei auch ein erst allmähliches Hinzutreten eines solchen Rechtsbewußt-

---

1) A. Verdross / B. Simma "Universelles Völkerrecht", S. 276; N. Horn a.a.O., S. 527

2) Vgl. hierzu oben S. 126 ff

seins zu der kontinunierlichen Praxis ausreichen würde [1]. Die Existenz einer solchen opinio iuris läßt sich indessen nicht nachweisen. Vielmehr ist festzustellen, daß der Fonds in der Regel die Geltungsdauer seiner Fazilitäten - gegebenenfalls unter Einräumung einer Verlängerungsmöglichkeit - von vornherein begrenzt [2] oder ihre regelmäßige Überprüfung in der sie eröffnenden Entscheidung vorsieht [3]. So gibt der IWF zu erkennen, daß seine Mitglieder nicht mit dem dauernden Bestand der betreffenden Tranche rechnen können und insbesondere, daß er keine Verpflichtung zu ihrer Beibehaltung übernehmen will, sondern sich vielmehr selbst die Entscheidung hierüber vorbehält.

Dies muß bei der Untersuchung einer gewohnheitsrechtlichen Erweiterung der im IWF-Übereinkommen festgeschriebenen Verpflichtungen des Fonds als von ausschlaggebender Bedeutung angesehen werden. Im Völkerrecht gilt nämlich der Grundsatz, daß ein Staat, der sich im Zuge der Entwicklung einer Norm des Völkergewohnheitsrechts von Anfang an beharrlich ihrer Anwendung widersetzt, zwar nicht ihre Entstehung verhindern, wohl aber erreichen kann, daß er durch sie nicht

---

1) H. Kelsen / R. Tucker (Hrsg.) a.a.O., S. 450 f; A. Verdross "Entstehungsweisen und Geltungsgrund des universellen völkerrechtlichen Gewohnheitsrechts", ZaöRV 29/1969, S. 640

2) Vgl. z.B. für die Ölfazilität 1974: Par. 1 und 8 der Decision No. 4241-(74/67) vom 13. Juni 1974, in IMF "Selected Decisions of the International Monetary Fund and Selected Documents", Tenth Issue (1983), S. 80, 83; für die Ölfazilität 1975: Par. 1 (b) der Decision 4634-(75/47) vom 4. April 1975 in Fassung von Decision No. 4954-(76/16) vom 11. Februar 1976, in IMF a.a.O., S. 86; für die "Witteveen Fazilität": Decision No. 6725-(81/5) vom 9. Januar 1981, in IMF a.a.O., S. 40

3) Vgl. z.B. für die Erweiterte Fondsfazilität: Par. 9 der Decision No. 4377-(74/114) vom 13. September 1974 in Fassung von Decision No. 6830-(81/65) vom 22. April 1981, in IMF a.a.O., S. 31; für die Politik des Erweiterten Zugangs: Par. 15 der Decision No. 6783-(81/40) vom 11. März 1981, in IMF a.a.O., S. 45

gebunden wird. [1] Dieses - normalerweise Außenseiter betreffende - Prinzip des "persistent objector" ist hier auch auf den Fonds übertragbar, da es erst recht gelten muß, wenn sich ein Hauptbeteiligter gegen die Übernahme von Verpflichtungen sträubt. Da der IWF durch die jeweilige Aufnahme des oben näher dargestellten Entscheidungsvorbehalts in seine Beschlüsse über die Eröffnung neuer Tranchen zu erkennen gibt, daß er die Anerkennung einer - über seine aus der Satzung resultierenden Verpflichtungen hinausgehenden - Rechtspflicht ablehnt, ist eine gewohnheitsrechtliche Erweiterung des satzungsmäßigen Pflichtenkreises des IWF zu verneinen. Demnach ergibt sich aus einer Ausdehnung der im IWF-Übereinkommen vorgesehenen Ziehungsrechte der Mitglieder durch die Schaffung neuer Fazilitäten keine Verpflichtung zu deren Aufrechterhaltung. Aus demselben Grund resultiert auch aus der bisher immer erfolgten Deckung des ständig steigenden Kapitalbedarfs der Fondsmitglieder keine Rechtspflicht des IWF zur weiteren bedarfsorientierten Erweiterung seiner Finanzhilfe und auch zukünftigen Gewährleistung der Zahlungsfähigkeit seiner Mitglieder.

---

1) A. Verdross / B. Simma "Universelles Völkerrecht", S. 282 unter Hinweis auf die wachsende Bedeutung dieses Grundsatzes;
G. Fitzmaurice "The General Principles of International Law" RdC 92/1957 II, S. 99 ff;
I. Brownlie "Principles of Public International Law", S. 10;
R. Thode in E. Menzel / K. Ipsen "Völkerrecht", S. 81;
vgl. auch ICJ Reports 1951, S. 116, 131 (Fisheries Case)

cc) aus allgemeinen Rechtsgrundsätzen

Nach Art. 38 Abs. 1 (c) des IGH-Statuts stellen "les principes généraux reconnus par les nations civilisées" neben internationalen Übereinkünften und internationalem Gewohnheitsrecht eine weitere Völkerrechtsquelle dar. Diese werden durch eine vergleichende Betrachtung der nationalen Rechtssysteme gefunden [1] und dort, wo völkerrechtliche Normen noch nicht existieren, analog angewandt. [2] Die Möglichkeit der Übertragung der grundlegenden Prinzipien nationaler Rechtsordnungen bewirkt, "daß das Völkerrecht trotz seines in vielen Beziehungen rudimentären Charakters ein lückenloses Rechtssystem ist." [3]

Elementarer Grundsatz aller Rechtsordnungen ist das Prinzip von Treu und Glauben ("principle of good faith"), das sowohl für Staaten wie für internationale Organisationen verbindliche Kraft entfaltet. [4] Für die Frage einer

---

1) Vgl. hierzu E. McWhinney "United Nations Law Making", S. 62 ff

2) F. Mann "Die Verträge der Völkerrechtssubjekte und die Parteiautonomie", in "Ius et Lex", Festgabe für M. Gutzwiller, S. 469, 466;
W. Meng "Das Recht der Internationalen Organisationen - eine Entwicklungsstufe des Völkerrechts", S. 99;
U. Scheuner "Fünfzig Jahre Völkerrecht", in "50 Jahre Institut für Internationales Recht an der Universität Kiel", S. 81;
F. Seyersted "Applicable Law in Relations Between Intergovernmental Organizations and Private Parties", RdC 122/1967 III, S. 531

3) F. Mann a.a.O., S. 466;
vgl. P. Wood "Law and Practice of International Finance", S. 1 - 36 f

4) H. Ballreich "Ein neuer Weg zu einer Neuen Weltwirtschaftsordnung", AV 20/1982, S. 72;
I. Brownlie "Principles of Public International Law", S. 19;
R. Thode in E. Menzel / K. Ipsen "Völkerrecht", S. 92;
M. Lachs "The Development and General Trends of International Law in Our Time", RdC 169/1980 IV, S. 197 ff;
vgl. auch R. Ryan, "Defaults and Remedies under International Bank Loan Agreements with Foreign Sovereign Borrowers - A New York Lawyer's Perspective", UILR 1982, S. 102

Erweiterung der satzungsmäßigen Verpflichtungen des Fonds ist es allerdings nur von beschränkter Bedeutung, da sich allenfalls aus dem von ihm umfaßten Grundsatz des Vertrauensschutzes in seiner Ausformung als "estoppel"-Prinzip eine Einschränkung des dem IWF zustehenden Rechts zur Schließung seiner Fazilitäten herleiten läßt. Nach diesem vor allem im anglo-amerikanischen Recht ausgebildeten Prinzip, das von internationalen Gerichten und Schiedsgerichten in der Überzeugung angewandt wird, daß es trotz unterschiedlicher Ausprägung im einzelnen immanenter Bestandteil aller nationalen Rechtsordnungen sei, muß derjenige, der "durch sein Verhalten einen anderen zu rechtlich erheblichem Handeln veranlaßt hat, ... sein Verhalten und die berechtigten Folgerungen, die der andere aus diesem Verhalten gezogen hat, gegen sich gelten lassen." [1] Da unter gewissen Umständen eine Partei auf vorgängige Handlungen einer anderen vertrauen darf, kann man sich vom Inhalt früher abgegebener Willenserklärungen und konkludenter Verhaltensweisen hierzu kompetenter Vertreter jedenfalls dann nicht lossagen, wenn diese klar, unzweideutig, unbedingt und freiwillig waren und dies eine Verschlechterung der Rechtsposition der betroffenen Partei bewirken würde. [2]

Daher wäre es als treuwidrig anzusehen, wenn der Fonds plötzlich und ohne Vorankündigung eine Tranche schließt, nachdem ein Mitglied einen alle entsprechenden Tatbestandsvoraussetzungen erfüllenden Antrag auf Bereitstellung von Devisen im Rahmen dieser Fazilität eingereicht hat. Darüber

---

1) W. Friede "Das Estoppel-Prinzip im Völkerrecht", ZaöRV 5/1935, S. 517

2) I. Brownlie "Principles of Public International Law", S. 618 f;
E. Menzel "Estoppel-Prinzip", in K. Strupp / H. Schlochauer "Wörterbuch des Völkerrechts", Band I, S. 441;
D. Bowett "Estoppel Before International Tribunals and Its Relation to Aquiescence", BYIL 33/1957, S. 176 ff;
I. Seidl-Hohenveldern "Völkerrecht", S. 42

hinaus ist der IWF dagegen bei der Beschränkung von in seiner Satzung nicht vorgesehenen Ziehungsmöglichkeiten frei, da sich die Fondsmitglieder nicht auf die Setzung eines Vertrauenstatbestandes durch Schaffung einer Fazilität berufen können, wenn der diesbezügliche Beschluß des Exekutivdirektoriums die regelmäßige Überprüfung dieser Geschäftsgrundsätze vorsieht. Dies muß auch gelten, wenn die Fondsentscheidung eine bestimmte Laufzeit für eine Tranche statuiert, da eine solche Terminierung nur als Festsetzung einer Höchstlaufzeit angesehen werden kann. Unberührt von der Begrenzung der Geltung einer Fazilität in dem sie begründenden Beschluß bleibt deshalb das Recht des Fonds, seine Politik veränderten weltwirtschaftlichen Rahmenbedingungen oder einer Verschlechterung seiner Liquidität anzupassen und diese Tranche vorzeitig zu schließen. Für den so nur sehr begrenzt bestehenden Vertrauensschutz spricht auch, daß die Schaffung von Fazilitäten nicht wie die Vereinbarung einer Kreditlinie bezweckt, den (möglicherweise) Begünstigten die Disposition künftiger Finanztransaktionen zu ermöglichen. Da der Fonds finanzielle Unterstützung nur in Notfällen gewährt, sollen die Fondsmitglieder vielmehr ihre Finanzplanung unberücksichtigt der Existenz von IWF-Fazilitäten durchführen und sich bemühen, die Entstehung der Notwendigkeit einer Inanspruchnahme der allgemeinen Fondsmittel zu vermeiden.

Eine Verpflichtung des Fonds zur Aufstockung bestehender Ziehungsmöglichkeiten läßt sich auch nicht aus dem Prinzip von Treu und Glauben herleiten. Auf der Suche nach entsprechenden Nachschußpflichten in nationalen Rechtsordnungen, die sich eventuell als allgemeine Rechtsgrundsätze ins Völkerrecht übertragen ließen, stößt man zwar im bundesdeutschen Privatrecht auf die Ansicht von C. Canaris [1], der im Falle einer sehr starken Abhängigkeit des Kreditnehmers vom Kreditgeber u.U. die Verweigerung einer Krediterhöhung ohne berechtigten Grund für unzulässig hält. Eine solche würde insbesondere dann dem vom Prinzip des Vertrauensschutzes geprägten [2] Verbot des venire contra factum proprium zuwiderlaufen, wenn der Kreditgeber darauf bestanden hat, daß der andere Teil nur zu ihm Kreditbeziehungen aufnimmt, oder sonst die Abhängigkeit in zurechenbarer Weise selbst herbeigeführt hat. Da solche tatsächlichen Anknüpfungspunkte für die Begründung einer auf Treu und Glauben basierenden Verpflichtung im Falle des Fonds aber augenscheinlich fehlen, ist hierauf sowie auf die Frage der Übertragbarkeit dieses Gedankens ins internationale Recht nicht weiter einzugehen.

Abschließend bleibt festzustellen, daß eine Erweiterung der Verpflichtungen des IWF auch nicht aus der ihm gegenüber seinen Mitgliedern obliegenden Treupflicht resultiert, die zum einen auf dem Gemeinschaftsverhältnis basiert und zum anderen eine besonders intensive Ausprägung des Grundsatzes von Treu und Glauben darstellt [3]. Die in Art. V

---

1) "Kreditkündigung und Kreditverweigerung gegenüber sanierungsbedürftigen Bankkunden", ZHR 143/1979, S. 124 ff; ablehnend D. Rümker "Verhaltenspflichten der Kreditinstitute in der Krise des Kreditnehmers", KTS 1981, S. 503 ff; M. Obermüller "Die Gewährung neuer Kredite in der Krise", ZIP 12/80, S. 1061 ff; K. Hopt "Rechtspflichten der Kreditinstitute zur Kreditversorgung, Kreditbelassung und Sanierung von Unternehmen", ZHR 143/1979, S. 168 ff; W. Mahler "Gibt es Rechtsansprüche auf Sanierungskredite?", Sparkasse 1982, S. 160 ff

2) C. Canaris "Die Vertrauenshaftung im deutschen Privatrecht", S. 287 f

3) C. Canaris "Kreditkündigung und Kreditverweigerung gegenüber sanierungsbedürftigen Bankkunden", ZHR 143/1979, S. 116 ff; K. Larenz "Lehrbuch des Schuldrechts", Band II, S. 382 f

Abs. 3 (b) (iii) der Satzung festgesetzte Begrenzung muß nämlich auch als eine Einschränkung der Treupflicht des Fonds angesehen werden, da das durch internationale Übereinkommen entstandene Recht wie auch Gewohnheitsrecht Vorrang vor den allgemeinen Rechtsgrundsätzen genießt und diese nur subsidiär anwendbar sind [1].

---

1) F. Berber "Lehrbuch des Völkerrechts", Band I, S. 65; W. Meng "Das Recht der Internationalen Organisationen - eine Entwicklungsstufe des Völkerrechts", S. 188

dd) aus der Eigenschaft des Fonds als "specialized agency" der UN

Der IWF wurde mit Inkrafttreten des "Agreement Between the United Nations and the International Monetary Fund" [1] am 15. November 1947 zu einer Spezialorganisation der Vereinten Nationen im Sinne der Art. 57 und 63 der UN-Charta. [2] Möglich erscheint, daß ihm als solcher besondere Verpflichtungen obliegen, die auch von Einfluß auf den Umfang der von ihm zu gewährenden finanziellen Unterstützung sind. Als Anknüpfungspunkt für eine Erweiterung der satzungsmäßigen Pflichten des Fonds zur Bereitstellung von Devisen kommt zum einen Art. 55 (a) und (b) der UN-Charta in Betracht, wonach die Vereinten Nationen global die Verbesserung des Lebensstandards, die Vollbeschäftigung und die Voraussetzungen für wirtschaftlichen und sozialen Fortschritt und Aufstieg fördern und sich um die Lösung wirtschaftlicher und sozialer Probleme bemühen. Zum anderen könnten dem Fonds auch bei der Verwirklichung von Resolutionen der Vereinten Nationen besondere Aufgaben zukommen, insbesondere bei der der "Charta der wirtschaftlichen Rechte und Pflichten der Staaten" [3] oder des "Programme of Action on the Establishment of a New International Economic Order" [4]. Beide Deklarationen betonen die besondere Verantwortung der Industrienationen gegenüber den Entwicklungsländern und erkennen deren Bedürfnisse an finanzieller Unterstützung an.

---

1) Abgedruckt in IMF "Selected Decisions of the International Monetary Fund and Selected Documents", Tenth Issue (1983), S. 403 ff

2) J. Gold "Membership and Nonmembership in the International Monetary Fund", S. 323

3) Resolution Nr. 3281 (XXIX), abgedruckt in ILM Vol. XIV (1975), S. 251 ff

4) Resolution Nr. 3202 (S-VI), abgedruckt in K. Krakau / H. v. Wedel / A. Göhmann "UN-General Assembly Resolutions", S. 175 ff

Festzustellen ist aber, daß das Kooperationsabkommen zwischen IWF und Vereinten Nationen die Verpflichtungen des Fonds abschließend statuiert. Eine Erweiterung der finanziellen Verpflichtungen ist weder vorgesehen noch läßt sich eine solche aus den festgeschriebenen Pflichten ableiten. Diese umfassen vielmehr nur technische Fragen wie z.B. Informations- und Konsultationspflichten sowie Kooperationsvereinbarungen und die Abgrenzung von Aufgabenbereichen bei der Erfassung statistischer Daten. [1] Hierdurch wird es den Vereinten Nationen ermöglicht, ihre koordinierende Funktion für die Tätigkeit der Spezialorganisationen [2] auch gegenüber dem Fonds auszuüben. Darüber hinaus ließe sich mit der Eigenschaft des IWF als "specialized agency" allenfalls noch eine allgemeine Pflicht des Fonds zur Kooperation mit den Vereinten Nationen und zur Förderung deren Ziele begründen, wobei hier aber offenbleiben kann, ob diese Verpflichtungen juristischen oder angesichts ihrer Unbestimmtheit nur moralischen Charakter haben [3].

Aus der Charta der Vereinten Nationen sowie deren Resolutionen resultiert damit keine umfangmäßige Erweiterung der konstitutionellen Verpflichtungen des Fonds zur Gewährung finanzieller Unterstützung. [4] Daß die Deklarationen der Generalversammlung für den IWF keine bindende Wirkung entfalten können, zeigen Art. 58 der UN-Charta, der die Abgabe von Empfehlungen durch die Vereinten Nationen an die Sonderorganisationen, nicht aber die von Weisungen

---

1) Vgl. Art. IV, V und IX des "Agreement Between the United Nations and the International Monetary Fund"

2) A. Verdross / B. Simma "Universelles Völkerrecht", S. 170; vgl. H. Schermers "International Institutional Law", S. 837 ff

3) Vgl. hierzu F. Mann "Money in Public International Law", RdC 96/1959 I, S. 40 ff

4) Vgl. J. Fawcett "The Place of Law in an International Organization", BYIL 36/1960, S. 336

vorsieht, sowie Art. IV Abs. 2 des Agreement Between the United Nations and the International Monetary Fund. Nach letztzitierter Norm kann keine der beiden Organisationen eine formelle Empfehlung an die andere aussprechen, ohne diese vorher diesbezüglich konsultiert zu haben. [1] Ein bindender Effekt der Resolutionen der UN-Generalversammlung ist für den Fonds damit positivrechtlich ausgeschlossen. Im übrigen können Deklarationen der Generalversammlung nach der wohl h.M. nicht die Wirkung von Rechtsnormen entfalten, sondern haben lediglich empfehlenden Charakter [2] und sind nur von den Organen der Vereinten Nationen zu beachten [3].

Die somit existierende Weisungsungebundenheit des Fonds gegenüber den Vereinten Nationen [4] ist, wie insbesondere das Ergebnis der Abstimmung der Generalversammlung über

---

1) J. Gold "The Rule of Law in the International Monetary Fund", S. 62 f;
vgl. auch G. Dahm "Völkerrecht", Band II, S. 624

2) Vgl. hierzu insbesondere J. Castañeda "Valeur juridique des resolutions des Nations Unies", RdC 129/1970 I, S. 287 ff;
H. Golsong / F. Ermacora "Das Problem der Rechtsetzung durch internationale Organisationen (insbesondere im Rahmen der UN)", S. 1 ff;
A. Verdross "Kann die Generalversammlung der Vereinten Nationen das Völkerrecht weiterbilden?", ZaöRV 26/1966, S. 690 ff;
M. Bothe "Legal and Non-Legal Norms - A Meaningful Distinction in International Relations?", NYIL XI/1980, S. 75 ff;
C. Tomuschat "Die Charta der wirtschaftlichen Rechte und Pflichten der Staaten", ZaöRV 36/1976, S. 465 ff;
F. Sloan "The Binding Force of a 'Recommendation' of the General Assembly of the United Nations", BYIL 25/1948, S. 1 ff;
H. Schermers "International Institutional Law", S. 598 ff;
R. Bindschedler "Rechtsakte der internationalen Organisationen", in E. Bucher / P. Saladin (Hrsg.) "Berner Festgabe zum Schweizerischen Juristentag", S. 361 ff

3) I. Seidl-Hohenveldern "International Economic 'Soft Law'", RdC 163/1979 II, S. 195

4) Vgl. hierzu auch R. Edwards "Extraterritorial Application of the U.S. Iranian Assets Control Regulations", AJIL 75/1981, S. 898

die "Charta der wirtschaftlichen Rechte und Pflichten der Staaten" [1] zeigt, von hoher praktischer Bedeutung. Bei bestehender Weisungsgebundenheit könnten die in der "Gruppe der 77" vereinten Entwicklungsländer [2] nämlich aufgrund der Stimmverteilung in der UN-Generalversammlung (one member - one vote [3]) durch - infolge ihrer Überzahl leicht erreichbaren - Mehrheitsbeschluß [4] die quotenabhängige Stimmgewichtung im Fonds umgehen und auch dort beherrschenden Einfluß gewinnen.

---

1) Diese Resolution wurde mit den Stimmen der in der UN-Generalversammlung vertretenen Entwicklungsländer verabschiedet, während die Industrieländer, d.h. die Fondsmitglieder mit den größten Quoten, gegen ihren Erlaß stimmten oder sich der Stimme enthielten.
Vgl. I. Seidl-Hohenveldern "Die 'Charta' der wirtschaftlichen Rechte und Pflichten der Staaten", RIW 21/1975, S. 237 ff (Fn. 1);
C. Tomuschat a.a.O., S. 444 ff

2) Vgl. A. Verdross / B. Simma "Universelles Völkerrecht", S. 91

3) Art. 18 Abs. 1 UN-Charta

4) Vgl. Art. 18 Abs. 2 und 3 UN-Charta

7. Bedeutung der Sonderziehungsrechte

Ein Fondsmitglied, dessen Zahlungsbilanz ein Defizit verzeichnet, kann dieses zum einen durch Käufe von Devisen im Rahmen der Fondsfazilitäten abdecken. Daneben hat es die Möglichkeit, zur Finanzierung dieses Defizits die ihm vom IWF zugeteilten Sonderziehungsrechte (SZRe) einzusetzen, deren Verwendungsmöglichkeiten vom Fonds im Laufe der letzten Jahre in dem Bestreben, sie zum "principal reserve asset" des internationalen Währungssystems zu machen [1], ständig ausgeweitet wurden. Ihr Gebrauch hat für die Mitglieder gegenüber Ziehungen in Tranchen außerhalb der Reservetranche den Vorzug, daß dieser nicht von der Durchführung eines Strukturanpassungsprogramms abhängig ist [2] und außerdem keiner Rekonstitutionspflicht (mehr) unterliegt [3].

Die SZRe wurden nicht schon bei Errichtung des Fonds ins internationale Währungssystem eingeführt, obwohl Lord Keynes bereits 1942 die Schaffung eines internationalen Reserve- und Zahlungsmittels ("bancor") empfohlen hatte. [4] Dies

---

1) J. Gold "The Second Amendment of the Fund's Articles of Agreement", S. 24;
IMF "International Monetary Reform: Documents of the Committee of Twenty", S. 15;
vgl. auch Art. XXII IWF-Übereinkommen

2) P. Wood "Law and Practice of International Finance", S. 4 - 161;
R. Gerster "Fallstricke der Verschuldung: Der Internationale Währungsfonds und die Entwicklungsländer", S. 167;
A. MacBean / P. Snowden "International Institutions in Trade and Finance", S. 47

3) W. Byrne "Die Entwicklung der SZR 1974-81", F&E September 1982, S. 34;
vgl. Art. XIX Abs. 6 i.V.m. Anhang G IWF-Übereinkommen i.V.m. Decision No. 6832-(81/65) S vom 22. April 1981, in IMF "Selected Decisions of the International Monetary Fund and Selected Documents", Tenth Issue (1983), S. 293

4) Vgl. Keynes' "Proposals for an International Currency (or Clearing) Union", in J. Horsefield (Hrsg.) "The International Monetary Fund 1945 - 1965", Vol. III, S. 3 ff

geschah vielmehr erst durch die am 28. Juli 1969 in Kraft getretene erste Novelle des IWF-Übereinkommens, nachdem sich im Laufe der 60er-Jahre abgezeichnet hatte, daß die von den Notenbanken gehaltenen Reserven nicht in dem gleichen Maße wuchsen wie der Welthandel. [1] Außerdem war dieser Anstieg der Weltreserven im wesentlichen dem andauernden Zahlungsbilanzdefizit der USA zuzuschreiben, während ein Großteil der Goldproduktion nicht den Zentralbanken zufloß, sondern der verarbeitenden Industrie und privaten Anlegern. [2] Abgesehen davon, daß der Umfang der internationalen Reserven im Verhältnis zu den internationalen Finanztransaktionen als zu gering angesehen wurde [3], hielt man auch die Rolle des Goldes als Hauptreservemedium des internationalen Zahlungssystems für überholt. [4] Zudem erweckte die Abhängigkeit der internationalen Liquidität vom Zahlungsbilanzdefizit nur eines Staates angesichts fehlender Einflußmöglichkeiten anderer Länder Mißtrauen [5] und barg die Gefahr eines Vertrauensverlustes in den US-Dollar in sich. [6]

---

1) Vgl. IMF AR 1966, S. 12

2) J. Gold "New Directions in the Financial Activities of the International Monetary Fund", IL 13/1979, S. 458

3) M. Shuster "The Public International Law of Money", S. 175

4) J. Meade "The International Monetary Mechanism", in M. Mueller (Hrsg.) "Readings in Macroeconomics", S. 393: "But finally I personally dislike anything which perpetuates the silly, irrational, primitive, magical idea that sound money consists in digging gold in one place and burying it in another."

5) P. Lieftinck "Recent Trends in International Monetary Policies", S. 18

6) J. Gold "New Directions in the Financial Activities of the International Monetary Fund", IL 13/1979, S. 458; F. Braun "Die Zehner-Gruppe: Stellung und Kooperation der Zehner-Gruppe im internationalen Währungssystem", S. 244 f

SZRe werden den Fondsmitgliedern vom IWF - den jeweiligen Quoten entsprechend [1] - zugeteilt, ohne daß diese hierfür Devisen zu hinterlegen hätten. [2] SZRe stellen deshalb nicht wie ECUs, die gegen Devisen getauscht werden, "currency units", sondern "units of 'entitlement'" dar. [3] Angesichts der fehlenden monetären Deckung der SZRe ist das in ihre Verwendbarkeit gesetzte Vertrauen für die Funktionsfähigkeit dieses Systems von essentieller Bedeutung. Dieses Vertrauen basiert im wesentlichen auf zwei juristischen Verpflichtungen, deren eine dem Fonds obliegt. [4]

Teilnehmer der Sonderziehungsrechtsabteilung [5] können bei Bedarf ihre SZRe zum Erwerb eines entsprechenden Währungsbetrags von einem anderen Teilnehmer verwenden. [6] Zur Sicherstellung dieser Verwendungsmöglichkeit ist der IWF verpflichtet, Teilnehmer zu designieren, die dem Mitglied im Tausch gegen dessen SZRe frei verwendbare Währungen zur Verfügung zu stellen haben. [7] Hierfür sucht er im Regelfall solche Teilnehmer aus, denen die Bereitstellung von Devisen aufgrund einer starken Zahlungsbilanz oder ihrer Bruttoreserven keine Schwierigkeiten bereitet. [8] Fest-

---

1) Art. XVIII Abs. 2 (b) IWF-Übereinkommen

2) P. Wood "Law and Practice of International Finance", S. 4 - 163

3) C. Alexandrowicz "The Law-Making Functions of the Specialised Agencies of the United Nations", S. 132

4) J. Gold "International Monetary Fund", in R. Bernhardt (Hrsg.) "Encyclopedia of Public International Law", Vol. V, S. 114

5) Heute sind alle Mitglieder des Fonds auch Teilnehmer im Special Drawing Right Department; IMF AR 1984, S. 74

6) Art. XIX Abs. 2 (a) IWF-Übereinkommen

7) Art. XIX Abs. 5 (a) IWF-Übereinkommen

8) Vgl. C. Alexandrowicz "The Law-Making Functions of the Specialised Agencies of the United Nations", S. 133; M. Shuster "The Public International Law of Money", S. 216 f

zustellen ist, daß der Fonds neben der Möglichkeit politischer Einflußnahme keine rechtliche Kompetenz besitzt, nach der er eine solche Verwendung von SZRen durch ein Mitglied unterbinden kann. [1] Dies gilt selbst dann, wenn dieses die SZRe entgegen Art. XIX Abs. 3 des IWF-Übereinkommens ohne einen aus seiner Zahlungsbilanz oder seinen Devisenreserven resultierenden echten Bedarf oder zu dem alleinigen Zweck verwendet, die Zusammensetzung seiner Reserven zu verändern. [2] Verwendet ein Teilnehmer SZRe entgegen diesen Voraussetzungen, so kann der IWF das Recht dieses Mitglieds auf Verwendung derjenigen Sonderziehungsrechte aussetzen, die dieses nach dem Aussetzungsbeschluß erwirbt. [3] Des weiteren hat er die Möglichkeit, dieses Mitglied für die Entgegennahme von SZRen zu designieren, die ein anderer Teilnehmer in Devisen umtauschen möchte. [4]

Der zweite Stützpfeiler des SZR-Systems ist neben der Verpflichtung des Fonds die der designierten Mitglieder. Gemäß Art. XIX Abs. 4 (a) IWF-Übereinkommen muß ein vom IWF bestimmter Teilnehmer auf Verlangen eines anderen Mitglieds diesem im Tausch gegen dessen SZRe einen entsprechenden Betrag in einer frei verwendbaren Währung [5] zur Verfügung stellen. [6] Diese Verpflichtung eines Teilnehmers besteht allerdings nur insoweit, als seine die kumulative Nettozuteilung übersteigenden Bestände an SZRen das Zweifache dieser Zuteilung nicht überschreiten, falls nicht zwischen

---

1) J. Gold "Legal and Institutional Aspects of the International Monetary System: Selected Essays", S. 133

2) Art. XIX Abs. 2 (b) IWF-Übereinkommen; J. Fawcett "Trade and Finance in International Law", RdC 123/1968 I, S. 299

3) Art. XXIII Abs. 2 (b) i.V.m. Art. XIX Abs. 2 (b) IWF-Übereinkommen

4) Art. XIX Abs. 5 (a) (ii) IWF-Übereinkommen; J. Gold "New Directions in the Financial Activities of the International Monetary Fund", IL 13/1979, S. 459

5) Vgl. hierzu oben S. 55

6) J. Gold "The 'Sanctions' of the International Monetary Fund", AJIL 66/1972, S. 751

ihm und dem Fonds eine höhere Grenze vereinbart wurde. [1]

Die Verwendungsmöglichkeit der SZRe ist aber nicht auf deren Umtausch durch einen designierten Teilnehmer beschränkt. Vielmehr kann ein Mitglied mit SZRen auch Verpflichtungen gegenüber dem Fonds erfüllen [2] und auch direkt von einem anderen Teilnehmer einen entsprechenden Währungsbetrag erwerben, falls dieser hierzu bereit ist. [3] Des weiteren hat das Exekutivdirektorium gemäß Art. XIX Abs. 2 (c) der Satzung auch den Gebrauch von SZRen zur Begleichung finanzieller Verpflichtungen [4], zur Begebung von Anleihen [5] sowie ihre Verwendung als Pfand [6] und Sicherheit [7] gestattet. Außerdem wurde ihre Verwendung bei Schenkungen [8] sowie in Swap- [9] und Termingeschäften [10] für zulässig erklärt. Im Gegensatz zum Gebrauch von SZRen gemäß Art. XIX Abs. 2 (a) der Satzung, d.h. zum

---

1) J. Gold "International Monetary Fund", in R. Bernhardt (Hrsg.) "Encyclopedia of Public International Law", Vol. V, S. 114

2) Vgl. Art. III Abs. 3 (a), Art. V Abs. 8 (e), Art. XX Abs. 5 IWF-Übereinkommen

3) Art. XIX Abs. 2 (b) IWF-Übereinkommen

4) Decision No. 6000-(79/1) S vom 28. Dezember 1978 in der durch Decision No. 6438-(80/37) S vom 5. März 1980 geänderten Fassung, in IMF "Selected Decisions of the International Monetary Fund and Selected Documents", Tenth Issue (1983), S. 278 f

5) Decision No. 6001-(79/1) S vom 28. Dezember 1978, in IMF a.a.O., S. 279 ff

6) Decision No. 6053-(79/34) S vom 26. Februar 1979 in Fassung von Decision No. 6438-(80/37) S vom 5. März 1980, in IMF a.a.O., S. 281 ff

7) Decision No. 6054-(79/34) S vom 26. Februar 1979 in Fassung von Decision No. 6438-(80/37) S vom 5. März 1980, in IMF a.a.O., S. 283 ff

8) Decision No. 6437-(80/37) S vom 5. März 1980, in IMF a.a.O., S. 288

9) Decision No. 6336-(79/178) S vom 28. November 1979, in IMF a.a.O., S. 285 ff

10) Decision No. 6337-(79/178) S vom 28. November 1979, in IMF a.a.O., S. 287 f

Erwerb von Devisen von einem vom Fonds designierten Teilnehmer, sind all diese Verwendungsmöglichkeiten nicht an das Erfordernis des Bedarfs gebunden. [1]

Teilnehmer, deren SZR-Bestände den Betrag ihrer kumulativen Nettozuteilung an SZRen übersteigen, erhalten für die Differenz Zinsen, während Mitglieder, deren Bestände unter den Zuteilungen liegen, hierfür Gebühren in gleicher prozentualer Höhe zu zahlen haben. [2] Die Höhe des Zinssatzes wird auf Basis der inländischen Marktzinssätze der USA, der Bundesrepublik, Japans, Frankreichs und Großbritannies errechnet. Dabei werden diese Zinssätze aber nicht gleich gewichtet, sondern entsprechend dem prozentualen Gewicht der jeweiligen Währung in dem den Wert eines SZRs bestimmenden Währungskorb. [3]

Die Darstellung der Verwendungsmöglichkeiten von SZRen zeigt auch deren Bedeutung für Staaten, welche sich in Zahlungsschwierigkeiten befinden. Dies wirft die Frage auf, inwieweit der Fonds zur Zuteilung von SZRen verpflichtet ist. Die Satzung stellt diese Entscheidung in das Ermessen des Gouverneursrates, der hierüber auf durch das Exekutivdirektorium genehmigten Vorschlag des Geschäftsführenden Direktors mit 85 Prozent aller Stimmen zu entscheiden hat [4], und beschränkt sich im übrigen auf die Aufstellung von Richtlinien für dessen Ausübung. Nach die-

---

1) Vgl. Art. XIX Abs. 3 (a) IWF-Übereinkommen

2) Art. XX Abs. 1, 2 und 3 IWF-Übereinkommen

3) Vgl. hierzu näher
Rules and Regulations, Rule O;
Decision No. 6631-(80/145) G/S vom 17. September 1980, in IMF "Selected Decisions of the International Monetary Fund and Selected Documents", Tenth Issue (1983), S. 268 f;
W. Byrne "Die Entwicklung der SZR 1974-81", F&E September 1982, S. 32 ff

4) Art. XVIII Abs. 2 (a) und 4 (a) und (d) IWF-Übereinkommen; insoweit falsch M. Bargelame "Die Sonderziehungsrechte im internationalen Währungssystem", S. 54

sen sucht der Fonds bei allen Beschlüssen über die Zuteilung (und Einziehung) von SZRen

> "to meet the long-term global need, as and when it arises, to supplement existing reserve assets in such manner as will promote the attainment of its purposes and will avoid economic stagnation and deflation as well as excess demand and inflation in the world." [1]

Er hat sich somit bei seinen Entscheidungen über die Schaffung von SZRen nicht am Bedarf einzelner Staaten zu orientieren. Ausschlaggebend bei diesen Beschlüssen ist vielmehr nicht der Umfang der Reserven der am höchsten verschuldeten Fondsmitglieder, sondern der Grad der globalen Liquidität, d.h. das Bedürfnis der Gesamtheit der Mitgliedsländer. [2]

Damit resultiert aus der Unzulänglichkeit des Umfangs der Reserven einzelner Staaten und deren Schwierigkeiten bei der Bedienung von Auslandsverbindlichkeiten keine Verpflichtung des Fonds zur Zuteilung von SZRen. [3] Seine Befugnis zu einer solchen wird durch Art. XVIII Abs. 1 (a) IWF-Übereinkommen, nach dem der IWF die Förderung internationaler Inflation tunlichst zu vermeiden hat, sogar beschränkt. Gemäß Art. XVIII Abs. 2 (b) der Satzung kann er nämlich nicht einfach nur an Mitglieder, die einen entsprechenden Bedarf für eine Aufstockung ihrer Reserven aufweisen, SZRe zuteilen. Vielmehr hat eine Zuteilung stets

---

1) Art. XVIII Abs. 1 (a) IWF-Übereinkommen

2) Vgl. J. Gold "New Directions in the Financial Activities of the International Monetary Fund", IL 13/1979, S. 463; J. Gold "Developments in the International Monetary System, the International Monetary Fund and International Monetary Law Since 1971", RdC 174/1982 I, S. 303

3) Vgl. J. Gold "New Directions in the Financial Activities of the International Monetary Fund", IL 13/1979, S. 464

an alle Teilnehmer zu erfolgen, und zwar zum jeweils gleichen Prozentsatz der entsprechenden Quote. [1] Würde der IWF nun auf Bedarf nur einiger weniger Mitglieder an die Gesamtheit seiner Mitgliedsländer SZRe verteilen, obwohl die global gehaltenen Reservebestände für ein reibungsloses Funktionieren der internationalen Währungsordnung und der Weltwirtschaft durchaus angemessen sind, so entstünde hieraus infolge eines Überhangs an Liquidität die Gefahr einer weltweiten Inflation. [2] Des weiteren ist zu berücksichtigen, daß SZRe ohne Durchführung eines Strukturanpassungsprogramms verwendbar sind. So ist die Zuteilung neuer SZRe zwar durchaus zur Linderung gegenwärtiger Finanzierungsschwierigkeiten geeignet, verführt aber gleichzeitig zum Hinauszögern dringend notwendiger Anpassungsbemühungen. [3] Da hierdurch die Wiedergewinnung der

---

1) Die spezielle Verteilung von SZRen durch den Fonds an Entwicklungsländer im Rahmen der Gewährung von Entwicklungshilfe ("link") wurde zwar erörtert, auf den Widerstand der Industriestaaten aber schließlich verworfen.
Vgl. R. Gerster "Fallstricke der Verschuldung: Der Internationale Währungsfonds und die Entwicklungsländer", S. 169 ff;
K. Dam "The Rules of the Game", S. 248 f;
J. Gold "Uniformity as a Legal Principle of the International Monetary Fund", LPIB 7/1975, S. 782 ff;
C. Alexandrowicz "The Law-Making Functions of the Specialised Agencies of the United Nations", S. 165;
G. Meier "Problems of a World Monetary Order", S. 293 ff;
R. Russell "Governing the World's Money: Don't Just Do Something; Stand There!", IO 31/1977, S. 111;
A. Wirth "Zwischen Währungspolitik und Entwicklungshilfefinanzierung: Veränderte Aufgabenstellung des Internationalen Währungsfonds", S. 275 ff

2) Vgl. D. Albrecht "Sonderziehungsrechte und internationale Liquidität", S. 153 ff;
"Fragen einer neuen Weltwirtschaftsordnung", Gutachten des Wissenschaftlichen Beirats beim Bundesministerium für Wirtschaft, AV 20/1982, S. 97;
O. Veit "Internationale Inflation", ZfdgK 1976, S. 529, 532;
C. Kepp "Sonderziehungsrechte und Entwicklungshilfe", S. 365 ff

3) Vgl. auch J. Fleming "The International Monetary Fund: Its Form and Functions", S. 46

Kreditwürdigkeit verschuldeter Staaten in Frage gestellt wird, ist diesen Ländern mit den Zuteilungen neuer SZRe kaum gedient. [1]

---

1) DBBk GB 1983, S. 80 f, wo weiter ausgeführt wird: "Im übrigen muß vor der Illusion gewarnt werden, daß mit SZR-Zuteilungen ein wesentlicher zusätzlicher Ressourcen-Transfer erreicht werden könnte. Die Erfahrung lehrt, daß sich Verteilungsprobleme im nationalen Rahmen nicht durch Geldschöpfung lösen lassen. Genausowenig kann man dies auf internationaler Ebene erwarten. Deshalb wäre es auch verfehlt, die Neuzuteilung von Sonderziehungsrechten mit der ungleichen Verteilung der Währungsreserven in der Welt rechtfertigen zu wollen."

8. Verpflichtung zur finanziellen Unterstützung von Nichtmitgliedern

Das IWF-Übereinkommen sieht weder die Zuteilung von SZRen an Staaten, welche nicht zum Mitgliedskreis des Fonds gehören, [1] noch die Gewährung sonstiger finanzieller Unterstützung an diese vor. Es beschränkt sich vielmehr auf eine (negative) Normierung der Beziehungen der Fondsmitglieder zu Nichtmitgliedern. [2] Infolgedessen können nur die derzeit 148 Mitgliedsstaaten [3] im Rahmen der Fondsfazilitäten vom IWF Devisen ziehen. [4] Art. V Abs. 3 der Satzung, der den Kreis der möglichen "Unterstützungsempfänger" auf die Fondsmitglieder beschränkt, muß als abschließende Regelung verstanden werden, weshalb eine Kompetenz zur finanziellen Unterstützung von anderen auch nicht mit der implied-powers Lehre begründet werden kann. [5] Der Fonds kann sich deshalb auch nicht einzelvertraglich gegenüber Nichtmitgliedern zur Bereitstellung von Währungen verpflichten, obwohl er prinzipiell durchaus über die Rechtspersönlichkeit zur Aufnahme vertraglicher Beziehungen mit Drittstaaten verfügt [6]. Da auch weder gewohnheitsrechtliche noch auf allgemein anerkannten Rechtsgrundsätzen ba-

---

1) J. Gold "Membership and Nonmembership in the International Monetary Fund", S. 452

2) Art. XI IWF-Übereinkommen; siehe auch Rules and Regulations, Rules M-1 bis M-6; vgl. hierzu J. Gold a.a.O., S. 411 ff, 418 ff

3) Press Release No. 84/34, September 24, 1984, IMF Survey vom 15. Oktober 1984, S. 319

4) So konnte auch Polen, damals noch nicht Fonds-Mitglied, auf dem Höhepunkt seiner Finanzkrise keine Unterstützung vom IWF erhalten. Dieser nahm allerdings bei den Umschuldungen Polens als Beobachter teil. "De Larosière Says Fund Policies of Conditionality Received Unanimous Support During the Meetings", IMF Survey vom 12. Oktober 1981, S. 324

5) Vgl. J. Gold "Financial Assistance by the International Monetary Fund", S. 37 f

6) J. Gold a.a.O., S. 456; vgl. hierzu auch oben Fn. 1 auf S. 26

sierende Anspruchsgrundlagen hierfür ersichtlich sind, haben diese demnach keinen Anspruch auf Zugang zu den Fondsmitteln. [1]

Nichtmitglieder haben deshalb bei Bedarf finanzieller Unterstützung durch den Fonds infolge von Schwierigkeiten bei der Bedienung ihrer Auslandsverbindlichkeiten nur die Möglichkeit, bei diesem ihre Mitgliedschaft zu beantragen. Diese steht allen Staaten, d.h. auch unabhängig von dem jeweiligen innerstaatlichen Wirtschaftssystem, offen [2] und begründet für ein neues Mitglied von Anfang [3] an dieselben Rechte (und Verpflichtungen) wie sie den Altmitgliedern zustehen. [4] Art. II Abs. 2 IWF-Übereinkommen statuiert einen Anspruch von Drittstaaten auf Aufnahme in den Fonds ("Membership shall be open to other countries ...") [5], räumt dem Gouverneursrat für dessen Entscheidung über die Zulassung zur Mitgliedschaft aber einen relativ weiten Er-

---

1) Nach J. Kramer ("Die Rechtsnatur der Geschäfte des Internationalen Währungsfonds", S. 50 ff) fehlt Nichtmitgliedern die Rechtsfähigkeit im internen Fondsrecht und damit die Fähigkeit zum Abschluß von Geschäften mit dem Fonds. Er übersieht dabei aber, daß das IWF-Übereinkommen zwar das Bestehen von Ansprüchen regelt, nicht aber eine von der Völkerrechtssubjektivität und der Rechtspersönlichkeit nach innerstaatlichen Rechtsordnungen zu trennende Rechtsfähigkeit nach Fondsrecht normiert.

2) Vgl. J. Gold "Developments in the International Monetary System, the International Monetary Fund and International Monetary Law Since 1971", RdC 174/1982 I, S. 147; E. Hexner "Das Verfassungs- und Rechtssystem des Internationalen Währungsfonds", S. 46

3) Zum Beginn der Mitgliedschaft vgl. J. Gold "Membership and Nonmembership in the International Monetary Fund", S. 211

4) J. Gold "Uniformity as a Legal Principle of the International Monetary Fund", LPIB 7/1975, S. 776 f, vgl. auch S. 770

5) J. Gold "Membership and Nonmembership in the International Monetary Fund", S. 165 ff;
vgl. auch H. Schermers "International Institutional Law", S. 52 f;
a.A. G. Stratmann "Der Internationale Währungsfonds", S. 73 ff

messensspielraum ein, indem er diesem die Festsetzung des Zeitpunkts sowie der Bedingungen überläßt [1]. Auch wenn diese Bedingungen "shall be based on principles consistent with those applied to other countries that are already members" [2], so ist doch festzustellen, daß im Falle der Zurückweisung eines Aufnahmeantrags eine mißbräuchliche Ermessensausübung angesichts des Fehlens objektiver Kriterien nur in gravierenden Ausnahmefällen feststellbar wäre. [3]

---

1) Vgl. hierzu E. Hexner "Das Verfassungs- und Rechtssystem des Internationalen Währungsfonds", Fn. 98 und 98 a, S. 61 f

2) Art. II Abs. 2 Satz 2 IWF-Übereinkommen

3) Zu dieser Problematik vgl. auch das Rechtsgutachten des IGH im Falle "Conditions of Admission of a State to Membership in the United Nations", ICJ Reports 1948, S. 57 ff

9. Verpflichtungen gegenüber Geschäftsbanken

a) auf finanzielle Unterstützung

Das IWF-Übereinkommen begründet für (international tätige) Kreditinstitute keinerlei Ansprüche gegen den Fonds. Insbesondere obliegen diesem keine konstitutionellen Verpflichtungen zur finanziellen Unterstützung von Banken, welche infolge des Ausfalls eines Großschuldners vom Konkurs bedroht sind. Eine direkte Unterstützung der Banken durch den IWF wird durch dessen Satzung sogar ausgeschlossen, da diese nur die Bereitstellung von Devisen an Mitglieder vorsieht [1] und gleichzeitig nur Staaten zur Mitgliedschaft zuläßt [2]. So kommt die Tätigkeit des Fonds den Kreditinstituten wie auch Drittstaaten [3] nur indirekt zugute, indem sie von der erhöhten Kreditwürdigkeit der Fondsmitglieder profitieren, die teilweise auch vom Fonds gekaufte Währungen zur Tilgung von Bankkrediten verwenden [4].

Der IWF übernimmt infolge fehlender Kompetenz keine Garantie oder Bürgschaft für Bankkredite [5] und gibt auch keine

---

1) Siehe oben S. 155

2) J. Gold "Use of the International Monetary Fund's Resources: 'Conditionality' and 'Unconditionality' as Legal Categories", JILE 6/1971, S. 2;
vgl. hierzu J. Fawcett "The Place of Law in an International Organization", BYIL 36/1960, S. 340

3) Vgl. J. Gold "Membership and Nonmembership in the International Monetary Fund", S. 454 f

4) Vgl. aber auch die in U.S. Congress, House, Committee on Banking, Finance and Urban Affairs "Authorization of U.S. Participation in the Supplementary Financing Facility of the International Monetary Fund", Report No. 95 - 853, 95th Congress, 2nd Session, January 27, 1978, S. 7, 13 ff erörterten Vorschläge, nach denen die Verwendung von vom Fonds gezogenen Devisen für ein "bailing out private banks" verhindert werden sollte.

5) J. Gold "Financial Assistance by the International Monetary Fund", S. 39;
V. Marmorstein "Responding to the Call for Order in International Finance: Cooperation Between the International Monetary Fund and Commercial Banks", VJIL 18/1978, S. 479 f

Patronatserklärungen für die Zentralbanken seiner Mitglieder ab. Im Gegensatz zur Weltbank [1] beteiligt er sich auch nicht an Kofinanzierungen mit Privatbanken, so daß auch keine gesellschaftsrechtlichen Nachschuß-, Ausgleichs- oder Informationspflichten, wie sie beispielsweise im Rahmen von Kreditkonsortien erörtert werden [2], in Betracht kommen. Die Gewährung finanzieller Unterstützung an verschuldete Fondsmitglieder erfolgt vielmehr im Rahmen von "parallel financing", d.h. bei gleichzeitiger Kreditvergabe durch die Banken. [3] Diese nehmen in ihren Kreditverträgen mit Fondsmitgliedern bzw. deren Zentralbanken oftmals auf das Verhältnis zwischen Fonds und Mitglied Bezug und machen z.B. dessen Ziehungsberechtigung unter einer bestehenden Bereitschaftskreditvereinbarung, das Zustandekommen einer solchen oder den Erfolg eines Anpassungsprogramms zur Vorbedingung für die Auszahlung eines Kredits. Auch wenn der IWF "parallel financing" angesichts des beschränkten Umfangs der Fondsmittel begrüßt [4], so resultieren hieraus doch keine Verpflichtungen für ihn, insbesondere keine Nachschußpflicht zur Aufrechterhaltung der Zahlungsfähigkeit des Schuldners. Eine solche Nachschußpflicht besteht auch nicht dann, wenn der Fonds wie im Rahmen der Umschuldungsverhandlungen über Mexikos Auslandsverbindlichkeiten die Bereitstellung von Fondsmitteln von der Vergabe von Krediten durch private Gläubiger abhängig macht und diese so de facto zur Aufstockung bestehender Kreditlinien zwingt, da in einem solchen Fall auch der Umfang der vom Fonds bereitzustellenden Devisen festgesetzt wird und die

---

1) Vgl. A. Angelini / M. Eng / F. Lees "International Lending, Risk and the Euromarkets", S. 178 f

2) Vgl. N. Horn "Rechtsfragen internationaler Umschuldungen", WM Teil IV 1984, S. 718 f;
H. Scholze "Das Konsortialgeschäft der deutschen Banken", Band I, S. 19

3) J. Gold a.a.O., S. 39

4) J. Gold a.a.O., S. 39 f

übrigen Gläubiger deshalb nicht bedingungslos auf die Eröffnung weiterer Ziehungsmöglichkeiten vertrauen können. Allerdings ist hier eine im Grundsatz von Treu und Glauben begründete Pflicht des Fonds anzunehmen, nach der er bei seinen künftigen Entscheidungen auch die Interessen der Banken zu berücksichtigen hat.

b) sonstige Verpflichtungen

Selbst wenn die vom IWF bei Umschuldungsverhandlungen gespielte Rolle bereits als eines der dort feststellbaren "Elemente von typenbildender Regelmäßigkeit" [1] angesehen werden kann, läßt sich keine gewohnheitsrechtliche Verpflichtung des Fonds gegenüber einem Schuldner oder anderen Gläubigern feststellen, bei künftigen Umschuldungen wie bei bisherigen eine koordinierende Funktion wahrzunehmen bzw. dies zumindest anzubieten, da eine rein tatsächliche Übung ohne Bewußtsein der Beteiligten "that they are conforming to what amounts to a legal obligation" [2], für die Entstehung völkerrechtlichen Gewohnheitsrechts nicht ausreicht. Angesichts des Fehlens vertraglicher Beziehungen zu anderen Kreditoren kann eine solche Pflicht schon gar nicht wie für Konsortialführer und Konsortialagenten, die diesbezüglich teilweise zumindest annähernd vergleichbare Aufgaben [3] für ein Konsortium ausüben, dem Gesamtzusammenhang und der Funktion eines Vertrages als implied term entnommen werden, was dort von N. Horn [4] wohl zu Recht u.a. damit

---

1) F. Zehetner "Ansätze zu seinem völkerrechtlichen Umschuldungsrecht?", ÖBA 6/1984, S. 217

2) ICJ Reports 1969, S. 44 (North Sea Continental Shelf Cases); vgl. auch N. Horn "Das Recht der internationalen Anleihen", S. 518

3) Vgl. hierzu R. Ryan "International Bank Loan Syndications and Participations", in R. Rendell (Hrsg.) "International Financial Law: Lending, Capital Transfers and Institutions", S. 25 ff;
L. Clarke / S. Farrar "Rights and Duties of Managing and Agent Banks in Syndicated Loans to Government Borrowers", UILR 1982, S. 233 ff;
B. Semkow "Syndicating and Rescheduling International Financial Transactions: A Survey of the Legal Issues Encountered by Commercial Banks", IL 18/1984, S. 875 ff;
A. Cates "Role of Managers and Agents", IFLR Juni 1982, S. 21 ff

4) "Rechtsfragen internationaler Umschuldungen", WM Teil IV 1984, S. 718

begründet wird, daß diese bereits vor Eintritt der Liquiditätsprobleme zu verschiedenen Zeitpunkten Koordinationsfunktionen für das Konsortium wahrgenommen haben.

Unabhängig von der Freiwilligkeit der vom Fonds bei Umschuldungsverhandlungen gespielten Rolle begründet deren jeweilige Übernahme aber Verantwortlichkeiten gegenüber den übrigen Beteiligten. Diese beinhalten einmal Sorgfaltspflichten, insbesondere bei der Ausarbeitung des zu verfolgenden Strukturanpassungsprogramms, an die in Anbetracht der Höhe der potentiellen Schäden hohe Anforderungen zu stellen sind. Allerdings ist deren Konkretisierung ebenso schwierig wie die Feststellung einer Verletzung, da über die durchzuführenden Sanierungsmaßnahmen und ihre Erfolgsaussichten im Regelfall selbst unter ausschließlicher Berücksichtigung wirtschaftlicher Aspekte tiefe Meinungsdivergenzen der Wirtschaftsexperten bestehen, die schon bei so elementaren Punkten wie der Frage, ob die einzuschlagende Politik angebots- oder nachfrageorientiert zu sein hat, beginnen. Schuldhafte Verletzungen mit entsprechenden Wiedergutmachungspflichten dürften sich daher nur in Extremfällen nachweisen lassen, beispielsweise wenn anerkannte Grundsätze der diversen Volkswirtschaftslehren nicht beachtet werden und sich die getroffenen Maßnahmen tatsächlich als fehlerhaft und schadenskausal erweisen oder das erstellte Austeritätsprogramm auf schuldhaft unrichtigen bzw. unvollständigen Daten beruht und deshalb fehlschlägt. Im Gegensatz zu den Sorgfaltspflichten aus der Wahrnehmung der Koordinationsfunktion stellt sich bei der betreffend die Ausarbeitung von Strukturanpassungsprogrammen die Frage, ob diese nur gegenüber dem Schuldner oder auch gegenüber den anderen Gläubigern besteht und somit auch für diese subjektive Ansprüche begründet, was angesichts der von diesen erkennbar den Programmen des Fonds beigemessenen Bedeutung wohl zu bejahen ist.

Des weiteren läßt sich aus den allgemeinen Prinzipien des internationalen Rechts eine Verpflichtung des Fonds zur Gleichbehandlung von Gläubigern sowie - wenn schon nicht zur Verfolgung, so doch - zur Wahrung und Berücksichtigung deren Interessen, insbesondere bei der Erarbeitung der Umschuldungsvorschläge, herleiten. [1] Weitere, wenngleich sehr problematische Verpflichtungen bestehen zur Information der übrigen Forderungsinhaber, die allerdings nicht überspannt werden dürfen. So findet die vieldiskutierte Forderung nach Zugang auch zu Informationen vertraulicher Art [2] weder eine einzelvertragliche noch eine konstitutionelle Rechtsgrundlage, da das IWF-Abkommen selbst lediglich die Veröffentlichung eines Jahresberichts vorsieht [3] und den Fonds darüber hinaus zwar zur Publizierung von Berichten (wie z.B. International Financial Statistics oder IMF Survey) [4] berechtigt [5], nicht aber verpflichtet. Zudem bietet auch der Grundsatz des Vertrauensschutzes keine geeignete Grundlage für Ansprüche auf Weitergabe vertraulicher Informationen, da der Fonds deren Besitz nicht einfach verschweigt. Dieser ist vielmehr allgemein bekannt, die Herausgabe wird regelmäßig (gegebenenfalls konkludent)

---

1) So für Konsortialführer N. Horn "Rechtsfragen internationaler Umschuldungen", WM Teil IV 1984, S. 718

2) Vgl. J. Gold "Order in International Finance, the Promotion of IMF Stand-By Arrangements, and the Drafting of Private Loan Agreements", S. 14 f;
G. Bird "The Banks and the IMF-Division of Labour", LBR Oktober 1983, S. 20;
C. Reich "Why the IMF Shuns a 'Super' Role", II September 1977, S. 184

3) Art. XII Abs. 7 (a) IWF-Übereinkommen

4) Vgl. hierzu "How the Fund's Global Banking Statistics Aid in Analyzing Financial Developments", IMF Survey vom 11. August 1986, S. 250 ff

5) Art. XII Abs. 7 (b) IWF-Übereinkommen;
V. Marmorstein "Responding to the Call for Order in International Finance: Cooperation Between the International Monetary Fund and Commercial Banks", VJIL 18/1978, S. 470 ff

mit Hinweis auf den vertraulichen Charakter verweigert. Beim Versuch der Auflösung des bestehenden Spannungsverhältnisses zwischen den berechtigten Interessen der Gläubiger an umfassender Information und den zumindest begrenzt ebenso schutzwürdigen Interessen der Schuldnerstaaten an einer Nichtaufdeckung ist davon auszugehen, daß mit einer Verpflichtung des Fonds zu völliger Offenlegung niemandem geholfen wäre, da dieser dann gewisse Informationen einfach nicht mehr erhalten würde. Zudem ist zu berücksichtigen, daß diese Informationen bei der Ausarbeitung des Anpassungsprogramms Berücksichtigung finden und der Fonds hierbei wiederum zur Wahrung der Gläubigerinteressen verpflichtet ist. Selbst wenn die hierbei auftretenden Abgrenzungsschwierigkeiten offensichtlich sind, wird man auf Treu und Glauben basierende Verpflichtungen des IWF zur Weitergabe von Informationen auf solche beschränken müssen, ohne die ein Gläubiger die bei einer Umschuldung oder gar einer Vergabe neuer Kredite auftretenden Risiken nicht abschätzen und somit keine objektive Entscheidung treffen kann. Sollte es sich hierbei um Informationen vertraulicher Natur handeln, so hätte der Fonds auf deren Freigabe durch den Schuldner zu drängen und wenn eine solche nicht zu erhalten sein sollte, die Vorlage eines Umschuldungsvorschlags mit entsprechender Begründung abzulehnen. [1)] Zudem ist eine Verpflichtung des Fonds zur Unterbindung von Täuschungen und Fehlinformationen der Gläubiger durch Schuldner bei Feststellung von solchen anzunehmen, wenngleich dies nur von geringer praktischer Relevanz sein dürfte. Die angesprochenen Verpflichtungen bestehen besonders dann, wenn der Fonds die Vergabe eigener Mittel von der durch andere Gläubiger abhängig macht und so auf diese Druck ausübt.

---

1) Zur gleichen Problematik bei internationalen Konsortien vgl. B. Semkow "Syndicating and Rescheduling International Financial Transactions: A Survey of the Legal Issues Encountered by Commercial Banks", IL 18/1984, S. 881 ff

Gleichzeitig sind die Informationspflichten auf den Zeitpunkt des Umschuldungsstadiums beschränkt, wohingegen für entsprechende während der späteren Laufzeit der umgeschuldeten Kredite jeglicher Anhaltspunkt fehlt. Ebensowenig ist im Falle des Scheiterns des vereinbarten Strukturanpassungsprogramms der Entscheidungs- und Handlungsspielraum des IWF ungeachtet einer generellen Verpflichtung zur Berücksichtigung der Interessen anderer Gläubiger nicht eingegrenzt und er auch nicht zu einer formellen Feststellung des Scheiterns des Plans verpflichtet. [1)]

---

1) Vgl. N. Horn "Rechtsfragen internationaler Umschuldungen", WM Teil IV 1984, S. 720

10. Rechtsschutz

Obwohl der Fonds bei einem Großteil der von ihm zu fällenden Entscheidungen einen relativ weiten Beurteilungs- bzw. Ermessensspielraum genießt, stellt sich die Frage, ob Mitglieder oder Dritte neben der Möglichkeit schlicht politischer Einflußnahme auch die einer Durchsetzung ihrer Rechte auf dem Rechtsweg haben. Festzustellen ist, daß die Einklagbarkeit eines Anspruchs nicht schon dadurch ausgeschlossen wird, daß über dessen Bestehen ein aus Vertretern der Mitglieder zusammengesetztes Gremium der Organisation durch Mehrheitsbeschluß zu entscheiden hat [1]. Hiervon unbeeinflußt bleibt nämlich die dem IWF obliegende Verpflichtung zur Beachtung primären und sekundären Fondsrechts sowie sonstiger völkerrechtlicher Normen. Dieser kann sich bei einer Verletzung materiellen Völkerrechts auch nicht auf das Abstimmungsverhalten seiner Mitglieder berufen, da die Entscheidungen der Fondsorgane nicht den in ihnen vertretenen Mitgliedsstaaten, sondern allein dem Fonds zugerechnet werden.

---

1) Vgl. aber I. Seidl-Hohenveldern "Das Recht der Internationalen Organisationen einschließlich der Supranationalen Gemeinschaften", S. 60, der offenbar infolge der Erfordernisse einer mehrheitlichen Zustimmung bisheriger Mitglieder für die Aufnahme eines Nichtmitgliedsstaates in eine internationale Organisation das Bestehen eines einklagbaren Rechts auf Mitgliedschaft ablehnt.

a) Immunität des IWF

Dem Fonds wird aber durch Art. IX Abs. 3 des IWF-Übereinkommens Immunität von jeder Gerichtsbarkeit eingeräumt, um so seine Eigenständigkeit und Funktionsfähigkeit zu fördern sowie um eine unterschiedliche Beurteilung der Handlungen des Fonds bzw. Auslegung der Satzung zu verhindern [1]. Diese Immunität ist im Gegensatz zu der der Weltbank [2] umfassend. Angesichts dieser klaren Regelung bleibt kein Raum für eine Differenzierung zwischen "acta jure gestionis" und "acta jure imperii" wie sie die Lehre von der beschränkten Immunität der Staaten vornimmt [3], die heute von der Mehrheit der nichtsozialistischen Staa-

---

1) C. Jenks "International Immunities", S. 40 f

2) Die Weltbank kann gemäß Art. VII Abs. 3 ihrer Satzung (ausschließlich) von Nichtmitgliedern auf dem Territorium jedes Mitglieds, auf dem sie eine Niederlassung unterhält, einen Agenten zur Entgegennahme von Klageschriften ermächtigt oder Anleihen begeben oder garantiert hat, verklagt werden. Durch diese Regelung soll die Marktfähigkeit der Weltbankanleihen gewährleistet und die Kreditschöpfung durch diese Organisation erleichtert werden.
Vgl. F. Mann "Studies in International Law", S. 584;
D. Bowett "The Law of International Institutions", S. 349 f;
H. Lange "Die internationalen Banken", S. 55 f;
K. Ahluwalia "The Legal Status, Privileges and Immunities of the Specialized Agencies of the United Nations and Certain Other International Organizations", S. 67 f;
A. Fatouros "The World Bank's Impact on International Law: A Case-Study in the International Law of Cooperation", in G. Wilner (Hrsg.) "Jus et Societas", S. 65 f;
G. Delaume "Public Debt and Sovereign Immunity: The Foreign Sovereign Immunities Act of 1976", AJIL 71/1977, S. 401

3) Vgl. hierzu A. Verdross / B. Simma "Universelles Völkerrecht", S. 565 ff;
P. Wood "Law and Practice of International Finance", S. 4 - 9 ff;
D. Levine "The Growing Problem of Sovereign Immunity", Eumo May 1977, S. 76;
I. Seidl-Hohenveldern "Völkerrecht", S. 276 ff;
BVerfGE 16, S. 27, 33 ff

ten praktiziert wird [1] und auch im "Foreign Sovereign Immunities Act of 1976" der Vereinigten Staaten [2], im "State Immunity Act 1978" von Großbritannien [3] sowie in der "European Convention on State Immunity" [4] ihren Niederschlag gefunden hat. Abgesehen davon wäre die Gewährung finanzieller Unterstützung durch den Fonds (!) wegen der hiermit regelmäßig verbundene "Auferlegung" von Strukturanpassungsprogrammen sowieso als hoheitliche Tätigkeit anzusehen. [5] Fondsmitglieder können den IWF deshalb nicht vor innerstaatlichen Gerichten auf dem eigenen Staatsgebiet oder dem eines anderen Mitglieds verklagen. Dies ist auch nicht in Drittstaaten möglich, da die Immunität des Fonds gegenüber seinen Mitgliedern global wirkt. Außerdem werden durch Art. IX Abs. 3 der Satzung auch Klagen von Privatpersonen mit der Staatsangehörigkeit eines Fondsmitglieds sowie von Organisationen mit statuarischem Sitz in einem Mitgliedsstaat vor einem dortigen nationalen Gericht ausgeschlossen, da die Immunität des IWF durch das jeweili-

---

1) Vgl. zur Praxis der Staaten im einzelnen I. Sinclair "The Law of Sovereign Immunity. Recent Developments", RdC 167/1980 II, S. 146 ff;
BVerfG NJW 1963, S. 1732, 1733

2) Abgedruckt in G. Delaume "Transnational Contracts, Applicable Law and Settlements of Disputes", Vol. III, App. I, Bl. D, S. 73 ff;
vgl. hierzu z.B. B. Nichols "The Impact of the Foreign Sovereign Immunities Act on the Enforcement of Lenders' Remedies", UILR 1982, S. 253 ff m.w.N.;
J. Stevenson / J. Browne "United States Law of Sovereign Immunity Relating to International Financial Transactions", in R. Rendell (Hrsg.) "International Financial Law: Lending, Capital Transfers and Institutions", S. 89 ff

3) Abgedruckt in G. Delaume a.a.O., S. 57 ff

4) Abgedruckt in ILM 11/1972, S. 470 ff;
G. Delaume a.a.O., S. 5 ff;
vgl. hierzu H. Arnold "Europäisches Übereinkommen über die Staatenimmunität in Sicht", AWD 15/1969, S. 356 ff

5) Vgl. auch K. Zemanek "Das Vertragsrecht der internationalen Organisationen", S. 142, nach dem man darüber im Zweifel sein kann, ob eine Unterscheidung zwischen acta jure gestionis und acta jure imperii bei internationalen Organisationen überhaupt möglich ist.

ge Zustimmungsgesetz in das entsprechende staatliche Rechtssystem transformiert wurde. [1]

Fraglich ist aber, inwieweit die Immunität des Fonds auch in und gegenüber Drittstaaten wirkt, da aus dem Abkommen als solchem noch keinerlei Verpflichtung für diese resultiert, nach der sie die Immunität anerkennen müßten. [2] Eine solche Pflicht kann zwar auch durch Beitritt zu der "United Nations Convention on the Privileges and Immunities of the Specialized Agencies" begründet werden, die auch vom Exekutivdirektorium des IWF akzeptiert wurde [3]; diese wurde aber - mit Bezug auf den Fonds - nur von solchen UN-Mitgliedern gezeichnet, die auch Mitglied im Fonds sind [4].

Auch die Schweiz ist dieser Konvention nicht beigetreten. Die Schweiz hat zwar den Vereinten Nationen gewisse Privilegien und Immunitäten durch Abkommen eingeräumt, nicht aber dem Fonds, da eine formelle Vereinbarung für überflüssig erachtet wurde. Vielmehr vereinbarten der IWF und die Schweiz formlos, daß das Fondspersonal dort dieselben Immunitäten genießen solle wie das Personal der Vereinten Nationen [5]. Obwohl hiervon nicht die Immunität des Fonds

---

1) Demnach können auch Arbeiterschaft und Gewerkschaften eines Mitgliedsstaates nicht, wie R. Gerster ("Fallstricke der Verschuldung: Der Internationale Währungsfonds und die Entwicklungsländer", S. 125 f) vorschlägt, auf dem Gerichtsweg gegen den IWF vorgehen, um so die Abklärung der Rechtmäßigkeit eines Strukturanpassungsprogramms von unabhängiger Seite zu erreichen.

2) P. Wood "Law and Practice of International Finance", S. 4 - 40

3) Vgl. IMF "Selected Decisions of the International Monetary Fund and Selected Documents", Tenth Issue (1983), Fn. auf S. 411;
insoweit mißverständlich I. Detter "Law-Making by International Organizations", S. 124 f

4) Vgl. IMF "Selected Decisions of the International Monetary Fund and Selected Documents", Supplement to Tenth Issue (1984), S. 39 f

5) J. Gold "Membership and Nonmembership in the International Monetary Fund", S. 463

als Organisation geregelt wird, wird man aber aufgrund des besonders engen Verhältnisses zwischen diesem Staat und dem IWF [1] eine auf dem Grundsatz von Treu und Glauben basierende Verpflichtung der Schweiz zur Respektierung der Immunität des Fonds annehmen müssen.

Ausgeschlossen ist eine Klage von Drittstaaten gegen den IWF zumindest vor Gerichten von Fondsmitgliedern, da diese aufgrund ihrer jeweiligen nationalen Rechtsordnung, zu der nach Transformation auch das IWF-Übereinkommen gehört, zur Beachtung der Fondsimmunität verpflichtet sind [2]. Deshalb könnte ein Staat beispielsweise auch nicht versuchen, nach Ablehnung eines Aufnahmeantrags durch den IWF die Mitgliedschaft durch Erhebung einer Klage am Sitz des IWF in Washington, D.C. zu erhalten. Im übrigen kommt nur eine Immunität kraft Gewohnheitsrechts in Betracht. Allerdings läßt sich eine Rechtsüberzeugung, nach der internationale Organisationen in Drittstaaten Immunität genießen, ebensowenig feststellen wie diesbezügliche tatsächliche Anknüpfungspunkte. [3] Da deshalb nur darüber spekuliert werden kann, ob ein in einem Drittstaat angerufenes Gericht bei Fehlen einer entsprechenden innerstaatlichen Regelung die

---

1) Vgl. J. Gold "Developments in the International Monetary System, the International Monetary Fund and International Monetary Law Since 1971", RdC 174/1982 I, S. 148

2) Vgl. P. Wood a.a.O., S. 4 - 40;
J. Fawcett "The International Monetary Fund and International Law", BYIL 40/1964, S. 70 (Fn. 6!) f

3) Vgl. F. Mann "Studies in International Law", S. 586 ff;
D. Bowett "The Law of International Institutions", S. 348;
I. Brownlie "Principles of Public International Law", S. 661;
A. Sereni "International Economic Institutions and the Municipal Law of States", RdC 96/1959 I, S. 218 f;
I. Seidl-Hohenveldern "Das Recht der Internationalen Organisationen einschließlich der Supranationalen Gemeinschaften", S. 283;
M. Sørensen "Principes de droit international public", RdC 101/1960 III, S. 173 f

Fondsimmunität anerkennt [1], und nach der jeweiligen Rechtsordnung u.U. durch den Sitz des vermeintlichen Anspruchsinhabers ein Gerichtsstand begründet sein könnte, erscheint eine Klage eines Nichtmitglieds gegen den IWF jedenfalls nicht gänzlich ausgeschlossen. Allerdings ist möglicherweise die Existenz eines allgemeinen Rechtsgrundsatzes anzuerkennen, nach dem auch acta jure imperii internationaler Organisationen in Drittstaaten von der Immunität gedeckt sind [2], was hier aber angesichts des Fehlens jeglicher praktischer Relevanz nicht vertieft werden soll. Infolge des Nichtbestehens sonstiger Ansprüche von Drittstaaten könnte diese Problematik allenfalls bei einer Klage auf Aufnahme in den Fonds Bedeutung erlangen. Eine Klage auf Mitgliedschaft in einer Organisation, deren konstitutionell verankerte Immunität und damit deren Verfassung selbst der Kläger von vornherein nicht zu respektieren bereit ist, kann aber nicht den gewünschten Erfolg herbeiführen.

Die Immunität einer internationalen Organisation ist aber nicht obligatorisch. [3] Deshalb sieht Art. IX Abs. 3 des IWF-Übereinkommens die Möglichkeit des ausdrücklichen Verzichts auf die Immunität vor. Ein Mitglied könnte also seine Ansprüche auf finanzielle Unterstützung gegen den Fonds dann gerichtlich geltend machen, wenn dieser durch eine ausdrückliche Erklärung auf seine Immunität verzichten würde. Festzustellen ist allerdings, daß der IWF eine solche Erklärung noch niemals abgegeben hat, nicht einmal

---

1) Vgl. P. Wood a.a.O., S. 2 - 26

2) Vgl. P. Szasz "International Organizations, Privileges and Immunities", in R. Bernhardt (Hrsg.) "Encyclopedia of Public International Law", Vol. V, S. 155; a.A. F. Mann a.a.O., S. 589

3) Vgl. I. Brownlie "Principles of Public International Law", S. 327 (für Staaten); D. Bowett a.a.O., S. 377

in den Allgemeinen [1] oder sonstigen Kreditvereinbarungen oder privatrechtlichen Verträgen. [2] Deshalb kann auch nicht davon ausgegangen werden, daß der Fonds für den Fall von Streitigkeiten mit einem Mitglied über den Umfang der zu gewährenden Unterstützung auf seine Immunität verzichten wird. Da ein Mitgliedsland die Möglichkeit hat, eine Entscheidung des IWF im Verfahren gemäß Art. XXIX dessen Satzung überprüfen zu lassen, kann auch keine Verpflichtung des Fonds zu einem Verzicht mit der Argumentation begründet werden, ein solcher stelle die Grundvoraussetzung für eine Durchsetzung von Recht dar [3]. Des weiteren sind keine Anhaltspunkte ersichtlich, wonach ein Beharren des IWF auf seiner Immunität als rechtsmißbräuchlich anzusehen wäre [4].

---

1) Par. 20 der Allgemeinen Kreditvereinbarungen sieht vielmehr vor, daß Streitigkeiten aus diesen Vereinbarungen entweder auf dem Wege des nachstehend beschriebenen Streitbeilegungsverfahrens gemäß Art. XXIX des IWF-Übereinkommens oder aber zur Befriedigung aller Beteiligten geregelt werden. Vgl. Decision No. 7337-(83/27) vom 24. Februar 1983, in IMF "Selected Decisions of the International Monetary Fund and Selected Documents", Tenth Issue (1983), S. 142; vgl. J. Gold "Interpretation by the Fund", S. 53 ff

2) J. Gold "Financial Assistance by the International Monetary Fund", S. 43

3) Vgl. C. Jenks "International Immunities", S. 170

4) Vgl. Art. VII Sec. 24 der United Nations Convention on the Privileges and Immunities of the Specialized Agencies, in IMF "Selected Decisions of the International Monetary Fund and Selected Documents", Tenth Issue (1983), S. 421; A. Sereni "International Economic Institutions and the Municipal Law of States", RdC 96/1959 I, S. 221

b) Auslegung durch den Fonds

Anstatt sich durch Immunitätsverzicht auf eine Klage vor einem nationalen Gericht einzulassen und so einen Präzedenzfall zu schaffen, wird der IWF ein Mitglied vielmehr auf das in Art. XXIX des IWF-Übereinkommens geregelte Auslegungsverfahren verweisen. Diese Norm sieht vor, daß alle Fragen der Auslegung des IWF-Übereinkommens, die sich zwischen einem Mitglied und dem Fonds oder zwischen Fondsmitgliedern ergeben, dem Exekutivdirektorium zur Entscheidung unterbreitet werden. Fraglich ist aber, ob auf diesem Wege auch eine Interpretation des Sekundärrechts überprüft werden kann. Wollte man dies mit einer engen und wohl dem Sinn der Norm zuwiderlaufenden Auslegung des Wortlauts des Art. XXIX (a) Satz 1 des IWF-Übereinkommens ablehnen [1], so könnten die Fondsmitglieder die Anwendung sekundären Fondsrechts gar nicht überprüfen lassen, da dies auch nicht vor dem in Art. XXIX (c) der Satzung vorgesehenen Schiedsgericht möglich ist. Diesem werden nämlich nur solche Meinungsverschiedenheiten zur Entscheidung unterbreitet, die zwischen dem Fonds und einem ausgeschiedenen Mitglied oder zwischen einem Mitglied und dem IWF während dessen Liquidation entstehen. [2] Deshalb ist die Möglichkeit einer solchen Überprüfung der Anwendung des Sekundärrechts zu bejahen. Außerdem ist zu berücksichtigen, daß die generell-abstrakten, d.h. rechtsetzenden Entscheidungen der Fondsorgane unmittelbar auf der Verfassung beruhen.

---

1) So W. Meng "Das Recht der Internationalen Organisationen - eine Entwicklungsstufe des Völkerrechts", S. 86

2) Vgl. D. Bowett "The Law of International Institutions", S. 148 f;
I. Seidl-Hohenveldern "Das Recht der Internationalen Organisationen einschließlich der Supranationalen Gemeinschaften", S. 180;
J. Gold "Membership and Nonmembership in the International Monetary Fund", S. 388 ff;
W. Wengler "Völkerrecht", Band II, S. 1341

Ein Mitglied kann deshalb nach Ablehnung eines Antrags auf finanzielle Unterstützung die Entscheidung des Direktoriums im Verfahren nach Art. XXIX des IWF-Übereinkommens überprüfen lassen. Dies bietet einem Mitglied, welches nicht zur Ernennung eines Exekutivdirektors berechtigt ist, den Vorteil, daß es einen Vertreter zu der Sitzung des Exekutivdirektoriums entsenden kann [1]. Die Entscheidung des Direktoriums kann auf Antrag jedes Fondsmitglieds, also nicht nur der am Verfahren beteiligten [2], von einem "Commmittee on Interpretation of the Board of Governors" überprüft werden. Dessen Beschluß ist endgültig [3], falls nicht der Gouverneursrat mit einer Mehrheit von 85 Prozent der Stimmen anders entscheidet. [4]

Im IWF ist somit nicht nur Legislative und Exekutive vereint, diese vielmehr auch mit der Judikative. Dies ist unter dem Gesichtspunkt des völkergewohnheitsrechtlich anerkannten Prinzips "nemo debet esse judex in propria sua causa" [5] nicht unproblematisch , aber über die Disposi-

---

1) Art. XXIX (a) Satz 2 i.V.m. Art. XII Abs. 3 (j) IWF-Übereinkommen

2) J. Gold "The Rule of Law in the International Monetary Fund", S. 44

3) Eingehend hierzu F. Mann "The 'Interpretation' of the Constitutions of International Financial Organizations", BYIL 43/1968-69, S. 9 ff

4) Art. XXIX (b) IWF-Übereinkommen; vgl. J. Gold a.a.O., S. 43 ff; H. Schlochauer "Der Rechtsschutz gegenüber der Tätigkeit internationaler und übernationaler Behörden", S. 16; H. Schermers "International Institutional Law", S. 668; vgl. auch C. Alexandrowicz "The Law-Making Functions of the Specialised Agencies of the United Nations", S. 136

5) Vgl. E. Hexner "Interpretation by International Organizations of their Basic Instruments", AJIL 53/1959, S. 367; B. Cheng "General Principles of Law", S. 279 ff; C. Jenks "The Proper Law of International Organisations", S. 52

tivität des Grundsatzes wohl gerechtfertigt. [1] Im übrigen handelt es sich bei dieser Frage um ein allgemeines Problem der Internationalen Organisationen, da es hier regelmäßig keinen Rechtsschutz gibt.

Festzustellen ist allerdings, daß das oben skizzierte Auslegungsverfahren bislang noch keine große Bedeutung erlangt hat, da der IWF im Regelfall eine Interpretation im Rahmen eines weniger formellen Verfahrens bevorzugt [2]. So hat er - soweit ersichtlich - bisher erst zehn interpretative Entscheidungen erlassen, von denen nur eine einen Gegenstand betraf, der zwischen Mitglied und IWF streitig war (Ausscheiden der Tschechoslowakei). [3] Infolge fehlenden Bedarfs hat der Fonds deshalb auch den in Art. XXIX (b) der Satzung vorgesehenen Auslegungsausschuß des Gouverneursrats noch nicht ernannt. [4]

---

1) E. Hexner "Das Verfassungs- und Rechtssystem des Internationalen Währungsfonds", S. 61;
A. Broches "International Legal Aspects of the Operations of the World Bank", RdC 98/1959 III, S. 364 f;
vgl. auch R. Knieper "Zurichtung nationaler Politik durch internationales Recht", KJ 3/1979, Fn. 18, S. 276;
E. Osieke "The Legal Validity of Ultra Vires Decisions of International Organizations", AJIL 77/1983, S. 241 ff;
E. Hexner "Die Rechtsnatur der interpretativen Entscheidungen des Internationalen Währungsfonds", ZaöRV 20/1959, S. 77 ff

2) J. Gold "International Monetary Fund", in R. Bernhardt (Hrsg.) "Encyclopedia of Public International Law", Vol. V, S. 110;
vgl. H. Aufricht "The Fund Agreement: Living Law and Emerging Practice", S. 15 f

3) J. Gold "The Rule of Law in the International Monetary Fund", S. 45 f;
vgl. auch E. Hexner "Das Verfassungs- und Rechtssystem des Internationalen Währungsfonds", S. 74 f

4) J. Gold a.a.O., S. 44;
R. Gerster "Fallstricke der Verschuldung: Der Internationale Währungsfonds und die Entwicklungsländer", S. 282

c) Rechtsgutachten des IGH

In Betracht kommt, daß ein Fondsmitglied den Anspruch auf finanzielle Unterstützung durch den Fonds nach Ablehnung seines Antrags vor dem IGH durchsetzen kann. Dies ist allerdings nicht auf dem Wege der Erhebung einer Klage gegen den IWF möglich, da dessen Immunität angesichts der umfassenden Formulierung des Art. IX Abs. 3 des IWF-Übereinkommens auch vor internationalen Gerichten besteht. [1] Des weiteren sind gemäß Art. 34 Abs. 1 IGH-Statut nur Staaten berechtigt, in einem streitigen Verfahren vor dem IGH aufzutreten, d.h. dem Fonds fehlt wie allen internationalen Organisationen die Parteifähigkeit. [2]

Aussichtslos ist auch die zugegebenermaßen fernliegende Erhebung einer Klage gegen ein anderes Fondsmitglied auf Zustimmung zu dem gestellten Ziehungsantrag ("actio pro socio"). Aus dem IWF-Übereinkommen ergibt sich nämlich keine Verpflichtung für ein bestimmtes Abstimmungsverhalten der Fondsmitglieder gegenüber dem IWF und schon gar nicht ein entsprechender Rechtsanspruch eines Mitglieds gegen ein anderes. Die Entscheidung, wie ein Mitgliedsland in den Organen einer internationalen Organisation abstimmen will, ist vielmehr eine rein politische und deshalb nicht

---

1) Vgl. J. Fawcett "The International Monetary Fund and International Law", BYIL 40/1964, S. 71

2) K. Zemanek "Das Vertragsrecht der internationalen Organisationen", S. 81 f;
G. Delaume "Legal Aspects of International Lending and Economic Development Financing", S. 87;
D. Bowett "The Law of International Institutions", S. 267 f;
W. Meng "Das Recht der Internationalen Organisationen - eine Entwicklungsstufe des Völkerrechts", S. 86

justitiabel, weil nur Rechtsstreitigkeiten gerichtsfähig sind. [1]

Ein Fondsmitglied kann die Überprüfung einer Entscheidung des IWF durch den IGH auch nicht dadurch herbeiführen, indem es das Gericht um die Erstattung eines Rechtsgutachtens ("advisory opinion") bittet, da Staaten diese Kompetenz nicht zusteht. [2] Hierzu sind gemäß Art. 96 der UN-Charta vielmehr neben der UN-Generalversammlung und dem Sicherheitsrat nur solche Organe der Vereinten Nationen und die Spezialorganisationen berechtigt, die hierzu von der Generalversammlung ausdrücklich ermächtigt wurden. Das Recht zur Beantragung eines Rechtsgutachtens wurde dem Fonds wie allen anderen Spezialorganisationen außer der Universal Postal Union [3] zugesprochen. [4] Ein Mitglied kann deshalb zwar nicht selbst den IGH anrufen, wohl aber seinen Einfluß im Fonds geltend machen und versuchen, einen Mehrheitsbeschluß für die Vorlage der betreffenden Rechtsfrage beim IGH zu erreichen. Ein solches Begehren wäre keineswegs schon wegen der Erfolglosigkeit des Antrags auf finanzielle Unterstützung zum Scheitern verur-

---

1) H. Schlochauer "Internationaler Gerichtshof", in K. Strupp / H. Schlochauer "Wörterbuch des Völkerrechts", Band II, S. 102 f;
vgl. auch I. Brownlie "Principles of Public International Law", S. 707 f;
K. Herndl "Rechtsgutachten des Internationalen Gerichtshofs", in K. Strupp / H. Schlochauer a.a.O., Band III, S. 15

2) D. Bowett a.a.O., S. 268;
H. Schermes "International Instituional Law", S. 674;
A. Verdross / B. Simma "Universelles Völkerrecht", S. 128

3) A. Bennett "International Organizations: Principles and Issues", S. 64

4) Art. VIII des Agreement Between the United Nations and the International Monetary Fund, in IMF "Selected Decisions of the International Monetary Fund and Selected Documents", Tenth Issue (1983), S. 406;
vgl. J. Gold "The Rule of Law in the International Monetary Fund", S. 50;
J. Fawcett "The Place of Law in an International Organization", BYIL 36/1960, S. 322, 327

teilt, da das Einholen eines Rechtsgutachtens des IGH durchaus als Kompromiß in Betracht kommen kann [1]. Auch erscheint unwahrscheinlich, daß eine Ablehnung allein wegen der Möglichkeit eines Vorgehens gemäß Art. XXIX der Satzung erfolgen würde [2], da gerade für ein Mitglied, das den Ziehungsantrag in der Abstimmung abgelehnt hat, die Bestätigung der Rechtmäßigkeit der Verweigerung finanzieller Unterstützung durch eine unabhängige richterliche Instanz wünschenswert sein kann.

Einzuräumen ist freilich, daß dieses Verfahren angesichts der weiten Entscheidungsspielräume, die der Fonds genießt und die ihm in vielen Einzelfällen jeweils ein breites Spektrum rechtmäßiger Entscheidungsmöglichkeiten eröffnen, auch in Zukunft keine große praktische Bedeutung erlangen dürfte. Außerdem ist zu berücksichtigen, daß Rechtsgutachten des IGH im Regelfall [3] keine bindende Wirkung für die Beteiligten entfalten [4], wobei man allerdings wohl davon ausgehen darf, daß der IWF im Interesse seiner Glaubwürdigkeit und in Anbetracht der Autorität des Gerichtshofs dessen Rechtsansicht dennoch beachten würde [5].

---

1) Vgl. A. Bennett a.a.O., S. 174

2) Vgl. I. Seidl-Hohenveldern "Das Recht der Internationalen Organisationen einschließlich der Supranationalen Gemeinschaften", S. 188;
J. Fawcett "The International Monetary Fund and International Law", BYIL 40/1964, S. 63

3) Ausnahme: Art. IX Sec. 32 der United Nations Convention on the Privileges and Immunities of the Specialized Agencies, in IMF a.a.O., S. 424

4) K. Zemanek "Das Vertragsrecht der internationalen Organisationen", S. 87;
D. Bowett "The Law of International Institutions", S. 372;
H. Schermers "International Institutional Law", S. 675

5) H. Köck / P. Fischer "Grundzüge des Rechts der Internationalen Organisationen", S. 215;
F. Morgenstern "Legality in International Organizations", BYIL 48/1976-1977, S. 254

IV. Die Verpflichtungen der Bank für Internationalen Zahlungsausgleich

1. Bedeutung der BIZ

Daß eine Eskalation der internationalen Schuldenkrise zum Zusammenbruch des globalen Finanzsystems bislang vermieden wurde, ist nicht nur das Verdienst des Fonds, sondern auch das der BIZ. Auch ihre Bedeutung wird in besonderem Maße durch die Gewährung finanzieller Unterstützung geprägt.

So stellte die BIZ in den Jahren 1982 und 1983 den Zentralbanken verschuldeter Staaten allein oder gemeinsam mit Notenbanken bei Bedarf Liquidität auf kurzfristiger Basis zur Verfügung. [1] Dabei waren vor allem die Länder auf die Kredite der BIZ angewiesen, die zur Finanzierung von Importen oder Bedienung ihrer Auslandsverbindlichkeiten dringend Devisen benötigten, denen aber gleichzeitig infolge einer Verschlechterung ihrer eigenen Kreditwürdigkeit oder auch nur aufgrund von Regionalisierungseffekten der Zugang zu den internationalen Kreditmärkten versperrt war. Die sofortige Abdeckung dieses Liquiditätsbedarfs konnte oftmals auch nicht durch Ziehung von Devisen im Rahmen der Fondsfazilitäten erfolgen, da hierfür - ebenso wie für die Vergabe von Neukrediten durch die international tätigen Kreditinstitute [2] - das Bestehen eines Strukturanpassungsprogramms Voraussetzung ist. Da dessen Ausarbei-

---

1) Die Verfahrensweise bei den gemeinsamen Unterstützungsaktionen war unterschiedlich. So wurden einige Transaktionen durch cofinancing, andere durch parallel financing vollzogen. Andere Kredite der BIZ wiederum wurden von den beteiligten Notenbanken garantiert.
Vgl. BIZ JB Nr. 53 (82/83), S. 181 ff;
BIZ JB Nr. 54 (83/84), S. 168 f;
DBBk GB 1983, S. 84 f;
E. Löschner "Souveräne Risken und internationale Verschuldung", S. 64 f, 88

2) Vgl. oben S. 23 f

tung aber Zeit erfordert, entstanden Liquiditätslücken [1], die nicht zuletzt aufgrund der in Kreditverträgen aufgenommenen cross-default clause [2] eine echte Gefahr für das internationale Finanzsystem im allgemeinen und die Euromärkte im besonderen darstellten. Durch die Stützungsoperationen der BIZ, die ausnahmslos zu Marktkonditionen [3] durchgeführt wurden und im Gegensatz zur Gewährung finanzieller Unterstützung durch den IWF (formell) nicht von der Durchführung von Strukturanpassungsprogrammen abhängig waren [4], konnten diese Liquiditätslücken überbrückt werden ("bridging finance" [5]). Sie dienten damit de facto der Vorfinanzierung der Ziehungen vom Fonds, welche wiederum den Schuldnerländern die Rückzahlung der Kredite der BIZ und der Notenbanken ermöglichten. [6]

Die Koordination von Stützungskrediten durch die BIZ ist aber keine Neuerscheinung, sondern hat vielmehr eine lange Tradition. Erinnert sei nur an die 1931 der Österreichischen Nationalbank, der Reichsbank sowie den Zentralbanken von Spanien, Ungarn, Rumänien und Jugoslawien gewährten Kredite [7] und die in den 60er-Jahren zur Stützung des

---

1) G. Bird "The Banks and the IMF-Division of Labour", LBR Oktober 1983, S. 28

2) Vgl. hierzu oben S. 2

3) Vgl. hierzu S. Silard "Money and Foreign Exchange", in B. Blagojević / K. Dam (Hrsg.) "International Encyclopedia of Comparative Law" Vol. XVII Chap. 20, S. 108

4) K. Regling "Die BIZ: Geschichte, Aufgabe und Organisation", Die Bank 1980, S. 567

5) N. Horn "Rechtsfragen internationaler Umschuldungen", WM Teil IV, S. 714

6) Vgl. BIZ JB Nr. 53 (82/83), S. 182 f; DBBk GB 1983, S. 84

7) Vgl. hierzu BIZ JB Nr. 2 (31/32), S. 8; P. Bareau "The Lessons of an Earlier Debt Crisis", The Banker Dezember 1983, S. 35 ff; H. Schloss "The Bank for International Settlements", S. 72 ff; C. Kindleberger "Manias, Panics and Crashes", S. 197

britischen Pfundes durchgeführten Aktionen [1]. Hierdurch illustriert wird die Rolle der BIZ für die Koordination der Tätigkeit der Notenbanken und deren Zusammenarbeit, welche wiederum durch die mindestens zehnmal jährlich [2] stattfindenden Zusammenkünfte der im Verwaltungsrat der BIZ sitzenden Notenbankpräsidenten und der Gouverneure anderer wichtiger Zentralbanken gefördert werden. Die so ermöglichte enge Kooperation stellt den zentralen Aspekt der Bedeutung der BIZ bei der Bewältigung der derzeitigen Schuldenkrise dar [3] und war, wie auch die Auflistung der Ziele der Bank in Art. 3 und 4 der ursprünglichen Statuten [4] zeigt, die primäre Zielsetzung bei der Errichtung der Bank. [5] Die politische Neuregelung der Reparationszahlungen durch den Young Plan und das hierbei akut gewordene Transferproblem gaben dagegen nur den Anstoß für die Gründung der BIZ [6], die insoweit die politischen Behörden ersetzen sollte, welche bis dahin die Transferierung und Ver-

---

1) DBBk "Internationale Organisationen und Abkommen im Bereich von Währung und Wirtschaft", S. 138 f;
hierzu auch S. Strange in A. Shonfield (Hrsg.) "International Economic Relations of the Western World 1959 - 1971", S. 82 ff, 120 ff;
F. Hirsch "Money International", S. 232 ff, 325 ff;
IMF AR 1969, S. 62 ff;
F. Braun "Die Zehner-Gruppe: Stellung und Kooperation der Zehner-Gruppe im internationalen Währungssystem", S. 77 f, 81 ff, 112 ff, 142 ff

2) Vgl. Art. 31 der Statuten der BIZ in der seit 1975 geltenden Fassung;
deutsche Übersetzung abgedruckt in BIZ "Die Bank für Internationalen Zahlungsausgleich und die Basler Zusammenkünfte", S. 133 ff

3) C. Alexandrowicz "International Economic Organizations", S. 88

4) Abgedruckt bei H. Schloss "The Bank for International Settlements", S. 39

5) Vgl. BIZ JB Nr. 5 (34/35), S. 44 ff;
H. Schloss a.a.O., S. 58, 90 ff

6) Vgl. G. Beitzke "Die Rechtsstellung der Bank für Internationalen Zahlungsausgleich insbesondere im Völkerrecht", S. 4 f

teilung der deutschen Reparationszahlungen durchgeführt hatten [1].

Weitere im Zusammenhang mit der derzeitigen Verschuldungssituation (potentiell) bedeutsame Resultate der Kooperation der Notenbanken sind der im Dezember 1974 von den Zentralbankpräsidenten der Zehnergruppe und der Schweiz eingesetzte "Ausschuß für Bankenbestimmungen und -überwachung" [2], dessen Sekretariat die BIZ stellt, sowie der 1980 ins Leben gerufene "Ständige Ausschuß für Euromarktangelegenheiten", der das Geschehen auf den Internationalen Kreditmärkten beobachtet. Erwähnenswert ist ferner die statistische Tätigkeit der BIZ, insbesondere als zentrale Erfassungs-, Aufbereitungs- und Verteilungsstelle der Internationalen Bankenstatistik [3], und ihre Beteiligung an den "Federal Reserve Reciprocal Currency Arrangements". Hierbei handelt es sich um ein Netz gegenseitiger Swapvereinbarungen [4] quasi-permanenten Charakters, das seit 1962 von der Federal Reserve Bank mit der BIZ und inzwischen 14 Zentralbanken zwecks Bereitstellung schnell mobilisierbarer Mittel für Devisenmarktinterventionen der beteiligten Notenbanken geschaffen wurde, um destabilisierenden

---

1) H. Schloss a.a.O., S. 46 ff

2) P. Cooke "The Basle 'Concordat' on the Supervision of Banks' Foreign Establishments", Auwi 39/1984, S. 151;
D. Williams "Möglichkeiten und Grenzen im internationalen Kreditgeschäft", F&E März 1983, S. 27

3) BIZ JB Nr. 54 (83/84), S. 170;
vgl. J. Guttentag / R. Herring "What Happens when Countries Cannot Pay Their Bank Loans? The Renegotiation Process", JCBCML 5/1983, S. 226

4) Vgl. hierzu A. Wirth "Zwischen Währungspolitik und Entwicklungshilfefinanzierung: Veränderte Aufgabenstellung des Internationalen Währungsfonds", S. 332 f

Kapitalströmen entgegenzutreten. [1] Allerdings wurden diese "Kreditlinien auf Gegenseitigkeit", deren Inanspruchnahme durch jeden der beiden Partner nach vorheriger Zustimmung des anderen erfolgen kann, weniger für akute Krisensituationen errichtet, sondern sollen mehr generellen "Vorfeldschutz" bieten. [2]

Im Gegensatz zu den genannten Aspekten sind die übrigen Tätigkeitsbereiche der BIZ [3] für die Bewältigung der internationalen Schuldenkrise nur von untergeordneter Bedeutung und seien daher nur am Rande erwähnt. Hierzu gehören vor allem die Verwaltung von Währungsreserven, die die Notenbanken bei ihr deponiert haben, die Intervention an den Devisenmärkten für eigene Rechnung oder im Auftrag von Zentralbanken, der Kauf und Verkauf börsengängiger Wertpapiere mit Ausnahme von Aktien sowie die Vornahme von Diskont- und Lombardgeschäften. [4] Erwähnenswert ist hier des weiteren ihre Tätigkeit bei der Durchführung von Goldtransfers der

---

1) Vgl. F. Hirsch "Money International", S. 226 ff;
J. Ittensohn "Die Zusammenarbeit der Notenbanken", ZfdgK 1965, S. 556 f;
BIZ "Die Bank für Internationalen Zahlungsausgleich und die Basler Zusammenkünfte", S. 41;
K. Regling "Die BIZ: Geschichte, Aufgabe, Organisation", Die Bank 1980, S. 567;
S. Silard "Money and Foreign Exchange", in B. Blagojević / K. Dam (Hrsg.) "International Encyclopedia of Comparative Law" Vol. XVII Chap. 20, S. 109 f;
IMF AR 1969, S. 19 ff

2) DBBk "Internationale Organisationen und Abkommen im Bereich von Währung und Wirtschaft", S. 138

3) Vgl. hierzu z.B. K. Regling a.a.O., S. 567 ff;
N. Kloten / J. von Stein (Hrsg.) Obst / Hintner "Geld-, Bank- und Börsenwesen, S. 238 f

4) BIZ "Die Bank für Internationalen Zahlungsausgleich und die Basler Zusammenkünfte", S. 31 ff

Notenbanken [5] und die als Agent des 1973 geschaffenen Europäischen Fonds für Währungspolitische Zusammenarbeit (EFWZ) sowie als Pfandhalter aufgrund des Pfandvertrags mit der Europäischen Gemeinschaft für Kohle und Stahl. [6]

---

1) H. Coing "Bank für Internationalen Zahlungsausgleich", in K. Strupp / H. Schlochauer "Wörterbuch des Völkerrechts", S. 156

2) Vgl. BIZ JB Nr. 54 (83/84), S. 179 ff; G. Delaume "Legal Aspects of International Lending and Economic Development Financing", S. 309 f

2. Verpflichtungen der BIZ

a) Statuten der Bank

aa) Rechtsstatut

Die Satzung der BIZ, die den primären Anknüpfungspunkt für eine Untersuchung der rechtlichen Pflichten dieser Organisation bietet, ist im Gegensatz zu der des IWF kein internationales Abkommen. Sie wurde vielmehr einem Bundesgesetz der Schweiz, dem "Grundgesetz der Bank für Internationalen Zahlungsausgleich", beigefügt und durch dieses rechtswirksam. [1] Das Grundgesetz, zu dessen Erlaß sich die Schweiz durch einen im Jahre 1930 mit dem Deutschen Reich, Belgien, Frankreich, Großbritannien, Italien und Japan geschlossenen Vertrag [2] verpflichtet hatte, verlieh der Bank Rechtsfähigkeit [3] und gewährte ihr eine umfassende Steuerbefreiung [4]. Außerdem enthält es eine Schiedsgerichtsklausel für Streitigkeiten zwischen der Schweizerischen Bundesregierung und der Bank über die Auslegung oder Anwendung des Grundgesetzes [5] und nimmt die Bank, ihr Eigentum, ihre Aktiva sowie sämtliche ihr anvertrauten Werte von Maßnahmen wie Enteignung, Requirierung, Beschlagnahme und ähnlichen Ein-

---

1) Ziff. 2 GG der BIZ

2) RGBl. 1930 II, S. 288 ff

3) Ziff. 1 GG der BIZ.
Die ausdrückliche Verleihung der Rechtsfähigkeit war notwendig, da die BIZ nach ihren besonderen Statuten organisiert ist und nicht nach den allgemeinen Vorschriften des Schweizer Rechts über Handelsgesellschaften, nach denen sie automatisch mit der Eintragung in das Handelsregister Rechtsfähigkeit erworben hätte (Art. 623 Schweizer Obligationenrecht). G. Beitzke "Die Rechtsstellung der Bank für Internationalen Zahlungsausgleich", S. 18

4) Ziff. 6 - 9 GG der BIZ;
vgl. hierzu aber J. Williams "The Legal Character of the Bank for International Settlements", AJIL 24/1930, S. 672

5) Ziff. 11 GG der BIZ

griffen aus [1]. Von essentieller Bedeutung ist ferner Ziff. 5 des Grundgesetzes, durch die die Statuten der legislativen Kompetenz der Schweiz entzogen werden. Eine Abänderung oder Ergänzung der Satzung der BIZ kann deshalb nicht durch den schweizerischen Gesetzgeber im Wege des Erlasses eines (Bundes- oder Kantons-) Gesetzes erfolgen, sondern nur durch den Verwaltungsrat und die Generalversammlung der Bank. [2]

bb) Verpflichtungen

Im Gegensatz zur Satzung des Fonds begründen die Statuten der BIZ keine Rechtspflicht zur Gewährung finanzieller Unterstützung in Krisensituationen. Demnach resultieren aus ihnen weder für die Aktionäre der Bank noch (und erst recht nicht) für Dritte Ansprüche auf Bereitstellung von Krediten durch die BIZ.

Die Statuten sehen keine festen Kreditlinien vor, sondern überlassen die Entscheidung über ihre vertragliche Vereinbarung wie die über die Vergabe von Krediten dem Verwaltungsrat der Bank, der ihre Geschäfte führt [3]. Bei deren Ausführung ist dieser immer an zwei satzungsmäßig verankerte Grundsätze gebunden. Zum einen müssen gemäß Art. 19 die Geschäfte der Bank mit der Politik der Zentralbanken der beteiligten Länder übereinstimmen. [4] Dies gilt auch

---

1) Ziff. 10 GG der BIZ

2) Vgl. Art. 57 f der Statuten und Ziff. 3 f GG der BIZ; I. Seidl-Hohenveldern "Das Recht der Internationalen Organisationen einschließlich der Supranationalen Gemeinschaften", S. 50; G. Beitzke a.a.O., S. 7; F. Mann "Studies in International Law", S. 556; siehe auch BIZ "Die Bank für Internationalen Zahlungsausgleich und die Basler Zusammenkünfte", S. 108

3) Art. 26 der Statuten der BIZ

4) BIZ "Die Bank für Internationalen Zahlungsausgleich und die Basler Zusammenkünfte", S. 42 f

für die Geschäfte, die sie mit Privatbanken durchführt. [1]
Um die Einhaltung dieses Grundsatzes zu gewährleisten, bestimmt Art. 19, daß der Verwaltungsrat der BIZ vor Ausführung eines Finanzgeschäfts auf einem bestimmten Markt oder in einer bestimmten Währung einer unmittelbar beteiligten Zentralbank Gelegenheit zum Einspruch zu geben hat.

In Zusammenhang mit den Überbrückungskrediten der Bank ist der zweite Grundsatz aber von größerer Bedeutung. Nach ihm hat die Bank ihre Geschäfte unter besonderer Berücksichtigung der Aufrechterhaltung ihrer Liquidität zu führen und hat deshalb ihre Aktiva der Fälligkeitsstruktur ihrer Passiva anzupassen. [2] Diese für die ordentliche Geschäftsführung jeder (Geschäfts-) Bank essentielle Regel ("Goldene Bankregel") [3] schließt die Vergabe von mittel- oder langfristigen Krediten durch die BIZ weitgehend (wenn auch wegen des "Bodensatzes" nicht vollständig) aus [4], da ihre Mittel eindeutig ein liquides Element der Währungsreserven der Zentralbanken bilden [5]. Demnach genießt die Fähigkeit der BIZ zur jederzeitigen Erfüllung ihrer Rückzahlungsverpflichtungen eindeutig Priorität vor der Unterstützung von (Zentral-) Banken durch Vergabe von Überbrückungskrediten.

---

1) Art. 22 der Statuten der BIZ. Nach dieser Norm darf die BIZ alle Geschäfte, die ihr gemäß Art. 21 mit Zentralbanken erlaubt sind, auch mit Privatpersonen und privaten Gesellschaften durchführen.

2) Art. 25 Satz 1 der Statuten der BIZ

3) Vgl. K. Hagenmüller / G. Diepen "Der Bankbetrieb", S. 301

4) Vgl. auch R. Auboin "Die Europäische Zahlungsunion und die Bank für Internationalen Zahlungsausgleich (BIZ)", in "Die großen zwischenstaatlichen Wirtschaftsorganisationen", S. 17 ff

5) BIZ JB Nr. 54 (83/84), S. 169;
vgl. auch BIZ "Die Bank für Internationalen Zahlungsausgleich und die Basler Zusammenkünfte", S. 29, 36 f, 42;
W. Guth "Herausforderungen an das internationale Finanzsystem", unveröffentlichte Rede vor dem Bankwirtschaftlichen Kolloquium der Johann Wolfgang Goethe-Universität Frankfurt vom 17. Oktober 1983, S. 15

Dies findet Bestätigung in Art. 21 der Statuten, der u.a. auch den Schutz der bei der Bank gehaltenen Einlagen im Auge hat. Nach dieser Norm bestimmt der Verwaltungsrat der BIZ die Art der Geschäfte, die von dieser gemacht werden können. Gleichzeitig beinhaltet sie eine Auflistung von Geschäften, zu deren Durchführung die Bank im besonderen befugt ist. Hierin enthalten ist die Vergabe von Darlehen an Zentralbanken. [1] Allerdings sieht diese Vorschrift vor, daß diese Kredite nur gegen Gold, Wechsel und sonstige kurzfristige Schuldtitel oder andere erstklassige Sicherheiten gewährt werden. Dementsprechend sollen auch die Wechsel, Schecks und sonstigen kurzfristigen Schuldtitel, die die Bank diskontieren, rediskontieren und kaufen darf, von erstklassiger Liquidität sein. [2] Angesichts der so durch die Art. 21 und 25 der Statuten gesetzten Prioritäten läßt sich eine Verpflichtung der BIZ zur Vergabe von - typischerweise mehr oder weniger risikobehafteten - Überbrückungskrediten auch nicht aus Art. 3 ihrer Satzung ableiten, wonach der Zweck der Bank u.a. in der Förderung der Zusammenarbeit der Zentralbanken und der Schaffung neuer Möglichkeiten für internationale Finanzgeschäfte besteht.

Da die Satzung insoweit eine abschließende Regelung trifft, können die Aktionäre der Bank im Falle von finanziellen Schwierigkeiten auch nicht auf der Basis genossenschaftlicher Aspekte Ansprüche gegen "ihre" Bank auf Bereitstellung finanzieller Unterstützung geltend machen. Eine entsprechende Grundlage für Ansprüche der Anteilseigner oder Dritter resultiert auch nicht aus einem supranationalen

---

1) Art. 21 (d) BIZ-Statuten

2) Art. 21 (e) BIZ-Statuten.
Erwähnenswert ist hier ferner Buchstabe (g) dieser Norm, der zwecks Gewährleistung der Sicherheit der bei der BIZ gehaltenen Guthaben der Bank den Kauf und Verkauf von Aktien verbietet.

Umschuldungsrecht oder aus Gewohnheitsrecht, da eine Rechtsüberzeugung, nach der die BIZ im Krisenfall Finanzhilfe zu leisten hat, nicht existiert. Ebensowenig kann der Gleichheitssatz eine solche Verpflichtung begründen, schon da jede Finanzkrise ihre eigenen Merkmale aufweist. [1]

Die Entscheidung der BIZ über die Gewährung von Darlehen unterliegt somit dem Grundsatz der Parteiautonomie. Allerdings darf sie Kredite nur an Zentralbanken sowie private Gesellschaften und Privatpersonen vergeben. Dagegen ist sie nicht befugt, an Regierungen Darlehen zu geben. [2] Durch dieses Verbot sollte verhindert werden, daß die BIZ zur Beibehaltung der Defizite der öffentlichen Haushalte beiträgt, die zur Zeit ihrer Gründung als eine der Hauptursachen für das monetäre Ungleichgewicht angesehen wurden. [3] Allerdings läßt sich das Verbot durch den gemäß Art. 21 (e) der Statuten zulässigen Kauf von Staatsschatzwechseln und anderen kurzfristigen Staatsschuldverschreibungen umgehen. [4]

---

1) A. Mudge "Sovereign Debt Restructure: A Perspective of Counsel to Agent Banks, Bank Advisory Groups and Servicing Banks", CJTL 23/1984, S. 60

2) Art. 24 (c) BIZ-Statuten

3) BIZ "Die Bank für Internationalen Zahlungsausgleich und die Basler Zusammenkünfte", S. 42

4) A. Chambaty "Die Bank für Internationalen Zahlungsausgleich", S. 38

b) Verträge der Bank

Eine eingehende Untersuchung der einzelvertraglichen Verpflichtungen der BIZ zur Vergabe von Krediten ist ausgeschlossen, da hierüber jegliche Dokumentation fehlt und die Bank auf Anfrage diesbezügliche Auskünfte verweigerte. Sie wahrt vielmehr über ihre Geschäfte strengstes Stillschweigen und weicht von diesem Grundsatz nur dann ab, wenn besonders wichtige Transaktionen mit der Billigung der Beteiligten publik geworden sind. [1]

Diese Feststellungen sowie die in Anbetracht der Bereitschaft der Notenbankgouverneure zur einvernehmlichen Regelung von Streitfragen [2] fehlende praktische Relevanz des Rechtsstatuts der Verträge der BIZ im Zusammenhang mit von ihr an Zentralbanken gewährten Krediten lassen eine Klärung dieser von den Statuten ungeregelten [3] Problematik verzichtbar erscheinen.

---

1) BIZ "Die Bank für Internationalen Zahlungsausgleich und die Basler Zusammenkünfte", S. 40

2) Vgl. auch S. Silard "Money and Foreign Exchange", in B. Blagojević / K. Dam (Hrsg.) "International Encyclopedia of Comparative Law" Vol. XVII Chap. 20, S. 110: "It has been said that when it comes to central banking, the legal framework in itself is seldom, if ever, decisive in understanding the structure, functions, and workings of central banks and their relations with their governments. The same may be said regarding the international activities of central banks. Perhaps nowhere is this as true as in the context of central banking cooperation. The reason for this is simple, if not always obvious: the holding and management of a nation's international monetary reserves, which is a typical central banking task, requires the exercise of considerable discretion involving vast financial resources."

3) C. Jenks "The Proper Law of International Organisations", S. 173 f

c) Bedeutung des Basler Konkordats

Das "Basler Konkordat" vom Mai 1983 [1] ist die Neufassung eines 1975 erstellten Berichts [2] des 1974 von den Zentralbankgouverneuren der Zehnergruppe und der Schweiz eingesetzten "Ausschusses für Bankenbestimmungen und -überwachung" [3]. Die Hauptaufgabe dieses bei der BIZ zusammentreffenden Kommitees ist die Verbesserung der weltweiten Bankenüberwachung durch Informations- und Erfahrungsaustausch sowie durch Aufstellung von Richtlinien für die Beaufsichtigung der Tätigkeit von Kreditinstituten durch die nationalen Bankenaufsichtsbehörden. Dagegen hat der Ausschuß nicht selbst die Funktion einer supranationalen Überwachungsbehörde. [4]

Dieser Aufgabenstellung entsprechend befaßt sich das Konkordat mit den Zuständigkeiten der staatlichen Aufsichtsbehörden für die angemessene Beaufsichtigung der vernünftigen Führung und Solidität der Geschäfte der ausländischen Niederlassungen von Banken. Hierfür stellt der Bericht zwei elementare Prinzipien auf, die für die Zusammenarbeit zwischen den Behörden des Landes, in dem die Niederlassung ihren Sitz hat, und den für die Mutterbank zuständigen Bankenaufsichtsbehörden maßgebend sind: zum einen soll keine ausländische Bankniederlassung der Beaufsichtigung entgehen, zum anderen soll diese Beaufsichtigung ausreichend sein. Auf diesen Grundsätzen aufbauend wird

---

1) Abgedruckt in Auwi 39/1984, S. 160 - 165

2) Vgl. hierzu P. Cooke "Developments in Co-operation Among Banking Supervisory Authorities", BEQB 21/1981, S. 238 ff

3) Nach dem früheren bzw. jetzigen Vorsitzenden auch Blunden- oder Cooke-Kommitee genannt.

4) P. Cooke "The Basle 'Concordat' on the Supervision of Banks' Foreign Establishments", Auwi 39/1984, S. 151; vgl. auch G. Johnson / R. Abrams "Aspects of the International Banking Safety Net", S. 26

die Zuständigkeit der Behörden des Gastlandes und der des Mutterlandes für die Überwachung der ausländischen Niederlassungen verteilt. Dabei wird einerseits zwischen der Beaufsichtigung der Solvenz, der Liquidität sowie der Devisengeschäfte und -positionen differenziert, wobei erkannt wird, daß diese Aspekte sich bis zu einem bestimmten Grad überschneiden. [1] Andererseits wird unter Berücksichtigung der hiervon abhängigen Haftung der Mutterbank für Verbindlichkeiten der Niederlassung [2] danach unterschieden, ob diese als Zweigniederlassung ohne eigene Rechtspersönlichkeit, als rechtlich selbständige Tochtergesellschaft oder als rechtlich selbständiges Gemeinschaftsunternehmen geführt wird. [3] Außerdem wird den Aufsichtsbehörden empfohlen, die Mutterbanken auf der Basis konsolidierter Bilanzen zu überwachen, womit aber nicht der Beaufsichtigungsbereich der Behörden der Gastländer geschmälert werden soll. [4]

Die Bedeutung des Basler Konkordats beschränkt sich in diesem Zusammenhang auf die vorstehend beschriebene Verteilung der Beaufsichtigungszuständigkeit und der hieraus resultierenden Verantwortlichkeiten. Demgegenüber trifft es keinerlei Regelungen über die Gewährung finanzieller Unterstützung, betont vielmehr ausdrücklich, daß es sich in keiner Weise auf die Aufgaben der Notenbanken als Kreditgeber in letzter Instanz (für die ausländischen Niederlassungen

---

1) Vgl. R. Williams / G. Johnson "International Capital Markets: Recent Developments and Short-Term Prospects, 1981", S. 30 f

2) Vgl. hierzu G. Johnson / R. Abrams "Aspects of the International Banking Safety Net", S. 21 f

3) Vgl. zu den Einzelheiten die Regelungen des Konkordats sowie D. Chan "An International Code for Banking Supervision", IFLR Juli 1983, S. 27

4) P. Cooke "The Basle 'Concordat' on the Supervision of Banks' Foreign Establishments", Auwi 39/1984, S. 153; DBBk "Internationale Organisationen und Abkommen im Bereich von Währung und Wirtschaft", S. 143

von Kreditinstituten) bezieht. [1] Demnach begründet es weder für diese noch für die BIZ eine rechtliche Verpflichtung zur Vergabe von Stützungskrediten an gefährdete Banken und stellt auch nicht die Rechtsgrundlage für die Gewährung von Überbrückungskrediten an verschuldete Staaten dar. [2]

Im übrigen resultieren aus dem Bericht auch für die Bankenaufsichtsbehörden keine Rechtspflichten zur Befolgung der in ihm niedergelegten Grundsätze, da diese, wie das Konkordat auch selbst feststellt, lediglich empfehlenden Charakter haben. [3] Allerdings verabschiedete der EG-Ministerrat im Juni 1983 eine den Grundsatz der Beaufsichtigung auf der Basis konsolidierter Bankbilanzen berücksichtigende Richtlinie, die innerhalb von zwei Jahren in innerstaatliches Recht umgesetzt werden mußte. [4]

---

1) DBBk GB 1983, S. 94;
D. Chan a.a.O., S. 26;
P. Cooke a.a.O., S. 152 ff

2) So aber N. Horn "Rechtsfragen internationaler Umschuldungen", WM Teil IV 1984, S. 714 Fn. 7;
vgl. auch Bundesregierung "Antwort auf Große Anfrage (Entwurf)", Drucksache 10/1601, Antwort zu Frage 9

3) D. Chan a.a.O., S. 26;
P. Cooke a.a.O., S. 151

4) DBBk GB 1983, S. 88, 93 f.
Für die bundesdeutschen Kreditinstitute resultiert hieraus eine empfindliche Begrenzung ihrer Kreditrahmen, da Grundsatz I der gemäß § 10 Abs. 1 Satz 3 und § 11 Satz 3 KWG vom Bundesaufsichtsamt für das Kreditwesen aufgestellten Richtlinien, durch den die Kredite einer Bank auf das 18-fache ihres Eigenkapitals begrenzt werden, nunmehr auf die konsolidierten Bilanzen angewendet werden soll.
Vgl. W. Guth "Herausforderungen an das internationale Finanzsystem", unveröffentlichte Rede vor dem Bankwirtschaflichen Kolloquium der Johann Wolfgang Goethe-Universität Frankfurt vom 17. Oktober 1983, S. 10

d) Bedeutung der Basler Erklärung der Notenbankgouverneure

Veranlaßt durch die Zusammenbrüche der Franklin National Bank of New York, des Bankhauses I.D. Herstatt und der Israel-British Bank im Jahre 1974 untersuchten die Zentralbankpräsidenten der Zehnergruppe und der Schweiz bei ihren Basler Zusammenkünften Möglichkeiten für die Zusammenarbeit bei der Gewährung finanzieller Unterstützung an gefährdete Banken. [1] In diesem Kontext einigten sie sich über eine Intensivierung des Informationsaustauschs zwischen den Zentralbanken über die Geschäftstätigkeit der Banken an den internationalen Märkten. Außerdem erklärten sie in einem Pressekommuniqué betreffend ihre Sitzung vom 9. September 1974 u.a.:

> "The Governors (...) had an exchange of views on the problem of the lender of last resort in the Euromarkets. They recognized that it would not be practical to lay down in advance detailed rules and procedures for the provision of temporary liquidity. But they were satisfied that means are available for that purpose and will be used if and when necessary." [2]

---

1) Vgl. P. Cooke "Developments in Co-operation Among Banking Supervisory Authorities", BEQB 21/1981, S. 238

2) G. Johnson / R. Abrams "Aspects of the International Banking Safety Net", S. 23;
DBBk "Internationale Organisationen und Abkommen im Bereich von Währung und Wirtschaft", S. 142 f

Dieser Erklärung sollen folgende Vereinbarungen zugrunde liegen, die wegen "legal constraints on some of the central monetary authorities involved" nicht in das offizielle Kommuniqué aufgenommen worden seien [1]:

1. Banken, die in Liquiditätsschwierigkeiten geraten, werden von der Zentralbank des Sitzstaates Unterstützung erhalten.

2. Banken, deren Schwierigkeiten durch Betrug verursacht wurden, werden nicht unbedingt Finanzhilfe erhalten. Allerdings werden die bei ihnen gehaltenen Einlagen geschützt werden.

3. Befindet sich eine ausländische Filiale einer Bank in Schwierigkeiten, so wird die Mutterbank dazu gedrängt ("bullied") werden, für eventuelle Verluste einzustehen. Im Bedarfsfall wird sie hierzu Unterstützung ihrer Zentralbank erhalten.

---

1) "What was Agreed in Basle", Eumo Oktober 1974, S. 5. Die Richtigkeit dieser Meldung wurde von der BIZ weder bestätigt noch kann zu diesem Zweck auf die Protokolle über die Sitzungen des Verwaltungsrats der Bank (vgl. Art. 35 BIZ-Statuten) zurückgegriffen werden, da diese nicht veröffentlicht werden und auch sonst nicht zugänglich sind. Von D. Chan ("An International Code for Banking Supervision", IFLR Juli 1983, S. 26) wird bestätigt, daß die Notenbankgouverneure 1974 vereinbarten, im Krisenfall die Banken des eigenen Landes zu unterstützen. Ähnlich Staff of Subcommittee on Foreign Economic Policy of Senate Committee on Foreign Relations 95th Cong. 1st Sess., "Report on International Debt, the Banks and U.S. Foreign Policy", S. 26 f. J. Guttentag / R. Herring ("The Lender of Last Resort Function in an International Context", S. 28 ff) beziehen sich nur auf die Meldung in Eumo, stellen aber gleichzeitig deren Korrektheit in Frage. Sie halten das Bestehen der geschilderten Vereinbarungen zwar nicht für ausgeschlossen, betrachten es aber für ebenso wahrscheinlich, daß eine Einigung über die Verteilung der Verantwortlichkeit als Kapitalgeber in letzter Instanz nicht erzielt werden konnte, und meinen "it would hardly be the first time that officials achieved an apparently unified public posture by issuing deliberately vague statements in order to ease the anxieties of the public". (S. 32)

4. Für ausländische Tochtergesellschaften wird ebenfalls die Mutterbank in Verantwortung genommen werden und im Bedarfsfall von ihrer Zentralbank Unterstützung erhalten.

5. Bei Schwierigkeiten von Konsortialbanken werden die Mütter auf pro rata Basis in Anspruch genommen werden und notwendigenfalls wiederum Zentralbankunterstützung erhalten.

Obige Vereinbarungen können - die Richtigkeit des Berichts unterstellt - trotz gewisser Parallelen zu rechtlich bindenden ("harten") Patronatserklärungen [1] nicht als solche qualifiziert werden. Ebensowenig kommt eine Vertragsform anderer Art in Betracht, da es nicht möglich erscheint, den Notenbankgouverneuren zu unterstellen, sie hätten bei der Absprache den Rechtsbindungswillen zur Übernahme dermaßen weitgehender und gleichzeitig höchst unbestimmter Verpflichtungen gehabt. Da die Vereinbarungen keine Vermögensdispositionen der Zentralbanken ermöglichen sollen, sondern ausschließlich für die Bewältigung von potentiellen Krisen gedacht sind, begründen sie auch über den Grundsatz des Vertrauensschutzes keine Rechtspflichten. Demnach resultieren aus ihnen keine rechtlichen Ansprüche der beteiligten Notenbanken gegeneinander. Ebensowenig können Geschäftsbanken und Einleger im Krisenfall aus ihnen Ansprüche gegen eine Zentralbank geltend machen, da die Vereinbarungen selbst bei Annahme der Absicht zur Abgabe rechtsverbindlicher Erklärungen angesichts ihrer ausschließlichen Intention der Gewährleistung der Funktionsfähigkeit

---

1) Vgl. z.B. A. Gerth "Atypische Kreditsicherheiten", S. 106 ff, 111 ff;
W. Mosch "Patronatserklärungen deutscher Konzernmuttergesellschaften und ihre Bedeutung für die Rechnungslegung", S. 113 ff, 141 ff;
D. Rümker "Probleme der Patronatserklärung in der Kreditsicherungspraxis", WM 1974, S. 990

der Euromärkte und der nationalen Finanzsysteme nicht als Vertrag zugunsten Dritter interpretiert werden könnten.

Die im September 1974 getroffene Absprache der Notenbankgouverneure der Zehnergruppe und der Schweiz ließe sich somit allenfalls als Gentlemen's Agreement qualifizieren [1], das für die Beteiligten Verpflichtungen moralischen Charakters begründet [2]. Dabei ist aber zu berücksichtigen, daß seitdem über 10 Jahre vergangen sind und in der Zwischenzeit Fluktuationen in den Spitzen der beteiligten Notenbanken erfolgten. Um den Vereinbarungen heute und künftig den relativ hohen Stellenwert eines Gentlemen's Agreements beimessen zu können, wäre deshalb erforderlich, daß ein solches nicht nur die unmittelbar an ihm beteiligten Personen, sondern auch ihre Nachfolger [3] oder die von ihnen vertretenen Institutionen moralisch bindet. Dies ist aber angesichts der höchstpersönlichen Natur eines Gentlemen's Agreements nicht der Fall.

Dennoch darf die Bedeutung der Vereinbarungen nicht unterschätzt werden. Auch wenn sie die heutigen bzw. künftigen Notenbankgouverneure nicht in der einem Gentlemen's Agreement zukommenden Strenge binden, so dürfte nämlich für diese die Berücksichtigung der Zusagen ihrer Vorgänger bei

---

1) Vgl. aber D. Chan "An International Code for Banking Supervision", IFLR Juli 1983, S. 26, die meint, das Basler Konkordat von 1983, welches die Problematik des Kapitalgebers in letzter Instanz ausdrücklich aus seinem Regelungsbereich ausnimmt, entziehe den Spekulationen über ein Gentlemen's Agreement zwischen Zentralbankiers jegliche Grundlage.

2) A. Verdross / B. Simma "Universelles Völkerrecht", S. 274; E. Lauterpacht "Gentleman's Agreements", in "Festschrift für F.A. Mann", S. 381; I. Seidl-Hohenveldern "Völkerrecht", S. 46 f

3) So O. Lissitzyn "Duration of Executive Agreements", AJIL 54/1960, S. 870 ff für "executive agreements"; zustimmend F. Münch "Non-binding Agreements", ZaöRV 29/1969, S. 11

der eigenen Entscheidungsfindung trotzdem selbstverständlich sein. Da hierauf auch die gegenseitigen Erwartungen der Zentralbankpräsidenten basieren dürften, erscheint eine Nichtbeachtung der 1974 getroffenen Abreden zumindest bei Fehlen sehr gravierender Gründe kaum ohne hieraus resultierenden Gesichtsverlust denkbar. [1] Die Neigung, einen solchen hinzunehmen, muß aber als sehr gering erachtet werden. Dies gilt besonders in einem Kreis, von dem der französische Finanzminister Wilfried Baumgartner sagte: "... il n'y a à Bále que des gentlemen." [2]

Dem im September 1974 veröffentlichten Pressekommuniqué, durch welches die Notenbankgouverneure das Vorhandensein ausreichender Mittel für die Bewältigung von Finanzkrisen bestätigten und deren Einsatz im Krisenfall zusagten, kann ebensowenig wie den ihm zugrunde liegenden Vereinbarungen Rechtsverbindlichkeit zukommen. Hierfür müßte es nämlich als Versprechen qualifiziert werden können. Dies ist aber nicht möglich, selbst wenn man das Versprechen mit der heute wohl h.M. als einseitiges Rechtsgeschäft ansieht und deshalb keine Annahme desselben durch den bzw. die von ihm Begünstigten als erforderlich betrachtet. [3] Grundvoraus-

---

1) Illustriert wird dies auch durch die heftige Kritik an der Entscheidung der italienischen Zentralbank, die luxemburgische Tochter der Banco Ambrosiano, eine Bankenholding, bei deren Krise im Jahre 1982 nicht zu unterstützen. Vgl. D. Chan "An International Code for Banking Supervision", IFLR Juli 1983, S. 26

2) F. Hirsch "Money International", S. 226. Allerdings muß die Korrektheit des dieser Aussage vorhergehenden Halbsatzes ("Il n'y a jamais eu de gentlemen's agreement de Bále, (mais)..."), der die im Sommer 1961 getroffene Absprache der Zentralbankiers zur Stützung des durch spekulative Devisenabflüsse gefährdeten britischen Pfundes betraf, bezweifelt werden.
Vgl. hierzu F. Hirsch a.a.O., S. 222 ff;
BEQB September 1961, S. 10

3) Vgl. A. Verdross / B. Simma "Universelles Völkerrecht", S. 343 f m.w.N.;
R. Thode in E. Menzel / K. Ipsen "Völkerrecht", S. 88 f

setzung für das Entstehen einer rechtlichen Verpflichtung wäre aber auch hier der Wille des bzw. der Erklärenden, eine juristisch bindende Willenserklärung abzugeben. [1]) Eine solche Absicht läßt das Kommuniqué nicht erkennen. Gegen ihr Vorliegen spricht vielmehr neben der gewählten Form einer Presseerklärung und der hierin ausdrücklich festgehaltenen Erkenntnis, die Aufstellung detaillierter Regelungen für die Bewältigung potentieller Krisen sei nicht sinnvoll, vor allem die völlige inhaltliche Unbestimmtheit der Erklärung. So ist weder der Kreis der durch sie Begünstigten noch die konkret zu treffenden Maßnahmen bestimmbar. Ebensowenig ist erkennbar, ob die Unterstützungstransaktionen von oder über die BIZ, anläßlich deren Verwaltungsratssitzung das Kommuniqué herausgegeben wurde, oder ausschließlich von den beteiligten Notenbanken durchgeführt werden sollen. Neben dieser Indizwirkung der inhaltlichen Unbestimmtheit ist außerdem zu berücksichtigen, daß mangelnde Bestimmbarkeit im Völkerrecht - angesichts des Fehlens von irgendwelchen Gründen für eine unterschiedliche Behandlung - wie im bundesdeutschen Zivilrecht [2]) als Nichtigkeitsgrund anzusehen wäre. Schließlich resultieren auch über den Grundsatz des Vertrauensschutzes keine Rechtspflichten aus dem Pressekommuniqué, da dieses das Fehlen eines Rechtsbindungswillens der Erklärenden so offensichtlich zeigt, daß Anleger oder Banken sich nicht darauf berufen können, sie hätten nur im Vertrauen auf die Rechtsverbindlichkeit der Erklärung der Notenbankgouverneure Vermögensdispositionen getätigt.

Das Kommuniqué kann somit lediglich als politische Absichtserklärung der Notenbankgouverneure angesehen werden. Trotzdem wird ihm zu Recht große potentielle Bedeutung

---

1) A. Verdross / B. Simma a.a.O., S. 344;
A. Rubin "The International Legal Effects of Unilateral Declarations", AJIL 71/1977, S. 2;
ICJ Reports 1974, S. 267, 472 (Nuclear Tests Cases)

2) W. Fikentscher "Schuldrecht", S. 31

beigemessen [1], da aus seiner unverbindlichen Rechtsnatur nicht auf eine Wirkungslosigkeit geschlossen werden darf. Durch Abgabe der Erklärung haben die Notenbankgouverneure nämlich für die von ihnen vertretenen Institutionen, d.h. Zentralbanken und BIZ (!), die letzte Verantwortung für den Euromarkt als moralische Verpflichtung übernommen. [2] Dabei muß als irrelevant angesehen werden, ob die damaligen Notenbankgouverneure noch im Amt sind oder nicht. Im Gegensatz zu einem Gentlemen's Agreement resultieren aus dem Pressekommuniqué nämlich nicht nur höchstpersönliche Verpflichtungen. Vielmehr basiert das in der Öffentlichkeit geschaffene Vertrauen unmittelbar auf den repräsentierten Organisationen und verpflichtet deshalb diese direkt.

Allerdings bildet die Erklärung keinen Freibrief für die Eurobanken. [3] Klargestellt wurde durch sie nämlich nur, daß der Euromarkt bei globalen Liquiditätsschwierigkeiten mit der Unterstützung der Notenbanken rechnen kann. Sie bezieht sich damit weder auf Bonitäts- noch auf Liquiditätsschwierigkeiten einzelner Banken. [4] Ebensowenig betrifft das Kommuniqué Probleme verschuldeter Staaten bei der Bedienung ihrer Auslandsverbindlichkeiten. Demnach bleibt es den Zentralbankiers überlassen, ob sie ihre Unterstützungstransaktionen erst nach dem Auftreten von Liquiditätsengpässen am Markt durchführen oder ob sie

---

1) DBBk "Internationale Organisationen und Abkommen im Bereich von Währung und Wirtschaft", S. 142; G. Johnson / R. Abrams "Aspects of the International Banking Safety Net", S. 23

2) Vgl. N. Kloten / J. von Stein (Hrsg.) Obst / Hintner "Geld-, Bank- und Börsenwesen", S. 906

3) N. Kloten / J. von Stein (Hrsg.) a.a.O., S. 906

4) Vgl. DBBk a.a.O., S. 143; G. Johnson / R. Abrams a.a.O., S. 23; zu weitgehend A. Angelini / M. Eng / F. Lees "International Lending, Risk and the Euromarkets", S. 161

bereits deren Entstehung durch Gewährung von Überbrückungskrediten an verschuldete Staaten oder gefährdete Banken entgegentreten. Gleichfalls ist ihnen anheimgestellt, ob diese Aktionen durch eine oder mehrere Zentralbanken, durch oder über die BIZ durchgeführt werden. [1]

1) Im Innenverhältnis, d.h. zwischen den Zentralbanken, würde allerdings aus den dem Pressekommuniqué zugrunde liegenden Vereinbarungen eine Verteilung der Aufgaben resultieren.

3. Rechtsschutz

Der Frage der Klagbarkeit der Bank kommt im Zusammenhang mit ihrer Beteiligung bei der Bewältigung der Schuldenkrise kaum Bedeutung zu, da sie - wie obige Untersuchung ergeben hat - nur im Falle der vertraglichen Eröffnung von Kreditlinien zur Vergabe von Darlehen verpflichtet ist. Außerdem ist festzustellen, daß die Erhebung einer Klage gegen die BIZ durch eine Notenbank schlichtweg undenkbar erscheint. Als ebenso bedeutungslos muß in diesem Kontext die in Art. 55 der BIZ-Statuten festgeschriebene Zulässigkeit der Zwangsvollstreckung in das Vermögen der Bank angesehen werden.

Die BIZ genießt keine gerichtliche Immunität.[1] Art. 54 Abs. 1 ihrer Statuten sieht lediglich vor, daß Streitfragen hinsichtlich der Auslegung oder Anwendung dieser Statuten zwischen der Bank einerseits und einer Zentralbank, einem Finanzinstitut oder einer der in der Satzung genannten sonstigen Banken andererseits oder zwischen der Bank und ihren Aktionären zur endgültigen Entscheidung dem im Haager Abkommen vom Januar 1930 vorgesehenen Schiedsgericht zu unterbreiten sind.[2] In hiervon, von Ziff. 11 des GG der BIZ oder von sonstigen Schiedsverträgen nicht gedeckten Fällen kann die Bank gemäß Art. 55 ihrer Statuten vor jedem zuständigen Gericht (klagen und) verklagt werden. Da sie vor dem IGH nicht parteifähig ist[3] (und auch nicht das Recht zur Einholung von Rechtsgutachten

---

1) Vgl. C. Jenks "International Immunities", S. 153

2) Vgl. hierzu G. Beitzke "Die Rechtsstellung der Bank für Internationalen Zahlungsausgleich insbesondere im Völkerrecht", S. 76, der auf S. 26 (Fn. 27) auch auf die aus dieser Norm resultierende verfassungsrechtliche Problematik aus schweizerischer Sicht hinweist. G. Schwarzenberger "Die Internationalen Banken für Zahlungsausgleich und Agrarkredite", S. 63 f

3) Vgl. Art. 34 Abs. 1 IGH-Statut

hat [1]), kommen nur Klagen vor nationalen Gerichten in Betracht. [2] Die Zuständigkeit richtet sich dabei nach dem für ein angerufenes Gericht relevanten Zivilprozeßrecht. Sie kann deshalb nicht nur durch das Prozeßrecht des Kantons Basel Stadt für die für den Sitz der Bank zuständigen Gerichte begründet werden. Vielmehr kann beispielsweise durch das Halten eines Guthabens auf einem Konto bei einer Zentralbank die Zuständigkeit der Gerichte dieses Staates für Klagen gegen die BIZ begründet werden [3], wenn die entsprechende Prozeßordnung einen besonderen Gerichtsstand des Vermögens vorsieht [4].

---

1) Vgl. Art. 65 IGH-Statut

2) Zur Kompetenz nationaler Gerichte zur Entscheidungsfindung auf der Basis internationalen Rechts vgl. G. Delaume "Legal Aspects of International Lending and Economic Development Financing", S. 103

3) Vgl. P. Hartmann in A. Baumbach / W. Lauterbach / J. Albers / P. Hartmann "Zivilprozeßordnung", S. 80; B. Wieczorek "Zivilprozeßordnung und Nebengesetze", Band I, Par. 23 B I a

4) Vgl. z.B. § 23 ZPO

V. Die Verpflichtungen des Pariser Clubs

1. Bedeutung des Pariser Clubs

Im Gegensatz zu IWF und BIZ stellt der Pariser Club Staaten, welche sich infolge Kapitalmangels Problemen bei der Bedienung ihrer Auslandsverbindlichkeiten ausgesetzt sehen, keine Devisen zur Verfügung. Er beschäftigt sich vielmehr ausschließlich mit der Umschuldung bestehender Auslandsverbindlichkeiten und beschränkt sich dabei auf staatliche und staatlich garantierte Forderungen, wohingegen Bankkredite jeweils in hiervon getrennten Verhandlungen zwischen Schuldnerstaat und den aus Bankvertretern bestehenden Steering Committees (Bank Advisory Committees), die wiederum die übrigen Gläubigerbanken repräsentieren, umstrukturiert werden [1]. Er ist allerdings keine internationale oder nationale Organisation und hat weder eine Satzung noch Organe noch Mitglieder [2]. Es handelt sich beim Pariser Club vielmehr lediglich um eine multilaterale Konferenz ohne institutionellen Charakter [3], die 1956 zur Durchführung der Umschuldungsverhandlungen für Argentinien ins Le-

---

1) Vgl. hierzu D. Carreau "Le rééchelonnement de la dette extérieure des Etats", JDI 112/1985, S. 26 ff

2) B. Nowzad / R. Williams u.a. "External Indebtedness of Developing Countries", S. 22;
A. Cizauskas "International Debt Renegotiation: Lessons from the Past", WD 7/1979, S. 202;
C. Hardy "Rescheduling Developing Country Debts", The Banker Juli 1981, S. 34;
dies. "Rescheduling Developing Country Debts, 1956 - 1981: Lessons and Recommendations", S. 23

3) M. Shuster "The Public International Law of Money", S. 232: "... such nebulous groups as ... the 'Paris Club', which have no institutional framework ...";
F. Zehetner "Ansätze zu einem völkerrechtlichen Umschuldungsrecht?", ÖBA 6/1984, S. 214: "... eine Art Kreditschutzverband oder Gläubigerverband völkerrechtlicher Rechtssubjekte auf Basis von Gentlemen's Agreements ..."

ben gerufen wurde [1] und nunmehr jeweils auf Bitte eines verschuldeten Landes ad hoc zusammentritt und unter dem Vorsitz Frankreichs tagt. [2]

Hierzu werden von der Direction du Trésor du Ministère Française de l'Economie et des Finances, die als permanentes Sekretariat des Pariser Clubs fungiert, alle Gläubigerstaaten [3] mit Forderungen von über einer Million SZRen eingeladen, wobei im Falle kleiner Schuldnerstaaten das Limit auf 500.000 oder gar 250.000 SZRe reduziert wird. [4] Neben Schuldner und Gläubigern nehmen auch Vertreter von IWF, Weltbank und UNCTAD an den Verhandlungen teil und geben Statements ab. Dabei kommt dem Fonds besondere Bedeutung zu [5], da die Gläubigerstaaten bei Umschuldungsverhandlungen, die die Auslandsverbindlichkeiten von Fondsmitgliedern betreffen, die Vereinbarung eines Strukturanpas-

---

1) E. Brau / R. Williams u.a. "Recent Multilateral Debt Restructions with Official and Bank Creditors", S. 15; vgl. auch H. Bittermann "The Refunding of International Debt", S. 109 ff, 112

2) A. Rieffel "The Paris Club, 1978 - 1983", CJTL 23/1984, S. 90 f

3) E. Brau / R. Williams u.a. a.a.O., S. 15; der Pariser Club ist also weder der 10er-Gruppe gleichzusetzen, wie S. Strange in A. Shonfield (Hrsg.) "International Economic Relations of the Western World 1959 - 1971", Vol. II, S. 47, 63 Fn. 25, meint, noch ist die Teilnahme Mitgliedern der OECD vorbehalten. So aber T. Hindle (Hrsg.) "A Nightmare of Debt", The Economist (Survey) Nr. 282, vom 20. März 1982, S. 27; vgl. auch Union of International Associations (Hrsg.) "Yearbook of International Organizations 1983/84", Vol. I, F 1004 g Group of Ten; A. Rieffel a.a.O., S. 92

4) "Les caracteristiques et les procedures du Club de Paris", unveröffentlichtes Erläuterungspapier des Pariser Clubs, S. 1

5) Vgl. auch R. Gerster "Fallstricke der Verschuldung: Der Internationale Währungsfonds und die Entwicklungsländer", S. 44 f; A. Cizauskas "International Debt Renegotiation: Lessons from the Past", WD 7/1979, S. 202; B. Nowzad "Schuldenmanagement in Entwicklungsländern", F&E September 1980, S. 27

sungsprogramms zwischen IWF und Mitglied zur Vorbedingung für Gespräche im Rahmen des Pariser Clubs machen. [1] Das Umschuldungsverfahren ist einzelfallorientiert und angesichts des Fehlens festgeschriebener Verfahrensregeln sehr flexibel. Allerdings haben sich im Laufe der Jahre gewisse Regelungen etabliert, die laut A. Keesee [2] teilweise in einem "Agreed and Confidential Chairman's Summary" auf einer "Special Session of Creditor Countries" (Sekretariat des Pariser Clubs, 2. April 1979) kodifiziert wurden, dessen Inhalt wiederum im wesentlichen von einem Resolutionsentwurf einiger Gläubigerländer in UNCTAD [3] reflektiert würde. Inwieweit diese Aussage zutrifft, kann nicht beurteilt werden, da der Präsident des Pariser Clubs ihre Kommentierung in einem Briefwechsel mit dem Verfasser aus Gründen der Diskretion ebenso ablehnte wie die Übersendung des zitierten Summary. Hierdurch wird eine Untersuchung der Verpflichtungen des Pariser Clubs oder der in ihm vertretenen Staaten aber nicht beeinträchtigt, da das Summary im Falle seiner Existenz angesichts einer fehlenden Rechtsetzungskompetenz des Pariser Clubs ebensowenig eine Rechtsquelle darstellen würde wie eine UNCTAD- Resolution [4] oder einer ihrer Ent-

---

1) G. Frankenberg / R. Knieper "Rechtsprobleme der Überschuldung von Ländern der Dritten Welt", RIW 1983, S. 572;
P. Wood "Law and Practice of International Finance", S. 4 - 134 f;
W. Wickersham "Rescheduling of Sovereign Bank Debt", IFLR September 1982, S. 9;
F. Crouigneau "Le Club de Paris, un cénacle de créanciers aussi discret qu'efficace", Les Echos vom 22. November 1983, S. 6;
F. Zehetner "Ansätze zu einem völkerrechtlichen Umschuldungsrecht", ÖBA 6/1984, S. 216: "conditio sine qua non"

2) "Legal Aspects of Multinational, Public Sector Debt Rescheduling", IBL 8 (v) / 1980, S. 150, 153, Fn. 13

3) "Debt Problems of Developing Countries", draft resolution of the Trade and Development Board, United Nations Conference on Trade and Development document, No. TD/B/L. 498 vom 8. März 1978

4) Vgl. G. Frankenberg / R. Knieper a.a.O., S. 572;
I. Seidl-Hohenveldern "Völkerrecht", S. 110;
sowie allgemein zur Bedeutung von Resolutionen internationaler Organisationen die oben in Fn. 2 auf S. 144 zitierte Literatur

würfe. Das Summary könnte auch nicht als Vertrag gesellschaftsrechtlicher oder sonstiger Art zwischen Gläubigerstaaten angesehen werden, da hierfür u.a. ein entsprechender Rechtsbindungswille erforderlich wäre, für dessen mögliches Vorliegen hier aber keinerlei Anzeichen ersichtlich sind.

Festzustellen ist allerdings, daß das im Rahmen des Pariser Clubs übliche Umschuldungsverfahren weitgehend Abschnitt 6 des zitierten Resolutionsentwurfs entspricht. Auch dieser sieht die Durchführung eines Strukturanpassungsprogramms als Voraussetzung für eine Umschuldung und ein einzelfallbezogenes, flexibles Vorgehen vor, bei dem die legitimen Interessen der Gläubiger ebenso Berücksichtigung finden sollen wie die wirtschaftliche Lage und die Zukunftsaussichten des Schuldners sowie die Ursachen für dessen Zahlungsbilanzdefizit. [1] Der Pariser Club tritt nur in Notfällen zusammen, d.h. wenn die Zahlungsunfähigkeit des Schuldners unmittelbar droht [2], und schuldet nur solche Verbindlichkeiten um, die gegenüber öffentlichen Gläubigern bestehen oder von Staaten garantiert wurden. [3] Ausgeschlossen sind dagegen Kredite von privaten Gläubigern und internationalen Organisationen wie Weltbank und IWF [4]. Gleiches

---

1) Vgl. A. Keesee a.a.O., S. 150

2) P. Wood "Law and Practice of International Finance", S. 4 - 133 f;
A. Cizauskas "International Debt Renegotiation: Lessons from the Past", WD 7/1979, S. 202;
vgl. auch C. Hardy "Rescheduling Developing Country Debts", The Banker Juli 1981, S. 34;
A. Rieffel "The Paris Club, 1978 - 1983", CJTL 23/1984, S. 84 f

3) R. Gerster "Fallstricke der Verschuldung: Der Internationale Währungsfonds und die Entwicklungsländer", S. 44;
C. Hardy "Rescheduling Developing Country Debts, 1956 - 1981: Lessons and Recommendations", S. 24

4) C. Brown / C. Wilson "Brazil: The Restructuring that Almost Failed", IFLR August 1983, S. 4;
W. Wickersham "Rescheduling of Sovereign Bank Debt", IFLR September 1982, S. 9

gilt für Kredite für militärische Verwendungszwecke [1] und solche mit einer kürzeren Gesamtlaufzeit als ein Jahr [2]. Die Verhandlungen des Pariser Clubs sind aber auch für die von ihnen ausgeschlossenen Gläubiger und insbesondere für die im internationalen Kreditgeschäft tätigen Banken von Bedeutung. Dies ist zum einen dem mit diesen Umschuldungsverhandlungen verbundenen Zwang zur Durchführung eines Strukturanpassungsprogramms zuzuschreiben. Wichtiger ist für sie aber, daß die im Pariser Club zusammengekommenen Gläubiger mit dem Schuldner neben einer Meistbegünstigungsklausel ("most-favoured nation clause") auch vereinbaren, daß dieser sich - soweit noch nicht geschehen - um Umschuldung seiner übrigen Verbindlichkeiten zu vergleichbaren Bedingungen zu bemühen hat und anderen Gläubigern keine besseren Konditionen als den im Pariser Club vertretenen einräumen darf. [3] Die durch diese Klausel bezweckte Gleichbehandlung der Gläubiger stellt für diese den essentiellen Vorteil der Umschuldungen durch den Pariser Club dar. [4] Allerdings wird, wie die im ersten Halbjahr 1984 - mehr oder weniger nach politischen Prioritäten - erfolgten Zinszahlungen Polens [5] belegen, eine Diskriminierung der Gläu-

---

1) Vgl. A. Cizauskas a.a.O., S. 204

2) A. Keesee a.a.O., S. 151;
R. Gerster a.a.O., S. 44;
zu den Gründen vgl. P. Wood "Debt Priorities in Sovereign Insolvency", IFLR November 1982, S. 10;
H. Bittermann "The Refunding of International Debt", S. 222

3) A. Keesee a.a.O., S. 151;
P. Wood "Law and Practice of International Finance", S. 4 - 134;
M. Mendelsohn "Commercial Banks and the Restructuring of Cross-Border Debt", S. 32;
vgl. hierzu auch P. Wood "Debt Priorities in Sovereign Insolvency" IFLR November 1982, S. 4 f

4) P. Wood "Law and Practice of International Finance", S.4-138;
vgl. auch G. Oliveros "Paris Club Creditors Respond to Diverse Debtor Circumstances", IMF Survey vom 30. September 1986, S. 298

5) Vgl. "Polen-Schulden: Leider nur ein Rinnsal", Wiwo Nr. 30 vom 20. Juli 1984, S. 21 f

biger durch den Schuldner nicht immer wirksam unterbunden, da eine vertragliche Vereinbarung einer pro rata sharing clause, wie sie in syndicated loan agreements üblich ist [1], unterbleibt. [2]

Einem Schuldner bietet eine multilaterale Umschuldungsverhandlung im Rahmen des Pariser Clubs die Möglichkeit einer konzentrierten und schnellen Bereinigung seiner Zahlungsschwierigkeiten bei gleichzeitiger Anwesenheit seiner wichtigsten Gläubiger. Außerdem beeinflussen die getroffenen Vereinbarungen im Regelfall die Umschuldungsverhandlungen mit Banken und anderen Gläubigern. [3] Die dem Schuldner innerhalb des Pariser Clubs eingeräumten Konzessionen sind normalerweise aber auf eine Stundung von 80 bis 90 Prozent der Verbindlichkeiten beschränkt, wobei die Festsetzung eines tilgungsfreien Zeitraums von drei bis vier Jahren mit einer daran anschließenden Rückzahlungsperiode von dreieinhalb bis fünf Jahren üblich ist. [4] Hierfür sind Stundungszinsen in marktgerechter, d.h. dem Zinsniveau auf den internationalen Finanzmärkten entsprechender Höhe zu zahlen. [5] Eine durch entwicklungspolitische Gesichts-

---

1) Vgl. P. Wood a.a.O., S. 4 - 86, 11 - 29 f;
C. Brown "Sharing Strains on Euromarket Syndicates", IFLR Juni 1982, S. 4 ff;
A. König "Die internationalprivatrechtliche Anknüpfung von Syndicated Loan Agreements", S. 40 f

2) Vgl. A. Rieffel "The Paris Club, 1978 - 1983", CJTL 23/1984, S. 105 f

3) "Les caracteristiques et les procedures du Club de Paris", unveröffentlichtes Erläuterungspapier des Pariser Clubs, S. 7

4) A.a.O., S. 4;
vgl. auch A. Rieffel "The Paris Club, 1978 - 1983", CJTL 23/1984, S. 103 f.
Nach G. Oliveros ("Paris Club Creditors Respond to Diverse Debtor Circumstances", IMF Survey vom 30. September 1986, S. 299) wurden bei jüngsten Umschuldungen bis zu 100 Prozent der Auslandsverbindlichkeiten umstrukturiert.

5) C. Hardy "Rescheduling Developing Country Debts", The Banker Juli 1981, S. 34

punkte motivierte Reduktion des Zinssatzes ist dagegen ebenso ungebräuchlich wie ein (auch nur partieller) kollektiver Schuldenerlaß, da die Teilnehmer der Konferenzen des Pariser Clubs als Regierungsvertreter zunächst einmal die nationalen Haushaltsinteressen zu vertreten haben und sich (deshalb) eher als Bankiers denn als Entwicklungspolitiker verstehen. [1]

Die genannten Modalitäten werden mit Ausnahme des Zinssatzes am Ende der meist zweitägigen Verhandlungen in einem Protokoll ("Agreed Minutes") festgehalten, das im Konsensverfahren zustande kommt und von den Konferenzteilnehmern unterschrieben wird. Dieses Protokoll stellt die Grundlage für die anschließenden bilateralen Verhandlungen zwischen Schuldner und jedem einzelnen Gläubiger dar, die dann auch zum Abschluß der endgültigen - als Verwaltungsabkommen zu qualifizierenden - Verträge über die jeweiligen Kredite führen. [2] Hierbei wird auch erst der Zinssatz festgesetzt, der angesichts des unterschiedlichen Zins-

---

1) Vgl. G. Frankenberg / R. Knieper "Rechtsprobleme der Überschuldung von Ländern der Dritten Welt", RIW 1983, S. 572;
E. Brau / R. Williams u.a. "Recent Multilateral Debt Restructurings with Official and Bank Creditors", S. 15;
P. Wood "Law and Practice of International Finance", S. 4 - 134;
V. Lewis "How the Paris Club Deals with Debtors", The Banker Dezember 1982, S. 69.
Eine Ausnahme stellt (in vielfältiger Hinsicht) die Umschuldung der Auslandsverbindlichkeiten Indonesiens im Jahre 1970 dar. Vgl. hierzu A. Cizauskas "International Debt Renegotiation: Lessons from the Past", WD 7/1979, S. 204 f;
H. Abs "Probleme der Auslandsverschuldung", Die Bank 1978, S. 211 f;
C. Hardy "Rescheduling Developing Country Debts, 1956 - 1981: Lessons and Recommendations", S. 59 ff

2) N. Horn "Rechtsfragen internationaler Umschuldungen", WM Teil IV 1984, S. 713;
R. Gerster "Fallstricke der Verschuldung: Der Internationale Währungsfonds und die Entwicklungsländer", S. 44

niveaus in den einzelnen Gläubigerstaaten und der hieraus resultierenden unterschiedlichen Refinanzierungskosten nicht schon vom Protokoll umfaßt wird, das diesbezüglich nur einen Rahmen abgibt. [1]

---

1) T. Klein "Wirtschaftshilfe durch Umschuldung", F&E September 1973, S. 19;
B. Nowzad / R. Williams "External Indebtedness of Developing Countries", S. 23;
W. Ollard / A. Sington "The Unique Club of Michel Camdessus", Eumo August 1982, S. 54

2. Verpflichtungen des Pariser Clubs und seiner Teilnehmer

Der Pariser Club kann weder Träger von Pflichten noch Inhaber von Rechten sein. Grundvoraussetzung hierfür wäre nämlich, daß ihm in einer nationalen Rechtsordnung, z.B. der französischen, oder im Völkerrecht Rechtspersönlichkeit zukäme. [1] Dies wäre wiederum nur dann der Fall, wenn der Pariser Club eine Organisation wäre, da ein loser Zusammenschluß von Staaten keine eigene Rechtsfähigkeit genießen kann. [2] Organisationen nationalen wie internationalen Rechts werden aber durch einen Gründungsvertrag ins Leben gerufen und haben neben festen Mitgliedern eigene Organe, die den auf die Erreichung des gemeinsamen Zieles gerichteten Willen der Organisation bilden und vertreten. [3] Diese Voraussetzungen sind im Falle des Pariser

---

1) J. Fawcett "Trade and Finance in International Law", RdC 123/1968 I, S. 230;
I. Brownlie "Principles of Public International Law", S. 660 ff;
R. Bindschedler "International Organizations, General Aspects", in R. Bernhardt (Hrsg.) "Encyclopedia of Public International Law", Vol. V, S. 130;
vgl. ICJ Reports 1949, S. 178 f (Reparations for Injuries Suffered in the Service of the UN)

2) Vgl. J. Fawcett a.a.O., S. 230;
H. Mosler "Völkerrechtsfähigkeit", in K. Strupp / H. Schlochauer "Wörterbuch des Völkerrechts", Band III, S. 671;
Eine Besonderheit stellen in dieser Hinsicht die "Vertragsschließenden Parteien" des GATT dar, denen nach Ansicht von I. Brownlie (a.a.O., S. 660) trotz fehlenden Organisationscharakters eine beschränkte Rechtspersönlichkeit zukommt.

3) R. Bindschedler "Internationale Organisation (Grundfragen)", in K. Strupp / H. Schlochauer "Wörterbuch des Völkerrechts", Band II, S. 70;
I. Seidl-Hohenveldern "Das Recht der Internationalen Organisationen einschließlich der Supranationalen Gemeinschaften", S. 6, 109;
K. Zemanek "Das Vertragsrecht der internationalen Organisationen", S. 13 f;
I. Detter "Law-Making by International Organizations", S. 19;
H. Schermers "International Institutional Law", S. 8 ff

Clubs aber allesamt nicht erfüllt. Wie bereits festgestellt, hat dieser weder Satzung noch feste Mitglieder. Auch ist sein Sekretariat nicht als Organ anzusehen, da es einen rein technischen Aufgabenbereich hat, nicht aber zur selbständigen Vornahme von Handlungen ermächtigt oder zur Willensbildung berufen ist. [1] Gleiches gilt für den Präsidenten, dessen alleinige Aufgabe in der Leitung der Konferenzen und wohl auch in der Beaufsichtigung des Sekretariats besteht. Der Pariser Club ist demnach nicht rechtsfähig und damit auch nicht prozeßfähig. Dies wird für den Bereich des französischen Rechts auch dadurch illustriert, daß weder der Präsident noch die Mitarbeiter des Sekretariats beim Pariser Club angestellt, sondern beim französischen Finanzministerium beschäftigt sind [2].

Die Existenz des Pariser Clubs ist aber auch für Schuldner- oder Gläubigerstaaten nicht mit der Entstehung besonderer Verpflichtungen verbunden. Dies scheitert zwar nicht schon an fehlender Rechtspersönlichkeit, da Staaten sowohl im Völkerrecht [3] als auch in fremden nationalen Rechtsordnungen rechtsfähig sind. Vielmehr lassen sich keinerlei Rechtsgrundlagen für irgendwelche den Staaten obliegende Verpflichtungen, die mit dem Pariser Club zusammenhängen, feststellen. So ist ein verschuldeter Staat rechtlich nicht verpflichtet, im Falle von Zahlungsschwierigkeiten seine Auslandsverbindlichkeiten im Rahmen des Pariser Clubs umzuschulden. [4] Aus offensichtlichem Grunde

---

1) Vgl. I. Seidl-Hohenveldern a.a.O., S. 119 ff

2) V. Lewis "How the Paris Club Deals with Debtors", The Banker Dezember 1982, S. 67;
D. Marsh "The Paris Way with Basket Cases", FiTi vom 12. April 1983, S. 6

3) I. Brownlie "Principles of Public International Law", S. 60;
H. Mosler "Völkerrechtsfähigkeit", in K. Strupp / H. Schlochauer "Wörterbuch des Völkerrechts", Band III, S. 666

4) Eine hiervon zu trennende Frage ist, inwieweit seine Gläubiger ihn hierzu faktisch zwingen können.

beinhalten Kreditverträge keine entsprechende Klausel [1], selbst wenn bei Vertragsabschluß die Fähigkeit des Schuldners zur späteren vertragsgetreuen Bedienung seiner Verbindlichkeiten zweifelhaft ist, könnte dies doch als Relativierung des Grundsatzes "pacta sunt servanda" interpretiert werden.

Eine diesbezügliche Verpflichtung ergibt sich mangels dahingehender Ausprägung nicht aus einem allgemeinen völkerrechtlichen Kooperationsgebot [2], wie es sich beispielsweise in der Schlußakte von Helsinki (unter IX.) oder in den UNCTAD Resolutionen 165 (S-IX) und 222 (XXI), die den in Art. 55 und 56 der UN-Satzung verankerten Grundsatz der zwischenstaatlichen Zusammenarbeit konkretisieren, findet. Aus demselben Grunde ergibt sich eine solche auch nicht aus einer entsprechenden generellen Verhandlungspflicht, wie sie der IGH aus Art. 33 der UN-Satzung hergeleitet hat [3]. Angesichts der Einzelfallbezogenheit jeder einzelnen Umschuldung, deren Ausnahmecharakter gerade durch die fehlende Institutionalisierung des Pariser Clubs illustriert wird [4], läßt sie sich auch nicht gewohnheitsrechtlich begründen. Zwar ist unbestreitbar, daß sich das Umschuldungsverfahren des Pariser Clubs bereits soweit verfestigt hat, daß das Bestehen einer entsprechenden gewohnheitsrechtlichen Kooperationspflicht erwägenswert erscheint. Für deren tatsächliche Existenz wäre aber erforderlich, daß die Beteiligten "must ... feel, that they are conforming to what amounts to a legal obligation." [5] Dagegen

---

1) Vgl. auch N. Horn "Rechtsfragen internationaler Umschuldungen", WM Teil IV 1984, S. 716

2) H. Neuhold "Die Pflicht zur Zusammenarbeit zwischen den Staaten: Moralisches Postulat oder völkerrechtliche Norm?" in H. Miehsler u.a. (Hrsg.) "Jus Humanitatis", S. 575 ff

3) ICJ Reports 1969, S. 47 (North Sea Continental Shelf Cases) und PCIJ Series A/B, No. 42, 1931, S. 116 (Railway Traffic between Lithuania and Poland)

4) A. Rieffel "The Paris Club, 1978 - 1983, CJTL 23/1984, S. 92

5) ICJ Reports 1969, S. 44 (North Sea Continental Shelf Cases); vgl. auch N. Horn "Das Recht der internationalen Anleihen", S. 518;
J. Starke "An Introduction to International Law", S. 36

ist "(t)he frequency, or even habitual character of the acts ... not in itself enough." [1] Da sich eine solche opinio iuris, die heute von der ganz h.M. neben der einheitlichen und konstanten Übung als Voraussetzung für die Entstehung von Völkerrecht angesehen wird [2], weder auf Seiten der Akteure noch in der Literatur finden läßt, ist die sich bei Umschuldungsverhandlungen staatlicher (wie auch privater) Forderungsinhaber bildende rein tatsächliche Übung lediglich als Brauch oder Verkehrssitte ohne normative Wirkung anzusehen, die aber als Auslegungsmaßstab insofern rechtserheblich sein kann, "als allgemein äußere Tatsachen zur Ermittlung des erklärten Parteiwillens im Wege der Auslegung heranzuziehen sind." [3] Brauch und Verkehrssitte sind nicht-rechtliche Normen, die in vielen Gesellschaften eine bedeutsame Rolle spielen [4] und wegen der bisherigen Regelmäßigkeit auch die Erwartung begründen, daß in der Zukunft wie in der Vergangenheit gehandelt wird. Diese Erwartung bekommt aber erst dann rechtlichen Charakter, wenn sie "evolves further into a general acknowledgement by states that the conduct or the abstention therefrom is a matter both of legal right and of legal obligation," [5] eben mit dem Übergang zum Gewohnheitsrecht. [6]

---

1) ICJ Reports a.a.O. wo weiter ausgeführt wird: "There are many international acts, e.g., in the field of ceremonial and protocol, which are performed almost invariably, but which are motivated only by considerations of courtesy, convenience or tradition and not by any sense of legal duty."

2) Vgl. hierzu die auf S. 133 Fn. 3 zitierten Quellen.

3) N. Horn a.a.O., S. 528

4) M. Bothe "Legal and Non-Legal Norms - A Meaningful Distinction in International Relations?", NYIL XI/1980, S. 67

5) J. Starke "An Introduction to International Law", S. 36; vgl. auch D. O'Connell "International Law", Vol I, S. 9

6) Zu Brauch und Verkehrssitte als Entwicklungsstufen zu Gewohnheitsrecht vgl. N. Horn a.a.O., S. 528 ff m.w.N.

Im übrigen ist keine Norm und kein allgemeiner Rechtsgrundsatz feststellbar, der es einem verschuldeten Staat verbieten würde, unter Umgehung des Pariser Clubs in bilateralen Verhandlungen mit seinen Gläubigern die Vereinbarung der bestmöglichen Modalitäten und Konditionen zu erstreben. Es ist ihm nicht einmal der Versuch verwehrt, seine Gläubiger zu diesem Zweck bei den Gesprächen gegeneinander auszuspielen oder zwischen diesen bestehende Meinungsverschiedenheiten auszunutzen [1].

Diesen obliegt wiederum weder eine rechtliche Verpflichtung zur Teilnahme an den Umschuldungsverhandlungen [2] noch zur Gewährung irgendwelcher Konzessionen wie Stundung, Reduktion des Zinssatzes, (partiellem) Schulderlaß [3] oder gar Gewährung neuer Kredite [4]. So existiert keine Pflicht gegenüber anderen Gläubigerstaaten zur konstruktiven Mitwirkung an den Umschuldungsverhandlungen, wie sie für Konsorten eines syndicated loan agreement aufgrund der im Konsortialvertrag begründeten Risikogemeinschaft besteht [5], sofern nicht eine entsprechende vertragliche Beziehung vorliegt.

---

1) Vgl. F. Zehetner "Ansätze zu einem völkerrechtlichen Umschuldungsrecht?", ÖBA 6/1984, S. 216

2) Zu Mitwirkungs- und Zustimmungspflichten in Konsortien vgl. N. Horn a.a.O., S. 719

3) Hiervon zu unterscheiden ist, inwieweit Verbindlichkeiten nach vertragsrechtlichen Grundsätzen suspendiert werden oder erlöschen. Daß der hierzu gehörenden Doktrin "omnis conventio intellegitur rebus sic stantibus" ebenso wie der Lehre von dcr Unmöglichkeit aber bei der Bewältigung der internationalen Schuldenkrise kein besonderes Gewicht zukommen kann, haben G. Frankenberg / R. Knieper ("Rechtsprobleme der Überschuldung von Ländern der Dritten Welt", RIW 1983, S. 574 f) überzeugend nachgewiesen.
Vgl. auch G. Delaume "Legal Aspects of International Lending and Economic Development Financing", S. 125 ff

4) So (sogar) für Konsortialkredite A. König "Die internationalprivatrechtliche Anknüpfung von Syndicated Loan Agreements", S. 117

5) N. Horn a.a.O., S. 718

Eine solche Verpflichtung obliegt den Gläubigern aber ebensowenig gegenüber dem Schuldner, da aus den oben genannten Gründen [1] eine entsprechende vertragliche oder umschuldungs- bzw. gewohnheitsrechtliche [2] Anspruchsgrundlage auch hier fehlt. Ein Mitwirkungsgebot für Gläubigerstaaten oder eine Verpflichtung zur Einräumung ähnlich günstiger Konditionen, wie sie einem anderem Schuldner in einer vorhergehenden Umschuldung eingeräumt wurden, resultiert auch nicht aus dem Grundsatz der Gleichheit der Staaten. So bietet das hierauf basierende Diskriminierungsverbot [3] keine Rechtsgrundlage für die von Entwicklungsländern häufig bei Umschuldungsverhandlungen erhobene Forderung nach Gewährung ebenso günstiger Modalitäten, wie sie 1970 Indonesien eingeräumt wurden. [4] Das "principle of non-discrimination, which we find embodied in such instruments as the GATT and the IMF Agreement as a directive for states in the formation and execution of national economic policy" [5], hat nämlich nur die Funktion, einen Rechtsinhaber vor Nachteilen zu schützen. Dagegen kann es, jedenfalls ohne sonstige Rechtsgrundlage und allein aus sich heraus, keine Ansprüche begründen. [6] Dieser Argumentation kann auch nicht entgegengehalten werden, die Vorenthaltung eines Vorteils stelle stets einen Nachteil dar, da auf diesem Umweg das Diskriminierungsverbot bei Gewährung finanzieller Unterstützung oder einer sonstigen Vergünstigung immer eine entsprechende Verpflichtung für vergleichbare Fälle begründen würde.

---

1) Vgl. S. 214 f

2) Vgl. M. Deppisch-Hubmann "Die Rolle des IWF in der Schuldenkrise II", ZfdgK 21/1986, S. 985

3) G. Jaenicke "Diskriminierung", in K. Strupp / H. Schlochauer "Wörterbuch des Völkerrechts", Band I, S. 391

4) R. Gerster "Fallstricke der Verschuldung: Der Internationale Währungsfonds und die Entwicklungsländer", S. 46

5) J. Fawcett "Trade and Finance in International Law", RdC 123/1968 I, S. 220 f

6) So bezieht auch G. Jaenicke (a.a.O., S. 392) das Diskriminierungsverbot nur auf die einem Staat zustehenden Rechte. Vgl. auch J. Fawcett a.a.O., S. 263, nach dem die (das Diskriminierungsverbot verkörpernde) Meistbegünstigungsklausel des Art. I Abs. 1 des GATT "protective rather than acquisitive" Funktion hat.

3. Rechtswirkungen der "Agreed Minutes"

Wie vorstehend festgestellt, obliegen dem Pariser Club infolge fehlender Rechtspersönlichkeit keinerlei rechtlichen Verpflichtungen. Da entsprechende Rechtsgrundlagen fehlen, sind Schuldnerstaaten ebensowenig zur Durchführung von Umschuldungsverhandlungen über ihre Auslandsverbindlichkeiten im Rahmen des Clubs verpflichtet wie Gläubigerstaaten zur Mitwirkung hierbei oder zur Gewährung von Konzessionen. Interessant erscheint nun eine Untersuchung der Frage, inwieweit aus den jeweils am Ende der Konferenzen des Pariser Clubs abgefaßten Protokollen Rechte und Verpflichtungen resultieren und welche Rechtsfolgen sie für Klagen aus Kreditverträgen begründen.

a) Relevante Rechtsordnung

Dies bedarf zunächst der Feststellung des anwendbaren Rechtssystems. Da die Protokolle nicht völlig eigenständig sind, sondern sich auf eine Vielzahl von Krediten beziehen, kommt in Betracht, daß das für die einzelnen Kreditverträge maßgebliche Recht auch die Rechtsfolgen bestimmt, die sich für Gläubiger und Schuldner aus den Protokollen der Verhandlungen des Pariser Clubs ergeben. Dabei ist aber zu berücksichtigen, daß Kredite, die Staaten garantiert oder anderen Staaten bzw. deren Staatsangehörigen gegeben haben, keinesfalls immer dem Völkerrecht unterstehen. Vielmehr werden die Vertragsbeziehungen häufig ausdrücklich einer nationalen Rechtsordnung unterworfen, sei es der des Gläubigers, der des Schuldners [1] oder der eines dritten Staates (z.B. des Staates New York) [2]. Demnach wird innerhalb des Pariser Clubs über die Umschuldung von Krediten verhandelt, welche verschiedenen Rechtssystemen unterliegen. Würden diese auch die aus dem Club-Protokoll resultierenden Rechte und Pflichten des Schuldners und seiner Gläubiger normieren, so könnte dies bewirken, daß das Protokoll die unterschiedlichsten Rechtswirkungen entfaltet. Ein solches Ergebnis wäre aber wenig sinnvoll und würde zudem kaum dem Willen der Konferenzteilnehmer entsprechen.

Da diese auch nicht die Anwendung einer nationalen Rechtsordnung vereinbaren, wie es in den Umschuldungsabkommen über die Forderungen kommerzieller Gläubiger üblich ist [3], kommt die Geltung innerstaatlichen Rechts allenfalls nach international-privatrechtlichen Regeln in Betracht. Kollisionsrechtliche Normen sind aber in erster Linie zur Bestimmung des für Rechtsbeziehungen von Nicht-Völkerrechtssubjekten relevanten Rechtssystems berufen, während Rechtsverhältnisse zwischen Staaten im allgemeinen dem Völkerrecht unterliegen, sofern keine anderweitige Vereinbarung

---

1) Vgl. zur Problematik der Zugrundelegung des Rechts des Schuldners P. Wood "Law and Practice of International Finance", S. 1 - 9 ff (aber auch: S. 1 - 17 f); H. Scott "The Enforceability of Loan Agreements Between the World Bank and Its Member Countries", AULR 13/1964, S. 187; D. Levine "The Growing Problem of Sovereign Immunity", Eumo Mai 1977, S. 78 f

2) Vgl. J. Terray "Sovereign Restructuring Under Civil Law", IFLR August 1984, S. 25; B. Semkow "Syndicating and Rescheduling International Financial Transactions: A Survey of the Legal Issues Encountered by Commercial Banks", IL 18/1984, S. 903 ff

3) J. Hurlock "Advising Sovereign Clients on the Renegotiation of Their External Indebtedness", CJTL 23/1984, S. 39

getroffen wurde [1]. Dabei kommt es nicht darauf an, ob diese als Träger von Hoheitsrechten tätig werden, da "it is now generally presumed that even relations jure gestionis between subjects of international law are governed by international law if there is no indication to the contrary." [2]

b) Entstehung rechtlicher Verpflichtungen

Daß deshalb die Protokolle des Pariser Clubs wie auch dessen Konferenzen nach Völkerrecht zu beurteilen sind, hat unmittelbar materiell-rechtliche Auswirkungen. Im Gegensatz zu nationalen Rechtssystemen existiert auf völkerrechtlicher Ebene weder Konkurs- noch Vergleichsrecht [3], nach dem Minderheiten und Nichtteilnehmer des Verfahrens an die Beschlüsse der Mehrheit der Gläubiger gebunden wären [4]. Staaten, die an den Umschuldungsverhandlungen des Pariser Clubs nicht teilgenommen oder das Abschlußprotokoll nicht unterzeichnet haben, werden deshalb durch dieses ebensowenig wie anderen Gläubigern Rechtspflichten auf-

---

1) Vgl. F. Mann "The Proper Law of Contracts Concluded by International Persons", BYIL 35/1959, S. 34 ff;
C. Jenks "The Proper Law of International Organizations", S. 150 f;
G. Delaume "The Proper Law of Loans Concluded by International Persons", AJIL 56/1962, S. 64, 78;
D. Sommers / A. Broches / G. Delaume "Conflict Avoidance in International Loans and Monetary Agreements", LCP 21/1956, S. 477

2) F. Seyersted "Applicable Law in Relations Between Intergovernmental Organizations and Private Parties", RdC 122/1967 III, S. 528

3) P. Wood "Law and Practice of International Finance", S. 4 - 71, 4 - 77;
J. Terray "Sovereign Restructuring Under Civil Law", IFLR August 1984, S. 23;
C. Ebenroth "Rechtliche Probleme bei der Bewältigung der Schuldenkrise. Aktuelle Herausforderungen im internationalen Finanz- und Wirtschaftsrecht", in L. Späth / H. Dräger (Hrsg.) "Zielsetzung Partnerschaft: Die weltwirtschaftliche Bedeutung von Auslandsinvestitionen und Technologietransfer", S. 352

4) Vgl. z.B. §§ 82 Abs. 1, 74 Abs. 1 VerglO;
P. Wood a.a.O., S. 4 - 123

erlegt. [1] Sie sind also weder zu einer Umschuldung, d.h. Stundung ihrer Forderungen, noch zur Gewährung ähnlicher Konditionen wie die Unterzeichner des Protokolls verpflichtet. Der Kreis der (möglicherweise) durch das Protokoll Berechtigten und Verpflichteten ist somit von vornherein auf die Signatare beschränkt.

Für diese bewirkt das Agreed Minute keine unmittelbare Neuregelung der aus den Kreditverträgen resultierenden Ansprüche und Verpflichtungen. Hierüber wird - wie vorstehend bereits festgestellt [2] - vielmehr erst später und auf bilateraler Ebene verhandelt, wofür das Protokoll Ausgangspunkt und Grundlage bildet. Es kann deshalb nicht als endgültiger Vertrag angesehen werden.

Dies bedeutet aber noch nicht, daß einem Protokoll des Pariser Clubs keinerlei Rechtswirkungen zukämen. Es könnte nämlich u.a. dann Rechtsfolgen entfalten, wenn es als pactum de contrahendo oder als pactum de negotiando zu qualifizieren wäre. Beides sind völkerrechtliche Verträge, die für die Parteien Bindungen begründen. Diese werden durch den erstgenannten zum Abschluß eines Abkommens über einen bestimmten Gegenstand verpflichtet, während ein pactum de negotiando "ihnen nur auferlegt, Verhandlungen nach Treu und Glauben mit dem Ziel zu führen, eine für beide Teile annehmbare Einigung zu erreichen." [3] Ein Agreed Minute

---

1) Vgl. auch Art. 34 ff der Wiener Konvention über das Vertragsrecht vom 23. Mai 1969, abgedruckt in AJIL 63/1969, S. 875 ff, 886 (pacta tertiis nec prosunt nec nocent)

2) Siehe S. 210

3) A. Verdross / B. Simma "Universelles Völkerrecht", S. 275; vgl. L. Dischler "Pactum de contrahendo", in K. Strupp / H. Schlochauer "Wörterbuch des Völkerrechts", Band II, S. 716; E. Kron "Pactum de contrahendo im Völkerrecht", S. 149 ff; F. Münch "Non-binding Agreements", ZaöRV 29/1969, S. 8; G. Dahm "Völkerrecht", Band III, S. 66 f, nach dem die Grenzen zwischen pactum de negotiando und pactum de contrahendo flüssig sind. U. Beyerlin ("Pactum de contrahendo und pactum de negotiando im Völkerrecht", ZaöRV 36/1976, S. 436 f) hält die Einteilung weder für rechtlich geboten noch für in der Praxis nützlich.

stellt allerdings keinesfalls ein pactum de contrahendo dar. Zu berücksichtigen ist nämlich, daß hierin regelmäßig keine Festsetzung des Zinssatzes erfolgt, ein Punkt, dem in nationalen wie internationalen Kreditverträgen angesichts der hieraus resultierenden Kosten bzw. Erträge höchste Bedeutung zukommt. Ohne Einigung über einen so wichtigen Bestandteil kann aber weder dem Schuldner noch den Gläubigern unterstellt werden, sie wollten sich zum Abschluß von Verträgen verpflichten. [1] Ein Protokoll des Pariser Clubs könnte deshalb allenfalls wie das - auch die Zinshöhe für die einzelnen Kredite regelnde [2] - Londoner Schuldenabkommen von 1953, durch das erstmals in der Geschichte alle Auslandsverbindlichkeiten eines Staates zusammengefaßt wurden [3], als pactum de negotiando zu qualifizieren sein [4].

Wäre dies zu bejahen, so würde ein Agreed Minute sowohl für den Schuldner als auch für die unterzeichnenden Gläubiger eine rechtliche Verpflichtung begründen, nach Treu und Glauben auf der Grundlage der betroffenen Vereinbarungen über den einzelnen Kredit zu verhandeln. Da der Grundsatz von Treu und Glauben Maßnahmen verbietet, die die spä-

---

1) Vgl. auch H. Hahn "Das pactum de negotiando als völkerrechtliche Entscheidungsnorm", AWD/RIW 18/1972, S. 492, nach dem ein Vorvertrag nur ein pactum de negotiando ist, wenn der Inhalt der späteren Übereinkunft unbestimmt blieb und sich auch bei Gebrauch der üblichen Auslegungsweisen als unbestimmbar erweist.

2) Vgl. Anlage I zum Abkommen über deutsche Auslandsschulden vom 27. Februar 1953, BGBl. 1953 II, S. 333, 368 ff

3) H. Hahn / W. Braun in P. Behrens (Hrsg.) "Die Wertsicherung der Young-Anleihe", S. 5

4) Vgl. H. Hahn "Das pactum de negotiando als völkerrechtliche Entscheidungsnorm", AWD/RIW 18/1972, S. 489 f; I. Seidl-Hohenveldern "International Economic 'Soft Law'", RdC 163/1979 II, S. 194

tere Vertragserfüllung verhindern können [1], wäre der Schuldner dann auch juristisch verpflichtet, keinem seiner Gläubiger Vorzugskonditionen einzuräumen. Diesen wiederum wäre untersagt, aus den Kreditverträgen gegen den Schuldner vorzugehen und zu vollstrecken, da dies und die hieraus resultierende Gefahr eines Wettlaufs aller Gläubiger auf das ihrem Zugriff unterliegende Vermögen des Schuldnerstaates die Durchführung der im Agreed Minute getroffenen Vereinbarungen vereiteln würde.

Die Protokolle des Pariser Clubs haben zweifellos zur Folge, daß die geschilderten Verpflichtungen der teilnehmenden Staaten als solche politischen und moralischen Charakters bestehen. Zweifelhaft erscheint allerdings, ob sie darüber hinaus auch rechtlicher Natur sind [2], zumal sie in der Literatur wohl allgemein für nicht rechtlich bindend ange-

---

1) Vgl. R. Bernhardt "Völkerrechtliche Bindungen in den Vorstadien des Vertragsschlusses", ZaöRV 18/1957, S. 682; K. Beyerlin "Pactum de contrahendo und pactum de negotiando im Völkerrecht?", ZaöRV 36/1976, S. 434: Gebot, "alle dem Endvertragsziel zuwiderlaufenden Handlungen zu unterlassen, zumindest also den vorvertraglichen status quo zu erhalten." Vgl. auch G. Dahm "Völkerrecht", Band III, S. 70 f; W. Morvay "The Obligation of a State not to Frustrate the Object of a Treaty Prior to Its Entry into Force", ZaöRV 27/1967, S. 451 ff; J. Müller "Vertrauensschutz im Völkerrecht", BaöRV 56/1971, S. 160 f

2) Zu den rechtstheoretischen Hintergründen der Differenzierung zwischen rechtlich und politisch/moralisch bindend vgl. M. Bothe "Legal and Non-Legal Norms - A Meaningful Distinction in International Relations?", NYIL XI/1980, S. 65 ff

sehen werden [1] und man ihnen lediglich empfehlenden Charakter zuschreibt [2].

Der Qualifikation der Protokolle als pacta de negotiando, für die ihre Unterzeichnung durch die Teilnehmer als Ausdruck der Übereinstimmung spricht, steht zwar weder die Bezeichnung "Agreed Minute" [3] noch das Unterbleiben ihrer Registrierung gemäß Art. 102 der UN-Charta entgegen. Wie Absatz 2 dieser Norm zeigt, ist die Registrierung nämlich nicht Voraussetzung für die Wirksamkeit eines völkerrechtlichen Vertrages, sondern nur für dessen Durchsetzbarkeit vor dem IGH. [4] Sowohl die Bezeichnung als auch die feh-

---

1) B. Crowe "International Public Lending and American Policy", in J. Aronson (Hrsg.) "Debt and the Less Developed Countries", S. 41;
E. Brau / R. Williams u.a. "Recent Multilateral Debt Restructurings with Official and Bank Creditors", S. 10, 17;
J. Kühn "Die Rolle der Regierungen: Der Pariser Club", bislang unveröffentlichte Rede auf dem 5. Malenter Symposium der Dräger Stiftung (1985), S. 5;
C. Oechsli "Procedural Guidelines for Renegotiating LDC Debt: An Analogy to Chapter 11 of the U.S. Bankruptcy Reform Act", VJIL 21/1981, S. 321, 324;
vgl. auch B. Nowzad / R. Williams "External Indebtedness of Developing Countries", S. 22: "... Agreed Minutes, which, in effect, constitute the guidelines ... .";
"Umschuldung: was ist das?", F&E September 1983, S. 28;
R. Plan "External Debt Rescheduling", S. 37;
"Pariser Club als Schuldenmanager", Außenhandelsblätter der Commerzbank 5/86, S. 4

2) Vgl. H. Bittermann "The Refunding of International Debt", S. 135;
"Les caracteristiques et les procedures du Club de Paris", unveröffentlichtes Erläuterungspapier des Pariser Clubs, S. 2;
A. Rieffel a.a.O., S. 106

3) Vgl. D. Myers "The Names and Scope of Treaties", AJIL 51/1957, S. 593;
I. Seidl-Hohenveldern "Völkerrecht", S. 46

4) P. Wood "Law and Practice of International Finance", S. 1 - 38;
K. Geck "Die Registrierung und Veröffentlichung völkerrechtlicher Verträge", ZaöRV 22/1962, S. 166;
I. Seidl-Hohenveldern a.a.O., S. 71

lende Registration stellen deshalb allenfalls ein Indiz gegen den Vertragscharakter der Protokolle dar. Als solches kann dagegen nicht gewertet werden, daß Agreed Minutes nicht ratifiziert werden, da eine Ratifikation eines Vertrages wohl nur dann erforderlich ist, wenn sie in diesem expressis verbis vorgesehen ist [1].

Voraussetzung für eine Qualifizierung eines Agreed Minute als pactum de negotiando wäre aber das Vorliegen eines rechtlichen Bindungswillens von Schuldner und Gläubigern [2], da "the contractual character of international agreements depends upon the intention of the parties to create legal relations between them." [3] Die Feststellung des Rechtsbindungswillens kann hier nicht, wie die allgemein anerkannten Auslegungsregeln für (Völkerrechts-) Verträge vorsehen [4], in erster Linie anhand des Textes nach dem üblichen Sprachgebrauch erfolgen, weil die Agreed Minutes vom Pariser Club weder veröffentlicht noch herausgegeben werden. Eine Ermittlung kann deshalb nur auf Basis der Begleitumstände durchgeführt werden.

---

1) P. Guggenheim / K. Marek "Verträge, Völkerrechtliche", in K. Strupp / H. Schlochauer "Wörterbuch des Völkerrechts", Band III, S. 534;
vgl. auch R. Bernhardt "Völkerrechtliche Bindungen in den Vorstadien des Vertragsschlusses", ZaöRV 18/1957, S. 675 ff;
G. Fitzmaurice "Do Treaties Need Ratification?", BYIL 15/1934, S. 113 ff;
H. Blix "The Requirement of Ratification", BYIL 30/1953, S. 380

2) U. Beyerlin "Pactum de contrahendo und pactum de negotiando im Völkerrecht?", ZaöRV 36/1976, S. 412;
H. Hahn "Das pactum de negotiando als völkerrechtliche Entscheidungsnorm", AWD/RIW 18/1972, S. 492

3) J. Fawcett "The Legal Character of International Agreements", BYIL 30/1953, S. 400;
vgl. auch M. Bothe "Legal and Non-Legal Norms - A Meaningful Distinction in International Relations?", NYIL XI/1980, S. 67

4) R. Bernhardt "Die Auslegung völkerrechtlicher Verträge", BaöRV 40/1963, S. 15 ff, 187

Dabei kann nicht schon aus der Qualifizierung des ebenfalls Auslandsverbindlichkeiten eines Staates regelnden Londoner Schuldenabkommens als pactum de negotiando auf denselben Rechtscharakter der Club-Protokolle geschlossen werden. Eine Gegenüberstellung bietet vielmehr Indizien gegen die Annahme eines Rechtsbindungswillens der Parteien bei der Unterzeichnung der Agreed Minutes. So stellt das Londoner Abkommen ein umfassendes Vertragswerk dar, durch das die Modalitäten der Umschuldung bis in alle Einzelheiten geregelt wurden [1], und ist das Ergebnis jahrelanger Verhandlungen hochkarätiger und personenstarker Delegationen [2]. Keiner dieser Umstände findet eine Parallele bei den Umschuldungen im Rahmen des Pariser Clubs, wobei allerdings einzuräumen ist, daß die Dauer der zum Londoner Abkommen führenden Verhandlungen im wesentlichen durch die Streitigkeiten über die Anerkennung der Verbindlichkeiten durch die Bundesrepublik Deutschland als Rechtsnachfolger des Deutschen Reichs [3] und die Frage der Einräumung von Konzessionen [4] bedingt war, durch Faktoren also, denen bei den Umschuldungsverhandlungen des Clubs kein Gewicht zukommt [5]. Auch werden für die Agreed Minutes im Gegensatz zum Londoner Abkommen weder Zustimmungs- [6] noch Aus-

---

1) Vgl. BGBl. 1953 II, S. 333 ff

2) Zu den Teilnehmern der deutschen Delegation vgl. "Deutsche Auslandsschulden", herausgegeben vom Auswärtigen Amt, dem Bundesministerium der Finanzen, dem Bundesministerium für Wirtschaft und dem Bundesministerium für den Marshallplan, S. 25

3) Vgl. H. Coing "Londoner Schuldenabkommen von 1953", in K. Strupp / H. Schlochauer "Wörterbuch des Völkerrechts", Band II, S. 425

4) Vgl. E. Wolff "Das Londoner Schuldenabkommen", JZ 9/1954, S. 109

5) Vgl. E. Brau / R. Williams u.a. "Recent Multilateral Debt Restructurings with Official and Bank Creditors", S. 17

6) Vgl. BGBl. 1953 II, S. 331

führungsgesetze [1] erlassen. Vielmehr ist festzustellen, daß durch die Nichtveröffentlichung [2] der Dokumente des Clubs die parlamentarische Kontrolle der Tätigkeit der einzelnen Regierungen erschwert wird. Auch wenn all diese Unterschiede sachlich gerechtfertigt sein mögen und ein pactum de negotiando auch keiner bestimmten Form bedarf [3], so muß nach dem Vergleich doch für unwahrscheinlich erachtet werden, daß die Umschuldung von Verbindlichkeiten in Milliardenhöhe mit derselben rechtlich bindenden Wirkung einmal in einem formellen, alle Details regelnden Vertragswerk erfolgt, während ein anderes Mal hierfür ein formloses Protokoll ausreichen soll.

Dem Vorliegen eines Rechtsbindungswillens könnte auch eine fehlende Kompetenz der Staatenvertreter entgegenstehen, da anzunehmen ist, daß diese nur im Rahmen ihrer Vertretungsbefugnis rechtsverbindliche Erklärungen abgeben. [4]

---

1) Vgl. BGBl. 1953 I, S. 1003 ff, ergänzt durch BGBl. 1955 I, S. 57 f sowie durch BGBl. 1956 I, S. 99 f, 758; vgl. hierzu H. Coing "Londoner Schuldenabkommen von 1953", in K. Strupp / H. Schlochauer "Wörterbuch des Völkerrechts", Band II, S. 427

2) Vgl. auch M. Bothe ("Legal and Non-Legal Norms - A Meaningful Distinction in International Relations?", NYIL XI/1980, S. 90 m.w.N.) der darauf hinweist, daß "(n)on-legal agreements are not usually published in the same way as international treaties or other documents containing legal obligations."

3) H. Hahn "Das pactum de negotiando als völkerrechtliche Entscheidungsnorm", AWD/RIW 18/1972, S. 490

4) Vgl. auch M. Bothe "Legal and Non-Legal Norms - A Meaningful Distinction in International Relations?", NYIL XI/1980, S. 72,, 74, 89 f.
Hiervon zu trennen ist die Frage der Gültigkeit eines ohne ausreichende Vertretungsbefugnis abgeschlossenen Vertrages. Wie allgemein der Berufung auf formelle Verfassungswidrigkeit eines völkerrechtlichen Vertrages dürfte auch der auf fehlende Vertretungsmacht eines Vertreters eines Staates bei einer internationalen Konferenz im Regelfall Treu und Glauben entgegenstehen.
Vgl. I. Seidl-Hohenveldern "Völkerrecht", S. 63 f; a.A. R. Lagoni in E. Menzel / K. Ipsen "Völkerrecht", S. 302; hierzu aber auch F. Berber "Lehrbuch des Völkerrechts", Band I, S. 448

Die Ermächtigung zur Abgabe verpflichtender Willenserklärungen kann nicht nur formell und ausdrücklich, sondern auch konkludent erteilt werden und könnte demnach bereits in der Entsendung zu der jeweiligen Verhandlung zu sehen sein [1]. Da der Umfang der ausdrücklichen Vollmachtserteilung nicht bekannt ist, kann diese Frage nicht definitiv entschieden werden.

Unabhängig hiervon bleibt festzustellen, daß weder die vorstehenden Ausführungen noch andere Überlegungen Ansatzpunkte bieten, die es rechtfertigen würden, den Verhandlungsteilnehmern bei deren Unterzeichnung der Protokolle entgegen der ganz h.M. den Willen zur Abgabe rechtsverbindlicher Erklärungen zu unterstellen. Die Protokolle des Pariser Clubs sind deshalb nicht als pacta de contrahendo zu qualifizieren. Da sie nur vorläufige Abreden über künftig zu schließende Verträge beinhalten, stellen sie vielmehr sogenannte Traktate oder punctationes dar [2].

Fraglich ist aber, ob das "estoppel"-Prinzip zu einer rechtlichen Bindungswirkung der Agreed Minutes führt. Die tatbestandlichen Voraussetzungen [3] dieser Lehre in ihrer

---

1) Vgl. auch Art. 7 Abs. 2 (c) der Wiener Konvention über das Vertragsrecht vom 23. Mai 1969, abgedruckt in AJIL 63/1969, S. 875 ff, 878

2) Vgl. L. Oppenheim / H. Lauterpacht "International Law", Vol. I, S. 890 f;
E. Kron "Pactum de contrahendo im Völkerrecht", S. 65, 149;
L. Dischler "Pactum de contrahendo", in K. Strupp / H. Schlochauer "Wörterbuch des Völkerrechts", Band II, S. 717;
F. Berber "Lehrbuch des Völkerrechts", Band I, S. 449;
H. Hahn "Das pactum de negotiando als völkerrechtliche Entscheidungsnorm", AWD/RIW 18/1972, S. 492

3) D. Bowett "Estoppel Before International Tribunals and Its Relation to Acquiesence", BYIL 33/1957, S. 176 ff;
W. Friede "Das Estoppel-Prinzip im Völkerrecht", ZaöRV 5/1935, S. 517;
E. Menzel "Estoppel-Prinzip", in K. Strupp / H. Schlochauer "Wörterbuch des Völkerrechts", Band I, S. 441

Ausprägung "estoppel by conduct" (im Gegensatz zu "estoppel by treaty") werden durch die Protokolle des Pariser Clubs zweifellos erfüllt. So beinhalten diese klare, unmißverständliche und unbedingte Willenserklärungen (wenngleich ohne rechtliche Bindungsabsicht) hierzu kompetenter Staatsorgane, die auch als freiwillig im Sinne dieser Grundsätze anzusehen sind, selbst wenn sie nur notgedrungen und nach Beugung vor Sachzwängen, nämlich den finanziellen Schwierigkeiten des jeweiligen Schuldnerstaates abgegeben werden. Da sie somit einen Vertrauenstatbestand setzen, begründet das "estoppel"-Prinzip Schadensersatzpflichten wenn Schuldner oder Gläubiger gegen die Vereinbarungen verstoßen und so einem anderen Beteiligten finanzielle Nachteile entstehen. Ob es aber darüber hinaus auch zu einer rechtlichen Bindungswirkung der Protokolle führt, erscheint zweifelhaft und ist letztendlich zu verneinen. So würde auf dem Umweg über die "estoppel"-Lehre nämlich etwas, d.h. hier die Bindung auch rechtlicher Natur, eingeführt, was die Beteiligten gerade nicht wollen. Einer ihrer Beweggründe hierfür liegt in den konstitutionellen Erfordernissen der einzelnen nationalen Rechtsordnungen. Würden Agreed Minutes aber regelmäßig (!) genau dieselben Wirkungen wie völkerrechtliche Verträge entfalten, so wäre zu erwägen, ob das gewählte Prozedere nicht eine unzulässige Umgehung nationaler Kompetenz- und Verfahrensvorschriften darstellt. Im übrigen erscheint die somit vorzuziehende Beschränkung der Rechtsfolgen der Protokolle aus dem "estoppel"-Prinzip auch mit dessen primärem Zweck vereinbar. Wie die Erhebung der "Verschlechterung der Rechtsposition der betroffenen Partei" zur notwendigen Voraussetzung für sein Eingreifen [1] belegt, bezweckt sie nur die Verhinderung der Schadenserleidung durch das Vertrauen auf vorgehendes Verhalten eines anderen Beteiligten.

---

1) E. Menzel a.a.O., S. 441

Demgemäß begründet ein Verstoß gegen ein Agreed Minute wie einer gegen die rechtsverbindlichen Umschuldungsvereinbarungen eines Staatsschuldners mit der Bankengruppe schon per se Wiedergutmachungspflichten. Schadensersatz- und Unterlassungsansprüche gegen den Schuldner wegen unzulässiger Bevorzugung einzelner Gläubiger kommen daneben unter Gesichtspunkten von culpa in contrahendo und positiver Vertragsverletzung in Betracht, wenn der Schuldner vor bzw. nach Abschluß eines auf dem Agreed Minute beruhenden und hierauf Bezug nehmenden bilateralen Umschuldungsvertrags einem anderen Gläubiger günstiger Konditionen als hiernach zulässig einräumt. Demgegenüber ist ein Ersatzanspruch eines staatlichen Gläubigers gegen einen anderen infolge des Fehlens vertraglicher Beziehungen in diesem Verhältnis neben Ansprüchen aus dem "estoppel"-Prinzip nur im Falle einer Anstiftung zum Bruch eines solchen zweiseitigen Umschuldungsvertrages denkbar. [1] Weitergehende Relevanz kann einem Agreed Minute allerdings dann zukommen, wenn ein Gericht ermächtigt wird, ex aequo et bono zu entscheiden, da dann Verpflichtungen nicht-juristischer Natur besonderes Gewicht entfalten können. [2]

Obwohl die Agreed Minutes keine unmittelbaren juristischen Verpflichtungen erzeugen, sind sie von hoher Bedeutung, da Recht nicht das einzige System sozialer Normen ist, das

---

1) Die Bedeutung der Rechtsgrundlage "Anstiftung zum Vertragsbruch" wurde jüngst - wenn auch nur auf nationaler Ebene - durch den Rechtsstreit Pennzoil v. Texaco ebenso deutlich wurde wie die potentielle Dimension der hieraus resultierenden Ansprüche.
Vgl. hierzu "Don't Shake Hands in Texas", IFLR November 1986, S. 24 f

2) M. Bothe "Legal and Non-Legal Norms - A Meaningful Distinction in International Relations?", NYIL XI/1980, S. 87, der auch darauf hinweist, daß "(u)nder international law, the parties to a dispute before a court, and especially an arbitral tribunal, have considerable freedom to determine the law to be applied by the judges."

menschliches Verhalten bestimmt. [1] Dies ist zum einen den durch sie begründeten Pflichten moralischen Charakters zuzuschreiben [2]. Zum anderen wird ihre Einhaltung weitgehend durch ihr politisches Gewicht gewährleistet [3]. Im übrigen "should not lightly be presumed that states did not mean what they said". [4] Die Protokolle des Pariser Clubs gehören daher zu den nicht-rechtlichen Normen, die geteilte Erwartungen an das gegenseitige Verhalten formulieren [5] und die jede Gesellschaft in irgendeiner Weise für ihr Funktionieren braucht, da nur so künftige Verhaltensmuster wenigstens annähernd vorhersehbar sind. Diesen kommt gerade im internationalen Bereich besondere Bedeutung als stabilisierender Faktor zu [6], da sie dort häufig wegen ihrer größeren Flexibilität in Einführung, Anwendung und Aufgabe sowie der so nicht eingreifenden national-konstitutionellen Erfordernisse für den Abschluß völkerrechtlicher Verträge gegenüber Rechtsnormen bevorzugt werden. [7]

---

1) H. Kelsen "Reine Rechtslehre", S. 60 ff;
T. Geiger "Vorstudien zu einer Soziologie des Rechts", S. 125 ff;
G. Radbruch "Einführung in die Rechtswissenschaft", S. 12 ff

2) Vgl. oben S. 223

3) Vgl. H. Hahn a.a.O., S. 492;
J. Gold "Developments in the International Monetary System, the International Monetary Fund and International Monetary Law Since 1971", RdC 174/1982 I, S. 328

4) M. Bothe "Legal and Non-Legal Norms - A Meaningful Distinction in International Relations?", NYIL XI/1980, S. 85

5) O. Schachter "Towards a Theory of International Obligation", in S. Schwebel (Hrsg.) "The Effectiveness of International Decisions", S. 22 ff

6) M. Rotter "Die Abgrenzung zwischen völkerrechtlichem Vertrag und ausserrechtlicher zwischenstaatlicher Abmachung", in R. Marcie u.a. (Hrsg.) "Internationale Festschrift für Alfred Verdross", S. 420

7) M. Bothe a.a.O., S. 90 ff

Außerdem stellen die Agreed Minutes und ihre Realisation die Geschäftsgrundlage für die die Kredite neu regelnden Verträge dar. [1] Demnach ist ein Gläubiger zur Kündigung des auf der Grundlage des Agreed Minute abgeschlossenen Vertrags berechtigt, wenn der Schuldner das vereinbarte Stabilisierungsprogramm nicht durchführt oder mit einem anderen Forderungsinhaber Konditionen vereinbart, die für diesen günstiger sind, als dies nach dem Protokoll zulässig ist. [2] Eine Nichtbefolgung des Agreed Minute begründet deshalb die Gefahr, daß die Gläubiger die neuen Verträge kündigen und die ursprünglichen Kreditverträge so wieder aufleben. Daß dies weder im Interesse des Schuldners noch der Gläubiger sein kann, veranlaßt die Signatare des Protokolls zu dessen Befolgung.

---

1) So N. Horn "Rechtsfragen internationaler Umschuldungen", WM Teil IV 1984, S. 720, für die Durchführung des Stabilisierungsprogramms

2) Vgl. E. Schwelb "Fundamental Change of Circumstances", ZaöRV 29/1969, S. 40 ff;
A. Verdross / B. Simma "Universelles Völkerrecht", S. 418 ff;
G. Haraszti "Treaties and the Fundamental Change of Circumstances", RdC 146/1975 III, S. 75 ff;
M. Bothe "Legal and Non-Legal Norms - A Meaningful Distinction in International Relations?", NYIL XI/1980, S. 88

c) Entstehung von Klage- oder Vollstreckungshindernissen

Wurde vorstehend festgestellt, daß die Unterzeichnung der Agreed Minutes für die Gläubigerstaaten lediglich politische und moralische Verpflichtungen auf Ausführung der Vereinbarung und damit auch zum Unterlassen gerichtlicher oder vollstreckungsrechtlicher Schritte gegen den umschuldenden Staat begründet [1], so ist hiermit noch keine Aussage darüber getroffen, welche Auswirkungen die Existenz eines Protokolls des Pariser Clubs auf Klagen oder Vollstreckungsmaßnahmen gegen den Schuldner, seine Staatsbürger oder die in ihm residierenden Gesellschaften hat. Praktische Relevanz dürfte dieser Problematik allerdings nur für Klagen solcher Gläubiger zukommen, die nicht an der Unterzeichnung des Protokolls beteiligt waren, da als unwahrscheinlich anzusehen ist, daß die Regierung eines Gläubigerstaates nach Zustimmung zu einem ausgehandelten Umschuldungskonzept dieses durch ihm widersprüchliche gerichtliche Schritte gefährdet und so auch ihre eigene Reputation aufs Spiel setzt. Sollte diese Erwartung enttäuscht werden, so würde - neben den anschließend darzustellenden Rechtsfragen - dem Verbot des venire contra factum proprium besondere Bedeutung zukommen und ungeachtet des Fehlens einer rechtlichen Verpflichtung, die Erhebung einer Klage oder Vollstreckungsmaßnahmen zu unterlassen, zu einer Zurückweisung des Klagebegehrens führen.

---

1) Vgl. oben S. 222 f

aa) Einfluß auf die Anwendung nationalen Insolvenzrechts

Eine zwischenzeitlich wieder aufgehobene [1] Entscheidung eines New Yorker Berufungsgerichts vom April 1984 deutet auf die zugegebenermaßen vage Möglichkeit hin, daß das Vorhandensein eines Pariser Club-Protokolls einen nationalen Spruchkörper zur (analogen) Anwendung staatlichen Insolvenzrechts auf Klagen von Gläubigern gegen den umschuldenden Staat oder andere in ihm sitzende Schuldner veranlassen könnte. Das Berufungsgericht bestätigte im Fall Allied Bank International v. Banco Credito Agricola de Cartago [2] die erstinstanzliche Abweisung [3] der Klage eines amerikanischen Bankenkonsortiums gegen drei staatseigene costaricanische Banken, welche ihre Verbindlichkeiten aus Solawechseln nicht erfüllen konnten. Ursache hierfür war die Einführung strikter Devisenkontrollbestimmungen durch die Regierung Costa Ricas, die zu dieser Zeit Umschuldungsverhandlungen mit ihren Gläubigern führte. Im Gegensatz zum erstinstanzlichen Gericht begründete das Berufungsgericht die Klageabweisung aber nicht mit der Act of State Doctrine, sondern hielt die Nichterfüllung der Verbindlichkeiten für

---

1) T. Cashel "Allied Bank Case Reversed on Rehearing", IFLR April 1985, S. 7 f

2) 733 F. 2d 23 (2d Cir. 1984);
vgl. hierzu C. Brown "Enforcing Sovereign Lending", IFLR Juli 1984, S. 5 ff;
C. Ebenroth "Banking on the Act of State", S. 45 ff;
C. Ebenroth / L. Teitz "Winning (or Losing) by Default: The Act of State Doctrine, Sovereign Immunity and Comity in International Business Transactions", IL 19/1985, S. 232 ff;
D. Carreau "Le rééchelonnement de la dette extérieure des Etats", JDI 112/1985, S. 42 ff;
K. Böhlhoff / A. Baumanns "How Might German Courts Have Decided the Allied Case?", IFLR September 1984, S. 14 f;
M. Gruson / R. Reisner "Acts of Foreign Governments Affecting Borrowers' Obligations: Recent Developments", in M. Gruson / R. Reisner (Hrsg.) "Sovereign Lending: Managing Legal Risk", S. 242 f;
IFLR Mai 1984, S. 2

3) 566 F. Supp. 1440 (S.D.N.Y. 1983);
vgl. hierzu D. Lindskog "Act of State or Act of Desperation", IFLR Dezember 1983, S. 4 ff

vereinbar mit dem Recht und der Politik der USA und meinte, Courtoisie (comity) [1] erfordere deshalb deren Billigung und somit eine Abweisung der Klage.

Die Vereinbarkeit der Nichterfüllung der Verbindlichkeiten mit dem Recht der USA begründete das Gericht unter Hinweis auf ein im Jahre 1883 erlassenes Urteil [2] mit einer analogen Heranziehung von Chapter 11 des Bankruptcy Code [3], nach dem "all collection actions against a business filing an application for reorganization are automatically stayed to allow the business to prepare an acceptable plan for the reorganization of its debts." Die Voraussetzungen für diese Analogie sah es als gegeben an, da in der Zwischenzeit die Umschuldungsverhandlungen des Pariser Clubs über die Auslandsverbindlichkeiten Costa Ricas, die die hier in Streit befindlichen Bankenforderungen in Anbetracht ihrer Beschränkung auf staatliche und staatlich verbürgte Kredite nicht umfaßten, abgeschlossen waren. Weiter führte es aus: "Costa Rica's prohibition of payment of debt was not a repudiation of the debt but rather was merely a deferral of payments while it attempted in good faith to renegotiate its obligations."

Die Übereinstimmung des Zahlungsverzugs mit der Politik der Vereinigten Staaten folgerte das erkennende Gericht aus der Unterzeichnung des Protokolls des Pariser Clubs durch die USA, das auch eine Klausel enthielt, die eine Umschuldung der Verbindlichkeiten Costa Ricas gegenüber von Banken empfahl. Außerdem berief es sich auf Äußerungen von Präsident R. Reagan, Außenminister G. Shultz sowie des Repräsentantenhauses, die die Anpassungsbemühungen Costa Ricas und die Umschuldung dessen Auslandsverbindlichkeiten guthießen und eine weitere Unterstützung durch die USA befürworteten.

---

1) Vgl. hierzu W. Eskridge "The Iranian Nationalization Cases: Toward a General Theory of Jurisdiction over Foreign States", HILJ 22/1981, S. 553 ff

2) Canada Southern Railway Co. v. Gebhard 109 U.S. 527 (1883)

3) 11 U.S.C. §§ 1101 - 1174 (West 1979 & Supp. 1984)

Das Urteil und seine Begründung wurde von der Literatur, der US-Regierung, der New York Clearing House Association, dem Rule of Law Committee sowie dem National Foreign Trade Council heftig kritisiert. [1] Kernpunkt der Kritik war einerseits der Vorwurf einer verfehlten Interpretation der Politik der Regierung, die nach eigenem Bekunden mit der Unterzeichnung des Protokolls des Pariser Clubs ungeachtet der hierin wie üblich [2] enthaltenen Klausel, welche eine Restrukturierung der Forderungen kommerzieller Gläubiger gegen den Schuldnerstaat empfahl, keinesfalls die Verhinderung der gerichtlichen Durchsetzung privater Darlehensforderungen bezweckt hatte. Ebensowenig könne in diesem Zusammenhang der Empfehlung des Präsidenten zur Gewährung weiterer finanzieller Unterstützung an Costa Rica Bedeutung zukommen, da deren alleiniger Bezugspunkt der Foreign Assistance Act [3] gewesen sei und deshalb mit der klage-

---

1) C. Brown "Enforcing Sovereign Lending", IFLR Juli 1984, S. 5 ff;
C. Ebenroth "Banking on the Act of State", S. 54 ff;
ders. "Rechtliche Probleme bei der Bewältigung der Schuldenkrise. Aktuelle Herausforderungen im internationalen Finanz- und Wirtschaftsrecht", in L. Späth / H. Dräger (Hrsg.) "Zielsetzung Partnerschaft: Die weltwirtschaftliche Bedeutung von Auslandsinvestitionen und Technologietransfer", S. 336 f;
C. Ebenroth / L. Teitz "Winning (or Losing) by Default: The Act of State Doctrine, Sovereign Immunity and Comity in International Business Transactions", IL 19/1985, S. 226, 235 ff

2) D. Dod "Bank Lending to Developing Countries", FRB 67/1981, S. 653;
A. Rieffel "The Paris Club, 1978 - 1983", CJTL 23/1984, S. 105;
A. Cizauskas "International Debt Renegotiation: Lessons from the Past", WD 7/1979, S. 207

3) 22 U.S.C. § 2370 (q) (West 1979):
"No assistance shall be furnished under this chapter to any country which is in default, during a period in excess of six calendar months, in payment to the United States of principal or interest on any loan made to such country under this chapter, unless such country meets its obligations under the loan or unless the President determines that assistance to such country is in the national interest and notifies the Speaker of the House of Representatives and the Committee of Foreign Relations of the Senate of such determination."

weisen Durchsetzung privater Forderungen überhaupt nichts zu tun habe. Somit habe es nicht mit der Politik der Regierung übereingestimmt, die Klage abzuweisen und den Devisenbeschränkungen Costa Ricas hierdurch extraterritoriale Wirkung beizumessen. Dies habe vielmehr das Interesse der Vereinigten Staaten an Schaffung bzw. Erhaltung von Rechtssicherheit am Finanzplatz New York beeinträchtigt. Betont wurde zudem die Gefahr, daß die durch das Urteil begründete Unsicherheit über den potentiellen Erfolg einer gerichtlichen Geltendmachung von Forderungen aus Kreditverträgen zu einem Nachlassen der Bereitschaft zur Vergabe neuer Kredite führen könnte, die - auch nach Ansicht der US-Regierung - für die Stabilität des internationalen Finanzsystems unbedingt erforderlich sind. Andererseits wurde auch die Übereinstimmung mit dem Recht der USA in Abrede gestellt, da eine Umschuldung im Rahmen des Pariser Clubs nicht mit einem Reorganisationsverfahren nach Chapter 11 vergleichbar sei und deshalb eine - wenn auch nur analoge - Anwendung dieser Normen ausscheide. Zudem hätte der Bankruptcy Code keine Klageabweisung erlaubt. Unter ihm wird vielmehr nur die Vollstreckbarkeit von Ansprüchen gegen den Gemeinschuldner ausgesetzt, wohingegen die gerichtliche Feststellung der Forderungen möglich bleibt. [1] Letztendlich sei die Entscheidung des Berufungsgerichts aber auch ungeachtet ihrer Nichtübereinstimmung mit Politik und Recht der Vereinigten Staaten schon deshalb verfehlt, da sie entgegen den Grundsätzen der comity - Doktrin die Interessen der klägerischen Banken nicht in angemessener Weise berücksichtigt habe [2].

---

1) 11 U.S.C. § 362 (West 1979 & Supp. 1984)

2) Vgl. Hilton v. Guyot 159 U.S. 163 f (1894); United States v. Belmont 301 U.S. 324 (1937); Banco Nacional de Cuba v. Chemical Bank New York Trust Co. 658 F. 2d 903 (2d Cir. 1981)

Nach Zulassung eines Antrags auf Rehearing, den die Vereinigten Staaten als amicus curiae unterstützten, hob das Berufungsgericht seine Entscheidung auf und verwies die Klage zur weiteren Verhandlung an das erstinstanzliche Gericht zurück, da die Act of State Doctrine angesichts des in den Vereinigten Staaten liegenden situs der Forderungen nicht anwendbar sei und auch comity keine Klageabweisung erfordere. [1] Es verneinte nunmehr die Konformität der Devisenkontrollbestimmungen Costa Ricas mit der Politik der Vereinigten Staaten, da der in der Einführung der Devisenbeschränkungen zu sehende Versuch einer einseitigen Umschuldung durch den Schuldner dem von der US Regierung befürworteten Ansatz, Schuldenprobleme von Staaten durch Verhandlungen und Kooperation aller Beteiligten zu bewältigen, zuwiderlief. Die Richter bestritten zudem die Vereinbarkeit der Anerkennung der Dekrete Costa Ricas mit dem Vertragsrecht der USA, da die Parteien in dem der Klage zugrunde liegenden Kreditvertrag vereinbart hatten, daß im Falle der Nichterfüllung der Verbindlichkeiten durch die costaricanischen Banken die Frage des diesbezüglichen Verschuldens unabhängig davon zu beurteilen sei, ob die Zentralbank Costa Ricas für die Zahlungen US Dollars bereitstellt oder nicht.

Nachdem das New Yorker Berufungsgericht seine frühere Entscheidung einstimmig [2] aufgehoben und die US-Regierung in diesem Rechtsstreit ihre mit der Teilnahme an den Verhandlungen des Pariser Clubs verfolgte Politik klargestellt hat, muß als unwahrscheinlich erachtet werden, daß ein Gericht der Vereinigten Staaten bei einer Entscheidung über Forderungen aus Kreditverträgen, selbst wenn diese im Gegensatz zu den hier betroffenen als staatliche oder staatlich verbürgte Kredite im Pariser Club umgeschuldet wurden, künftig

---

1) T. Cashel "Allied Bank Case Reversed on Rehearing", IFLR April 1985, S. 7 f;
kritisch hierzu D. Lindskog "Allied Bank: The Reasoning Behind the Recent Decision", IFLR Mai 1985, S. 24.
Wie in Bankkreisen zu hören war, wurden die Verbindlichkeiten dann umgeschuldet.

2) T. Cashel a.a.O., S. 7

der Existenz eines Agreed Minute bei comity-Erwägungen oder gar bei der direkten Anwendung des Bankruptcy Code Bedeutung zumißt. Zu derselben Schlußfolgerung kommen K. Böhlhoff / A. Baumanns [1] wohl zu Recht in bezug auf bundesdeutsche Gerichte, da nach der - Zustimmung verdienenden - Ansicht des Bundesverfassungsgerichts [2] nationales Konkursrecht angesichts der gravierenden Unterschiede zwischen dem Konkurs eines privaten Schuldners und einem Staatsbankrott zur Bereinigung des letzteren weder geschaffen noch geeignet ist. Zudem sei ein von einem anderen Staat erklärtes Moratorium allenfalls mit einem auf fremdem Staatsgebiet durchgeführten Konkursverfahren vergleichbar, welches nach dem vom Bundesgerichtshof [3] in ständiger Rechtsprechung vertretenen engen Territorialitätsprinzip das in der Bundesrepublik belegene Vermögen des Gemeinschuldners nicht erfaßt [4]. Letztendlich ist zu berücksichtigen, daß die Vertreter der Bundesregierung wie auch zahlreicher anderer Regierungen im Fall der Existenz konkursrechtlicher Auswirkungen der Agreed Minutes diesen wegen des dann gegebenen Eingriffs in fremde Vermögen wohl nicht ohne gesetzliche Ermächtigung zustimmen könnten.

Inwieweit sich Gerichte anderer Staaten nach Abschluß der Verhandlungen des Pariser Clubs durch dessen Protokoll zur Anwendung nationalen Insolvenzrechts auf Klagen gegen den Schuldnerstaat oder in ihm residierende natürliche bzw. juristische Personen veranlaßt sehen, hängt von den entsprechenden Normen am Sitz des Forums und ihrer Auslegung

---

1) "How Might German Courts Have Decided the Allied Case", IFLR September 1984, S. 19

2) NJW 1963, S. 32, 33

3) Vgl. z.B. BGHZ 53, S. 383, 387; 53, S. 332, 336; BGH NJW 1962, S. 1511

4) A.A. F. Mentzel / G. Kuhn / W. Uhlenbruck "Konkursordnung", § 237 Rdnr. 1 (S. 989 f); A. Böhle-Stamschräder / J. Kilger "Konkursordnung", S. 237 Rdnr. 5

ab. Bei der Entscheidungsfindung dürfte der Frage der Vergleichbarkeit des staatlichen Konkursverfahrens mit den im Rahmen des Pariser Clubs stattfindenden Umschuldungsverhandlungen, die lediglich auf ad-hoc-Basis erfolgen und weder rechtlich geregelt sind noch richterlich überwacht werden, besonderes Gewicht zukommen. Zu berücksichtigen wäre dabei auch, daß das Umschuldungsverfahren des Pariser Clubs nur vom Schuldner eingeleitet werden kann. Dagegen haben die Kreditgeber hier nicht - wie beispielsweise nach der bundesdeutschen Konkursordnung [1] oder dem US Bankruptcy Code [2] - die rechtliche Möglichkeit, den Schuldner zur Umschuldung seiner Verbindlichkeiten zu zwingen, und entbehren somit den hieraus resultierenden Schutz. Sollte ein Gericht trotz der bei diesen Erwägungen festzustellenden Strukturunterschiede eine Anwendung nationalen Insolvenzrechts in Betracht ziehen, so hätte es zudem zu berücksichtigen, daß hieraus auch in diesem Bereich ein Regelungsgefälle auf internationaler Ebene entstünde und die schon aus der umstrittenen Tragweite der Act of State Doctrine [3] resultierende Rechtsunsicherheit im internationalen Kreditgeschäft verstärkt würde, was wiederum die Gefahr einer Schmälerung der Bereitschaft zur Vergabe von Neukrediten zur Folge hätte.

---

1) § 103 Abs. 2 KO

2) 11 U.S.C. § 303 (West 1979 & Supp. 1984)

3) Vgl. hierzu unten S. 247 ff

bb) Bedeutung für die Anwendung von Art. VIII Abs. 2 (b) der IWF-Statuten

Zum Schutze ihrer Währungsreserven führen verschuldete Staaten - wie in dem dem Allied Bank Fall zugrunde liegenden Sachverhalt Costa Rica - bei Verschärfung ihrer Finanzprobleme häufig Devisenkontrollbestimmungen ein [1]) womit sie, soweit hierdurch einseitig Moratorien für eigene Verpflichtungen verhängt werden, gegenüber ihren Kreditgebern vertragsbrüchig werden. Folge für in diesem Staat ansässige Schuldner ist, daß diese ihre Verbindlichkeiten gegenüber ausländischen Gläubigern je nach Ausgestaltung überhaupt nicht, nicht termingerecht oder nicht in der vereinbarten Währung erfüllen können. [2]) Versucht daraufhin ein Gläubiger, seine vertraglichen Ansprüche auf dem Klageweg durchzusetzen, so stellt sich dem erkennenden Gericht die Frage, inwieweit den Devisenvorschriften bei der Entscheidung über die geltend gemachten Forderungen Wirkung beizumessen ist. Praktisch relevant ist diese Fragestellung allerdings nur bei Klageerhebung in einem anderen als dem die Devisenbestimmungen erlassenden Staat, da dessen Gerichte diese als Bestandteil ihres öffentlichen Rechtes im Regelfall unabhängig von dem für die erhobenen Ansprüche geltenden Vertragsstatut anwenden [3]) und Gläubiger deshalb

---

1) Vgl. J. Terray "Sovereign Restructuring Under Civil Law", IFLR August 1984, S. 4;
"Latin America's Control of Foreign Currency Outflows", IFLR Oktober 1984, S. 9 ff

2) N. Horn "Rechtsfragen internationaler Umschuldungen", WM Teil IV 1984, S. 717

3) Vgl. P. Wood "Law and Practice of International Finance", S. 5-2 ff;
W. John "Sovereign Risk and Immunity Under English Law and Practice", in R. Rendell (Hrsg.) "International Financial Law: Lending, Capital Transfers and Institutions", S. 69

wenn irgendmöglich einen anderen Gerichtsstand wählen. 1)
Befindet sich dieser auf dem Territorium eines Fondsmitglieds und ist der die Devisenvorschriften erlassende Staat ebenfalls Mitglied des IWF, so ist bei dieser Entscheidung Art. VIII Abs. 2 (b) Satz 1 der IWF-Statuten zu berücksichtigen, nach dem

> "(e)xchange contracts which involve the currency of any member and which are contrary to the exchange control regulations of that member maintained or imposed consistently with this Agreement shall be unenforceable in the territories of any member."

Dies wirft die Frage auf, welchen Einfluß die Existenz eines Agreed Minute auf die Anwendung der zitierten Norm hat, die in allen Mitgliedsstaaten ungeachtet der in Art. XIV des IWF-Übereinkommens niedergelegten Übergangsregelung als positives Recht gilt. 2)

Die - auch für Lösungsansätze zur Beseitigung der in diesem Bereich bestehenden Rechtsunsicherheit - gravierende Bedeutung dieser Problematik ist nicht isoliert, sondern nur in Kenntnis der bedeutsamsten Rechtsprobleme faßbar, welche eine nach Einführung von Devisenkontrollvorschriften in einem Drittstaat erhobene Klage regelmäßig aufwirft.

---

1) Die Wahl des Gerichtsstandes erfolgt heute bei internationalen Kreditverträgen regelmäßig schon bei Vertragsschluß durch Aufnahme entsprechender Klauseln. Vgl. hierzu M. Gruson "Controlling Site of Litigation", in M. Gruson / R. Reisner (Hrsg.) "Sovereign Lending: Managing Legal Risk", S. 29 ff;
B. Barnett / S. Galvis / G. Gouraige "On Third World Debt", HILJ 25/1984, S. 99.
Allerdings sind der Freiheit der Parteien bei der Bestimmung des Gerichtsortes (wie des Vertragsstatuts) in manchen - insbesondere den teilweise der Calvo Doktrin folgenden lateinamerikanischen - Staaten verfassungsmäßige Grenzen gesetzt. Vgl. J. Leavy "The Calvo Doctrine in Latin American Loans", IFLR Oktober 1985, S. 31 ff

2) Decision No. 446-4 vom 10. Juni 1949, in IMF "Selected Decisions of the International Monetary Fund and Selected Documents", Tenth Issue (1983), S. 233 f;
vgl. F. Mann "The Legal Aspect of Money", S. 372, 382 f;
P. Wood "Law and Practice of International Finance", S. 5 - 9 ff

(1) Immunität

Bei der hierzu gehörenden Frage, inwieweit der Immunität bei Klagen aus Kreditverträgen Entscheidungserheblichkeit zukommt, ist davon auszugehen, daß heute außerhalb des - in diesem Zusammenhang für eine Klageerhebung kaum infrage kommenden - Ostblocks von der Mehrzahl der Staaten nach Aufgabe der absoluten Immunitätstheorie [1] eine restriktive Lehre vertreten wird. [2] Trotz unterschiedlicher Ausprägung in einzelnen [3] weist die Staatenpraxis in den auch vom "State Immunity Act 1978" Großbritanniens [4], vom "Foreign Sovereign Immunities Act of 1976" der Vereinigten

---

1) Vgl. hierzu E. Wehser in E. Menzel / K. Ipsen (Hrsg.) "Völkerrecht", S. 203;
RGZ 62, S. 165 ff; 103, S. 274 ff

2) Vgl. I. Sinclair "The Law of Sovereign Immunity. Recent Developments", RdC 167/1980 II, S. 121 ff;
P. Wood "Law and Practice of International Finance", S. 4 - 12 ff;
K. Böhlhoff / A. Baumanns "How Might German Courts Have Decided the Allied Case?", IFLR September 1984, S. 16;
BVerfG NJW 1963, S. 1732 ff; WM 1983, S. 722, 724

3) So genießen beispielsweise nach der Rechtsprechung des Bundesgerichtshofs von vornherein nur Staaten, nicht aber in deren Mehrheitsbesitz befindliche juristische Personen Immunität. Vgl. BGHZ 18, S. 1, 9;
Eine entgegengesetzte Regelung enthält dagegen der Foreign Sovereign Immunities Act (28 U.S.C. § 1603 (b) 1976 & Supp. IV 1980);
vgl. R. Ryan "Defaults and Remedies", in M. Gruson / R. Reisner (Hrsg.) "Sovereign Lending: Managing Legal Risk", S. 171;
W. Eskridge "The Iranian Nationalization Cases: Toward a General Theory of Jurisdiction over Foreign States", HILJ 22/1981, S. 576 ff.
Zur Rechtslage in Großbritannien vgl. F. Mann "Sovereign Immunity under English Law", in M. Gruson / R. Reisner (Hrsg.) a.a.O., S. 106 f.
Vgl. auch W. John "Sovereign Risk and Immunity Under English Law and Practice", in R. Rendell (Hrsg.) "Lending, Capital Transfers and Institutions", S. 70

4) Vgl. hierzu W. John a.a.O., S. 75 ff;
G. Delaume "The State Immunity Act of the United Kingdom", AJIL 73/1979, S. 185 ff

Staaten [1] und vom "State Immunity Act 1982" Kanadas [2] reflektierten Grundzügen Übereinstimmung auf. Danach kann sich ein Staat bei Ausübung kommerzieller Tätigkeit (acta jure gestionis), zu der anerkanntermaßen auch die Aufnahme von Krediten gehört [3], oder nach ausdrücklicher [4] oder stillschweigender [5] Abgabe einer Verzichtserklärung [6]

---

1) Vgl. hierzu J. Stevenson (J. Browne "United States Law of Sovereign Immunity Relating to International Financial Transactions", in R. Rendell (Hrsg.) "International Financial Law: Lending, Capital Transfers and Institutions", S. 89 ff; G. Delaume "Public Debt and Sovereign Immunity: The Foreign Sovereign Immunities Act of 1976", AJIL 71/1977, S. 402 ff; J. Martin "Sovereign Immunity", HILJ 18/1977, S. 429 ff

2) Vgl. B. Semkow "Syndicating and Rescheduling International Financial Transactions: A Survey of the Legal Issues Encountered by Commercial Banks", IL 18/1984, S. 910

3) So ausdrücklich § 3 (3) (b) State Immunity Act 1978. Vgl. auch B. Nichols "Sovereign Debtors under US Immunity Law", in M. Gruson / R. Reisner (Hrsg.) "Sovereign Lending: Managing Legal Risk", S. 83 f; C. Ebenroth "Banking on the Act of State", S. 35 (Fn. 124); E. Löschner "Souveräne Risken und internationale Verschuldung", S. 37; K. Böhlhoff / A. Baumanns "How Might German Courts Have Decided the Allied Case", IFLR September 1984, S. 16; vgl. aber auch W. Eskridge "Les Jeux Sont Faits: Structural Origins of the International Debt Problem", VJIL 25/1985, S. 345

4) Vgl. hierzu D. Wall "Waiver of Sovereign Immunity under United States Law", IFLR November 1982, S. 28 ff

5) Vgl. hierzu aber B. Barnett / S. Galvis / G. Gouraige "On Third World Debt", HILJ 25/1984, S. 101 ff; J. Stevenson / J. Browne "United States Law of Sovereign Immunity Relating to International Financial Transactions", in R. Rendell (Hrsg.) "International Financial Law: Lending, Capital Transfers and Institutions", S. 96 ff

6) Diese ist nach BVerfGE 46, S. 342, 344 grundsätzlich nicht widerrufbar. Vgl. hierzu auch H. Scott "The Enforceability of Loan Agreements Between the World Bank and Its Member Countries", AULR 13/1964, S. 189

im Klageverfahren [1] nicht auf Immunität berufen. [2] Die skizzierten Grundzüge könnten die Annahme begründen, daß der Problematik der Immunität bei Klagen aus dem Bereich des internationalen Kreditgeschäfts - zumindest vor den für solche Klagen wirklich bedeutsamen Gerichten - keine Relevanz mehr zukommt und deshalb wenigstens in diesem Punkt Rechtssicherheit besteht. Daß dies verfehlt wäre, zeigen die in den Fällen Frankel v. Banco Nacional de Mexico [3] und Callejo v. Bancomer [4] ergangenen Urteile zweier amerikanischer Gerichte.

Gegenstand dieser Prozesse waren die - nach Einführung von Devisenrestriktionen und Verstaatlichung der Banken durch die mexikanische Regierung im Jahre 1982 - von Inhabern von certificates of deposit gegen mexikanische Banken erhobenen Klagen. In beiden Fällen wurde der Beklagten Immunität zugebilligt und das Klagebegehren zurückgewiesen. Beide Gerichte stellten nämlich bei der Anwendung des Foreign Sovereign Immunities Act [5] fälschlicherweise nicht auf die Ausgabe der certificates of deposit ab, die eindeutig als kommerzielle Tätigkeit anzusehen ist, sondern auf die Einführung der Devisenbeschränkungen. Dies wäre aber nur dann richtig gewesen, wenn die Kläger die Devisenkontrollen un-

---

1) Zu der hiervon abweichenden Regelung für das Vollstreckungsverfahren vgl. G. Delaume "Public Debt and Sovereign Immunity: The Foreign Sovereign Immunities Act of 1976", AJIL 71/1977, S. 409 ff;
R. Ryan "Defaults and Remedies" in M. Gruson / R. Reisner (Hrsg.) "Sovereign Lending: Managing Legal Risk", S. 178 ff;
B. Barnett / S. Galvis / G. Gouraige "On Third World Debt", HILJ 25/1984, S. 102 ff;
BVerfGE 46, 342 f

2) 28 U.S.C. § 1605 (a) (1), (2) (1976 & Supp. IV 1980);
B. Barnett / S. Galvis / G. Gouraige a.a.O., S. 100 ff

3) No. 82 Civ. 6457 (S.D.N.Y. May 31, 1983)

4) No. CA-3-82-1604 D (N.D. Tex. February 25, 1984);
zu beiden Entscheidungen vgl. C. Ebenroth "Banking on the Act of State", S. 31 ff

5) 28 U.S.C. § 1605 (a) (2) (West Supp. 1984)

mittelbar angegriffen hätten, da es in puncto Gerichtsbarkeit nur um die direkt von der Klage betroffene Tätigkeit der Beklagten geht. Ist dies wie hier die Aufnahme von Krediten und deren nicht fristgerechte Tilgung, so kann der unbestritten hoheitliche Charakter der - der Vertragserfüllung entgegenstehenden - Devisenkontrollvorschriften auch nach Intention des Gesetzgebers des Foreign Sovereign Immunities Act nicht im Rahmen der Zulässigkeitsprüfung, sondern allenfalls bei der in der Begründetheitsprüfung zu stellenden Frage nach dem Eingreifen der Act of State Doctrine Beachtung finden. [1] So hatte auch das den Frankel Fall entscheidende New Yorker Bezirksgericht in dem insoweit vergleichbaren Allied Bank Fall [2], in welchem Forderungen aus syndizierten Krediten geltend gemacht wurden, lediglich auf den kommerziellen Charakter der Kreditaufnahme abgestellt und die Immunität der im Eigentum Costa Ricas stehenden Banken verneint, dagegen die Anwendbarkeit der Act of State Doctrine mit der hoheitlichen Natur der Devisenbeschränkungen begründet. [3]

---

1) Vgl. C. Ebenroth "Banking on the Act of State", S. 33 ff

2) Vgl. hierzu oben S. 234 ff

3) 566 F. Supp. 1443 (S.D.N.Y. 1983).
Ähnlich die Entscheidung desselben Gerichts im Falle Braka v. Bancomer (589 F. Supp. 1465).
Vgl. hierzu D. Lindskog "Book Review: Banking on the Act of State", IFLR März 1985, S. 34;
G. Kahale / D. Lindskog "Act of State Doctrine Considered Again", IFLR Juli 1985, S. 30 f;
vgl. auch Callejo v. Bancomer SA 764 F2d 1101 (5th Cir. 1985);
Wolf v. Banco Nacional de Mexico SA 739 F2d 1458 (9th Cir. 1984);
West v. Multibanco Comermex SA No. 85-2162 Slip op. (9th Cir. January 6, 1987)

(2) Act of State Doctrine

Die - aus der im Frankel und im Callejo Fall unterbliebenen Differenzierung zwischen der für Immunitätsfragen einerseits (Aufnahme von Krediten, d.h. auch Verkauf von certificates of deposit) und der für die Anwendbarkeit der Act of State Doctrine andererseits (Einführung von Devisenkontrollvorschriften) maßgebenden staatlichen Tätigkeit resultierende - Verunsicherung über den für die Frage des Vorliegens einer kommerziellen Aktivität im Sinne des Foreign Sovereign Immunities Act relevanten Bezugspunkt, deren Ausmaß schon durch die Widersprüchlichkeit der Entscheidungen eines (!) Gerichts (Allied Bank / Braka gegenüber Frankel) illustriert wird, verstärkt die bereits durch die umstrittene Tragweite der Act of State Doctrine begründete Rechtsunsicherheit. Diese - nicht dem Völkerrecht, sondern dem Verfassungsrecht der Vereinigten Staaten zugehörende [1] - Lehre ist für die Anerkennung ausländischer Devisenkontrollvorschriften durch die für Klagen aus internationalen Kreditverträgen wohl wichtigsten US-ameri-

---

1) E. Wehser in E. Menzel / K. Ipsen "Völkerrecht", S. 182. Die Act of State Doctrine wird aber auch von englischen Gerichten anerkannt.
Luther v. Sagor & Co., (1921) 3 K.B. 532, 548.
Vgl. auch K. Böhlhoff / A. Baumanns "How Might German Courts Have Decided the Allied Case", IFLR September 1984, S. 17 m.w.N.

kanischen Gerichte [1] von ausschlaggebender Bedeutung, wirft in ihrer praktischen Anwendung aber eine Vielzahl von Streitpunkten auf, die schon mit der für den Ausgang eines Rechtsstreits allerdings irrelevanten [2] Frage beginnen, ob es sich bei ihr um eine Kollisionsregel oder um eine "rule of judicial abstention in sensitive areas"

---

1) Demgegenüber herrscht in anderen Staaten die Ansicht vor, daß die Souveränität eines Staates auf sein Hoheitsgebiet beschränkt ist und deshalb dem von ihm erlassenen öffentlichen Recht von ausländischen Gerichten im allgemeinen keine exterritoriale Wirkung beizumessen ist.
K. Böhlhoff / A. Baumanns "How Might German Courts Have Decided the Allied Case?", IFLR September 1984, S. 17;
BGH NJW 1970, S. 1507.
Vgl. auch J. Williams "Extraterritorial Enforcement of Exchange Control Regulations Under the International Monetary Fund Agreement", VJIL 15/1975, S. 372 f;
P. Wood "Law and Practice of International Finance", S. 5 - 17;
F. Mann (Anmerkung zu Banco Nacional de Cuba v. Sabbatino), JZ 1965, S. 98.
Diese erkennen deshalb - von den Fällen des Art. VIII Abs. 2 (b) Satz 1 des IWF-Übereinkommens abgesehen - Devisenkontrollbestimmungen von Drittstaaten unabhängig vom Vertragsstatut regelmäßig nicht an, wobei deren Ablehnung zudem mit ihrem straf- bzw. steuerrechtlichen Charakter oder mit einem Verstoß gegen die public policy des Forumstaates erklärt wird.
F. Mann "The Legal Aspect of Money", S. 401 ff;
C. Ebenroth "Banking on the Act of State", S. 40 jeweils m.w.N.;
J. Gold "The International Monetary Fund and Private Business Transactions", S. 21;
N. Horn "Rechtsfragen internationaler Umschuldungen", WM Teil IV 1984, S. 715;
vgl. auch BGHZ 7, S. 397; 64, S. 183, 190;
J. Zeevi & Sons Ltd. v. Grindlays (Uganda) Ltd., 37 N.Y. 2d 220, 333 N.E. 2d 168, 371 N.Y.S. 2d 892, cert. denied, 423 U.S. 866 (1975);
J. Williams "Enforcement of Foreign Exchange Control Regulations in Domestic Courts: Banco Francés e Brasileiro S.A. v. John Doe No. 1, et al.", AJIL 70/1976, S. 103 f.
Ausnahmen von diesem Grundsatz finden sich gelegentlich dann, wenn dem Vertrag das Recht des die Devisenvorschriften erlassenden Staates zugrunde gelegt wurde.
Vgl. P. Wood a.a.O., S. 5-4 f, 4-61 ff.

2) R. Ryan "Defaults and Remedies", in M. Gruson / R. Reisner (Hrsg.) "Sovereign Lending: Managing Legal Risk", S. 181

handelt. [1] Sie findet ihren Ursprung in einer Entscheidung des US Supreme Court aus dem Jahre 1897, wonach

> "(e)very sovereign State is bound to respect the independence of every other sovereign State, and the courts of one country will not sit in judgement on the acts of the government of another done within its own territory. Redress of grievances by reason of such acts must be obtained through the means open to be availed of by sovereign powers as between themselves." [2]

Basis der Doktrin ist in erster Linie das Erfordernis der Achtung der Souveränität eines Staates durch andere, die eine Beurteilung von in ihren Auswirkungen auf dessen Hoheitsgebiet beschränkten politischen Aktivitäten durch auswärtige Gerichte verbietet, was auch mit dem Fehlen von für eine solche Überprüfung erforderlichen hinreichend klaren internationalen Maßstäben begründet wird. Hinzu kommt die - die konstitutionelle Gewaltenteilung berücksichtigende - Erkenntnis, daß sich gewisse Streitigkeiten auf diplomatischem Wege besser bereinigen lassen als auf gerichtlichem. [3]

Da die Act of State Doctrine nach ihrer insoweit noch heute gültigen klassischen Ausprägung nur die Justitiabilität solcher Akte eines dritten Staates verneint, die das streitige Rechtsverhältnis betreffend keine Wirkungen über des-

---

1) Vgl. R. Ryan a.a.O., S. 180 f;
C. Ebenroth "Banking on the Act of State", S. 18 f;
W. Eskridge "The Iranian Nationalization Cases: Toward a General Theory of Jurisdiction over Foreign States", HILJ 22/1981, S. 548 jeweils m.w.N.

2) Underhill v. Hernandez 168 U.S. 250, 252 (1897); bestätigt in Oetjens v. Central Leather Co., 246 U.S. 297, 304 (1918)

3) W. Eskridge "The Iranian Nationalization Cases: Toward a General Theory of Jurisdiction over Foreign States", HILJ 22/1981, S. 548;
B. Barnett / S. Galvis / G. Gouraige "On Third World Debt", HILJ 25/1984, S. 109

sen Staatsgebiet hinaus entfalten [1], ist ihr Eingreifen vom situs des geltend gemachten Rechts abhängig. Im Gegensatz zu den, den bislang bedeutsamsten Anwendungsbereich der Act of State Doctrine darstellenden, Enteignungsfällen, wo der Inhalt des Rechtes 'Eigentum' von der Rechtsordnung bestimmt wird, in deren Geltungsbereich sich der enteignete Gegenstand befindet, bereitet die Lokalisierung des Anspruchs bei Klagen aus internationalen Kreditverträgen Schwierigkeiten. [2] Dementsprechend weist die Rechtsprechung amerikanischer Gerichte auch diesbezüglich Divergenzen bei der Wahl des hierzu erforderlichen Anknüpfungspunktes auf und sieht sich dem Verdacht ausgesetzt, daß die hier bestehende Flexibilität lediglich der Begründung des jeweils gewünschten Ergebnisses dient. [3] So wird nicht nur auf den vertraglich vereinbarten Ort von Tilgungs- und Zinszahlungen abgestellt [4], sondern auch auf die Fähigkeit des die Devisenbeschränkungen einführenden Staates,

---

1) W. Eskridge a.a.O., S. 547;
B. Barnett / S. Galvis / G. Gouraige a.a.O., S. 109;
A. Conant "The Act of State Doctrine and Its Exceptions: An Introduction", VJTL 12/1979, S. 259, 261;
G. Kahale / D. Lindskog "Act of State Doctrine Considered Again", IFLR Juli 1985, S. 31;
vgl. hierzu aber auch C. Ebenroth "Banking on the Act of State", S. 25 f Fn. 70

2) R. Ryan "Defaults and Remedies", in M. Gruson / R. Reisner (Hrsg.) "Sovereign Lending: Managing Legal Risk", S. 180;
D. Lindskog "Allied Bank: The Reasoning Behind the Recent Decision", IFLR Mai 1985, S. 24

3) C. Ebenroth "Rechtliche Probleme bei der Bewältigung der Schuldenkrise. Aktuelle Herausforderungen im internationalen Finanz- und Wirtschaftsrecht", in L. Späth / H. Dräger "Zielsetzung Partnerschaft: Die weltwirtschaftliche Bedeutung von Auslandsinvestitionen und Technologietransfer", S. 338 f

4) G. Kahale / D. Lindskog "Act of State Doctrine Considered Again", IFLR Juli 1985, S. 31

eine Verbindlichkeit zu konfiszieren[1]. Vereinzelt wurde die Feststellung des situs einer Schuld auch mit dem Vorhandensein von Vermögen des Schuldners am Gerichtsort und mit Gerichtsstand- und Rechtswahlklauseln in den Kreditverträgen begründet [2].

Hat ein Gericht nach obigen Erwägungen festgestellt, daß die fraglichen Devisenbestimmungen in bezug auf das streitige Rechtsverhältnis keine exterritorialen Wirkungen entfalten und die Act of State Doctrine daher prinzipiell anwendbar ist, stellt sich ihm regelmäßig die Frage nach dem Vorliegen einer der Ausnahmen dieser Lehre. Zu diesen gehört das als Reaktion [3] auf die Entscheidung des US Supreme Court im Falle Banco Nacional de Cuba v. Sabbatino [4]

---

1) Libra Bank Ltd. v. Banco Nacional de Costa Rica S.A., 570 F. Supp. 870, 880 (S.D.N.Y. 1983);
Menendez v. Saks & Co., 485 F. 2d 1355 (2d Cir. 1973), rev'd on other grounds sub nom. Alfred Dunhill of London, Inc. v. Republic of Cuba, 425 U.S. 682 (1976);
vgl. auch T. Cashel "Allied Bank Case Reversed on Rehearing", IFLR April 1985, S. 8

2) Libra Bank Ltd. v. Banco Nacional de Costa Rica 570 F. Supp. 870, 881 f (S.D.N.Y. 1983);
vgl. hierzu C. Ebenroth "Banking on the Act of State", S. 63 f

3) Vgl. C. Ebenroth a.a.O., S. 20;
A. Conant "The Act of State Doctrine and Its Exceptions: An Introduction", VJTL 12/1979, S. 266

4) 376 U.S. 398, 428 (1964):
"(T)he Judicial Branch will not examine the validity of a taking of property within its own territory by a foreign sovereign government, extant and recognized by this country at the time of suit, in the absence of a treaty or other unambiguous agreement regarding controlling legal principles, even if the complaint alleges that the taking violates customary international law."

erlassene Hickenlooper Amendment [1], nach welchem die Doktrin nicht anwendbar ist, wenn ein Staat mit der zu beurteilenden Handlung internationales Recht verletzt hat. Allerdings kam ihm bislang für Klagen aus internationalen Kreditverträgen keine Bedeutung zu, da es von US-amerikanischen Gerichten unter Hinweis auf die Entstehungsgeschichte seiner zweiten Fassung [2] eng ausgelegt und in seiner

---

1) 22 U.S.C. § 2370 (e) (2) (1976 & Supp. IV 1980): "Notwithstanding any other provision of law, no court in the United States shall decline on the ground of the federal act of state doctrine to make a determination on the merits giving effect to the principles of international law in a case in which a claim of title or other right to property is asserted by any party including a foreign state (or a party claiming through such state) based upon (or traced through) a confiscation or other taking after January 1, 1959, by an act of that state in violation of the principles of international law, including the principles of compensation and the other standards set out in this subsection: Provided, that this subparagraph shall not be applicable (1) in any case in which an act of a foreign state is not contrary to international law or with respect to a claim of title or other right to property acquired pursuant to an irrevocable letter of credit of not more than 180 days duration issued in good faith prior to the time of the confiscation or other taking , or (2) in any case with respect to which the President determines that application of the act of state doctrine is required in that particular case by the foreign policy interests of the United States and a suggestion to this effect is filed on his behalf in that case with the court."
M. Cardozo "Congress Versus Sabbatino: Constitutional Considerations", CJTL 4/1966, S. 297 ff

2) Vgl. Menendez v. Saks & Co., 485 F. 2d 1355, 1372 (2d Cir. 1973), rev'd on other grounds sub nom. Alfred Dunhill of London, Inc. v. Republic of Cuba, 425 U.S. 682 (1976): "(W)e are persuaded by the legislative history, and particularly by Congress' insertion in 1965 of the words 'to property' immediately after the phrase 'claim of title or other right', that the intent was to exclude all contract claims from the amendment." Die Richtigkeit dieses Statements wurde von dem diesen Fall ebenfalls beurteilenden Supreme Court ausdrücklich offen gelassen. Vgl. Alfred Dunhill of London, Inc. v. Republic of Cuba, 425 U.S. 682, 689 (1976)

Anwendung auf dingliche Rechte beschränkt wurde [1]. So sah auch der Court of Appeals of New York im Falle French v. Banco Nacional de Cuba [2] in kubanischen Devisenkontrollbestimmungen, die einen Umtausch lokaler Währung in US Dollar untersagten, keine Enteignung im Sinne des Hickenlooper

---

1) B. Barnett / S. Galvis / G. Gouraige "On Third World Debt", HILJ 25/1984, S. 110;
W. Eskridge "The Iranian Nationalization Cases: Toward a General Theory of Jurisdiction over Foreign States", HILJ 22/1981, S. 551;
A. Conant "The Act of State Doctrine and Its Exceptions: An Introduction", VJTL 12/1979, S. 267 ff;
C. Ebenroth "Banking on the Act of State", S. 20 f, 67, 84 jeweils m.w.N.. Dementsprechend kam dem Hickenlooper Amendment nur in einem Fall (Banco Nacional de Cuba v. Farr, 383 F. 2d 166 (2d Cir. 1967), cert. denied, 390 U.S. 956 (1968)) Entscheidungserheblichkeit zu.

2) 23 N.Y. 2d 46, 55, 242 N.E. 2d 704, 710, 295 N.Y.S. 2d 433, 442 (1968);
vgl. hierzu A. Conant a.a.O., S. 267;
C. Ebenroth a.a.O., S. 39;
J. Williams "Extraterritorial Enforcement of Exchange Control Regulations Under the International Monetary Fund Agreement", VJIL 15/1975, S. 389 ff;
J. Gold "The Fund Agreement in the Courts: Vol. II", S. 131 ff;
vgl. auch F. Mann "The Legal Aspect of Money", S. 474

Amendment [1] und bejahte zudem ihre Vereinbarkeit mit

---

1) Bei der Anwendung des Hickenlooper Amendment wird der Begriff 'Enteignung' enger ausgelegt als bei der Frage, ob die Act of State Doctrine überhaupt anwendbar ist. Dies wird deutlich, wenn man obiger Entscheidung das Urteil im Falle Libra Bank Ltd. v. Banco Nacional de Costa Rica S.A. (570 F. Supp. 870 (S.D.N.Y. 1983)) gegenüberstellt, in dem der District Court in der Einführung von Devisenkontrollbestimmungen durch die costaricanische Regierung eine 'attempted confiscation' sah (a.a.O., S. 882), die Schuld in New York lokalisierte und die Beklagte zur Zahlung verurteilte. Kritisch hierzu C. Ebenroth "Banking on the Act of State", S. 62 ff;
C. Ebenroth / L. Teitz "Winning (or Losing) by Default - The Act of State Doctrine, Sovereign Immunity and Comity in International Financial Transactions", IL 19/1985, S. 243 ff. Infolge der Lokalisierung der Forderung außerhalb des die Devisenvorschriften erlassenden Staates konnte das Gericht die Anwendbarkeit der Act of State Doctrine ablehnen, ohne prüfen zu müssen, ob eine Enteignung im Sinne des Hickenlooper Amendments vorliegt und dieses deshalb eingreift, d.h. die Entscheidungsrelevanz der Doktrin auf diesem Wege beseitigt wird. Diese sprachliche Unsauberkeit ist schon um ihrer selbst willen zu mißbilligen. Zudem schafft sie Verwirrung über die Tragweite der Lehre und über das dringliche Erfordernis einer klaren schrittweisen Prüfung deren Tatbestandsmerkmale und der Ausnahmetatbestände. Dagegen stellt sie per se noch keinen materiell-rechtlichen Widerspruch dar, sondern illustriert lediglich die der vorstehend zitierten Rechtsprechung zugrunde liegende Auffassung, daß das Hickelooper Amendment nur in einem sehr beschränkten Teil des Anwendungsbereichs der Act of State Doctrine zum Tragen kommt. Dies wird gerade in der zitierten Entscheidung im Falle French v. Banco Nacional de Cuba deutlich, wo das erkennende Gericht zu Recht ausführte: "It is immaterial what form an act of state takes - whether it be an expropriation or confiscation, a conversion or breach of contract ... as long as such act is committed by the foreign government within its own territory" (23 N.Y. 2d 46, 54, 242 N.E. 2d 704, 709 (1968), 295 N.Y.S. 2d 433, 441; zweifelnd A. Conant "The Act of State Doctrine and Its Exceptions: An Introduction", VJTL 12/1979, S. 260), gleichzeitig aber das Vorliegen einer Enteignung im Sinne des Hickenlooper Amendments verneinte (23 N.Y. 2d 46, 55, 242 N.E. 2d 704, 710 (1968), 295 N.Y.S. 2d 433, 442). Hier verbleibt festzustellen, daß diese enge Auslegung des Hickenlooper Amendment angesichts bestehender Zweifel an der ausreichenden Berücksichtigung der Intention des Gesetzgebers bedenklich erscheint und die Problematik bis zu einer endgültigen Klärung durch den diese Frage bislang ausdrücklich offenlassenden Supreme Court (vgl. Alfred Dunhill of London, Inc., v. Republic of Cuba, 425 U.S. 682, 689 (1975)) zu der bestehenden Unsicherheit über die Reichweite der Act of State Doctrine beiträgt.

internationalem Recht. [1] In West v. Multibanco Comermex [2] wurde dagegen die Beschränkung auf dingliche Rechte fallen gelassen. Gleichzeitig bemerkte das Gericht aber, daß es hiermit nicht sämtliche vertraglichen Ansprüche als enteignungsfähig im Sinne des Hickenlooper Amendments ansehen wolle.

Als weitere Ausnahmen werden die umstrittene "Bernstein exception", nach der ein Gericht trotz Vorliegen der tatbestandlichen Voraussetzungen der Act of State Doctrine bei entsprechender Weisung der Exekutive über politische Aktivitäten eines anderen Staates befinden kann [3], und - wenn auch nur vereinzelt - eine "counterclaim-" oder "fair dealing exception" vertreten, nach welcher eine beklagte Partei in von Drittstaaten angestrengten gerichtlichen Verfahren ungeachtet des Vorliegens der tatbestandlichen Voraussetzungen der Act of State Doctrine zur Verfolgung von Gegenansprüchen berechtigt sein soll [4]. Von in diesem Zusammenhang potentiell größerer praktischer Relevanz ist

---

1) 23 N.Y. 2d 46, 63 f, 242 N.E. 2d 704, 715 f, 295 N.Y.S. 2d 433, 449 f

2) SA No. 85-2162 Slip op (9th Cir. January 6, 1987); vgl. hierzu G. Kahale / J. Pizzurro "Mexican Exchange Control Case Dismissed", IFLR März 1987, S. 26 f

3) Bernstein v. N.V. Nederlandsche-Amerikaansche Stoomvart-Maatschappij, 210 F. 2d 375, 376 (2d Cir. 1954);
First National City Bank v. Banco Nacional de Cuba, 406 U.S. 759, 768 ff (1972);
A. Conant "The Act of State Doctrine and Its Exceptions: An Introduction", VJIL 12/1979, S. 264 f;
R. Delson "The Act of State Doctrine - Judicial Deference or Abstention?", AJIL 66/1972, S. 89 ff;
J. Williams "The Act of State Doctrine: Alfred Dunhill of London, Inc. v. Republic of Cuba", VJTL 9/1976, S. 749 ff;
M. Leight "The Supreme Court and the Sabbatino Watchers: First National City Bank v. Banco Nacional de Cuba", VJIL 13/1972, S. 41

4) First National City Bank v. Banco Nacional de Cuba 406 U.S. 759, 772 (1972);
A. Conant a.a.O., S. 266;
vgl. auch National City Bank v. Republic of China 348 U.S. 356 (1955)

die gleichfalls umstrittene "commercial exception", welche erstmals in der Entscheidung des US Supreme Court im Falle Alfred Dunhill of London, Inc. v. Republic of Cuba [1] unter Hinweis auf die andernfalls bestehende Gefahr der Unterminierung der restriktiven Immunitätstheorie [2] angesprochen wurde, aber schon dort vier Richter zur Abgabe von dissenting opinions veranlaßte [3]. Seitdem fand die commercial exception bei amerikanischen Gerichten sowohl Anerkennung [4] als auch Ablehnung [5]. In Braka v. Bancomer S.A. ließ der United States Court of Appeals for the Second Circuit, dessen Äußerungen in zwei früheren Urteilen als Anerkennung dieser Ausnahme interpretiert worden waren, die Problematik ausdrücklich offen, was ihm durch das Abstellen auf die von ihm richtigerweise als hoheitliche Tätigkeit befundene Einführung von Devisenkontrollen anstatt auf die Kreditaufnahme durch die nationalisierte mexikanische Bank möglich war. [6] Wie bei der Frage der Immunität [7] stellt sich somit das Problem des für die Anwendung

---

1) 425 U.S. 682, 695 (1976);
vgl. hierzu J. Williams "The Act of State Doctrine: Alfred Dunhill of London, Inc. v. Republic of Cuba", VJTL 9/1976, S. 735 ff

2) A.a.O., S. 698 f;
vgl. auch C. Ebenroth "Banking on the Act of State", S. 26 ff

3) A.a.O., S. 715

4) National American Corp. v. Federal Republic of Nigeria 448 F. Supp. 622, 640 f (S.D.N.Y. 1978), aff'd, 597 F. 2d 314 (2d Cir. 1979);
vgl. auch W. Eskridge "The Iranian Nationalization Cases: Toward a General Theory of Jurisdiction over Foreign States", HILJ 22/1981, S. 550 f

5) International Association of Machinist & Aerospace Workers v. OPEC, 649 F. 2d 1354, 1360 (9th Cir. 1981), cert. denied, 454 U.S. 1163 (1982)

6) 589 F. Supp. 1465 (S.D.N.Y. 1984), No. 84-7626 slip op. (2d Cir. May 20, 1985);
G. Kahale / D. Lindskog "Act of State Doctrine Considered Again", IFLR Juli 1985, S. 31

7) Vgl. oben S. 243 ff

der Act of State Doctrine relevanten Bezugspunktes. Dabei darf aber nicht verkannt werden, daß mit einer der im Braka Fall ähnlichen Argumentation, die vom Standpunkt der herkömmlichen Auffassung von der Doktrin auch durchaus konsequent erscheinen mag, die commercial exception im Falle ihrer Anerkennung wohl regelmäßig umgangen werden kann. Dies wiegt besonders schwer, weil sich der Kongress der USA beim Erlaß des Foreign Sovereign Immunities Act der Gefahr dessen Unterminierung durch die Act of State Doctrice durchaus bewußt war, aber davon ausging, daß seit der Dunhill Entscheidung eine commercial exception anerkannt sei. [1] Deshalb erscheint eine klare Koordination von Act of State Doctrine und Immunitätsnormen dringend erforderlich. [2]

---

1) R. Ryan "Defaults and Remedies" in M. Gruson / R. Reisner (Hrsg.) "Sovereign Lending: Managing Legal Risk", S. 182 m.w.N.;
vgl. auch C. Ebenroth "Rechtliche Probleme bei der Bewältigung der Schuldenkrise. Aktuelle Herausforderungen im internationalen Finanz- und Wirtschaftsrecht", in L. Späth / H. Dräger (Hrsg.) "Zielsetzung Partnerschaft. Die weltwirtschaftliche Bedeutung von Auslandsinvestitionen und Technologietransfer", S. 342

2) C. Ebenroth "Banking on the Act of State", S. 83 ff.
Zum Verhältnis Act of State Doctrine und Immunität vgl. auch T. Hill "Sovereign Immunity and the Act of State Doctrine", RabelsZ 46/1982, S. 118 ff

(3) Art. VIII Abs. 2 (b) IWF-Abkommen

Neben den oben skizzierten Problemen betreffend die Immunität der beklagten Partei und die Anwendbarkeit der Act of State Doctrine beschäftigt Gerichte bei Klagen aus internationalen Kreditverträgen, bei denen die Parteien Fondsmitglieder sind oder in solchen ihren Sitz haben, Art. VIII Abs. 2 (b) der IWF-Statuten, dessen potentielle Beeinflussung durch die Agreed Minutes des Pariser Clubs die Problematik darstellt, welcher diese Ausführungen dienen. Bei diesen gerichtlichen Verfahren kommt Art. VIII Abs. 2 (b) nicht nur eigenständige Relevanz zu. Je nach Auslegung der Norm kann diese vielmehr auch im Rahmen der Act of State Doctrine Bedeutung entfalten, da diese den Gerichten in den Fällen des Nichtvorliegens einer der vorstehend umrissenen Ausnahmen die Beurteilung politischer Handlungen anderer Staaten nur "in the absence of a treaty or other unambiguous agreement regarding controlling legal principles" 1) untersagt. Hieraus schließt J. Williams, der eine weite Interpretation der einzelnen Tatbestandsmerkmale des Art. VIII Abs. 2 (b) befürwortet, daß diese Norm als Bestandteil eines völkerrechtlichen Vertrages die Act of State Doctrine abgelöst habe, der Heranziehung von Gerichtspunkten der public policy bei der Beurteilung der exterritorialen Wirkung von durch Fondsmitgliedern erlassene Devisenkontrollbestimmungen entgegenstehe und hierfür deshalb nur noch allein relevant sei. 2)

---

1) Banco Nacional de Cuba v. Sabbatino 376 U.S. 398, 428 (1964)

2) "Extraterritorial Enforcement of Exchange Control Regulations Under the International Monetary Fund Agreement", VJIL 15/1975, S. 373 ff, 387 ff.
Devisenkontrollvorschriften von Nichtmitgliedern des IWF sollten seiner Ansicht nach dagegen in den USA unter der Act of State Doctrine Beachtung finden, selbst wenn sie mit dem IWF-Übereinkommen nicht konsistent wären. Dies gelte aber nicht, "if they are confiscatory or if they are not of the type of regulations which are considered to be consistent with the Fund Agreement." A.a.O., S. 394.
Vgl. hierzu aber J. Gold "The Fund Agreement in the Courts: Vol. II", S. 87 ff

Damit ist bereits angedeutet, daß über die Auslegung des Art. VIII Abs. 2 (b) in Literatur und Rechtsprechung [1] Unklarheit herrscht und Divergenzen bestehen, deren erhebliches - durch die unscharfe Fassung der Norm verursachtes - Ausmaß auch darauf zurückzuführen ist, daß das Exekutivdirektorium des Fonds diesbezüglich lediglich eine [2] inter-

---

1) Vgl. hierzu die umfassenden Darstellungen von J. Gold in "The Fund Agreement in the Courts" S. 1 ff und "The Fund Agreement in the Courts: Vol. II", S. 9 ff, die deutlich machen, wie unterschiedlich die Interpretation sogar durch Gerichte des gleichen Staates ist. Uneinheitlich ist auch die bundesdeutsche Rechtsprechung.
Vgl. hierzu z.B. BGH WM 1977, S. 332 f; BGH WM 1971, S. 411 f; BGH WM 1970, S. 785 f; BGH WM 1970, S. 551; BGH JZ 1970, S. 727; BGHZ 55, S. 335

2) J. Gold "'Exchange Contracts', Exchange Control, and the IMF Articles of Agreement: Some Animadversions on Wilson, Smithett & Cope Ltd. v. Terruzzi", ICLQ 33/1984, S. 783. Zu den Gründen für die Zurückhaltung des Exekutivdirektoriums beim Erlaß interpretativer Beschlüsse vgl. J. Gold "The Fund Agreement in the Courts: Vol. II", S. 7 f

pretative Entscheidung [1] erlassen hat, die zudem keine Klarheit für die Auslegung der einzelnen Tatbestandsmerkmale schafft. So ist wie bei der Act of State Doctrine ungeklärt, ob die Vorschrift lediglich eine Kollisionsnorm darstellt oder ob sie dem substantiellen Recht zuzuordnen ist. [2] Ebensowenig besteht über die Rechtsfolgen der Norm Einigkeit

---

1) "The meaning and effect of this provision are as follows: 1. Parties entering into exchange contracts involving the currency of any member of the Fund and contrary to exchange control regulations of that member which are maintained or imposed consistently with the Fund Agreement will not receive the assistance of the judicial or administrative authorities of other members in obtaining the performance of such contracts. That is to say, the obligations of such contracts will not be implemented by the judicial or administrative authorities of member countries, for example by decreeing performance of the contracts or by awarding damages for their non-performance.
2. By accepting the Fund Agreement members have undertaken to make the principle mentioned above effectively part of their national law. This applied to all members, whether or not they have availed themselves of the transitional arrangements of Article XIV, Section 2.
An obvious result of the foregoing undertaking is that if a party to an exchange contract of the kind referred to in Article VIII, Section 2 (b) seeks to enforce such a contract, the tribunal of the member country before which the proceedings are brought will not, on the ground that they are contrary to the public policy (ordre public) of the forum, refuse recognition of the exchange control regulations of the other member which are maintained of imposed consistently with the Fund Agreement. It also follows that such contract will be treated as unenforceable notwithstanding that under the private international law of the forum, the law under which the foreign exchange control regulations are maintained or imposed is not the law which governs the exchange contract or its performance.
The Fund will be pleased to lend its assistance in connection with any problem which may arise in relation to the foregoing interpretation or any other aspect of Article VIII, Section 2 (b). In addition, the Fund is prepared to advise whether particular exchange control regulations are maintained or imposed consistently with the Fund Agreement." Decision No. 446-4 vom 10. Juni 1949, in IMF "Selected Decisions of the International Monetary Fund and Selected Documents", Tenth Issue (1983), S. 233 f

2) F. Mann "The Legal Aspect of Money", S. 374 f, der unter Aufgabe der in den früheren Auflagen vertretenen Ansicht für Zugehörigkeit zum substantiellen Recht plädiert.

abgesehen von der wohl allgemeinen Meinung, daß aus den Worten "shall be unenforceable" keine Illegalität der betroffenen "exchange contracts" resultiert. [1] Dagegen ist streitig, ob ihre Anwendbarkeit den Wegfall der rechtlichen Bindungswirkung eines Vertrages [2] oder dessen Nichtigkeit [3] bewirkt oder aber zur Entstehung eines Klagehindernisses führt. [4] Unklar ist ferner die Definition von "exchange control regulations" [5] sowie die Frage, ob

---

1) P. Wood "Law and Practice of International Finance", S. 5 - 16;
F. Mann a.a.O., S. 394, 398;
J. Williams "Extraterritorial Enforcement of Exchange Control Regulations Under the International Monetary Fund Agreement", VJIL 15/1975, S. 362;
ders. "Enforcement of Foreign Exchange Control Regulations in Domestic Courts: Banco Francês e Brasileiro S.A. v. John Doe No. 1, et al.", AJIL 70/1976, S. 108 f;
Sharif v. Azad (1967) 1 Q.B. 605, 618

2) Vgl. hierzu P. Wood a.a.O., S. 5 - 16

3) F. Mann a.a.O., S. 397 ff m.w.N.;
a.A. J. Williams "Extraterritorial Enforcement of Exchange Control Regulations Under the International Monetary Fund Agreement", VJIL 15/1975, S. 360 ff;
B. Meyer "Recognition of Exchange Controls After the International Monetary Fund Agreement", YLY 62/1953, S. 894

4) BGHZ 55, S. 334 ff; BGH in NJW 1970, S. 1507; 1980, S. 520; WM 1977, S. 332.
F. Mann (a.a.O., S. 398) hält diese in ständiger Rechtsprechung vertretene Ansicht des BGH für nicht akzeptabel und wirft diesem vor, hierfür bislang noch keine Begründung abgegeben zu haben. Dies läßt sich aber mit dem Hinweis auf die insoweit eindeutige deutsche Übersetzung der - einzig authentischen - englischen Fassung der Norm erklären, nach der aus Art. VIII Abs. 2 (b) unterfallenden "Devisenkontrakten ... in den Hoheitsgebieten der Mitglieder nicht geklagt werden kann." Vgl. BGBl. 1978 II, S. 34 f

5) Vgl. C. de Pardieu "The Carter Freeze Order: Specific Problems Relating to the International Monetary Fund", IBL 9/1981, S. 98 f;
F. Gianviti "Le contrôle des changes étranger devant le juge national", RCDIP 69/1980, S. 665 ff;
J. Williams a.a.O., S. 352 ff;
F. Mann a.a.O., S. 393;
J. Gold "The Fund Agreement in the Courts: Vol. II", S. 408 ff;
ders. "The Cuban Insurance Cases and the Articles of the Fund", S. 35 ff

Art. VIII Abs. 2 (b) in seiner Anwendbarkeit auf Devisenkontrakte beschränkt ist, die bei ihrem Abschluß nicht in Einklang mit Devisenkontrollbestimmungen eines Fondsmitglieds standen. [1] Den Kernpunkt der Auseinandersetzungen bilden aber die Tatbestandsmerkmale "exchange contracts" und "which involve the currency of any member", wobei ersteres nicht einmal von den Gerichten eines Staates einheitlich ausgelegt wird. So hielt der New York Court of Appeals im Fall Weston Banking Corp. v. Turkiye Garanti Bankasi [2] Schuldverschreibungen für exchange contracts im Sinne von Art. VIII Abs. 2 (b), was der New York District Court in Libra Bank Ltd. v. Banco Nacional de Costa Rica [3] bei kurzfristigen Handelskrediten dagegen unter Heranziehung einer engeren Interpretation des Begriffs verneinte. Nach dieser - von amerikanischen [4] und engli-

---

1) So F. Mann a.a.O., S. 377 ff, 394;
Libra Bank Ltd. v. Banco Nacional de Costa Rica, 570 F. Supp. 870, 900 (S.D.N.Y. 1983);
a.A. J. Williams a.a.O., S. 364 ff;
C. Ebenroth "Banking on the Act of State", S. 69;
J. Gold "The Fund Agreement in the Courts: Vol. II", S. 92;
B. Meyer "Recognition of Exchange Controls After the International Monetary Fund Agreement", YLJ 62/1953, S. 894

2) 57 N.Y. 2d 315, 456 N.Y.S. 2d 684, 442 N.E. 2d 1195 (1982)

3) 570 F. Supp. 870 (S.D.N.Y. 1983) mit Übersicht zum Streitstand auf S. 897 ff;
vgl. hierzu C. Ebenroth "Banking on the Act of State", S. 61 ff

4) Libra Bank Ltd. v. Banco Nacional de Costa Rica 570 F. Supp. 870 (S.D.N.Y. 1983);
Banco do Brasil S.A. v. A.C. Israel Commodity Co., 12 N.Y. 2d 371, 190 N.E. 2d 235, 239 N.Y.S. 2d 872 (1963), cert. denied, 376 U.S. 906 (1964);
J. Zeevi & Sons, Ltd. v. Grindlays Bank (Uganda) Ltd., 37 N.Y. 2d 220, 333 N.E. 2d 168, 371 N.Y.S. 2d 892, cert. denied, 423 U.S. 866 (1975);
vgl. zum J. Zeevi Fall;
J. Williams "Foreign Exchange Control Regulation and the New York Court of Appeals: J. Zeevi & Sons, Ltd. v. Grindlays Bank (Uganda), Ltd., CILJ 9/1976, S. 243 ff;
K. Baker "Enforcement of Contracts Violating Foreign Exchange Control Laws", ITLJ 3/1977, S. 281 ff

schen [1] Gerichten vertretenen - Auffassung betrifft Art. VIII Abs. 2 (b) ausschließlich Verträge, die den Umtausch zweier Währungen vorsehen. [2] Demgegenüber unterfallen ihr nach der - teilweise von kontinentaleuropäischen Gerichten [3] vertretenen - weiteren Interpretation alle Verträge, deren Erfüllung den Umfang der Devisenreserven eines Landes verändern [4] würde. [5] Die Anhänger dieser An-

---

1) United Merchants (Investments) Ltd. et al. v. Royal Bank of Canada et al. (1982) 2 W.L.R. 1039;
Wilson, Smithett & Cope Ltd. v. Terruzzi (1976) 1 Q.B. 683 (C.A.);
vgl. hierzu J. Gold "'Exchange Contracts', Exchange Control, and the IMF Articles of Agreement: Some Animadversions on Wilson, Smithett & Cope Ltd. v. Terruzzi", ICLQ 33/1984, S. 784 ff;
ders. "The Fund Agreement in the Courts: Vol. II", S. 202 ff

2) A. Nussbaum "Money in the Law", S. 542 f;
ders. "Exchange Control and the International Monetary Fund", YLJ 59/1950, S. 426;
R. Ryan "Defaults and Remedies", in M. Gruson / R. Reisner (Hrsg.) "Sovereign Lending: Managing Legal Risk", S. 184

3) Sharif v. Azad (1967) 1 Q.B. 605, 613 f (C.A.);
Moojen v. Von Reichert, RCDIP 51/1962, S. 67 ff;
vgl. auch BGH WM 1977, S. 332 f;
P. Wood "Law and Practice in International Finance", S. 5-12;
F. Mann "The Legal Aspect of Money", S. 385 ff;
J. Williams "Extraterritorial Enforcement of Exchange Control Regulations Under the International Monetary Fund Agreement", VJIL 15/1975, S. 338 ff jeweils m.w.N.

4) Vgl. hierzu F. Mann a.a.O., S. 385;
J. Williams a.a.O., S. 349

5) Allerdings besteht auch hier keine Einigkeit über die endgültige Definition von "exchange contracts".
Vgl. F. Mann a.a.O., S. 385 f;
F. Gianviti "Le contróle des changes étranger devant le juge national", RCDIP 69/1980, S. 667 ff;
R. Edwards "Extraterritorial Application of the U.S. Iranian Assets Control Regulations", AJIL 75/1981, S. 888 ff;
E. Krispis "Money in Private International Law", RdC 120/1967 I, S. 286 ff;
J. Williams a.a.O., S. 344 f;
B. Meyer "Recognition of Exchange Controls After the International Monetary Fund Agreement", YLJ 62/1953, S. 887 ff;
C. de Pardieu "The Carter Freeze Order: Specific Problems Relating to the International Monetary Fund", IBL 9/1981, S. 98 f
J. Gold "'Exchange Contracts', Exchange Control and the IMF Articles of Agreement: Some Animadversions on Wilson, Smithett & Cope Ltd. v. Terruzzi, ICLQ 33/1984, S. 786 ff m.w.N.

sicht, nach welcher im Gegensatz zur engeren Art. VIII Abs. 2 (b) prinzipiell auf die in diesem Zusammenhang allein relevanten internationalen Kreditverträge anwendbar ist, befürworten auch eine weite, volkswirtschaftlich orientierte Interpretation von "which involve the currency of any member"[1].

---

1) J. Williams a.a.O., S. 345 ff;
B. Meyer a.a.O., S. 888 f;
J. Gold "The Fund Agreement in the Courts: Vol. II", S. 395 ff;
ders. "The Cuban Insurance Cases and the Articles of the Fund", S. 27 ff;
a.A. A. Nussbaum "Money in the Law", S. 542;
Banco do Brasil, S.A. v. A.C. Israel Commodity Co. 12 N.Y. 2d 371, 375 f, 190 N.E. 2d 235, 236 (1963), 239 N.Y.S. 2d 872, 874, cert. denied, 376 U.S. 906 (1964);
vgl. auch P. Wood "Law and Practice of International Finance", S. 5 - 12.1 f

(4) Konformität von Devisenbeschränkungen mit den IWF-Statuten und Einfluß der Agreed Minutes

Tatbestandliche Grundvoraussetzung für das Eingreifen von Art. VIII Abs. 2 (b) ist, daß die Devisenkontrollbestimmungen, denen der - den geltend gemachten Ansprüchen zugrundeliegende - Devisenkontrakt zuwiderläuft, mit dem IWF-Übereinkommen vereinbar sind. Dieses akzeptiert die Realität, in der Fondsmitglieder in Notfällen ihre Devisenreserven durch Restriktionen zu schützen suchen, [1] und duldet solche unter eng umschriebenen Voraussetzungen:

- Nach Art. VI Abs. 3 sind zur Regulierung internationaler Kapitaltransfers erforderliche Beschränkungen ohne Zustimmung des Fonds zulässig, solange hierdurch nicht laufende Zahlungen [2] betroffen oder die Erfüllung von Verbindlichkeiten ungebührlich verzögert wird. [3] Angesichts dieser Einschränkungen kommt der Norm im wesentlichen nur im Rahmen von Maßnahmen zur Unterbindung von

---

1) J. Gold "'Exchange Contracts', Exchange Control, and the IMF Articles of Agreement: Some Animadversions on Wilson, Smithett & Cope Ltd. v. Terruzzi", ICLQ 33/1984, S. 778

2) Vgl. hierzu die relativ weite Legaldefinition in Art. XXX (d) IWF-Übereinkommen:
Payments for current transactions means payments which are not for the purpose of transferring capital, and includes, without limitation:
(1) all payments due in connection with foreign trade, other current business, including services, and normal short-term banking and credit facilities;
(2) payments due es interest on loans as net income from other investments;
(3) payments of moderate amount for amortization of loans or for depreciation of direct investments; and
(4) moderate remittances for family living expenses.
The Fund may, after consultation with the members concerned, determine whether certain specific transactions are to be considered current transactions or capital transactions.

3) Vgl. hierzu J. Gold "The Fund Agreement in the Courts: Vol. II", S. 85 ff, 418 ff;
ders. "International Capital Movements Under the Law of the International Monetary Fund", S. 18 ff

Kapitalflucht Bedeutung zu [1]. Ob sie darüber hinaus Mitglieder zur Unterbindung der Tilgung mittel- und langfristiger [2] Kredite ermächtigt, hängt davon ab, ob man bei ihrer Interpretation die Formulierung "which will unduly delay transfers of funds in settlement of commitments" sowohl auf Transaktionen im Sinne des Art. XXX (d), d.h. laufende Zahlungen, als auch auf Kapitaltransfers bezieht oder ob man ihren Anwendungsbereich auf erstere beschränkt [3].

- Gemäß Art. VII Abs. 3 (b) IWF-Übereinkommen sind Mitglieder nach Konsultation des Fonds zur temporären Einführung von Restriktionen für Transaktionen in einer Währung ermächtigt, die dieser unter Art. VII Abs. 2, 3 (a) formell für knapp erklärt hat, solange die Deklaration nicht ebenso förmlich aufgehoben wird. [4] Voraussetzung für die Erklärung ist die Knappheit dieser Währung und die Gefahr, daß die Fähigkeit des IWF zur Bereitstellung derselben infolge bestehender Nachfrage ernsthaft gefährdet ist. Vorbehaltlich der weiter bestehenden Verpflichtungen der Mitglieder aus Art. IV und Anhang C haben diese freies Ermessen bei der Wahl der Beschränkungen, dürfen aber keine einschneidenderen einführen, als zur Begrenzung der Nachfrage auf die bei dem betreffenden Mitglied vorhandenen oder ihm zufließenden Mittel erforderlich ist. Die Restriktionen müssen gelockert und beseitigt werden, sobald es die Umstände erlauben.

---

1) J. Gold "'Exchange Contracts', Exchange Control, and the IMF Articles of Agreement: Some Animadversions on Wilson, Smithett & Cope Ltd. v. Terruzzi", ICLQ 33/1984, S. 778

2) Vgl. Art. XXX (d) (1) IWF-Übereinkommen

3) So J. Gold "The Fund Agreement in the Courts: Vol. II", S. 85 ff mit Hinweis auf die lange Diskussion auf der Bretton Woods Konferenz über die Formulierung "payments of moderate amount for amortization of loans ..." im heutigen Art. XXX (d) (3)

4) Art. VII Abs. 3 (c) IWF-Abkommen

Allerdings dürfte Art. VII Abs. 3 (b) im Rahmen von Art. VIII Abs. 2 (b) der IWF-Statuten in Zukunft ebensowenig wie in der Vergangenheit praktische Relevanz zukommen, da der Fonds bislang noch niemals von der ihm aus Art. VII Abs. 2, 3 (a) zufließenden Kompetenz Gebrauch gemacht hat [1].

- Allenfalls eine beschränkte Rolle spielen in diesem Kontext, d.h. bei der Einführung von Devisenkontrollvorschriften zur Absicherung und Durchführung von im Rahmen des Pariser Clubs ausgehandelten Umschuldungskonzepten, auch die ansonsten in ihrer Bedeutung nicht zu unterschätzenden Übergangsregelungen des Art. XIV IWF-Übereinkommen, da diese einem Mitglied lediglich die Beibehaltung bestehender Devisenkontrollbestimmungen sowie deren Anpassung an ein verändertes wirtschaftliches Umfeld gestatten, nicht aber den Erlaß neuer oder die Wiedereinführung bereits aufgegebener Beschränkungen. [2] Aus der Ermächtigung resultiert für die Fondsmitglieder, die sich gegenüber dem IWF noch nicht zur Übernahme der Verpflichtungen aus Art. VIII Abs. 2, 3 und 4 bereit erklärt haben [3], eine Befreiung von dem in Art. VIII Abs. 2 (a) verankerten Verbot, Zahlungen und Übertragungen für laufende internationale Geschäfte ohne Zustimmung des Fonds Beschränkungen zu unterwerfen. Die Befreiung gilt bis das jeweilige Mitglied nach seiner (!) Über-

---

1) J. Gold "The Fund Agreement in the Courts: Vol. II", S. 269

2) Art. XIV Abs. 2 und 3 IWF-Abkommen;
vgl. hierzu J. Gold "'Exchange Contracts', Exchange Control, and the IMF Articles of Agreement: Some Animadversions on Wilson, Smithett & Cope Ltd. v. Terruzzi", ICLQ 33/1984, S. 779 f;
ders. "The International Monetary Fund and Private Business Transactions", S. 17

3) Vgl. Art. XIV Abs. 1 IWF-Übereinkommen.
Diese Pflichten haben laut Press Release No. 86/34 vom 29. September 1986, in IMF Survey vom 20. Oktober 1986 bis jetzt 62 Mitglieder übernommen.

zeugung ohne Restriktionen zum Ausgleich seiner Zahlungsbilanz in der Lage ist, ohne hierfür seine Zugriffsmöglichkeiten auf die allgemeinen Ressourcen des Fonds übermäßig stark in Anspruch zu nehmen. [1] Der Fonds hat aber die Möglichkeit, einem Mitglied nach Art. XXVI Abs. 2 (a) IWF-Übereinkommen die generelle Berechtigung zur Inanspruchnahme der allgemeinen Fondsmittel zu entziehen, wenn dieses trotz fehlender Notwendigkeit auf der Beibehaltung von Devisenkontrollbestimmungen beharrt, die mit den - von ihm bei seiner Devisenpolitik gemäß Art. XIV Abs. 2 Satz 3 ständig zu beachtenden - Zielen des IWF unvereinbar sind.

- Sind die vorgenannten Normen nicht anwendbar, so ist die Zulässigkeit der Beschränkung von Zahlungen und Übertragungen für laufende internationale Geschäfte gemäß Art. VIII Abs. 2 (a) IWF-Übereinkommen von der Zustimmung des Fonds abhängig, bei deren Erteilung sich dieser aber in Berücksichtigung seines satzungsmäßigen Zwecks, zur Beseitigung von Devisenkontrollvorschriften beizutragen und (auch) so die Ausweitung des Welthandels zu fördern [2], zurückhält. [3]

---

1) Art. XIV Abs. 2 Satz 3 IWF-Übereinkommen

2) Art. I (iv, ii) IWF-Übereinkommen

3) "If members, for balance of payments reasons, propose to maintain or introduce measures which require approval under Article VIII, the Fund will grant approval only where it is satisfied that the measures are necessary and that their use will be temporary while the member is seeking to eliminate the need for them. As regards measures requiring approval under Article VIII and maintained or introduced for non-balance of payments reasons, the Fund believes that the use of exchange systems for non-balance of payments reasons should be avoided to the greatest possible extent, and is prepared to consider with members the ways and means of achieving the elimination of such measures as soon as possible."
Decision No. 1034-(60/27) vom 1. Juni 1960, in IMF "Selected Decisions of the International Monetary Fund and Selected Documents", Tenth Issue (1983), S. 242

Nach dem Gesagten kommt Art. VIII Abs. 2 (a) IWF-Übereinkommen bei der Beurteilung der Vereinbarkeit von - zur Absicherung von Umschuldungskonzepten erlassenen - Devisenkontrollbestimmungen mit den Fondsstatuten im Rahmen von Art. VIII Abs. 2 (b) die größte Bedeutung zu. Demgegenüber spielt in diesem Zusammenhang Art. VII Abs. 3 (b) wohl auch in Zukunft überhaupt keine und Art. XIV Abs. 2 allenfalls in Ausnahmefällen eine Rolle, dann nämlich, wenn vor, während oder nach der Durchführung von Umschuldungsverhandlungen bereits bestehende Devisenkontrollbestimmungen an die veränderten Rahmenbedingungen angepaßt werden. Inwieweit sich Mitglieder bei der Einführung von Restriktionen für die Erfüllung von Verpflichtungen aus Kreditverträgen daneben auf Art. VI Abs. 3 IMF-Statuten berufen können, hängt von dessen Interpretation ab. Die Norm berechtigt allerdings unabhängig von ihrer näheren Auslegung keinesfalls zur Unterbindung von Zahlungen zwecks Tilgung kurzfristiger Kredite oder von Zinszahlungen, sondern allenfalls zur Verhinderung der Rückzahlung mittel- und langfristiger Verbindlichkeiten. [1)]

In Beantwortung der eingangs gestellten Frage nach der Bedeutung eines Protokolls des Pariser Clubs für die Anwendung von Art. VIII Abs. 2 (b) IWF-Übereinkommen ist nunmehr festzustellen, daß dieses oder seine Existenz noch nichts über die Vereinbarkeit von Devisenbeschränkungen, die ein umschuldendes Mitglied zur Absicherung des ausgehandelten und in dem Protokoll festgehaltenen Reorganisationskonzepts erläßt, mit den Fondsstatuten besagt. Zum einen nämlich hat obige Darstellung der tatbestandlichen Voraussetzungen der Fondsstatuten für die Einführung von Devisenkontrollbestimmungen keine Norm beinhaltet, die Mitglieder bei oder nach Durchführung von Umschuldungsverhandlungen allein hierwegen zum Erlaß von Restriktionen ermächtigt. Zum anderen werden durch ein Agreed Minute keiner der vorstehend zitierten Vorschriften zugehö-

---

1) Vgl. Art. XXX (d) (1) und (2) IWF-Übereinkommen

rende Tatbestandsmerkmale geschaffen oder auch nur als bestehend fingiert, abgesehen davon, daß die Begründung letzterwähnter Fiktion, d.h. die bindende Feststellung der Vereinbarkeit bestimmter Restriktionen mit den Fondsstatuten, sowieso nicht in die Kompetenz der im Paris Club zusammengekommenen Staaten fallen würde, sondern in die des IWF.

Daß dieser an den Verhandlungen des Clubs in beratender Funktion teilnimmt, ändert nichts an dem oben gefundenen Ergebnis, da sich die von ihm hierbei regelmäßig abgegebenen Statements auf eine Darstellung der wirtschaftlichen Lage des Schuldners und eine Stellungnahme zu dem von diesem vorgelegten Umschuldungskonzept beschränken. Dagegen erteilt er hier keine Zustimmung nach Art. VIII Abs. 2 (a) IWF-Übereinkommen zum Erlaß von Restriktionen zwecks Absicherung des vorliegenden Reorganisationsvorschlags und beurteilt auch nicht - und schon gar nicht im Rahmen einer formellen interpretativen Entscheidung gemäß Art. XXIX - in Betracht kommende Beschränkungen nach ihrer Vereinbarkeit mit seinen Statuten. Demgegenüber spricht er sich zwar bei seiner Zustimmung zu einem Wirtschaftsprogramm des Schuldnerstaates im Zusammenhang mit dessen Ziehungsberechtigung in den höheren Kredittranchen, die wiederum Grundvoraussetzung für die Eröffnung der Verhandlungen des Pariser Clubs ist, regelmäßig auch über dessen Devisenpolitik und die Zulässigkeit von gegebenenfalls vorhandenen Devisenbeschränkungen aus. Dies kann aber deshalb nicht als eine bindende Feststellung ihrer Konformität mit den Statuten angesehen werden, da die Einführung rechtswidriger Devisenrestriktionen nicht automatisch zu einem Wegfall der Berechtigung zur Inanspruchnahme der Fondsmittel führt [1].

---

1) Vgl. oben S. 266 ff

(5) Anknüpfungspunkt für ein internationales Insolvenzrecht

Die vorstehenden Ausführungen weisen trotz ihres letztendlich negativen Ergebnisses, d.h. der Verneinung einer direkten Beziehung zwischen der Durchführung von Umschuldungsverhandlungen staatlicher Gläubiger im Rahmen des Pariser Clubs sowie den hieraus hervorgehenden Agreed Minutes einerseits und der Anwendbarkeit von Art. VIII Abs. 2 (b) IWF-Übereinkommen auf Klagen aus Kreditverträgen gegen einen umschuldenden Staat oder in diesem sitzende Debitoren andererseits, den Weg zu grundlegenden Bestandteilen eines künftigen internationalen Umschuldungsrechts, der schon angesichts deren Anknüpfung an bereits bestehende Normen des Völkerrechts nicht unrealisierbar erscheint. Basis dieser Erwägungen, deren Notwendigkeit gerade in jüngst verhandelten Fällen wie Allied, Libra oder Braka deutlich zutage tritt, muß die Erkenntnis sein, daß einzelne Gläubiger mit ihren völlig berechtigten, auf dem seit alters her anerkannten Grundsatz "pacta sunt servanda" beruhenden Erwartungen auf eine vereinbarungsgemäße Erfüllung ihrer Forderungen nicht ohne Berücksichtigung des volks- und weltwirtschaftlichen Umfeldes Rechtsschutz erhalten dürfen. So treten in gewissen Fallkonstellationen neben diese Interessen die durchaus legitimen eines Staatsschuldners, der im Gegensatz zu einer nationalen Gesellschaft schließlich nicht wegen finanzieller Schwierigkeiten in seiner Existenz vernichtet werden kann [1], an der Gewährung einer Atempause und somit am Erhalt einer fairen Chance zur Neuordnung seiner Wirtschaftspolitik und seines Finanzhaushalts. Berücksichtigung finden müssen auch die Interessen der in ein Umschuldungspaket einwilligenden und somit opferbereiten Gläubigergemeinschaft daran, daß außenstehende Gläubiger dieses Konzept nicht schon im Ansatz durch ihm widersprüchliche gerichtliche oder vollstreckungsrechtliche Schritte gefährden

---

1) BVerfG NJW 1963, S. 32 f

oder bevorzugt befriedigt werden. [1] Da diese schutzwürdigen Interessen des Schuldners und der sich an einer Reorganisation dessen Auslandsverbindlichkeiten beteiligenden Kreditoren durch die temporäre Einführung von Devisenrestriktionen verwirklicht werden können, ist diese bei objektiver Betrachtungsweise nicht schon per se wegen der hiermit verbundenen Einwirkung auf vertragliche Verpflichtungen zu mißbilligen, sondern kann in Ausnahmefällen durchaus gerechtfertigt sein.

Außer dieser Schaffung eines Interessenausgleichs bedarf es - wie obige Ausführungen betreffend eines Teils der bei Klagen aus internationalen Kreditverträgen auftauchenden Rechtsfragen gezeigt haben - dringend der Beseitigung der in diesem Bereich bestehenden Rechtsunsicherheit sowie des Regelungsgefälles auf internationaler Ebene, was nicht nur den Interessen der an bereits signierten Verträgen Beteiligten förderlich wäre. Vielmehr ist gerade in der Beseitigung der derzeit bestehenden Rechtsunsicherheit die elementare Voraussetzung für eine anhaltende Bereitschaft aller Gläubigergruppen zur Vergabe von Neukrediten zu sehen, die für eine Bewältigung der Schuldenmisere unabdingbar ist und somit im globalen Interesse liegt.

Erreichbar sind diese Zielsetzungen über Art. VIII Abs. 2 (b) IWF-Übereinkommen [2], wobei es weder einer Veränderung des Wortlauts der Norm noch einer Ausdehnung ihres Anwendungsbereichs bedarf. Erforderlich hierfür ist vielmehr

---

1) "The road to equity is not a race course for the swiftest." Israel-British Bank (London) Ltd. v. Federal Deposit Ins. Corp., 536 F. 2d 509, 513 (2d Cir.) (Gurfein, J.), cert. denied, 97 S. Ct. 486-87 (1976)

2) Vgl. auch C. Ebenroth "Banking on the Act of State", S. 86 ff;
C. Ebenroth / L. Teitz "Winning (or Losing) by Default: The Act of State Doctrine, Sovereign Immunity and Comity in International Business Transactions", IL 19/1985, S. 255 ff

lediglich ihre einheitliche Interpretation in allen Mitgliedsstaaten, die unabhängig von diesen Überlegungen schon aus Gründen einer wünschenswerten diesbezüglichen Rechtseinheit in diesen sowieso dringend geboten erscheint, verbunden mit der Schaffung eines Verfahrens, in dem die vor, während oder nach der Durchführung von Umschuldungsverhandlungen von dem seine Auslandsverbindlichkeiten restrukturierenden Schuldnerstaat erlassenen Devisenkontrollbestimmungen auf globaler Ebene von einer einzigen Autorität definitiv bindend auf ihre Vereinbarkeit mit dem IWF-Abkommen beurteilt werden. Daß diese Kompetenz ausschließlich dem Fonds zukommen kann, ergibt sich schon aus der Eingliederung der infrage stehenden Norm in dessen Statuten sowie deren tatbestandlichen Voraussetzung der Konformität der zu beurteilenden Devisenrestriktionen mit eben dieser Satzung. Zudem ist wohl unbestreitbar, daß dieser die größte Erfahrung in der Reorganisation von Verbindlichkeiten souveräner Staaten hat, den umfassendsten Überblick über den Umfang der Verpflichtungen und die Fähigkeit eines Schuldners zu deren Tilgung genießt und deshalb auch die erforderliche Reichweite und Dauer der Beschränkungen am zuverlässigsten zu beurteilen vermag. Neben diese wirtschaftlichen Fähigkeiten tritt eine kaum zu übertreffende Kenntnis der juristischen Aspekte des Bretton Woods Übereinkommens.

Die verfahrensmäßige Eingliederung dieser Beurteilung von Devisenrestriktionen nach ihrer Vereinbarkeit mit dem IWF-Abkommen hätte im Rahmen der Umschuldungsverhandlungen des Pariser Clubs zu erfolgen, d.h. der Fonds müßte neben den bislang üblichen Statements betreffend die wirtschaftliche Lage des Debitors und die von diesem vorgelegten Umschuldungsvorschläge zugleich seine Zustimmung gemäß Art. VIII Abs. 2 (a) seiner Statuten zur in Umfang und/oder Dauer gegebenenfalls beschränkten Einführung von Devisenkontrollbestimmungen abgeben bzw. - was nach dem oben Gesagten [1])

---

1) Vgl. S. 266 ff

lediglich in Ausnahmefällen in Betracht kommen dürfte - deren Rechtmäßigkeit nach Art. VII Abs. 3 (b), Art. XIV Abs. 2 oder Art. VI Abs. 3 feststellen. Hierauf könnte dann in einem Agreed Minute Bezug genommen werden, wobei dessen Einhaltung und insbesondere die Befolgung der in diesem enthaltenen Meistbegünstigungsklausel durch den Schuldner zudem abgesichert werden könnte, indem die Genehmigung des Fonds hiervon abhängig gemacht würde. Dabei wären nationale Gerichte, die Art. VIII Abs. 2 (b) IWF-Übereinkommen nicht nur auf entsprechende Einrede der beklagten Partei, sondern ex officio anzuwenden haben [1], an die Zustimmung sowieso gebunden [2], wohingegen der Feststellung der Konformität durch ihre Verlautbarung im Rahmen einer interpretativen Entscheidung gemäß Art. XXIX [3] bindende Wirkung beigegeben werden könnte. Ungeachtet der skeptischen Betrachtung auf der Jahrestagung 1984 des IWF und der Weltbank von Überlegungen, die Rolle des Fonds den Erfordernissen für ein internationales Umschuldungsverfahren anzupassen [4], kann auch unterstellt werden, daß dieser prinzipiell zu einer offiziellen Beurteilung der Vereinbarkeit von Devisenkontrollbestimmungen mit seinen Statuten bereit ist [5], da sich sein Exekutivdirektorium dahingehend bereits im Jahre 1949 geäußert hat. [6]

---

1) Vgl. K. Böhlhoff / A. Baumanns "How Might German Courts Have Decided the Allied Case?", IFLR September 1984, S. 19

2) Vgl. D. Lindskog / M. Vega "Mexican Exchange Controls Upheld", IFLR September 1985, S. 33

3) Vgl. hierzu oben S. 173 ff

4) C. Ebenroth "Rechtliche Probleme bei der Bewältigung der Schuldenkrise. Aktuelle Herausforderungen im internationalen Finanz- und Wirtschaftsrecht", in L. Späth / H. Dräger (Hrsg.) "Zielsetzung Partnerschaft: Die weltwirtschaftliche Bedeutung von Auslandsinvestitionen und Technologietransfer", S. 343

5) Zweifelnd D. Lindskog "Book Review: Banking on the Act of State", IFLR März 1985, S. 34

6) Vgl. oben S. 260 Fn. 1
Zudem werden entsprechende Bestätigungen bereits von der Rechtsabteilung des Fonds erteilt. Vgl. G. Kahale / J. Pizzurro "Mexican Exchange Control Case Dismissed", IFLR März 1987, S. 27

Dies muß ebenso für die Erteilung bzw. Verweigerung der Zustimmung nach Art. VIII Abs. 2 (a) IWF-Übereinkommen gelten, da der Fonds ein ureigenes Interesse an der Absicherung eines von ihm befürworteten und aus seinen Währungsressourcen unterstützten Umschuldungskonzepts hat. Grundvoraussetzung für die Erteilung der Zustimmung hätte zum einen das Fehlen diskriminierender Bestandteile in den zu beurteilenden Restriktionen zu sein, da die Gleichbehandlung der Gläubiger Sinn und Zweck der Verhandlungen des Pariser Clubs ist und um so mehr eines (auf Normen des IWF-Übereinkommens aufbauenden) internationalen Insolvenzrechts sein muß. Zum anderen würde sie voraussetzen, daß der diese Beschränkungen erlassende oder ihren Erlaß planende Staat bereits einen Antrag auf Umschuldung seiner Verbindlichkeiten beim Sekretariat des Pariser Clubs gestellt hat, da einseitig erlassene Devisenkontrollnormen, die nicht der Absicherung von - durch die Gläubiger akzeptierte - Umschuldungskonzepten zu dienen bestimmt sind, sondern lediglich die Begründung für eine unilaterale Zahlungseinstellung liefern sollen, nicht schutzwürdig sind und deshalb keine Anerkennung in Drittstaaten verdienen. Die regelmäßig bei den zweitägigen Verhandlungen des Pariser Clubs abzugebende Genehmigung bzw. Feststellungserklärung wäre deshalb in dies erforderlich machenden Ausnahmefällen [1] frühestens bei Beantragung einer Umschuldung zu erteilen.

Zudem wäre die Genehmigung der Devisenrestriktionen von deren Erforderlichkeit abhängig. An diese müssen relativ hohe Anforderungen gestellt werden, wobei neben den Interessen der umschuldenden Kreditoren auch zu berücksichtigen ist, daß durch die Zustimmung nach Art. VIII Abs. 2 (a) IWF-Abkommen noch intensiver auf die vertraglichen Ansprüche von nicht im Pariser Club vertretenen Gläubigern ein-

---

1) Ein solcher wäre etwa dann anzunehmen, wenn die Gefahr bestünde, daß einzelne Gläubiger im Verfahren des einstweiligen Rechtsschutzes eine bevorzugte Stellung zu erlangen suchen.

gewirkt wird [1], als dies bereits durch die üblicherweise in die Agreed Minutes aufgenommene Meistbegünstigungsklausel der Fall ist. Gleichzeitig muß gewährleistet sein, daß Schuldner die Genehmigung des Erlasses von Devisenkontrollbestimmungen und den dann aus Art. VIII Abs. 2(b) resultierenden Klage- und Vollstreckungsschutz nicht dazu mißbrauchen können, Umschuldungsverhandlungen ohne rechtfertigenden Grund auf Kosten der Gläubiger in die Länge zu ziehen. Demnach hätte der Fonds, wenn die Verhandlungen zwischen Kreditoren und Debitor eine vertretbare Dauer überschreiten, die Zustimmung zu widerrufen, was den sofortigen Wegfall des aus Art. VIII Abs. 2 (b) IWF-Abkommen folgenden Klage- und Vollstreckungshindernisses zur Folge hätte. [2]

Andererseits muß sichergestellt sein, daß gegen ein Fondsmitglied, sobald, soweit und solange seine Devisenkontrollbestimmungen die Zustimmung des Fonds genießen, in anderen Mitgliedsstaaten weder geklagt noch vollstreckt werden kann, daß aber gleichzeitig bei Nichtvorliegen dieser Voraussetzungen im Bereich des internationalen Finanzrechts auf nationaler Ebene keine Klage- oder Vollstreckungshindernisse unter Immunitätsgesichtspunkten oder durch die Act of State Doctrine geschaffen werden. Dies wiederum setzt voraus, daß bei der Prüfung der Immunität nicht wie in den Fällen Frankel v. Banco Nacional de Mexico und Callejo v. Bancomer S.A. [3] auf die Einführung von Devisenrestriktionen abgestellt wird, sondern ausschließlich

---

1) Hiergegen bestehen angesichts der allgemeinen - allenfalls durch die ultra vires-Lehre beschränkten - sowie der speziellen Rechtsetzungskompetenz des IWF gemäß Art. VIII Abs. 2 (a) keine Bedenken unter Gesichtspunkten des Vermögensschutzes, da das IWF-Abkommen durch die jeweiligen Zustimmungsgesetze in die Rechtsordnungen der Mitgliedsstaaten inkorporiert wurde.

2) C. Ebenroth "Banking on the Act of State", S. 101

3) Vgl. hierzu oben S. 245 f

auf die als kommerzielle Tätigkeit zu qualifizierende Kreditaufnahme, was auch einzig richtig erscheint. Darüber hinaus bedarf es der Akzeptanz der auf der Entscheidung des US Supreme Court im Falle Banco Nacional de Cuba v. Sabbatino [1] basierenden Überlagerung der Act of State Doctrine durch das Bretton Woods Übereinkommen [2], die sowohl in positiver als auch in negativer Hinsicht gilt und deshalb vom Vorliegen einer Zustimmung des Fonds bzw. dessen Feststellung der Vereinbarkeit von Devisenbeschränkungen mit Art. VI Abs. 3, Art. VII Abs. 3 (b) oder Art. XIV IWF-Übereinkommen unabhängig ist. Die hieraus resultierende alleinige Relevanz der Fondsstatuten für die Beurteilung des Umfangs der Devisenrestriktionen zukommenden exterritorialen Wirkung würde nicht nur zur Beseitigung der bestehenden Rechtsunsicherheit sowie zur Schaffung von Vorhersehbarkeit und Rechtseinheit vor den Gerichten aller Fondsmitglieder beitragen, sondern darüber hinaus für den Bereich des internationalen Finanzrechts die - im übrigen weiterhin dringlich bleibende - Abstimmung der Act of State Doctrine mit dem Foreign Sovereign Immunities Act durch legislative bzw. höchstrichterliche Anerkennung der commercial exception clause sowie die endgültige Klärung der Reichweite des Hickenlooper Amendments überflüssig machen. Ein in seiner Bedeutung nicht zu unterschätzender Vorteil der so geförderten Rechtseinheit wäre auch, daß in Mitgliedsstaaten ergangene Gerichtsurteile in den Territorien anderer Mitglieder ohne nochmalige Überprüfung der Frage nach der Anerkennung von Devisenkontrollbestimmungen vollstreckbar wären [3], was insbesondere dann relevant wird, wenn ein Schuldner nach Erhebung einer Klage sämtliche Ver-

---

1) 376 U.S. 398, 428 (1964)

2) J. Williams "Extraterritorial Enforcement of Exchange Control Regulations Under the International Monetary Fund Agreement", VJIL 15/1975, S. 387 ff

3) Vgl. hierzu B. Barnett / S. Galvis / G. Gouraige "On Third World Debt", HILJ 25/1984, S. 110 ff

mögenswerte aus dem Staat, in welchem das Forum liegt, abzieht. [1]

Die neben dem skizzierten Verfahren der zentralen Beurteilung der Konformität von Devisenrestriktionen und Fondsstatuten erforderliche einheitliche Interpretation von Art. VIII Abs. 2 (b) IWF-Übereinkommen bedingt eine Festlegung dessen Tragweite durch Erlaß einer interpretativen Entscheidung gemäß Art. XXIX [2] durch das Exekutivdirektorium des Fonds, die bindende Wirkung entfaltet. Demgegenüber erscheint es wenig erfolgversprechend, diesen Effekt global gleicher Auslegung durch Aufnahme von Klauseln, die die Anwendbarkeit der Norm auf den jeweiligen Vertrag bejahen oder deren Tatbestandsmerkmale definieren, in die Kreditverträge zu erreichen zu suchen. Dies würde nämlich voraussetzen, daß deren Einbeziehung in sämtliche Verträge über die grenzüberschreitende Vergabe von Krediten gewährleistet ist und diese Klauseln immer korrekt formuliert sind, wobei einzuräumen ist, daß letzteres wohl durch die Erlangung richterlicher Grundsatzentscheidungen erreichbar wäre. Bezüglich ersterem ist dagegen zu berücksichtigen, daß diese Ausführungen die Erweiterung der derzeitigen Tragweite einer Norm befürworten, die Abwehrmittel für den Schuldner schafft. Die hieraus resultierende Einschränkung der Möglichkeiten von Gläubigern zur Erlangung von Rechtsschutz liegt aber erst im Umschuldungsfall im Interesse der ganzen Gläubigergemeinschaft, nicht dagegen schon beim Abschluß eines Kreditvertrages in dem eines einzelnen Kreditors. Dieser wird sich deshalb eher darum bemühen, durch entsprechende Formulierungen das Eingreifen von Art. VIII Abs. 2 (b) IWF-Abkommen wie auch das

---

1) Vgl. aber auch "Peru kauft siebzig Tonnen Gold in Zürich", FAZ vom 26. Februar 1986, S. 13

2) Vgl. hierzu oben S. 173 ff

von Immunitätserwägungen auszuschließen [1], was ihm angesichts der derzeit eindeutig überragenden Verhandlungsstärke von Gläubigern im Regelfall gelingen dürfte. Neben den genannten Aspekten ist wie bei einem vertraglichen Verzicht auf die spätere Berufung auf das aus der Act of State Doctrine resultierende Verteidigungsdispositiv fraglich, ob eine solche Klausel vor den Gerichten aller Mitglieder anerkannt würde.

Die demnach allein sinnvolle, klarstellende Interpretation von dem - schon wegen seines Wortlauts dem materiellen und nicht dem Kollisionsrecht zuzuordnenden [2] - Art. VIII Abs. 2 (b) durch den Fonds hätte in der von J. Williams [3] befürworteten und hier uneingeschränkte Zustimmung findenden Weite zu erfolgen. Diesbezüglich ist, auch wenn in diesem Rahmen schon wegen der Notwendigkeit einer Begrenzung der Ausführungen nicht erneut in extenso auf die in Literatur und Rechtsprechung bereits eingehend abgehandelte Frage der Reichweite der zitierten Norm eingegangen werden kann, zu bemerken, daß durch die von A. Nussbaum [4] vertretene Definition von "exchange contracts", nach der hierunter nur den Umtausch einer Währung in eine andere vorsehende Verträge fallen, der Anwendungsbereich von Art. VIII Abs. 2 (b) IWF-Übereinkommen auf ein kaum jemals prak-

---

1) Vgl. C. Ebenroth "Rechtliche Probleme bei der Bewältigung der Schuldenkrise. Aktuelle Herausforderungen im internationalen Finanz- und Wirtschaftsrecht", in L. Späth / H. Dräger (Hrsg.) "Zielsetzung Partnerschaft: Die weltwirtschaftliche Bedeutung von Auslandsinvestitionen und Technologietransfer", S. 347

2) F. Mann "The Legal Aspect of Money", S. 374 f

3) "Extraterritorial Enforcement of Exchange Control Regulations Under the International Monetary Fund Agreement", VJIL 15/1975, S. 319 ff

4) "Exchange Control and the International Monetary Fund", YLJ 59/1950, S. 421 ff

tisch relevant werdendes Maß reduziert würde. [1] Diese basiert zudem auf der auch unter Berücksichtigung von Art. I (iv) als verfehlt anzusehenden Annahme einer nahezu uneingeschränkten Mißbilligung von Devisenrestriktionen durch die Fondsstatuten sowie einer kaum überzeugend zu begründenden engeren Auslegung von "exchange contracts" als von der in anderen Normen des Abkommens gebrauchten Formulierung "exchange transactions" [2]. Gegen diese Eingrenzung des Begriffs spricht auch das völlige Fehlen einer diesbezüglichen volkswirtschaftlichen Rechtfertigung, da es für die Auswirkungen einer Vertragserfüllung auf die Devisenressourcen eines Staates irrelevant ist, ob ein Schuldner die hierfür erforderlichen Zahlungsmittel bereits in seinem Bestand hat oder erst erwerben muß. Zudem berücksichtigt sie nicht den engen Zusammenhang zwischen dieser Norm und Art. VIII Abs. 2 (a) IWF-Statuten, der schon durch die Aufnahme beider Regelungen in einen Abschnitt unter Beweis gestellt wird. Dieser läßt es angesichts des Fehlens einer einleuchtenden Begründung nicht sinnvoll erscheinen, den Anwendungsbereich von Abs. 2 (b) auf einen nur kleinen Teil der Rechtsfolgen von Abs. 2 (a) zu beschränken. Außerdem würde hierdurch den - beiden Regelungen zugrunde liegenden - in Art. I Fondsstatuten verankerten Zielsetzungen des IWF keine Rechnung getragen, zu denen beispielsweise die Förderung von Wechselkursstabilität und währungspolitischer Zusammenarbeit sowie die Unterstützung von Mitgliedern bei deren Bekämpfung von Zahlungsbilanzungleichgewichten und hierauf basierenden Zahlungsschwierigkeiten

---

1) J. Gold "'Exchange Contracts', Exchange Control, and the IMF Articles of Agreement: Some Animadversions on Wilson, Smithett & Cope Ltd. v. Terruzzi", ICLQ 33/1984, S. 789

2) A. Nussbaum "Exchange Control and the International Monetary Fund", YLJ 59/1950, S. 426 f;
kritisch hierzu J. Gold a.a.O., S. 787, der Nussbaum's Kompetenz in das Bretton Woods-Abkommen betreffenden Rechtsfragen in überaus scharfer Form in Frage stellt.
Vgl. auch F. Mann "The Legal Aspect of Money", S. 384

gehören. Daß und auf welche Weise deren Erreichen durch temporäre Anerkennung von Devisenrestriktionen, die auch Zahlungen zur Erfüllung von Verbindlichkeiten aus internationalen Kreditverträgen unterbinden, gefördert werden kann, wurde vorstehend bereits eingehend dargelegt.

Die somit den Vorzug verdienende weite Auslegung des Begriffs "exchange contracts" ist, wie die überzeugenden Ausführungen von Sir Joseph Gold [1] belegen, auch mit der Entstehungsgeschichte von Art. VIII Abs. 2 (b) vereinbar. Unter Einbeziehung der Formulierung "which involve the currency of any member" fallen unter die Norm deshalb unabhängig von der denominierten Währung alle Verträge, deren Erfüllung in irgendeiner Weise die Zahlungsbilanz des die Restriktionen erlassenden Staates berühren würde. Bei der im Rahmen ihrer Anwendung vorzunehmenden Prüfung des Verstoßes der zu beurteilenden Devisenkontrakte gegen die Beschränkungen ist einzig auf den Zeitpunkt abzustellen, in dem die (zwangsweise) Durchsetzung der vertraglichen Ansprüche versucht wird. [2] Demgegenüber wäre es schon angesichts des Fehlens einer überzeugenden Begründung hierfür [3] verfehlt, die zur Zeit des Vertragsschlusses geltende Rechtslage zugrunde zu legen, d.h. die Anerkennung einer exterritorialen Wirkung von Devisenkontrollbestimmungen von deren Geltung bei der Unterzeichnung der Vereinbarungen abhängig zu machen. Hierdurch würde der Anwendungsbereich von Art. VIII Abs. 2 (b) Fondsstatuten so weit

---

1) "'Exchange Contracts', Exchange Control, and the IMF Articles of Agreement: Some Animadversions on Wilson, Smithett & Cope Ltd. v. Terruzzi", ICLQ 33/1984, S. 789 ff; ders. "The Fund Agreement in the Courts: Vol. II", S. 429 ff

2) J. Gold "The Fund Agreement in the Courts: Vol. II", S. 92; zustimmend C. Ebenroth "Banking on the Act of State", S. 69; a.A. F. Mann "The Legal Aspect of Money", S. 394; vgl. auch J. Williams "Exterritorial Enforcement of Exchange Control Regulations Under the International Monetary Fund Agreement", VJIL 15/1975, S. 351 f, 356 f

3) Eine solche bleibt auch F. Mann a.a.O., S. 394 schuldig

eingegrenzt, daß das Erreichen der der Norm zugrunde liegenden Zielsetzungen nicht mehr gewährleistet wäre.

Dagegen ist hierfür nicht erforderlich, die Rechtsfolge der Vorschrift in der Nichtigkeit der gegen die Devisenbeschränkungen verstoßenden Verträge oder im Wegfall deren Bindungswirkung zu sehen. Ausreichend ist vielmehr die temporäre Unterbindung der - ein vereinbartes Umschuldungskonzept gefährdenden - zwangsweisen Durchsetzung von Forderungen. Abgesehen davon, daß die Beilegung materiellrechtlicher Auswirkungen auch kaum mit einer sorgfältigen grammatikalischen Interpretation der Formulierung "shall be unenforceable" vereinbar ist, ist zu berücksichtigen, daß von nationalen Gesetzgebern geschaffene Restriktionen häufig lediglich die Erfüllung von grenzüberschreitenden Verträgen, d.h. den Abfluß von Devisen ins Ausland, zu verhindern trachten, nicht aber deren Wirksamkeit betreffen. Da die Väter des Bretton Woods-Abkommens mit der Schaffung von Art. VIII Abs. 2 (b) keinesfalls die Verschärfung von Devisenkontrollbestimmungen eines Mitglieds bezweckten, ist mit der bundesdeutschen Rechtsprechung [1] die Rechtsfolge dieser Norm in der Schaffung von Klage- und Vollstreckungshindernissen zu sehen. Dies wird unterlegt durch die bereits zitierte Entscheidung des IWF-Exekutivdirektoriums [2], nach der

> "(p)arties entering into exchange contracts involving the currency of any member of the Fund and contrary to exchange control regulations of that member which are maintained or imposed consistently with the Fund Agreement will not receive the assistance of the judicial or administrative authorities of other members in obtaining the performance of such contracts. That is to say, the obligations of such contracts" (sic!) "will not be implemented by the judicial or administrative authorities of member countries, for example by decreeing performance of the contracts or by awarding damages for their non-performance."

---

1) BGHZ 55, S. 334; BGH in NJW 1970, S. 1507; 1980, S. 520; WM 1977, S. 332

2) Decision No. 446-4 vom 10. Juni 1949, in IMF "Selected Decisions of the International Monetary Fund and Selected Documents", Tenth Issue (1983), S. 233

VI. Schlußbemerkung

1. Ergebnis

Ziel der Abhandlung war, die Rolle des IWF, der BIZ und des Pariser Clubs bei der Bewältigung der internationalen Schuldenkrise aufzuzeigen und die Verpflichtungen dieser Institutionen zu untersuchen. Dabei erwies sich, daß nur den Fonds eine Rechtspflicht zur Gewährung finanzieller Unterstützung an verschuldete Staaten trifft und daß diese auch nur dann besteht, wenn die Rückabwicklung (gegebenenfalls durch Durchführung eines Strukturanpassungsprogramms) gesichert ist. Dagegen ist der Fonds angesichts der Priorität seiner eigenen Funktionsfähigkeit vor der Aufrechterhaltung der Zahlungsfähigkeit seiner Mitglieder nicht zur Vergabe verlorener Zuschüsse verpflichtet oder auch nur ermächtigt. Gleichzeitig zeigte sich, daß die in der Satzung verankerten Verpflichtungen des IWF im Laufe der letzten Jahre kontinuierlich durch Schaffung sekundären Rechts, d.h. durch Beschlüsse des Exekutivdirektoriums, erweitert wurden. Die so errichteten Fazilitäten, welche Ziehungen in weitaus größerem Umfang als die im IWF-Übereinkommen vorgesehenen Reserve- und Kredittranchen ermöglichen, illustrieren die wachsende Bereitschaft zu zwischenstaatlicher Kooperation. Allerdings muß man sich vergegenwärtigen, daß diese Ziehungsmöglichkeiten nicht unabänderlich sind. Im Gegensatz zur Reserve- und den Kredittranchen, die in der Verfassung des IWF festgeschrieben sind, können die übrigen Fazilitäten mit einfacher Mehrheit geschlossen werden. Da eine solche infolge der quotenabhängigen Stimmgewichtung schon von einigen wenigen Industriestaaten erbracht werden kann, sind die Entwicklungs- und Schwellenländer, welche heute in erster Linie auf die Finanzhilfe des Fonds angewiesen sind, von deren Hilfsbereitschaft abhängig. Der hiermit angesprochene Bereich außerrechtlicher Erwägungen spielt aber nicht nur bei abstrakt-generellen Entscheidungen - wie beispielsweise die Beibehaltung bestehender oder Eröffnung neuer Fazilitäten betreffend - eine bedeutende Rolle. Die Untersuchung hat vielmehr gezeigt, daß das Direktorium bei seinen individuell-konkreten Entscheidungen über Ziehungsanträge von Mitgliedern in den meisten Tranchen sehr weite Beurteilungs- und Ermessensspielräume genießt und somit (wirtschafts-) politischen Erwägungen oftmals größere Bedeutung zukommt als rein rechtlicher Subsumtion.

Demgegenüber trifft die BIZ, zumindest bei Fehlen vertraglich eröffneter Kreditlinien, keinerlei rechtliche Verpflichtung zur Gewährung finanzieller Unterstützung. Eine solche wird auch nicht durch das von den Notenbankgouverneuren der Zehnergruppe und der Schweiz im September 1974 anläßlich der monatlichen Sitzung des Verwaltungsrats der BIZ herausgegebene Pressekommuniqué begründet. Aus dieser in höchstem Maße unklar gehaltenen und keinen Rechtsbindungswillen zu erkennen gebenden Erklärung resultiert vielmehr allenfalls eine moralische Verpflichtung der BIZ und der beteiligten Zentralbanken zur temporären Bereitstellung von Liquidität im Krisenfall. Diese Pflicht besteht aber nicht gegenüber einzelnen Staaten oder Kreditinstituten, sondern ausschließlich gegenüber den Finanzmärkten, d.h. der Allgemeinheit.

Den Pariser Club betreffend wurde festgestellt, daß dieser keine eigenständige Kreditquelle neben BIZ und IWF darstellt, sondern sich ausschließlich auf die einvernehmliche Umschuldung bestehender Verbindlichkeiten souveräner Schuldner beschränkt. Mangels Rechtspersönlichkeit obliegen ihm keinerlei Rechtspflichten. Ebensowenig ist ein verschuldeter Staat juristisch zur Umschuldung seiner Auslandsschulden im Rahmen des Clubs oder einer der Gläubiger zur Teilnahme an den Verhandlungen verpflichtet. In praxi kann allerdings der Schuldner durch Ausübung faktischen Drucks hierzu gezwungen werden. Den Gläubigern wird ein Anreiz zur Beteiligung an den Umschuldungsverhandlungen des Clubs vor allem durch die in die Verhandlungsprotokolle aufgenommene Klausel geboten, nach der der Schuldner verspricht, keinem Gläubiger günstigere Konditionen als den übrigen einzuräumen. Des weiteren hat die Untersuchung ergeben, daß die Protokolle rechtlich unverbindlich sind und lediglich Verpflichtungen politischer Art begründen. Dennoch sind sie auch unter juristischen Gesichtspunkten nicht bedeutungslos, da sie die Geschäftsgrundlage für die nachfolgenden bilateralen Umschuldungsverträge darstellen und über das "estoppel"-Prinzip zu Schadensersatz im Verletzungsfall verpflichten.

Die Frage eines internationalen Kapitalgebers in letzter Instanz ist derzeit somit allenfalls ansatzweise rechtlich geregelt. [1] Offen ist, wen letztendlich bei einer Verschärfung der Schuldenkrise durch Anstieg der Schuldenlast eines oder mehrerer Schuldner über das durch Ziehungen unter existierenden Fondsfazilitäten abzudeckende Maß die Verantwortung für das internationale Finanzsystem trifft. Dieses Ergebnis mag vom juristischen Standpunkt aus gesehen unbefriedigend erscheinen und Anlaß für Überlegungen bieten, inwieweit diesbezüglich Verbesserungen durch eine intensivere Normierung erzielt werden können.

Dabei ist aber zu berücksichtigen, daß diese Problematik auch im nationalen Kontext weitgehend ungeregelt ist. [2]

---

1) E. Löschner "Souveräne Risken und internationale Verschuldung", S. 126;
vgl. hierzu R. Plan "External Debt Rescheduling", S. 135 ff

2) Vgl. G. Johnson / R. Abrams "Aspects of the International Banking Safety Net", S. 20 ff;
C. Friesen "The Regulation and Supervision of International Lending: A Comparison of Policies in Creditor Countries and some Suggestions for Reform", S. 33 f, 48 f, 61, 75 f, 87 f, 99 f, 112 f, 126 f;
Richard Dale "Bank Supervision Around the World", S. 16 ff;
E. Löschner a.a.O., S. 87;
"Am Crash vorbei?", Wiwo vom 4. Oktober 1985, S. 120

So ist keine innerstaatliche Rechtsordnung bekannt, in der die Aufgaben des jeweiligen Kapitalgebers in letzter Instanz genau festgelegt sind. Allerdings besteht hier auch bei Fehlen einer gesetzlichen Regelung wohl Einigkeit darüber, daß diese Rolle der Zentralbank des betreffenden Staates zukommt [1], die die Verantwortung für das nationale Finanzsystem trägt und im Krisenfall illiquide, aber ansonsten solvente Banken in begrenztem Umfang [2] durch Vergabe von Krediten zu unterstützen hat. Dies gilt aber nur für Kreditinstitute mit statuarischem Sitz im Einflußbereich der entsprechenden Notenbank. Demgegenüber ist die Verantwortlichkeit für Filialen, aber auch für rechtlich selbständige Tochtergesellschaften umstritten. [3] Für insolvente Banken ist dagegen - den von Henry Thornton [4] und Walter Bagehot [5] erarbeiteten klassischen Modellen des Kapitalgebers in letzter Instanz entsprechend - keine Unterstützung vorgesehen. [6]

---

1) R. O'Brien "The International Monetary Fund and the Private Banks: The Expanding Relationship", S. 2

2) M. de Kock "Central Banking", S. 92, 95;
H. Schlesinger "Internationale Finanzprobleme und nationale Geldpolitik", DBBk AaP Nr. 48 vom 15. Juni 1984, S. 6;
a.A. R. Sayers "Modern Banking", S. 98

3) Vgl. hierzu A. Frankel "The Lender of Last Resort Facility in the Context of Multinational Banking", CJWB 10 / Winter 1975, S. 120 ff;
G. Johnson / R. Abrams a.a.O., S. 20 ff

4) "An Enquiry into the Nature and Effects of the Paper Credit of Great Britain", vgl. z.B. S. 188

5) "Lombard Street: Der Weltmarkt des Geldes in den Londoner Bankhäusern", S. 103 f

6) J. Guttentag / R. Herring "The Lender of Last Resort Function in an International Context", S. 5, 15;
C. Kindleberger "Manias, Panics, and Crashes", S. 178, 180

2. Ausblick

a) Schaffung von Finanzierungspflichten

Das Unvermögen der Staaten, die Aufgaben des jeweiligen nationalen Kapitalgebers in letzter Instanz konkret festzusetzen, illustriert die Schwierigkeit eines solchen Unterfangens. Diese wird auf internationaler Ebene zudem durch das Fehlen eines internationalen Gesetzgebers erschwert. Vorschläge betreffend die Aufgaben und Verpflichtungen eines internationalen Kapitalgebers in letzter Instanz haben deshalb nur dann die Chance, in rechtlich verbindlicher Form realisiert zu werden, wenn sie konsensfähig sind. Die Notwendigkeit einer allgemein akzeptablen Regelung birgt aber neben der Wahrscheinlichkeit langwieriger Verhandlungen vor allem die Gefahr einer Verwässerung des materiellrechtlichen Inhalts. Außerdem ist zu berücksichtigen, daß jedes Modell eines Kapitalgebers in letzter Instanz nur dann realisiert werden kann, wenn die hierfür erforderlichen Finanzierungsmittel aufgebracht oder zumindest zur Verwendung im Krisenfall bereitgestellt werden. Als potentielle Finanziers kommen hierbei in erster Linie die Industriestaaten in Betracht. Ungeachtet der sich gegenüber dem Baker-Plan [1] abzeichnenden Zustimmung [2] muß aber deren Bereitschaft zu umfangreicher Bereitstellung von Kapital schon angesichts ihrer - teilweise sehr hohen - Haushaltsdefizite als sehr gering eingestuft werden. Eine detaillierte Normierung eines internationalen Kapitalgebers in letzter Instanz erscheint daher unter politischen Ge-

---

1) J. Baker "Statement at the Annual Meeting of the IMF and the World Bank", DBBk AaP vom 15.10.1985, S. 3 ff
Vgl. hierzu D. Duwendag ""Baker-Plan": Absicherung gegen Kapitalflucht?", ZfdgK 1986, S. 56 ff
zur Kritik hieran vgl. "Kieler Kritik am Baker-Plan", BZ vom 5. Februar 1986, S. 6

2) Unabhängig hiervon bleiben bislang die von den an diesem Konzept Beteiligten bereitgestellten neuen Mittel hinter den Erwartungen zurück.

sichtspunkten kaum realisierbar. Zudem gilt hier wie auf nationaler Ebene, "that some degree of ambiguity is a necessary feature of a lender of last resort facility. Any move to spell out specific terms and conditions under which assistance would be made available to banks in distress would have the detrimental effect of undermining market discipline." 1)

Im übrigen könnte die Rolle eines internationalen Kapitalgebers in letzter Instanz nur vom IWF wahrgenommen werden, nicht dagegen von BIZ oder Pariser Club. Abgesehen davon, daß der Pariser Club angesichts fehlender Rechtspersönlichkeit keine Kredite und die BIZ infolge beschränkter eigener Mittel sowie der Kurzfristigkeit der bei ihr gehaltenen Einlagen nur in geringem Umfang finanzielle Unterstützung gewähren kann, obliegen diesen Institutionen gänzlich andere Aufgaben, die zu den Funktionen des Fonds komplementär sind. Dessen Verantwortung kann sich aber nur auf die Erhaltung der Zahlungsfähigkeit der Staaten und auf das Funktionieren der internationalen Finanzmärkte beziehen. Dagegen wäre es - unabhängig von einer politischen Realisierbarkeit - schon im Ansatz verfehlt, ihn auch mit der Gewährleistung der Funktionsfähigkeit der nationalen Märkte oder mit der Rettung illiquider oder gar insolventer Banken zu beauftragen, da dies dezentral besser geregelt werden kann.

Ob für die Bewältigung des so skizzierten Aufgabenbereichs des Fonds eine weitere Normierung erforderlich und sinnvoll ist, erscheint zweifelhaft. Die Frage der internationalen Liquidität und ihrer Kontrolle ist durch das SZR-System befriedigend gelöst. So wurde auch die gegenwärtige Schuldenkrise nicht durch eine generelle Liquiditätsknappheit im Weltfinanzsystem verursacht. Ebensowenig wird sie durch eine Erhöhung der allgemeinen Liquidität zu bewältigen sein. Die Problematik resultiert vielmehr aus den

---

1) Vgl. G. Bell / J. Heimann u.a. "Risks in International Bank Lending", S. 27

Finanzierungsschwierigkeiten einzelner Staaten. Daß diese durch eine umfassende und dem jeweiligen Bedarf entsprechende Aufstockung der bestehenden Fondsfazilitäten bewältigt werden können, muß bezweifelt werden. Zu berücksichtigen ist nämlich, daß ab einem bestimmten Finanzierungsbedarf ein Schuldner nicht nur (temporären) Liquiditätsschwierigkeiten ausgesetzt ist, sondern Solvenzprobleme zu verzeichnen hat.

Sicherlich muß die Verschuldung eines Staates in jeder nur denkbaren Höhe gemeistert werden. Dies gilt ungeachtet humanitärer und ethischer Gesichtspunkte schon deshalb, da ein Staat im Gegensatz zu einer nationalen oder internationalen Organisation nicht einfach seine Tore schließen und in seiner Existenz vernichtet werden kann. Andererseits können Finanzierungsprobleme ab einer gewissen Größenordnung nicht mehr durch kurz- und mittelfristige Kredite, sondern nur durch langfristige Darlehen oder gar verlorene Zuschüsse bewältigt werden. Deren Vergabe kann aber nicht Aufgabe des IWF sein, da dieser seiner Funktion als Hüter des internationalen Finanz- und Währungssystems nur dann gerecht werden kann, wenn er sich nicht als Entwicklungshilfeorganisation begreift. [1] Auch wenn hierdurch eine verstärkte Berücksichtigung der Interessen der Entwicklungs- und Schwellenländer nicht ausgeschlossen ist, so muß die Gewährung reiner Entwicklungshilfe doch den Staaten und anderen internationalen Organisationen wie der Weltbank vorbehalten bleiben, womit aber angesichts (zumindest derzeit) fehlender Konditionierungsmöglichkeiten und beschränkter Mittel der Weltbank keine Ausdehnung deren Engagements bei der Zahlungsbilanzfinanzierung gemeint sein kann. Abgesehen davon, daß dies zu einer wenig sinnvoll erscheinenden Ausweitung der Überschneidung der Aktionsradien von

---

1) J. de Larosière "Remarks Before the Economic and Social Council of the United Nations in Geneva on July 4, 1986", IMF Survey vom 14. Juli 1986, S. 221

Fonds und Bank führen würde, ließe sich deren Finanzierungsspielraum hierfür auch nicht bis zu dem dann erforderlichen Maß durch eine Veränderung der satzungsmäßig festgeschriebenen Relation ihres Kapitals zu den von ihr gewährten Krediten erweitern, da dies wegen des dann höheren Risikos von Ausleihungen an die Weltbank zwangsläufig zu einer Verteuerung ihrer Refinanzierung und somit auch der - ihre eigentliche Aufgabe darstellenden - Finanzierung von geeigneten Entwicklungsobjekten führen würde.

Im übrigen würde eine umfassende Ausweitung der Ansprüche der Fondsmitglieder auf finanzielle Unterstützung die Möglichkeit unerwünschter Nebeneffekte in sich bergen. So bestünde vor allem die Gefahr, daß der Ernst der Verschuldungssituation erneut übersehen wird und verschuldete Staaten in Anbetracht weiterer Ziehungsrechte erforderliche Anpassungsbemühungen aufschieben. Die verstärkte Zuteilung unkonditionierter SZRe an alle Fondsmitglieder mit den ihr immanenten Inflations- [1] und Nivellierungstendenzen kann daher schon wegen der hieraus wohl resultierenden Verlagerung bereits heute dringlicher Anpassungsmaßnahmen in die Zukunft ebensowenig befürwortet werden wie der vieldiskutierte "link". Gleichermaßen entgegenzutreten ist Vorschlägen, die eine erhöhte SZR-Zuteilung bei gleichzeitiger Konditionierung oder eine gravierende Ausdehnung der Ziehungsobergrenzen der einzelnen Fazilitäten vorsehen. Zu befürworten wäre dagegen die Errichtung einer Compensatory Financing Facility für Zins- [2] und Devisenkursschwankungen, da diese weitestgehend außerhalb des Macht- und Einflußbe-

---

1) Vgl. C. Brower / J. Hurlock "Sovereign Debt: Recent Regulatory and Lending Issues and Practices", S. 144 f

2) B. Barnett / S. Galvis / G. Gouraige "On Third World Debt", HILJ 25/1984, S. 142 f;
vgl. auch A. Herrhausen "1987 - Erwartungen der deutschen Wirtschaft. Private Banken", WP 1/87, S. 12 ff;
J. Feilcke "Den Schuldenerlaß erwägen", Wiwo vom 17. April 1987, S. 46

reichs der Schuldnerstaaten liegen und angesichts der hiermit verbundenen Kosten sowie Laufzeit und Größenordnung von Staatskrediten allenfalls marginal auf den Terminmärkten aufgefangen werden können. Demgegenüber ist den übrigen vorstehend skizzierten Vorschlägen gemeinsam, daß sie ausschließlich zu Lasten der Industriestaaten gehen und die Geschäftsbanken von der Verantwortung für risikoreiche Engagements, die diese in der Vergangenheit eingegangen sind, befreien. Abgesehen davon, daß dieses "bailing out of banks" schon deshalb und wegen des hiermit verbundenen Sozialisierungseffekts nicht zu rechtfertigen ist [1] und auch nicht zum Aufgabenkreis des Fonds gehören kann, ist hiervon auch keine dauerhafte Bewältigung der Schuldenproblematik zu erwarten. Vielmehr wären hiervon gegenläufige Tendenzen zu befürchten, da durch die Ausweitung gewährter Fondsmittel deren Katalysatorfunktion sowie die Schärfe und Glaubwürdigkeit der Austeritätsprogramme beeinträchtigt würde. Zudem bestünde trotz deutlich niedriger Petrodollar-Einlagen und höherer binnenwirtschaftlicher Kreditnachfrage in den Industriestaaten im Vergleich zu den siebziger Jahren die Gefahr, daß Banken im Vertrauen auf den Fonds an Staaten, deren Haushalt auf Kosten öffentlicher Träger temporär saniert wurde, wiederum zu leichtfertig Kredite vergeben und so künftige Problemfälle vorprogrammiert werden.

Eine dauerhafte Bewältigung der Schuldenkrise setzt daher voraus, daß die Verantwortung der einzelnen Gläubiger, d.h. insbesondere der Banken, für ihre Engagements vollumfänglich erhalten bleibt und das Risiko nicht auf öffentliche Institutionen nationalen oder internationalen Rechts verlagert wird. Nur so ist gewährleistet, daß einerseits die Vergabe von Neukrediten an Schuldner von der produktiven

---

1) Vgl. auch K. Brunner u.a. "International Debt, Insolvency and Illiquidity", JEA 1983, S. 166;
S. Nora "US Gives IMF Its Conditions for Future Lending", Januar 1984, S. 18

Verwendung des aufgenommenen Kapitals abhängt, d.h. daß deren Einsatz die Erwirtschaftung der für den Schuldendienst erforderlichen Mittel zuläßt. Andererseits ist dies Voraussetzung für die unabdingbar erforderliche Bereitstellung neuer Gelder an bedrängtere Schuldnerstaaten, zu welcher sich die Banken derzeit nur noch in Anbetracht des Zwangs, zwecks Vermeidung von Abschreibungen die Liquidität ihrer Kreditnehmer aufrechtzuhalten, bereitfinden. Da bei Entlastung der Kreditinstitute von Risiken bestehender Engagements kein Anhalten dieser Bereitschaft unterstellt werden kann, sind auch Vorschläge mit Skepsis zu betrachten, die eine Risikoverlagerung von den Banken auf öffentliche Institutionen vorsehen, wie beispielsweise durch Übernahme von Garantien für Zahlungsbilanzkredite durch staatliche oder internationale Organisationen oder durch Diskontierung problematischer Bankenforderungen gegen die Begebung langfristiger und niedrigverzinslicher Schuldtitel eines hierzu zu gründenden internationalen Konversionsinstituts [1]. Zudem ist deren Realisierbarkeit schon in Anbetracht des hiermit verbundenen Kapitalbedarfs sehr zweifelhaft. Gleiches gilt für die Frage, ob die Banken die bei einer Diskontierung erforderlich werdenden Abschläge verkraften können, was insbesondere bei den US-amerikanischen problematisch wäre, die weder in den vergangenen Jahren noch nach der spektakulären Entscheidung von Citicorp im Mai 1987, 3 Milliarden US Dollar Rückstellungen für Länderrisiken zu bilden, so umfangreiche Wertberichtigungen auf ihre Forderungen vorgenommen haben wie beispielsweise die bundesdeutschen Kreditinstitute.

---

1) Bundesregierung "Antwort auf Große Anfrage" (Entwurf), Drucksache 10/1601, Antwort zu Frage 37.
Ein solches wurde im März 1987 aber auf nationaler Ebene von japanischen Banken gegründet.
Vgl. hierzu S. Chira "Japan Plan for 3d World Debt", NYT vom 20. März 1987, S. D3;
E. Berg "Japan Plan on 3d World Debt", NYT vom 6. März 1987, S. D1 und D6

b) Ausbau eines internationalen Vergleichsrechts

Echte Verbesserungen durch rechtliche Fixierung erscheinen dagegen im prozessualen Bereich möglich und geboten [1]. Dabei geht es in erster Linie um die Schaffung neutraler Richtlinien, die für alle Schuldnerstaaten gleich sind und eine frühzeitige, schnelle und effektive Bewältigung auftretender Finanzierungsschwierigkeiten zu für alle Seiten fairen Bedingungen durch ein intensiv koordiniertes Vorgehen aller Gläubiger ermöglichen. Deren Notwendigkeit kann auch nicht mit Hinweis auf das Funktionieren des bislang verfolgten ad hoc approach in Abrede gestellt werden, da dieses zum einen darauf beruht, daß die juristischen Unwägbarkeiten einer gerichtlichen Durchsetzung einzelvertraglicher Ansprüche einen Einigungszwang bewirkt haben [2]. Zum anderen ist dies auf den von IWF und Notenbanken ausgeübten Druck sowie auf den Zwang zu gruppenkonformem Verhalten der Banken zurückzuführen, der wiederum darauf basiert, daß bisher kein Kreditinstitut gewagt hat, sein standing durch den Rückzug auf Kosten der anderen Banken aufs Spiel zu setzen [3]. Daß diese Faktoren auch in Zukunft dieselben Resultate zeigen, ist insbesondere bei kleineren Banken mit vorwiegend regionalem Wirkungskreis keineswegs gewährleistet, vor allem da diese weniger als in der Vergangenheit an der Beteiligung an (internationalen) Konsortien interessiert sind. [4]

---

1) Skeptisch: Bundesregierung a.a.O., Antwort zu Frage 38, vgl. auch Antwort zu Frage 23

2) Vgl. K. Meessen / C. Ebenroth in L. Späth / H. Dräger (Hrsg.) "Zielsetzung Partnerschaft: Die weltwirtschaftliche Bedeutung von Auslandsinvestitionen und Technologietransfer", S. 380

3) F. Zehetner "Ansätze zu einem völkerrechtlichen Umschuldungsrecht?", ÖBA 6/1984, S. 219

4) Vgl. auch B. Barnett / S. Galvis / G. Gouraige "On Third World Debt", HILJ 25/1984, S. 85 Fn. 10; M. Fratianni "International Debt Crisis: Policy Issues", The Banker August 1983, S. 38: "Small banks behave like free riders."

Zudem ist nicht zu leugnen, daß die bisherige Praxis von nur in letzter Minute einberufenen und nach Gläubigergruppen getrennten Umschuldungsverhandlungen zu erheblichen Verzögerungen geführt hat, die wiederum Ursache für Verschärfungen der Wirtschaftslage des jeweiligen Schuldnerstaates mit erhöhten finanziellen Belastungen und die Entstehung bzw. Verstärkung innen- wie außenpolitischer Spannungen waren.

Ein wesentlicher Aspekt eines deshalb zu schaffenden und ungeachtet der Frage nach der Völkerrechtssubjektivität der betroffenen Beteiligten dem internationalen Recht zuzuordnenden Umschuldungsrechts wurde vorstehend bereits mit der über Art. VIII Abs. 2 (b) IWF-Übereinkommen fallweise erreichbaren Absicherung auszuhandelnder bzw. ausgehandelter Umschuldungskonzepte gegen gerichtliche bzw. vollstreckungsrechtliche Schritte außenstehender oder vom Kurs der Mehrheit abweichender Gläubiger skizziert [1]. Wegen des weiteren Verfahrens könnte auf bewährte Bestandteile nationaler Vergleichsordnungen zurückgegriffen werden [2], allerdings mit der Einschränkung, daß die Schaffung eines gerichtsähnlichen Spruchkörpers mit alle Beteiligten bindenden Kompetenzen auf internationaler Ebene angesichts der Souveränität der Schuldner ebensowenig realisierbar ist [3] wie die Einsetzung eines "Vergleichsverwalters", der die Verantwortung für Finanzinstitutionen im Schuldnerstaat übernimmt [4]. Stattdessen wäre ein Kommittee mit Vertretern aller Gläubigergruppen zu bilden, selbst wenn

---

1) Vgl. oben S. 271 ff;
vgl. auch B. Barnett / S. Galvis / G. Gouraige "On Third World Debt", HILJ 25/1984, S. 137

2) Vgl. auch F. Zehetner "Ansätze zu einem völkerrechtlichen Umschuldungsrecht?", ÖBA 6/1984, S. 214

3) C. Oechsli "Procedural Guidelines for Renegotiating LDC Debt: An Analogy to Chapter 11 of the U.S. Bankruptcy Reform Act", VJIL 21/1981, S. 333.
Hierfür plädieren aber B. Barnett / S. Galvis / G. Gouraige "On Third World Debt", HILJ 25/1984, S. 135

4) So aber für Extremfälle C. Oechsli a.a.O., S. 334 f

nicht zu verkennen ist, daß die diesem Vorschlag immanente Zusammenlegung von offiziellen und privaten Forderungsinhabern zur Erzeugung von Problemen und Ressentiments geeignet ist, die zum einen aus den unterschiedlichen, bei Umschuldungen verfolgten Interessen resultieren können. So lassen sich Regierungsvertreter bei Umschuldungsverhandlungen nicht wie Banken nur von kommerziellen, sondern auch von politischen Gesichtspunkten leiten. Zudem wird dieses Verfahren kaum so schnell durchgeführt werden können wie die Treffen des Pariser Clubs und daher für die öffentlichen Gläubiger, die bislang - gegebenenfalls auch nach Ausschluß kleinerer Staatengläubiger - als relativ homogene Gruppe agiert haben, erhöhten Zeitaufwand mit sich bringen. Letzteres erscheint aber zumutbar und vertretbar, wenn, wie durch das noch näher zu erläuternde Verfahren, die Dauer für die Aushandlung des gesamten Umschuldungspaketes für einen verschuldeten Staat verkürzt werden kann. Demgegenüber ist - zumindest bei rein rechtlicher Betrachtungsweise - die dann verringerte Bedeutung politischer Aspekte unter Berücksichtigung des völkerrechtlichen Gleichheitssatzes sogar von Vorteil.

Ebensowenig sollten gemeinschaftlich durchgeführte Umschuldungen berechtigten Interessen der Bankengläubiger entgegenstehen. Sollte hier die Befürchtung geäußert werden, diese würden nunmehr verstärkt dem faktischen Druck von Regierungen, Notenbanken und IWF oder Weltbank ausgesetzt, so wäre dies zum einen zu bezweifeln. Zum anderen unterliegen die Banken bereits heute teilweise massiver Einflußnahme, wie z.B. bei der Mexiko-Umschuldung des Jahres 1986, die eine drastische Margenreduzierung mit sich brachte, welche wiederum Vorbildfunktion für andere Verhandlungen hat und diese so erschwert. Zu berücksichtigen sind in diesem Zusammenhang auch die Auswirkungen der Agreed Minutes des Pariser Clubs, die regelmäßig eine Umschuldung der Bankenforderungen zu vergleichbaren Bedingungen vorschreiben, gleichzeitig aber ohne jegliche Einflußmöglichkeit der Banken zustande kommen.

Das zu bildende Kommittee hätte im Interesse seiner schnellen Handlungsfähigkeit relativ klein zu sein. Aus diesem Grunde, aber auch zwecks Gewährleistung von Neutralität, Objektivität und Konstanz mit dem Ziel weitgehender Gleichbehandlung der Schuldner sowie um die Erlangung umfassender, auf wachsender Erfahrung beruhender Kompetenz zu ermöglichen, sollte dessen Zusammensetzung weitgehend gleichbleibend sein und nicht vom Umfang der Forderungen der Gläubiger im einzelnen Umschuldungsfall abhängen [1]. Dabei wäre denkbar, ständige Vertreter des Fonds, der Weltbank, der wichtigsten übrigen offiziellen Gläubiger, d.h. der - heute die Schweiz mitumfassenden - Zehnergruppe und gewisser OPEC-Staaten sowie nationaler Interessenvertretungen von Inhabern von Schuldverschreibungen [2] zu berufen. [3] Die international tätigen Kreditinstitute würden nicht durch Angehörige der - nach welchen Gesichtspunkten auch immer - größten Banken, sondern durch Abgesandte der bedeutendsten nationalen Bankenverbände vertreten, was neben dem Vorteil zahlenmäßiger Eingrenzung bei global gleichmäßiger Repräsentanz vor allem den der Vermeidung von Wettbewerbsvorteilen für ansonsten direkt repräsentierte Institute hätte. Letzteres wäre insbesondere deshalb bedeutsam, da sämtliche Mitglieder des Gläubigerkommittees uneingeschränkten Zugang zu den in Besitz von IWF (und Weltbank) befindlichen Daten sowie umfassende Informationsansprüche gegen die Schuldnerstaaten haben sollten. Diese Forderung erscheint sowohl berechtigt als auch bei Einführung adäquater sanktionsbewehr-

---

1) So z.B. 11 U.S.C. § 1102 (West 1979 & Supp. 1984)

2) Vgl. hierzu P. Wood "Debt Priorities in Sovereign Insolvency", IFLR November 1982, S. 8 ff

3) Auf einen gesonderten Vertreter der BIZ könnte angesichts der Berufung von Repräsentanten der wichtigsten Notenbanken, die wiederum im Verwaltungsrat der Bank vertreten sind, verzichtet werden. Gleichermaßen entbehrlich erscheint die Berufung von Vertretern von Industriebetrieben und von COMECON-Banken, da diese Gläubigergruppen im internationalen Kreditgeschäft lediglich eine untergeordnete Rolle spielen. Vgl. hierzu F. Zehetner "Ansätze zu einem völkerrechtlichen Umschuldungsrecht?", ÖBA 6/1984, S. 215

ter Geheimhaltungspflichten erfüllbar, wohingegen Vorschläge [1] eines entsprechenden information sharing sämtlicher Gläubiger unter souveränitätspolitischen Gesichtspunkten als illusorisch anzusehen sind. Der so erreichbare, in seiner Bedeutung nicht zu unterschätzende Vorteil wäre ein weitgehender Abbau der trotz der Neugründung des Washingtoner Institute of International Finance, Inc. (IIF) [2] fortbestehenden Informationsdefizite, die einer optimalen Bewältigung der einzelnen Krisenfälle entgegenstehen.

Aufgabe des Kommittees wäre die schnellstmögliche Zusammenstellung sämtlicher Auslandsverbindlichkeiten des betroffenen Staates und der in diesem domizilierenden Schuldner sowie die hierauf basierende Ausarbeitung eines umfassenden Umschuldungskonzepts nach Vorbild der ausschließlich Schulden gegenüber Staaten betreffenden des Pariser Clubs, was in Zusammenarbeit mit dem Schuldnerstaat zu geschehen hätte. Parallel hierzu wäre wie bisher zwischen diesem und dem Fonds über das durchzuführende Austeritätsprogramm zu verhandeln. Wenngleich das Gläubigerkommittee hierbei schon in Anbetracht der Verteilung der Entscheidungskompetenzen durch die Fondsstatuten in Verbindung mit deren Art. V Abs. 3 (a) keine formelle Mitentscheidungsbefugnis haben könnte und ungeachtet dieses Gesichtspunktes auch nicht haben sollte, wäre, wie auch bezüglich der vom Fonds im Rahmen von Art. VIII Abs. 2 (b) IWF-Abkommen zu treffenden Entscheidungen [3], die Einräumung des Rechts zur Abgabe unverbindlicher Vorschläge zu befürworten. Dies sowie die durch die Präsenz des IWF im Gläubigerkommittee ohnehin verstärkt gegebene Koordination würde die spätere Akzeptierung des ausgearbeiteten Umschuldungskonzepts durch die Gesamtheit der Gläubiger weitgehend gewährleisten.

---

1) So z.B. M. Fratianni "International Debt Crisis: Policy Issues", The Banker August 1983, S. 38 f

2) Vgl. hierzu W. Surrey / P. Nash "Bankers Look Beyond the Debt Crisis: The Institute of International Finance, Inc.", CJTL 23/1984, S. 111 ff

3) Vgl. hierzu oben S. 272 ff

Nach einvernehmlicher Vereinbarung eines Strukturanpassungsprogramms zwischen Fonds und Schuldner sowie Ausarbeitung eines Restrukturierungskonzepts durch Debitor und Gläubigerkommittee wäre das Gesamtpaket als unverbindlicher Vorschlag der nunmehr einberufenen Gläubigergemeinschaft zur endgültigen, rechtsverbindlichen Verabschiedung zu unterbreiten. Da das Gläubigerkommittee somit keine abschliessende Entscheidungskompetenz über das Umschuldungskonzept genießt, wäre für dessen Verabschiedung im Interesse einer schnellen Handlungsfähigkeit des Kommittees in rechtlicher Hinsicht eine einfache Stimmenmehrheit nach Köpfen als ausreichend zu erachten. Faktisch wäre infolge des Erfordernisses der Zustimmung durch die Gläubigergemeinschaft ohnehin ein Plan auszuarbeiten, dem breitere Konsensfähigkeit zukommt. Angesichts des Zwangs zur Orientierung an der späteren Realisierbarkeit muß auch für die in der alleinigen Kompetenz des Gläubigerkommittees zu liegende Entscheidung über den Antrag auf Ingangsetzung des skizzierten Verfahrens dieselbe Stimmenmehrheit genügen, wobei zum einen der Schuldnerstaat bei alternativem oder kumulativem Vorliegen gewisser objektiver Kriterien wie Verringerung der internen Wirtschaftswachstumsrate oder der Exportpreise, Ansteigen des Verhältnisses von Schuldendienstzahlungen zu Exporterlösen oder Verschlechterung seiner terms of trade antragsberechtigt zu sein hätte [1]. Bei der Festsetzung dieser Kriterien wäre darauf zu achten, daß diese die Ingangsetzung des Umschuldungsverfahrens relativ frühzeitig gewährleisten und nicht wie heute erst in letzter Minute. Zudem sollten auch Gläubiger mit Forderungen, welche die konkret festzusetzende Schwelle der relativen Geringfügigkeit überschreiten, bei Zahlungsverzug eines verschuldeten Staates zur Stellung eines An-

---

1) B. Barnett / S. Galvis / G. Gouraige "On Third World Debt", HILJ 25/1984, S. 135 f

trags auf Umschuldung befugt sein [1], da Staaten, die ohne entsprechende Stundungsvereinbarung ihre Auslandsverbindlichkeiten nicht bedienen, insoweit nicht schutzbedürftig sind. [2] Bei Verzug anderer als staatlicher Debitoren bestünde die Antragsberechtigung, wenn dieser nicht auf betriebswirtschaftliche Gründe, sondern auf gesamtwirtschaftlichen Devisenmangel bzw. die Einführung von Devisenrestriktionen zurückzuführen wäre. In Hinblick auf die der regelmäßig bei internationalen Kreditverträgen erfolgenden Einbeziehung von cross default clauses zugrunde liegenden und auch hier Berücksichtigung verdienenden Überlegungen wäre das Bestehen der Antragsbefugnis eines Gläubigers unabhängig davon, ob gerade seine Forderungen nicht vereinbarungsgemäß bedient werden. Um zu vermeiden, daß ein Schuldner diese Regelung mißbraucht und die Einleitung des Umschuldungsverfahrens trotz Nichtvorliegens der für seine Antragsberechtigung maßgebenden Kriterien dadurch zu erreichen versucht, daß er einfach seinen Verpflichtungen nicht mehr nachkommt, müßte dem Gläubigerkommittee bei seiner Entscheidung über den Antrag eines Gläubigers auf Eröffnung ein Entschließungsermessen eingeräumt werden.

Die über den das Strukturanpassungsprogramm beinhaltenden Umschuldungsvorschlag des Kommittees letztendlich befindende Gläubigergemeinschaft bestünde aus allen ausländischen Gläubigern des Schuldnerstaates und der in diesem residierenden Debitoren, wobei keine Rechtspflicht zur Teilnahme erforderlich wäre, da anzunehmen ist, daß durch den uneingeschränkten Informationsanspruch des Gläubigerkommittees gegen den Schuldnerstaat und den Zugang der Mitglieder zu den Daten des Fonds sowie durch die in ihm

---

1) C. Oechsli "Procedural Guidelines for Renegotiating LDC Debt: An Analogy to Chapter 11 of the U.S. Bankruptcy Reform Act", VJIL 21/1981, S. 337

2) A.A. wohl B. Barnett / S. Galvis / G. Gouraige, a.a.O., S. 137

stattfindende Koordination auch so ein hinreichender Überblick über die bedeutsamen Verbindlichkeiten geschaffen werden könnte. Bestehen würde allerdings eine entsprechende Obliegenheit, deren Verletzung - wie die einer gegebenenfalls zu schaffenden zur zeitgerechten Anmeldung von Forderungen beim Vertreter der jeweiligen Gläubigergruppe im Kommittee - mit dem Wegfall des Stimmrechts bei den Entscheidungen in den Versammlungen der Gläubigergemeinschaft sanktioniert würde. Deren Mitglieder hätten neben dem Recht der persönlichen Teilnahme an diesen auch die Möglichkeit, sich hierbei durch weisungsgebundene Vertreter vertreten zu lassen, was insbesondere für Industrieunternehmen, kleinere Banken oder Inhaber von Obligationen von praktischer Relevanz wäre. Bezüglich letzterer käme eine Repräsentanz durch die Emissionsbank(en) oder wiederum durch die nationalen Schutzvereinigungen in Betracht, wobei die Vertretungsbefugnis (für den Fall des Fehlens gegenteiliger Weisungen im Einzelfall) bereits in den Anleihebedingungen oder - was dem wegen der hierdurch erzielbaren Rechtsvereinheitlichung vorzuziehen wäre - wie überhaupt das gesamte skizzierte Verfahren in einem weiteren Annex des IWF-Abkommens geregelt werden könnte. Demgegenüber bestünde für Konsorten von syndicated loan agreements auf Wunsch die Möglichkeit der Vertretung durch den bzw. die Konsortialführer und für Industrieunternehmen die durch (Haus-) Banken.

Die Verfahrensleitung hätte wie bisher dem Fonds zu obliegen, wofür ihm die erforderlichen Kompetenzen zu übertragen wären. Von der Einräumung darüber hinausgehender wäre dagegen ebenso abzusehen wie von der Übertragung von Weisungsrechten an Notenbanken gegenüber Geschäftsbanken, da diese Institutionen andernfalls in die Rolle der Hauptverantwortlichen gedrängt würden und sich bei einer Zuspitzung der Schuldenkrise kaum den hierdurch entstehenden Verpflichtungen gegenüber gefährdeten Kreditinstituten entziehen könnten. Daß der Fonds bei diesem Vorschlag einerseits Verhandlungsleiter und andererseits Beteiligter und somit de facto judex in propria sua causa ist, kann angesichts seiner nur sehr beschränkten Machtbefugnis bei adäquater Festschreibung der Verantwortlichkeit hingenommen werden, zumal die Gefahr von Interessenkonflikten als gering anzusehen ist.

Im Interesse einer Beschleunigung des Verfahrens im Rahmen der Versammlungen der Gläubigergesamtheit wäre auch hier das derzeit zumindest in rechtlicher Hinsicht bestehende Erfordernis der Einstimmigkeit bei der Entscheidungsfindung aufzugeben und ein qualifiziertes Mehrheitsprinzip einzuführen, das bereits heute häufig durch entsprechende Regelungen in Anleihebedingungen für die Gruppe der Obligationsinhaber gilt [1]. Dabei wäre das Stimmgewicht der Einzelnen von der Höhe ihrer Forderungen abhängig.

Im übrigen hätten die getroffenen Umschuldungsvereinbarungen für Schuldner und sämtliche Gläubiger wie in nationalen Vergleichsordnungen rechtsverbindlich zu sein [2], wobei die Bindungswirkung für die Forderungsinhaber unabhängig von deren Beteiligung am Umschuldungsverfahren oder deren Abstimmungsverhalten wäre. Das bei globalen Umschuldungen auftauchende Problem unterschiedlicher Zinssätze (und Fälligkeiten) wäre nicht mehr dergestalt zu bewältigen, daß

---

1) C. Ebenroth "Rechtliche Probleme bei der Bewältigung der Schuldenkrise. Aktuelle Herausforderungen im internationalen Finanz- und Wirtschaftsrecht", in L. Späth / H. Dräger (Hrsg.) "Zielsetzung Partnerschaft: Die weltwirtschaftliche Bedeutung von Auslandsinvestitionen und Technologietransfer", S. 354; zur Vereinbarung des Mehrheitsentscheids in Kreditkonsortien vgl. B. Semkow "Syndicating and Rescheduling International Financial Transactions: A Survey of the Legal Issues Encountered by Commercial Banks", IL 18/1984, S. 911 f

2) Zu der hieraus resultierenden Registrierungspflicht unter Art. 102 UN-Charta vgl. oben S. 242 f

hierüber zwecks Vermeidung einer völligen Nivellierung wie derzeit noch nach der Unterzeichnung der Protokolle des Pariser Clubs bilateral verhandelt wird. Sinnvoller erschiene vielmehr die Vereinbarung von Faktoren mit unmittelbar materiell-rechtlicher Wirkung für Zins und Laufzeit bestehender Kredite. Auf die Festsetzung dieser beiden Punkte hätte sich auch der Mehrheitsentscheid zu beschränken. Dagegen wäre es verfehlt, nicht zustimmende und in der Minderheit befindliche Gläubiger darüber hinaus auch noch mit Nachfinanzierungspflichten zu belasten, [1] was soweit ersichtlich auch kein Vorbild in nationalen Vergleichsordnungen finden würde und für die Gruppe der Anleihengläubiger sowieso nicht in Betracht kommt, bezüglich der anderen Gläubiger aber schon deshalb ausscheidet, weil die jeweilige Mehrheit nicht zuverlässig abzuschätzen vermag, inwieweit die einzelnen Forderungsinhaber die zusätzlichen Belastungen bilanz- bzw. haushaltsmäßig verkraften können oder diese mit der jeweiligen nationalen Rechtsordnung vereinbar sind. Selbstverständlich bliebe die einvernehmliche Vergabe weiterer Kredite den Gläubigern auch weiterhin ebenso unbenommen wie der Versuch der Ausnutzung ihrer relativen Verhandlungsstärke zwecks Erreichens einer diesbezüglichen Gruppendisziplin.

In materieller Hinsicht wäre bei der Festsetzung des Laufzeitfaktors einerseits ein bunching of maturities zu vermeiden, was durch Differenzierung zwischen den Gläubigergruppen erreicht werden könnte. Allerdings wäre bei der hierzu zu schaffenden Regelung eines Prioritätensystems lediglich den Forderungen internationaler Organisationen im globalen Interesse deren Funktionsfähigkeit, zinsgünstigen Entwicklungskrediten wegen ihres nichtkommerziellen Charakters und allenfalls noch dinglich besicherten For-

---

1) Vgl. hierzu auch N. Horn "Rechtsfragen internationaler Umschuldungen", WM Teil IV 1984, S. 719

derungen [1] eine Vorzugsstellung einzuräumen, wohingegen die übrigen Ansprüche auf nachrangiger Stufe gleich zu behandeln wären, da insoweit ausreichend gravierende Gründe für eine Differenzierung nicht ersichtlich sind. [2] Andererseits wäre bei der Faktorsetzung von einer deutlichen Verlängerung der Laufzeit nach Möglichkeit abzusehen, da dies den Druck auf den Schuldnerstaat zur Durchführung von Anpassungsmaßnahmen während der Umschuldungsperioden noch mehr verringern würde als deren Ausdehnung [3] durch Erfassung sämtlicher Verbindlichkeiten, die aber schon im Interesse einer Gleichbehandlung aller Gläubiger hinzunehmen ist. Außerdem würden hierdurch die Gläubiger unnötig belastet, die Flexibilität aller Seiten auf Situationsveränderungen eingeschränkt und die Kreditwürdigkeit des Schuldners auf den internationalen Kapitalmärkten beeinträchtigt. Im Interesse der schnellstmöglichen Rückerlangung derselben wäre bei der Setzung des Zinsfaktors eine weitgehende Orientierung an den Marktsätzen unter möglichst langfristiger Festschreibung wünschenswert, [4] wenngleich ein Verzicht auf Umschuldungsprovisionen und Risikoprämien vertretbar und zwecks Entlastung der Schuldnerländer geboten erscheint.

---

1) Der Großteil internationaler (Konsortial-) Kredite ist ohnehin unbesichert. Vgl. R. Slater "Syndicated Bank Loans", JBL Mai 1982, S. 189

2) Die Erforderlichkeit einer Klärung der Rangstellung der Gläubigergruppen zeigen auch die Auseinandersetzungen bei der jüngsten Umschuldung Polens. Vgl. "Polen in Zahlungsverzug", BZ vom 4. Januar 1986, S. 6;
"Die staatlichen Gläubiger drängen mehr und mehr auf Gleichbehandlung", HB vom 9. Janur 1986

3) Für eine Verlängerung der Umschuldungsperioden auch M. Walker "Multi-Year Restructuring", IFLR Oktober 1984, S. 5;

4) Vgl. W. Seipp "Erläuterung des Zwischenberichts der Commerzbank zum 31. Oktober 1986", S. 8; Bericht 53/86 der Abteilung Volkswirtschaft der Commerzbank vom 26.11.1986;
W. Cline "Mobilizing Bank Lending to Debtor Countries", S. 28 ff
P. Montagnon "A Painful Approach to the Debt Problem", The Banker November 1986, S. 17 f;
vgl. aber auch J. Hurlock "The Need for Interest Rate Caps", IFLR Oktober 1984, S. 8

Folge der Rechtsverbindlichkeit wäre auch die Entstehung subjektiver Schadensersatzansprüche im Falle der Verletzung der Umschuldungsvereinbarungen durch den Schuldner oder durch Gläubiger bzw. die von Unterlassungsansprüchen bei drohenden Verstößen. Zu erwägen wäre ferner, ob der Gläubigerversammlung darüber hinaus in Anlehnung an die §§ 29 ff der bundesdeutschen Konkursordnung ein Anfechtungsrecht bei vor, während oder nach den Umschuldungsverhandlungen erfolgter ungerechtfertigter Bereicherung einzelner Gläubiger einzuräumen ist. Die Sicherung der gerichtlichen Durchsetzbarkeit der Ersatz-, Unterlassungs- und Bereicherungsansprüche würde entweder die ausdrückliche Aufhebung der Immunität der beteiligten Souveräne voraussetzen, was angesichts der bislang umfassenden Befreiung des Fonds von jeglicher Gerichtsbarkeit vor allem für diesen relevant wäre, oder zumindest die Klarstellung, daß trotz des hochpolitischen Charakters von Umschuldungsverhandlungen sämtliche hiermit in Zusammenhang stehende Handlungen wie überhaupt die Kreditaufnahme durch Staaten kommerzielle Aktivitäten im Sinne der restriktiven Immunitätstheorie sind. Einer gerichtlichen Durchsetzung von Ansprüchen vorzuziehen wäre allerdings die vor einem hierfür speziell zu bildenden Schiedsgericht.

Daß der Schuldner über die Verpflichtung zur Einhaltung der Umschuldungsabsprachen hinaus auch rechtlich zur Durchführung des vereinbarten und dem Konzept zugrunde liegenden Austeritätsprogramms verpflichtet werden kann, erscheint zweifelhaft, da dies kaum mit dem Selbstbestimmungsrecht eines souveränen Staates vereinbar wäre. Allerdings würde dieses auch weiterhin die Geschäftsgrundlage der Umschuldungsabreden darstellen und eine Nichterfüllung seiner Programmpunkte somit die Gläubiger zu deren Kündigung berechtigen, wobei aber nunmehr auch für die Ausübung dieses Rechts eine Mehrheitsentscheidung der Gläubigerversammlung erforderlich wäre.

Komplementäre Maßnahmen

Wünschenswert wäre zudem neben einer intensivierten Zusammenarbeit von Staaten und Notenbanken auf währungspolitischer Ebene zwecks Dämpfung von Devisenkurs- und Zinsschwankungen sowie zwecks Unterbindung der Kapitalflucht aus bedrängten Schuldnerstaaten die bindende Verteilung der Verantwortlichkeit der Zentralbanken für ausländische Niederlassungen von Kreditinstituten nach Vorbild der 1974 getroffenen Vereinbarungen der Notenbankgouverneure der Zehnergruppe und der Schweiz [1]. Hierdurch wären im Falle einer Eskalation Streitigkeiten wie bei dem Zusammenbruch der luxemburgischen Banco Ambrosiano Holding ausgeschaltet und die rasche Handlungsfähigkeit der Zentralbanken zur Unterbindung der Ausbreitung einer Krise gewährleistet. Diese Vorstellungen können nach der Verteilung der entsprechenden Beaufsichtigungszuständigkeiten durch das Basler Konkordat auch als durchaus realisierbar angesehen werden, selbst wenn dieses zu vage formuliert ist. Praktiziert werden könnte dies zum einen durch ein multilaterales Abkommen der Notenbanken. Eine andere Möglichkeit bestünde auf jeweils nationaler Ebene in der Forderung von rechtsverbindlichen [2] Patronatserklärungen der ausländischen Mutterbanken für ihre inländischen Niederlassungen, da so die Verantwortlichkeit des für die Mutter zuständigen Kapitalgebers in letzter Instanz (zwangsweise) auf dessen Töchter ausgedehnt werden würde. Gleichzeitig muß gewährleistet werden, daß Kreditinstitute in ausreichendem Maße den Länderrisiken durch entsprechende, steuerrechtlich wirksame Wertberichtigungen Rechnung tragen [3].

---

1) Vgl. oben S. 194 ff

2) Die Federal Reserve Bank hat deutlich gemacht, daß sie sich durch moralische Verpflichtungserklärungen, die US-Banken gegenüber der Bank of England abgeben, nicht verpflichtet fühlt. J. Spero "The Failure of the Franklin National Bank", S. 157

3) Vgl. hierzu K. Mertin "Die Finanzämter sollten in der Bilanz den neuesten Stichtagswert anerkennen", HB vom 7./8. Februar 1986, S. 10

Schon zwecks Vermeidung von Wettbewerbsvorteilen für in einzelnen Staaten ansässige Banken wäre auch hier eine international einheitliche Regelung wünschenswert, die durch die fallweise Aufstellung global wirksamer Bewertungsfaktoren auf der Basis eines in die nationalen Rechtsordnungen inkorporierten Rahmenabkommens zu realisieren wäre, wobei auch diese Aufgabe von dem aus Gläubigervertretern gebildeten Umschuldungskommittee wahrgenommen werden könnte.

Abschließend ist festzustellen, daß die Bewältigung der derzeitigen Schuldenkrise selbst im wirtschaftlichen und politischen Bereich stattfinden muß. Dabei gilt es in erster Linie, durch eine Weiterverfolgung des "herkömmlichen" Konzepts von Anpassung und Finanzierung die Zeit zu gewinnen, die sowohl zu einer schrittweisen Verringerung der Zahl von Staaten mit sanierungsbedürftigen Haushalten und Leistungsbilanzen als auch zur Bildung ausreichender Wertberichtigungen durch die Banken erforderlich ist. Neben verstärkten Anpassungsbemühungen der Schuldnerstaaten im Rahmen von ausgewogen harten Austeritätsprogrammen als Voraussetzung für die Wiedererlangung deren Kreditwürdigkeit auf den internationalen Geld- und Kapitalmärkten wird allerdings die umfassende Einschränkung protektionistischer Tendenzen seitens der Industrieländer in Verbindung mit einer Ausdehnung der Arbeitsteilung auf globaler Ebene unabdingbar sein, da der Import von Konsum- und Investitionsgütern durch die Staaten der Dritten Welt aus sozial-[1] wie wirtschaftspolitschen Gründen nur noch sehr eingeschränkt begrenzt werden kann. Komplementäre Elemente der zu verfolgenden Strategie könnten - gegebenenfalls unter Einbe-

---

1) Vgl. J. Westphalen "Schuldenkrise und soziale Probleme in Lateinamerika", EA 23/1986, S. 679 ff

ziehung von debt-equity swaps [1] - eine Verstärkung der Direktinvestitionen [2], die aber eine globale Anerkennung der dem United Nations Code of Conduct zugrunde liegenden Wertungen voraussetzen würde, sowie - wenngleich schon aus haushaltsrechtlichen Gesichtspunkten nur in beschränktem Umfang - eine Erweiterung der Exportfinanzierung sein [3].

Insgesamt gesehen verfügen Gläubiger wie Schuldner bei Diskussionen über die Implementierung der angesprochenen Maßnahmen wie bei Verhandlungen über die Umschuldung bestehender Kredite und die Vergabe weiterer Darlehen über ein erhebliches Druckpotential, letztere nicht zuletzt aufgrund ihrer hohen Verbindlichkeiten und der trotz weit auseinander gehender Interessen der einzelnen Schuldnerstaaten nicht zu vernachlässigenden Gefahr eines Schuldnerkartells [4]. Letztendlich werden die Industriestaaten, obwohl ihnen aus der Verschuldung der Entwicklungs- und Schwellenländer umfangreiche Druckmittel für deren wirtschaftliches und politisches Wohlverhalten erwachsen, im Interesse der Erhaltung ihrer Absatzmärkte, der Lebensfähigkeit ihrer Banken und damit ihres gesamten Wirtschaftssystems nicht umhinkönnen,

---

1) Vgl. hierzu W. Ollard "The Debt Swappers", Eumo August 1986, S. 67 ff;
E. Desmond "Whittling Away at Debt", Time vom 13. Oktober 1986, S. 38 ff;
L. Glynn "The Lull in LDC Loan Swaps", II September 1985, S. 197 ff;
"Bescheidene Bedeutung der Schuldenswaps, NZZ vom 17. September 1986, S. 11 f;
L. Stoakes "Getting Rid of Sovereign Debt", Eumo September 1986, S. 40 f

2) Vgl. hierzu W. Brock "Trade and Debt: The Vital Linkage", FA 62/1983-84, S. 1051 ff

3) W. Seipp "Erläuterung des Zwischenberichts der Commerzbank zum 31. Oktober 1986", S. 8; Bericht 53/86 der Abteilung Volkswirtschaft der Commerzbank vom 26.11.1986

4) Eingehend hierzu sowie allgemein zur Zahlungswilligkeit verschuldeter Staaten R. Plan "External Debt Rescheduling", S. 16 ff;
vgl. auch "Lateinamerika droht leise mit dem Schuldnerkartell", HB vom 19. Dezember 1985, S. 7

sich weiterhin kompromißbereit zu zeigen und insbesondere - direkt oder über gemeinsame Organisationen - finanzielle Unterstützung an souveräne Schuldner zu gewähren, notfalls auch in größerem Umfang. Ungeachtet humanitärer Aspekte steht nämlich neben der Gefahr der verstärkten Zuwendung von Staaten der Dritten Welt zum Ostblock zu befürchten, daß diese Aufwendungen bei weitem durch die unmittelbar und mittelbar durch den Ausfall eines oder mehrerer Staatsschuldner verursachten sozialen Kosten übertroffen würden.

B I B L I O G R A P H I E

Abs, Hermann Josef
"Probleme der Auslandsverschuldung",
Die Bank 1978, S. 208 - 212

Adams, H.T.
"Les accords des prét de la Banque Internationale pour la Réconstruction et le Developpment",
Revue générale de droit international public 55/1951, S. 41 - 72

Agrawala, S.K. / Rama Rao, T.S. / Saxena, J.N. (Hrsg.)
"New Horizons of International Law and Developing Countries",
Bombay 1983

Ahluwalia, Kuljit
"The Legal Status, Privileges and Immunities of the Specialized Agencies of the United Nations and Certain Other International Organizations",
Den Haag 1964

Albrecht, Daniel Ulrich
"Sonderziehungsrechte und internationale Liquidität",
Winterthur 1973

Alexandrowicz, Charles Henry
"International Economic Organizations",
London 1952

--- "The Law-Making Functions of the Specialised Agencies of the United Nations",
Sydney 1973

--- "World Economic Agencies",
London 1962

Allen, Polly Reynolds
"The Recent Shift in United States Policies Toward the International Monetary Fund and the World Bank",
Vanderbilt Journal of Transnational Law 16/1983, S. 1 - 29

Angelini, Anthony / Eng, Maximo / Lees, Francis A.
"International Lending, Risk and the Euromarkets",
London 1979

Arnold, Hans
"Europäisches Übereinkommen über die Staatenimmunität in Sicht",
Außenwirtschaftsdienst des Betriebsberaters 15/1969, S. 356 - 359

Aronson, Jonathan David (Hrsg.)
"Debt and the Less Developed Countries",
Boulder, Colorado 1978

Auboin, Roger
"Die Europäische Zahlungsunion und die Bank für Internationalen Zahlungsausgleich (BIZ)",
in "Die großen zwischenstaatlichen Wirtschaftsorganisationen", Veröffentlichung des schweizerischen Instituts für Außenwirtschafts- und Marktforschung an der Handelshochschule St. Gallen, S. 12 - 27
Zürich / St. Gallen 1955

Aufricht, Hans
"The Fund Agreement: Living Law and Emerging Practice",
Princeton, N.J. 1969

Auswärtiges Amt / Bundesministerium für Finanzen / Bundesministerium für Wirtschaft / Bundesministerium für den Marshallplan
"Deutsche Auslandsschulden: Dokumente zu den internationalen Verhandlungen",
Bonn 1951

Bagehot, Walter
"Lombard Street: Der Weltmarkt des Geldes in den Londoner Bankhäusern",
Deutsche Übersetzung der vierten Auflage,
Leipzig 1874

Baker, James A.
"Statement at the Annual Meeting of the IMF and the World Bank",
Deutsche Bundesbank, Auszüge aus Presseartikeln vom 15.10.1985, S. 3 - 6

Baker, Keith
"Enforcement of Contracts Violating Foreign Exchange Laws",
International Trade Law Journal 3/1977, S. 247 ff

Balladore Pallieri, Giorgio
"Le droit interne des organisations internationales",
Recueil des Cours 127/1969 II, S. 1 - 37

Ballreich, Hans
"Ein neuer Weg zu einer Neuen Weltwirtschaftsordnung",
Archiv des Völkerrechts 20/1982, S. 58 - 74

Bank für Internationalen Zahlungsausgleich
"Die Bank für Internationalen Zahlungsausgleich und die Basler Zusammenkünfte",
Basel 1980

--- Jahresberichte

--- "Recent Innovations in International Benking",
Basel 1986

Bareau, Paul
"The Lessons of an Earlier International Debt Crisis",
The Banker Dezember 1983, S. 35 - 39

Bargelame, Massoud
"Die Sonderziehungsrechte im internationalen Währungssystem",
Berlin 1981

Barnett, Barry C. / Galvis, Sergio J. / Gouraige, Ghislain, Jr.
"On Third World Debt",
Harvard International Law Journal 25/1984, S. 83 - 151

Baumbach,Adolf / Lauterbach,Wolfgang / Albers,Jan / Hartmann,Peter
"Zivilprozeßordnung",
42. Auflage, München 1984

Baxter, R.R.
"Treaties and Custom",
Recueil des Cours 129/1970 I, S. 25 - 105

Bee, Robert N.
"Lessons from Debt Rescheduling in the Past",
Euromoney April 1977, S. 33 - 36

Behrens, Peter (Hrsg.)
"Die Wertsicherung der Young-Anleihe",
Tübingen 1984

Beitzke, Günther
"Die Rechtsstellung der Bank für Internationalen Zahlungsausgleich insbesondere im Völkerrecht",
Kiel 1932

Bell, Geoffrey L. / Heimann, John G. u.a.
"Risks in International Bank Lending",
New York 1982

Bennet, Alvin LeRoy
"International Organizations: Principles and Issues",
Eaglewood Cliffs, N.J. 1977

Berber, Friedrich
"Lehrbuch des Völkerrechts",
2. Auflage, München 1975

Berg, Eric N.
"Japan Plan on 3d World Debt",
New York Times vom 6. März 1987, S. D1 und D6

Bernhardt, Rudolf
"Die Auslegung völkerrechtlicher Verträge",
Beiträge zum ausländischen öffentlichen Recht und Völkerrecht Band 40
Köln 1963

--- (Hrsg.)
"Encyclopedia of Public International Law", Volume V,
Amsterdam 1983

--- "Ungeschriebenes Völkerrecht",
Zeitschrift für ausländisches öffentliches Recht und Völkerrecht 36/1976, S. 50 - 76

--- "Völkerrechtliche Bindungen in den Vorstadien des Vertragsschlusses",
Zeitschrift für ausländisches öffentliches Recht und Völkerrecht 18/1957, S. 652 - 690

Bernhardt, Rudolf / Miehsler, Herbert
"Qualifikation und Anwendungsbereich des internen Rechts internationaler Organisationen",
Karlsruhe 1973

Betz, Joachim
"Verschuldung, Verschuldungskrisen und Anpassungsfähigkeit in Entwicklungsländern",
Verfassung und Recht in Übersee 1982, S. 455 - 475

Beyerlin, Ulrich
"Pactum de contrahendo und pactum de negotiando im Völkerrecht?",
Zeitschrift für ausländisches öffentliches Recht und Völkerrecht 36/1976, S. 407 - 443

Bird, Graham
"The Banks and the IMF - Divisions of Labour",
Lloyds Bank Review 150 / Oktober 1983, S. 19 - 33

Bittermann, Henry J.
"The Refunding of International Debt",
Durham, N.C. 1973

Blix, H.
"The Requirement of Ratification",
British Year Book of International Law 30/1953,
S. 352 - 380

Böhle-Stamschräder, A. / Kilger, Joachim
"Konkursordnung",
13. Auflage, München 1981

Böhlhoff, Klaus / Baumanns, Axel
"How Might German Courts Have Decided the Allied Case?", International Financial Law Review September 1984, S. 14 - 19

Bothe, Michael
"Legal and Non-Legal Norms - A Meaningful Distinction in International Relations?", Netherlands Yearbook of International Law XI/1980, S. 65 - 95

Bothe, Michael / Vinuesa, Raul E. (Hrsg.)
"International Law and Municipal Law", Berlin 1982

Bowett, Derek W.
"Estoppel Before International Tribunals and Its Relation to Acquiescence", British Year Book of International Law 33/1957, S. 176 - 202

--- "The Law of International Institutions", 4. Auflage, London 1982

Brandt, Willy (Hrsg.)
"Hilfe in der Weltkrise", 2. Bericht der Nord-Süd Kommission, Hamburg 1983

Brau, Eduard
"Der Konsultationsprozeß des Fonds", Finanzierung & Entwicklung Dezember 1981, S. 13 - 16

Brau, Eduard / Williams, Richard C. u.a.
"Recent Multilateral Debt Restructuring with Official and Bank Creditors", Washington, D.C. 1983

Braun, Frank
"Die Zehner-Gruppe: Stellung und Kooperation der Zehner-Gruppe im internationalen Währungssystem", Würzburg 1970

Broches, Aron
"International Legal Aspects of the Operations of the World Bank", Recueil des Cours 98/1959 III, S. 297 - 409

Brock, William E.
"Trade and Debt: The Vital Linkage", Foreign Affairs 62/1983-84, S. 1037 ff

Brower, Charles N. / Hurlock, James B.
"Sovereign Debt: Recent Regulatory and Lending Issues and Practices", New York 1983

Brown, Christopher R.
"Enforcing Sovereign Lending",
International Financial Law Review Juli 1984, S. 5 - 8

--- "Sharing Strains on Euromarket Syndicates",
International Financial Law Review Juni 1982, S. 4 - 8

Brown, Christopher R. / Wilson, Chase deKay
"Brazil: The Restructuring that Almost Failed",
International Financial Law Review August 1983, S. 4 - 8

Brownlie, Ian
"Principles of Public International Law",
2. Auflage, Oxford 1973

Brunner, Karl / Fratianni, Michele / Goldman, Morris / Jordan, Jerry L. / Meltzer, Allan H. / Schwartz, Anna J.
"International Debt, Insolvency and Illiquidity",
Journal of Economic Affairs 1983, S. 160 - 166

Bucher, Eugen / Saladin, Peter (Hrsg.)
"Berner Festgabe zum Schweizerischen Juristentag",
Bern 1979

Buchheit, Lee C.
"Restrictions on United States Banks' International Lending",
International Financial Law Review März 1983, S. 24

Bülck, Hartwig
"Völkerrecht und Europäisches Recht"
Berlin 1984

Bull, Hans Peter
"Allgemeines Verwaltungsrecht",
Königstein 1982

Bundesministerium für Wirtschaft
"Fragen einer neuen Weltwirtschaft",
Gutachten des Wissenschaftlichen Beirates beim Bundesministerium für Wirtschaft,
Archiv des Völkerrechts 20/1982, S. 82 - 118

Bundesregierung
"Antwort der Bundesregierung auf die Große Anfrage der Abgeordneten Frau Beck-Oberdorf, Frau Gottwald, Schwenninger, Verheyen (Bielefeld) und der Fraktion Die Grünen" (Entwurf),
Drucksache 10/1601

Byrne, William J.
"Die Entwicklung der SZR 1974 - 1981",
Finanzierung & Entwicklung September 1982, S. 31

Cahier, Philippe
"Le droit interne des organisations internationales", Revue générale de droit international public 67/1963, S. 563 - 602

Canaris, Claus-Wilhelm
"Kreditkündigung und Kreditverweigerung gegenüber sanierungsbedürftigen Bankkunden", Zeitschrift für das gesamte Handelsrecht und Wirtschaftsrecht 1979, S. 113 - 138

--- "Die Vertrauenshaftung im deutschen Privatrecht", München 1971

Cardozo, Michael
"Congress Versus Sabbatino: Constitutional Considerations", Columbia Journal of Transnational Law 4/1966, S. 297 - 301

Carreau, Dominique
"Le rééchelonnement de la dette extérieure des Etats", Journal du droit international 112/1985, S. 5 - 48

Cashel, Thomas W.
"Allied Bank Case Reversed on Rehearing", International Financial Law Review April 1985, S. 7 - 8

Castañeda, Jorge
"Valeur juridique des résolutions des Nations Unies", Recueil des Cours 129/1970 I, S. 205 - 331

Cates, Armel C.
"Role of Managers and Agents", International Financial Law Review Juni 1982, S. 21 - 25

Chambaty, Alfred
"Die Bank für Internationalen Zahlungsausgleich", Bern 1939

Chan, Deborah Ann
"An International Code for Banking Supervision", International Financial Law Review Juli 1983, S. 26 - 27

Cheng, Bin
"General Principles of Law as Applied by International Courts and Tribunals", London 1953

Chira, Susan
"Japan Plan for 3d World Debt", New York Times vom 20. März 1987, S. D3

Cizauskas, Albert C.
"International Debt Renegotiations: Lessons from the Past", World Development 7/1979, S. 199 - 210

Clark, Keith / Taylor, Andrew
"Events of Default in Eurocurrency Loan Agreements", International Financial Law Review September 1982, S. 12 - 15

Clarke, Leo / Farrar, Stanley F.
"Rights and Duties of Managing and Agent Banks in Syndicated Loans to Government Borrowers", University of Illinois Law Review 1982, S. 229 - 249

Cline, William R.
"Mobilizing Bank Lending to Debtor Countries", 1987

Cohen, Benjamin J.
"Balance-of-Payments Financing: Evolution of a Regime", International Organization 36/1982, S. 457 - 478

Conant, A.B., Jr.
"The Act of State Doctrine and Its Exceptions: An Introduction", Vanderbilt Journal of Transnational Law 12/1979, S. 259 - 271

Cooke, Peter
"The Basle 'Concordat' on the Supervision of Bank's Foreign Establishments", Aussenwirtschaft 39/1984, S. 151 - 165

--- "Developments in Co-operation Among Banking Supervisory Authorities", Bank of England Quarterly Bulletin 21/1981, S. 238 - 244

Crockett, Andrew
"Aspekte der Inanspruchnahme von Fondsmitteln", Finanzierung & Entwicklung Juni 1982, S. 10 - 15

Crouigneau, Françoise
"Le Club de Paris, un cénacle de créanciers aussi discret qu'efficace", Les Echos vom 22. November 1983, S. 6

Czerwensky, Gerhard
"Risk-Management: Noch mehr einseitige Zahlungsmoratorien zu befürchten", Platow Brief vom 26. Februar 1986, S. 3

Dahm, Georg
"Völkerrecht",
Stuttgart 1958/61

Dale, Richard
"Bank Supervision Around the World",
New York 1982

Dale, Richard S. / Mattione Richard P.
"Managing Global Debt",
Washington, D.C. 1983

Dam, Kenneth W.
"The Rules of the Game",
Chicago 1982

Davis, Kenneth Culp
"Administrative Law Treatise",
St. Paul 1958

Delamaide, Darrell
"Debt Shock",
New York 1984

Delaume, Georges R.
"Legal Aspects of International Lending and Economic Development Financing",
New York 1967

--- "The Proper Law of Loans Concluded by International Persons",
American Journal of International Law 56/1962,
S. 63 - 87

--- "Public Debt and Sovereign Immunity: The Foreign Sovereign Immunities Act of 1976",
American Journal of International Law 71/1977,
S. 399 - 422

--- "The State Immunity Act of the United Kingdom",
American Journal of International Law 73/1979,
S. 185 - 199

--- "Transnational Contracts, Applicable Law and Settlement of Disputes", Volume III,
Dobbs Ferry, N.Y. 1983

Delson, Robert
"The Act of State Doctrine - Judicial Deference or Abstention?",
American Journal of International Law 66/1972,
S. 82 - 93

DeMott, John S.
"Turbulent Times for the IMF",
Time vom 21. Mai 1984, S. 42 - 43

Deppisch-Hubmann, Michael
"Die Rolle des IWF in der Schuldenkrise II",
Zeitschrift für das gesamte Kreditwesen 21/1986,
S. 985 - 988

Desmond, Edward W.
"Whittling Away at Debt",
Time vom 13. Oktober 1986, S. 38 - 39

Detter, Ingrid
"Law-Making by International Organizations",
Stockholm 1965

Deutsche Bundesbank
Geschäftsberichte

--- "Internationale Organisationen und Abkommen im Bereich von Währung und Wirtschaft",
2. Auflage, Frankfurt a.M. 1981

Dod, David P.
"Bank Lending to Developing Countries",
Federal Reserve Bulletin 67/1981, S. 647

Duwendag, Dieter
""Baker-Plan": Absicherung gegen Kapitalflucht?",
Zeitschrift für das gesamte Kreditwesen 1986, S. 56 - 58

Ebenroth, Carsten-Thomas
"Banking on the Act of State",
Konstanz 1985

Ebenroth, Carsten-Thomas / Teitz, Louise Ellen
"Winning (or Losing) by Default: The Act of State Doctrine, Sovereign Immunity and Comity in International Business Transactions",
International Lawyer 19/1985, S. 225 - 258

Eckhardt, Jens
"Neue Gefahr für Energiekredite",
Handelsblatt vom 24./25. Januar 1986, S. 2

Edwards, Richard W., Jr.
"Extraterritorial Application of U.S. Iranian Assets Control Regulations",
American Journal of International Law 75/1981,
S. 875 - 902

Eichler, G.
"Anatomie eines Umschuldungsprozesses",
Neue Zürcher Zeitung vom 23. November 1982, S. 16

El-Erian, Abdullah
"Representation of States to International Organizations", in "Festschrift für Rudolf Bindschedler", S. 479 - 490, Bern 1980

Elias, T.O.
"The Modern Law of Treaties",
Dobbs Ferry, N.Y. 1974

Erichsen, Hans-Uwe / Martens, Wolfgang
"Allgemeines Verwaltungsrecht",
3. Auflage, Berlin 1978

Eskridge, William N., Jr.
"The Iranian Nationalization Cases: Toward a General Theory of Jurisdiction over Foreign States",
Harvard International Law Journal 22/1981, S. 525 - 591

--- "Les Jeux Sont Faits: Structural Origins of the International Debt Problem",
Virginia Journal of International Law 25/1985, S. 281 - 400

Evans, Richard
"Forcing Discreet Money into the Open",
Euromoney November 1986, S. 167 - 172

Fawcett, James E.S.
"Détournement de Pouvoir by International Organizations",
British Year Book of International Law 33/1957, S. 311 - 316

--- "The International Monetary Fund and International Law",
British Year Book of International Law 40/1964, S. 32 - 76

--- "The Legal Character of International Agreements",
British Year Book of International Law 30/1953, S. 381 - 400

--- "The Place of Law in an International Organization",
British Year Book of International Law 36/1960, S. 321 - 342

--- "Trade and Finance in International Law",
Recueil des Cours 123/1968, S. 215 - 310

Feilcke, Jochen
"Den Schuldenerlaß erwägen",
Wirtschaftswoche vom 17. April 1987, S. 46

Field, Peter / Shirreff, David / Ollard, William
"The IMF and Central Banks Flex Their Muscles",
Euromoney Januar 1983, S. 35 - 44

Fieleke, Norman S.
"International Lending on Trial",
New England Economic Review Mai/Juni 1983, S. 5 - 13

Fikentscher, Wolfgang
"Schuldrecht",
6. Auflage, Berlin 1976

Fitzmaurice, Gerald G.
"Do Treaties Need Ratification?",
British Year Book of International Law 15/1934,
S. 113 - 137

--- "The General Principles of International Law",
Recueil des Cours 92/1957 II, S. 1 - 227

--- "The Law and Procedure of the International Court of
Justice 1951 - 4: Treaty Interpretation and Other
Treaty Points",
British Year Book of International Law 33/1957,
S. 203 - 293

Fleming, John Marcus
"The International Monetary Fund: Its Form and Functions",
Washington, D.C. 1964

Forsthoff, Ernst
"Lehrbuch des Verwaltungsrechts", Band I,
10. Auflage, München 1973

Frankel, Allen B.
"The Lender of Last Resort Facility in the Context of
Multinational Banking",
Columbia Journal of World Business 10/1975, S. 120 - 127

Frankenberg, Günter / Knieper, Rolf
"Rechtsprobleme der Überschuldung von Ländern der
Dritten Welt",
Recht der Internationalen Wirtschaft 1983, S. 569 - 580

Fratianni, Michele
"International Debt Crisis: Policy Issues",
The Banker August 1983, S. 37 - 42

Friede, Wilhelm
"Das Estoppel-Prinzip im Völkerrecht",
Zeitschrift für ausländisches öffentliches Recht und Völkerrecht 5/1935, S. 517 - 545

Friedman, Irving S.
"The Emerging Role of Private Banks in the Developing World",
New York 1977

Friedmann, Wolfgang
"The Changing Structure of International Law",
London 1964

Friesen, Connie M.
"The Regulation and Supervision of International Lending: A Comparison of Policies in Creditor Countries and some Suggestions for Reform",
bislang unveröffentlichte Untersuchung für das Lehrman Institut, März 1985

Gardner, Richard N.
"Sterling-Dollar Diplomacy",
Oxford 1956

Gardner, Richard N. / Millikan, Max F. (Hrsg.)
"The Global Partnership",
New York 1968

Geck, Karl Wilhelm
"Die Registrierung und Veröffentlichung völkerrechtlicher Verträge",
Zeitschrift für ausländisches öffentliches Recht und Völkerrecht 22/1962, S. 113 - 211

Geiger, Theodor
"Vorstudien zu einer Soziologie des Rechts",
Aarhus 1947

Gerster, Richard
"Fallstricke der Verschuldung: Der Internationale Währungsfonds und die Entwicklungsländer",
Basel 1982

Gerth, Axel
"Atypische Kreditsicherheiten",
2. Auflage, Frankfurt a.M. 1980

Gianviti, François
"Le contrôle des changes étranger devant le juge national",
Revue critique de droit international privé 69/1980, S. 659 - 703

Ginther, Konrad
"Die völkerrechtliche Verantwortlichkeit internationaler Organisationen gegenüber Drittstaaten", Wien 1969

Gleske, Leonhard
"Erfolgreiches Krisenmanagement", Deutsche Bundesbank, Auszüge aus Presseartikeln Nr. 4 vom 10. Januar 1984, S. 1 - 3

Glynn, Lenny
"The Lull in LDC Loan Swaps", Institutional Investor September 1985, S. 197 - 203

Gold, Joseph
"Developments in the International Monetary System, the International Monetary Fund and International Monetary Law Since 1971", Recueil des Cours 174/1982 I, S. 107 - 361

--- "'Exchange Contracts', Exchange Control, and the IMF Articles of Agreement: Some Animadversions on Wilson, Smithett & Cope Ltd. v. Terruzzi", International and Comparative Law Quarterly 33/1984, S. 777 - 810

--- "Financial Assistance by the International Monetary Fund", 2. Auflage, Washington, D.C. 1980

--- "The Fund Agreement in the Courts", Washington, D.C. 1962

--- "The Fund Agreement in the Courts: Volume II", Washington, D.C. 1982

--- "International Capital Movements Under the Law of the International Monetary Fund", Washington, D.C. 1977

--- "The International Monetary Fund and International Law", Washington, D.C. 1965

--- "The International Monetary Fund and Private Business Transactions", Washington, D.C. 1965

--- "Internationales Recht und IWF", Finanzierung & Entwicklung Dezember 1977, S. 35 - 37

--- "Interpretation by the Fund", Washington, D.C. 1968

--- "Keynes on Legal Problems of International Organization", Connecticut Law Review 14 / Fall 1981, S. 1 - 21

--- "Law and Reform on the International Monetary System", Journal of International Law and Economics 10/1975, S. 371 - 421

--- "Legal and Institutional Aspects of the International Monetary System: Selected Essays", Washington, D.C. 1979

--- "The Legal Character of the Fund's Stand-By Arrangements and Why It Matters", Washington, D.C. 1980

--- "Membership and Nonmembership in the International Monetary Fund", Washington, D.C. 1974

--- "New Directions in the Financial Activities of the International Monetary Fund", International Lawyer 13/1979, S. 449 - 470

--- "Order in International Finance, the Promotion of IMF Stand-By Arrangements, and the Drafting of Private Loan Agreements", Washington, D.C. 1982

--- "Relations Between Banks' Loan Agreements and IMF Stand-By Arrangements", International Financial Law Review September 1983, S. 28 - 35

--- "The Relationship Between the International Monetary Fund and the World Bank", Creighton Law Review 15/1982, S. 499 - 521

--- "The Rule of Law in the International Monetary Fund", Washington, D.C. 1980

--- "The 'Sanctions' of the International Monetary Fund", American Journal of International Law 66/1972, S. 737 - 762

--- "SDRs, Currencies, and Gold: Fifth Survey of New Legal Developments", Washington, D.C. 1981

--- "The Second Amendment of the Fund's Articles of Agreement", Washington, D.C. 1978

--- "The Stand-By Arrangements of the International Monetary Fund", Washington, D.C. 1970

--- "'To Contribute Thereby To ... Development ...': Aspects of the Relations of the International Monetary Fund with Its Developing Members",
Columbia Journal of Transnational Law 10/1971,
S. 267 - 302

--- "Unauthorized Changes of Par Value and Fluctuating Exchange Rates in the Bretton Woods System",
American Journal of International Law 65/1971,
S. 113 - 128

--- "Uniformity as a Legal Principle of the International Monetary Fund",
Law and Policy in International Business 7/1975 II,
S. 765 - 811

--- "Use, Conversion, and Exchange of Currency Under the Second Amendment of the Fund's Articles",
Washington, D.C. 1978

--- "Use of the International Monetary Fund's Resources: 'Conditionality' and 'Unconditionality' as Legal Categories",
Journal of International Law and Economics 6/1971,
S. 1 - 26

--- "Voting and Decisions in the International Monetary Fund",
Washington, D.C. 1972

Golsong, Heribert / Ermacora, Felix
"Das Problem der Rechtsetzung durch internationale Organisationen (insbesondere im Rahmen der UN)",
Karlsruhe 1971

Goreux, Louis M.
"Compensatory Financing Facility",
Washington, D.C. 1980

Gruson, Michael / Reisner, Ralph (Hrsg.)
"Sovereign Lending: Managing Legal Risk",
London 1984

Guggenheim, Paul
"Traité de Droit international public"
2. Auflage, Genf 1967

Guitián, Manuel
"Die Auflagen des IWF und der internationale Anpassungsprozeß: die wechselhaften 70er Jahre",
Finanzierung & Entwicklung März 1981, S. 8 - 11

--- "Die Auflagen des IWF und der internationale Anpassungsprozeß: ein Blick auf die 80er Jahre",
Finanzierung & Entwicklung Juni 1981, S. 14 - 17

Guth, Wilfried
"Herausforderungen an das internationale Finanzsystem", unveröffentlichte Rede vor dem Bankwirtschaftlichen Kolloquium der Johann Wolfgang Goethe-Universität Frankfurt a.M. am 17. Oktober 1983

--- "Das internationale Finanzsystem in der Bewährungsprobe", Konstanz 1983

--- "The International Monetary System in Operation", 1977 Per Jacobsson Lecture, Washington, D.C. 1977

--- "Probleme des internationalen Währungs- und Finanzsystems", unveröffentlichte Rede anläßlich des 20. List Gesprächs und der Außerordentlichen Mitgliederversammlung in der Industrie- und Handelskammer Frankfurt a.M. am 5. und 6. April 1984

--- "Weltwirtschaft und Finanzmärkte in der Stabilisierungskrise", Zeitschrift für Wirtschaftsrecht und Insolvenzpraxis 1983, S. 1 - 8

Gutowski, Armin
"Vor einer neuen Runde von Verschuldungskrisen", bislang unveröffentlichte Rede auf dem Malenter Symposium der Drägerstiftung (11. - 13. November 1985), erscheint im Sommer 1986 in der Schriftenreihe der Dräger Stiftung

Guttentag, Jack / Herring, Richard
"The Lender of Last Resort Function in an International Context", Working Paper No. 9 - 81 Rodney L. White Center for Financial Research, University of Pennsylvania, The Wharton School, Philadelphia 1981

--- "What Happens when Countries Cannot Pay Their Bank Loans? The Renegotiation Process", Journal of Comparative Business and Capital Market Law 5/1983, S. 209 - 231

Gutteridge, Harold C. / Megrah, Maurice
"The Law of Bankers' Commercial Credits", 5. Auflage, London 1976

Haas, Diether
"Unbestimmter Rechtsbegriff oder Ermessen",
Monatsschrift für Deutsches Recht 7/1953, S. 651 - 655

Hagenmüller, Karl F. / Diepen, Gerhard
"Der Bankbetrieb"
9. Auflage, Wiesbaden 1982

Hahn, Hugo J.
"Das pactum de negotiando als völkerrechtliche Entscheidungsnorm",
Außenwirtschaftsdienst des Betriebsberaters / Recht der Internationalen Wirtschaft", 18/1972, S. 489 - 498

Hahn, Hugo J. / Roth, Günter
"Fragen des Rechtes der Auf- und Abwertung",
Heidelberg 1979

Halbheer, Hans J. / Kilgus, Ernst (Hrsg.)
"Der Finanzplatz Schweiz und seine Bedeutung aus nationaler und internationaler Sicht",
Bern 1985

Haraszti, György
"Treaties and the Fundamental Change of Circumstances",
Recueil des Cours 146/1975 III, S. 1 - 93

Hardy, Chandra
"Rescheduling Developing Country Debts",
The Banker Juli 1981, S. 33 - 38

--- "Rescheduling Developing Country Debts, 1956 - 1981: Lessons and Recommendations",
Washington, D.C. 1982

Hasche-Preuße, Christine
"US-Banken mit Nachholbedarf",
Wertpapier 1986, S. 240 - 242

Hatschek, Julius
"Völkerrecht im Grundriß",
Leipzig 1926

Heininger, Patrick
"Liability of U.S. Banks for Deposits Placed in Their Foreign Branches",
Law and Policy in International Business 11/1979,
S. 903 - 1034

Herrhausen, Alfred
"1987 - Erwartungen der deutschen Wirtschaft. Private Banken",
Wertpapier 1/87, S. 6-15

Hexner, Ervin P.
"Interpretation by International Organizations of Their Basic Instruments", American Journal of International Law 53/1959, S. 341 - 370

--- "Die Rechtsnatur der interpretativen Entscheidungen des Internationalen Währungsfonds", Zeitschrift für ausländisches öffentliches Recht und Völkerrecht 20/1959, S. 73 - 82

--- "Das Verfassungs- und Rechtssystem des Internationalen Währungsfonds", Frankfurt a.M. 1960

Higgins, J.W.A.
"Sovereign Lending and IMF Conditionality", International Financial Law Review Mai 1984, S. 25 - 27

Hill, Thomas H.
"Sovereign Immunity and the Act of State Doctrine", Rabels Zeitschrift für ausländisches und internationales Privatrecht 46/1982, S. 118 - 164

Hindle, Tim (Hrsg.)
"A Nightmare of Debt", A Survey of International Banking, The Economist (Survey) Nr. 282 vom 20. März 1982

Hirsch, Fred
"Money International", Garden City, N.Y. 1969

Hooke, A.W.
"The International Monetary Fund", 3. Auflage, Washington, D.C. 1983

Hopt, Klaus J.
"Rechtspflichten der Kreditinstitute zur Kreditversorgung, Kreditbelassung und Sanierung von Unternehmen", Zeitschrift für das gesamte Handelsrecht und Wirtschaftsrecht 143/1979, S. 139 - 173

Horn, Norbert
"Das Recht der internationalen Anleihen", Frankfurt a.M. 1972

--- "Rechtsfragen internationaler Umschuldungen", Wertpapiermitteilungen Teil IV 1984, S. 713 - 721

Horsefield, J. Keith (Hrsg.)
"The International Monetary Fund 1945 - 1965", Washington, D.C. 1969

Howe, Geoffry
"The International Monetary Fund and the World Bank: The British Approach",
International Affairs 58/1982, S. 199 - 209

Hufbauer, Gary Clyde (Hrsg.)
"The International Framework for Money and Banking in the 1980s",
Washington, D.C. 1981

Humphrey, Thomas M.
"The Classical Concept of the Lender of Last Resort",
Economic Review, Federal Reserve Bank of Richmond,
61/Januar/Februar 1975, S. 2 - 9

Hurlock, James B.
"Advising Sovereign Clients on the Renegotiation of Their External Indebtedness",
Columbia Journal of Transnational Law 23/1984, S. 29 - 48

--- "The Need for Interest Rate Caps",
International Financial Law Review Oktober 1984, S. 8

International Law Association
"Report of the Fifty-Ninth Conference held at Belgrade (1980)",
London 1982

International Monetary Fund
Annual Reports

--- "By-Laws, Rules and Regulations",
40. Auflage, Washington, D.C. 1983

--- "Compensatory Financing of Export Fluctuations",
Washington, D.C. 1963

--- "Compensatory Financing of Export Fluctuations",
Washington, D.C. 1966

--- "Establishment of a Facility Based on Special Drawing Rights in the International Monetary Fund and Modifications in the Rules and Practices of the Fund: A Report by the Executive Directors to the Board of Governors Proposing Amendment of the Articles of Agreement",
Washington, D.C. 1968

--- "International Monetary Reform: Documents of the Committee of Twenty",
Washington, D.C. 1974

--- "The Problem of Stabilization of Prizes of Primary Products: Report of the Executive Directors - Scope for Action by the Fund",
Washington, D.C. 1969

--- "Selected Decisions of the International Monetary Fund and Selected Documents",
4. Auflage 1970
8. Auflage 1976
10. Auflage 1983
10. Auflage (Supplement) 1984
Washington, D.C.

--- "Technical Assistance Services of the International Monetary Fund",
Washington, D.C. 1979

Ittensohn, Jacques
"Die Zusammenarbeit der Notenbanken",
Zeitschrift für das gesamte Kreditwesen 1965,
S. 496 - 500, 555 - 558

Jeker, Rolf M.
"Conditionality and Stand-By Credits of the International Monetary Fund and the Less Developed Countries",
Aussenwirtschaft I/1980, S. 34 - 52

Jenks, Clarence Wilfred
"International Immunities",
Genf 1961

--- "The Proper Law of International Organisations",
London 1962

Jessup, Philip C.
"A Modern Law of Nations",
New York 1949

Johnson, Christopher
"International Bank Lending after the Slowdown",
The Banker Januar 1984, S. 23 - 26

Johnson, G.G.
"Erhöhung der Wirksamkeit der Überwachung",
Finanzierung & Entwicklung Dezember 1985, S. 2 - 6

Johnson, G.G. / Abrams, Richard K.
"Aspects of the International Banking Safety Net",
Washington, D.C. 1983

Johnson, Omotunde E.G.
"Verwendung der Fondsmittel und Bereitschaftskreditabkommen",
Finanzierung & Entwicklung März 1977, S. 19 - 21, 35

Kahale, George, III / Lindskog, David R.
"Act of State Doctrine Considered Again",
International Financial Law Review Juli 1985, S. 30 - 31

Kahale, George, III / Pizzurro, Joseph D.
"Mexican Exchange Control Case Dismissed",
International Financial Law Review März 1987, S. 26 - 27

Kahn, Philippe
"International Companies",
Journal of World Trade Law 3/1969, S. 498 - 521

Kaul, P.N.
"Technische Hilfe vom Fonds: Zentralbankabteilung",
Finanzierung und Entwicklung Juni 1981, S. 34 - 37

Kebschull, Dietrich / Michalski, Wolfgang /
Scharrer, Hans-Eckart (Hrsg.)
"Die neue Weltwirtschaftsordnung",
Hamburg 1977

Keesee, Allen P.K.
"Legal Aspects of Multinational, Public Sector Debt Rescheduling",
International Business Lawyer 8(v)/1980, S. 149 - 153

Kelsen, Hans
"The Law of the United Nations",
London 1964

--- "Reine Rechtslehre",
Leipzig 1934

Kelsen, Hans / Tucker, Robert W. (Hrsg.)
"Principles of International Law",
2. Auflage, New York 1967

Kepp, Christian
"Sonderziehungsrechte und Entwicklungshilfe",
Bremen 1985

Killick, Tony (Hrsg.)
"Adjustment and Financing in the Developing World: The Role of the International Monetary Fund",
Washington, D.C. 1982

Kincaid, G. Russel
"Was sind Kreditgrenzen",
Finanzierung & Entwicklung März 1983, S. 28 - 29

Kindleberger, Charles P.
"Manias, Panics and Crashes",
New York 1978

Kipp, Heinrich / Zweigert, Konrad
"Verträge zwischen staatlichen und nichtstaatlichen Partnern",
Karlsruhe 1964

Kirgis, Frederic L., Jr.
"International Organizations in Their Legal Setting",
Los Angeles 1977

Klein, Thomas M.
"Wirtschaftshilfe durch Umschuldung",
Finanzierung & Entwicklung September 1973, S. 17 - 20, 34

Kloten, Norbert / von Stein, Johann Heinrich
Obst/Hintner "Geld-, Bank- und Börsenwesen",
37. Auflage, Stuttgart 1980

Knieper, Rolf
"Zurichtung nationaler Politik durch internationales Recht?",
Kritische Justiz 3/1979, S. 270 - 290

de Kock, M.H.
"Central Banking",
4. Auflage, London 1974

Köck, Heribert Franz / Fischer, Peter
"Grundzüge des Rechtes der Internationalen Organisationen",
Eisenstadt 1981

Köhler, Claus
"Nationale und internationale Währungsprobleme",
Deutsche Bundesbank, Auszüge aus Presseartikeln Nr. 51 vom 22. Juni 1984, S. 1 - 6

König, Andreas
"Die internationalprivatrechtliche Anknüpfung von Syndicated Loan Agreements",
Konstanz 1983

Koepp, Stephen
"The Gathering Storm",
Time vom 2. Juli 1984, S. 4 - 7

Kordt, Erich / Zemanek, Karl
"Gegenwärtige Fragen der Staatensukzession",

Krakau, Knud / von Wedel, Henning / Göhmann, Andreas
"UN-General Assembly Resolutions",
Frankfurt a.M. 1975

Kramer, Jörg-Dietrich
"Die Rechtsnatur der Geschäfte des Internationalen Währungsfonds",
Berlin 1967

Kraus, Herbert
"Système et fonctions des traités internationaux",
Recueil des Cours 50/1934 IV, S. 311 - 400

Krispis, Elias
"Money in Private International Law",
Recueil des Cours 120/1967 I, S. 191 - 311

Kron, Eugen
"Pactum de contrahendo im Völkerrecht",
Köln 1971

Kühn, Jürgen
"Die Rolle der Regierungen: Der Pariser Club",
bislang unveröffentlichte Rede auf dem Malenter Symposium der Dräger Stiftung (11. - 13. November 1985), erscheint im Sommer 1986 in der Schriftenreihe der Dräger Stiftung

Lachs, Manfred
"The Development and General Trends of International Law in Our Time",
Recueil des Cours 169/1980 IV, S. 9 - 377

Landell-Mills, Pierre M.
"Kredite zur Strukturanpassung: erste Erfahrungen",
Finanzierung & Entwicklung Dezember 1981, S. 17 - 21

Lange, Hans Dieter
"Die internationalen Banken",
Göttingen 1963

Larenz, Karl
"Lehrbuch des Schuldrechts", Band II,
12. Auflage, München 1981

de Larosière, Jacques
"Address Before the Economic and Social Council of the United Nations, Geneva, on July 5, 1984",
Deutsche Bundesbank, Auszüge aus Presseartikeln Nr. 57 vom 11. Juli 1984, S. 1 - 4

--- "Remarks Before the Economic and Social Council of the United Nations in Geneva on July 4, 1986",
IMF Survey vom 14. Juli 1986, S. 218 - 222

--- "Der Internationale Währungsfonds und die Hauptprobleme der Weltwirtschaft",
Europa - Archiv 1981, S. 451 - 460

Lauterpacht, E.
"Gentleman's Agreement",
in "Festschrift für F.A. Mann", S. 381 - 398
München 1977

Leavy, James
"The Calvo Doctrine in Latin American Loans",
International Financial Law Review Oktober 1985,
S. 31 - 34

Leibholz, Gerhard
"Das Verbot der Willkür und des Ermessensmißbrauchs im völkerrechtlichen Verkehr der Staaten",
Karlsruhe 1964

Leigh, Monroe
"The Supreme Court and the Sabbatino Watchers: First National City Bank v. Banco Nacional de Cuba",
Virginia Journal of International Law 13/1972,
S. 33 - 47

Leithäuser, Gerhard
"Der Internationale Währungsfonds (IWF) und die eingeschränkte Souveränität nationalstaatlicher Wirtschaftspolitik in seinem Einflußbereich",
Blätter für deutsche und internationale Politik 1978,
S. 290 - 360

Leslie, Peter
"Techniques of Rescheduling: The Latest Lessons",
The Banker April 1983, S. 23 - 30

Levine, David
"The Growing Problem of Sovereign Immunity",
Euromoney Mai 1977, S. 74 - 84

Lewis, Vivien
"How the Paris Club Deals with Debtors",
The Banker Dezember 1982, S. 67 - 69

Lichtenstein, Cynthia C.
"The U.S. Response to the International Debt Crisis: The International Lending Supervision Act of 1983",
Virginia Journal of International Law 25/1985,
S. 401 - 435

Lieftinck, Pieter
"Recent Trends in International Monetary Policies",
Princeton 1962

Lindskog, David R.
"Act of State or Act of Desperation",
International Financial Law Review Dezember 1983, S. 4 - 8

---   "Allied Bank: The Reasoning Behind the Recent Decision", International Financial Law Review Mai 1985, S. 24 - 25

---   "Book Review: Banking on the Act of State", International Financial Law Review März 1985, S. 33 - 34

Lindskog, David R. / Vega, Matias A.
"Mexican Exchange Controls Upheld", International Financial Law Review September 1985, S. 35 - 36

Lissitzyn, O.J.
"Duration of Executive Agreements", American Journal of International Law 54/1960, S. 869 - 873

Lizondo, José Saul
"Multiple Wechselkurse", Finanzierung & Entwicklung Dezember 1985, S. 23 - 24, 37

Löschner, Ernst
"Die internationale Finanzkrise", Österreichisches Bankarchiv 1/1984, S. 21 - 35

---   "Souveräne Risken und Verschuldung", Wien 1983

MacBean, A.I. / Snowden, P.N.
"International Institutions in Trade and Finance", London 1981

Mahler, Wolfgang M.
"Gibt es Rechtsansprüche auf Sanierungskredite?", Sparkasse 1982, S. 160 - 162

of Manchester, Lever, u.a.
"The Debt Crisis and the World Economy", London 1984

Mann, Friedrich Alexander
(Anmerkung zu Banco Nacional de Cuba v. Sabbatino), Juristenzeitung 1965, S. 98

---   "The 'Interpretation' of the Constitutions of International Financial Organizations", British Year Book of International Law 43/1968-69, S. 1 - 19

---   "The Law Governing State Contracts", British Year Book of International Law 21/1944, S. 11 - 33

--- "The Legal Aspect of Money",
4. Auflage, Oxford 1982

--- "Money in Public International Law",
Recueil des Cours 96/1959 I, S. 7 - 124

--- "The Proper Law of Contracts Concluded by International Persons",
British Year Book of International Law 35/1959,
S. 34 - 57

--- "Studies in International Law",
Oxford 1973

--- "Die Verträge der Völkerrechtssubjekte und die Parteiautonomie",
in "Jus et Lex", Festgabe für Max Gutzwiller, S. 465 - 487,
Basel 1959

Marcic, René / Mosler, Hermann / Suy, Erik /
Zemanek, Karl (Hrsg.)
"Internationale Festschrift für Alfred Verdross",
München 1971

Marmorstein, Victoria E.
"Responding to the Call for Order in International Finance: Cooperation Between the International Monetary Fund and Commercial Banks",
Virginia Journal of International Law 18/1978,
S. 445 - 483

Marsh, David
"The Paris Way with Basket Cases",
Financial Times vom 12. April 1983, S. 6

Martin, Jeffrey N.
"Sovereign Immunity",
Harvard International Law Journal 18/1977, S. 429 - 456

Maurer, Hartmut
"Allgemeines Verwaltungsrecht",
3. Auflage, München 1983

McWhinney, Edward
"United Nations Law Making",
New York 1984

Meagher, Robert F.
"The Expansion and Modification of the IMF's Compensatory Finance Facility",
International Lawyer 11/1977, S. 277 - 289

Meier, Gerald M.
"Problems of a World Monetary Order",
2. Auflage, Oxford 1982

Mendelsohn, M.S.
"Commercial Banks and the Restructuring of Cross-Border Debt",
New York 1983

--- "The Outlook for International Bank Lending",
New York 1981

--- "Protectionism is now the Main Worry",
The Banker September 1985, S. 35 - 43

Meng, Werner
"Das Recht der Internationalen Organisationen - eine Entwicklungsstufe des Völkerrechts",
Baden-Baden 1979

Mentzel, Franz / Kuhn, Georg / Uhlenbruck, Wilhelm
"Konkursordnung",
9. Auflage, München 1979

Menzel, Eberhard / Ipsen, Knut
"Völkerrecht",
2. Auflage, München 1979

Mertin, Klaus
"Die Finanzämter sollten in der Bilanz den neuesten Stichtagswert anerkennen",
Handelsblatt vom 7./8. Februar 1986, S. 10

Meyer, Bernhard
"Recognition of Exchange Controls After the International Monetary Fund Agreement",
Yale Law Journal 62/1953, S. 867 - 910

Miehsler, Herbert / Mock, Erhard / Simma, Bruno / Tammelo, Ilmar (Hrsg.)
"Ius Humanitatis",
Berlin 1980

Montagnon, Peter
"A Painful Approach to the Debt Problem",
The Banker November 1986, S. 16 - 18

Morgenstern, Felice
"Legality in International Organizations",
British Year Book of International Law 48/1976-77, S. 241 - 258

Morvay, Werner
"The Obligation of a State not to Frustrate the Object of a Treaty Prior to Its Entry into Force",
Zeitschrift für ausländisches öffentliches Recht und Völkerrecht 27/1967, S. 451 - 462

Mosch, Wolfgang
"Patronatserklärungen deutscher Konzernmuttergesellschaften und ihre Bedeutung für die Rechnungslegung", Bielefeld 1978

Mosler, Hermann
"Die Erweiterung des Kreises der Völkerrechtssubjekte", Zeitschrift für ausländisches öffentliches Recht und Völkerrecht 22/1962, S. 1 - 48

Mudge, Alfred
"Sovereign Debt Restructure: A Perspective of Counsel to Agent Banks, Bank Advisory Groups and Servicing Banks", Columbia Journal of Transnational Law 23/1984, S. 59 - 74

Müller, Hans-Jürgen
"Grundsätze der völkerrechtlichen Verantwortlichkeit internationaler Organisationen", Deutsche Aussenpolitik 23/1978 Heft III, S. 89 - 100

Müller, Jörg P.
"Vertrauensschutz im Völkerrecht", Beiträge zum ausländischen öffentlichen Recht und Völkerrecht Band 56, Köln 1971

Mueller, M.G. (Hrsg.)
"Readings in Macroeconomics", New York 1967

Münch, Dieter
"Internationale Verschuldungskrise: Zwischenbilanz", Recht der Internationalen Wirtschaft 1985, S. 625 - 639

Münch, Fritz
"Non-binding Agreements", Zeitschrift für ausländisches öffentliches Recht und Völkerrecht 29/1969, S. 1 - 11

Myers, Denys P.
"The Names and Scope of Treaties", American Journal of International Law 51/1957, S. 574 - 605

Nadelmann, Kurt H.
"Rehabilitating International Bankruptcy Law: Lessons Taught by Herstatt and Company", New York University Law Review 52/1977, S. 1 - 35

Neuhold, Hanspeter / Hummer, Waldemar / Schreuer, Christoph (Hrsg.)
"Österreichisches Handbuch des Völkerrechts", Wien 1983

Nichols, Bruce W.
"The Impact of the Foreign Sovereign Immunities Act on the Enforcement of Lenders' Remedies", University of Illinois Law Review 1982, S. 251 - 263

Nirenberg, David Z.
"International Loan Syndications: The Next Security", Columbia Journal of Transnational Law 23/1984, S. 155 - 175

Nölling, Wilhelm
"Internationale Verschuldung - Wege aus der Krise", Kredit und Kapital 4/1983, S. 441 - 457

Nora, Suzanne M.
"US Gives IMF Its Conditions for Future Lending", International Financial Law Review Januar 1984, S. 16 - 19

Nowzad, Bahram
"The IMF and Its Critics", Princeton, N.J. 1982

--- "The Rise in Protectionism", Washington, D.C. 1982

--- "Schuldenmanagement in Entwicklungsländern", Finanzierung und Entwicklung September 1980, S. 24 - 27

Nowzad, Bahram / Williams, Richard G.
"External Indebtedness of Developing Countries", Washington D.C. 1981

Nussbaum, Arthur
"Money in the Law", 2. Auflage, New Haven 1950

--- Exchange Control and the International Monetary Fund", Yale Law Journal 59/1950, S. 421 - 430

Obermüller, Manfred
"Gewährung neuer Kredite in der Krise", Zeitschrift für Wirtschaftsrecht und Insolvenzpraxis 1980, S. 1059 - 1063

O'Brien, Richard
"The International Monetary Fund and the Private Banks: The Expanding Relationship", AMEX Bank Review Special Papers No. 6, London 1982

O'Connell, D.P.
"International Law",
London 1965

Oechsli, Christopher
"Procedural Guidelines for Renegotiating LDC Debt: An Analogy to Chapter 11 of the U.S. Bankruptcy Reform Act",
Vanderbilt Journal of Transnational Law 21/1981, S. 305

Oliveros, Gumersindo
"Paris Club Creditors Respond to Diverse Debtor Circumstances",
IMF Survey vom 30. September 1986, S. 297 - 299

Ollard, William
"The Debt Swappers",
Euromoney August 1986, S. 67 - 75

Ollard, William / Sington, Anne
"The Unique Club of Michel Camdessus",
Euromoney August 1982, S. 54

Oppenheim, Lassa / Lauterpacht, Hersch
"International Law", Volume I,
8. Auflage, London 1955

Osieke, Ebere
"The Legal Validity of Ultra Vires Decisions of International Organizations",
American Journal of International Law 77/1983,
S. 239 - 256

de Pardieu, C.H.
"The Carter Freeze Order: Specific Problems Relating to the International Monetary Fund",
International Business Lawyer 9/1981, S. 97 - 108

Peters, Hans Heinrich
"Internationale Entwicklungsfinanzierung: Die Rolle der International Finance Corporation im Entwicklungsprozeß",
Tübingen 1978

Philippengracht, Willy Otten
"Mexiko rutscht in eine neue Wirtschaftskrise",
Frankfurter Allgemeine Zeitung vom 18. November 1985,
S. 14

Pine, Art
"Critics Charge the IMF Eases Its Rules Forcing Borrowers to Shape Up",
Wall Street Journal vom 21. September 1981, S. 1, 20

Pirizio-Biroli, Corrado
"Making Sense of the IMF Conditionality Debate",
Journal of World Trade Law 17/1983, S. 115 - 153

Plan, Roland
"External Debt Rescheduling",
Wien 1985

Porzecanski, Arturo C.
"The International Financial Role of U.S. Commercial Banks: Past and Future",
Journal of Banking and Finance 5/1/März 1981, S. 5 - 16

Radbruch, Gustav
"Einführung in die Rechtswissenschaft",
Leipzig 1910

Rebmann, Kurt / Säcker, Franz-Jürgen (Hrsg.)
"Münchner Kommentar zum Bürgerlichen Gesetzbuch",
München 1983

Reeves, William
"The Sabbatino Case and the Sabbatino Amendment: Comedy - or Tragedy - of Errors",
Vanderbilt Law Review 20/1967, S. 429

Regling, Klaus
"Die BIZ: Geschichte, Aufgabe, Organisation",
Die Bank 1980, S. 566 - 570

Reich, Cary
"Why the IMF Shuns a 'Super' Role",
Institutional Investor September 1977, S. 181 ff

Rendell, Robert S. (Hrsg.)
"International Financial Law: Lending, Capital Transfers and Institutions",
London 1980

Rieffel, Alexis
"The Paris Club, 1978 - 1983",
Columbia Journal of Transnational Law 23/1984,
S. 83 - 110

Robichek, E. Walter
"The International Monetary Fund: An Arbiter in the Debt Restructuring Process",
Columbia Journal of Transnational Law 23/1984,
S. 143 - 154

Robinson, Alan
"The IMF vs. The People",
Euromoney Oktober 1983, S. 90 - 93

Roessler, Frieder
"Pressures to Adjust Balance of Payments Disequilibria: An Analysis of the Powers of the International Monetary Fund",
International Organization 30/1976, S. 433 - 452

Roussakis, Emanuel N. (Hrsg.)
"International Banking",
New York 1983

Rubin, Alfred P.
"The International Legal Effects of Unilateral Declarations",
American Journal of International Law 71/1977, S. 1 - 30

Rümker, Dietrich
"Probleme der Patronatserklärung in der Kreditsicherungspraxis",
Wertpapiermitteilungen 1974, S. 990 - 999

--- "Verhaltenspflichten der Kreditinstitute in der Krise",
Konkurs-, Treuhand- und Schiedsgerichtswesen 1981, S. 493 - 512

Russel, Robert W.
"Governing the World's Money: Don't Just Do Something; Stand There!",
International Organization 31/1977, S. 107 - 127

Ryan, Reade H., Jr.
"Defaults and Remedies under International Bank Loan Agreements with Foreign Sovereign Borrowers - A New York Lawyer's Perspective",
University of Illinois Law Review 1982, S. 89 - 132

Sayers, Richard S.
"Modern Banking",
7. Auflage, Oxford 1967

Schachter, Oskar
"International Law in Theory and Practice",
Recueil des Cours 178/1982 V, S. 1 - 395

Schäfer, Hans-Bernd (Hrsg.)
"Gefährdete Weltfinanzen",
Bonn 1980

Schermers, Henry G.
"International Institutional Law",
Alphen aan den Rijn 1980

Scheuner, Ulrich
"Fünfzig Jahre Völkerrecht",
in "50 Jahre Institut für Internationales Recht an der Universität Kiel",
Hamburg 1965

--- "Internationale Verträge als Elemente der Bildung von völkerrechtlichem Gewohnheitsrecht",
in "Festschrift für F.A. Mann", S. 409 - 438
München 1977

Schlesinger, Helmut
"Internationale Finanzprobleme und nationale Geldpolitik",
Deutsche Bundesbank, Auszüge aus Presseartikeln Nr. 48 vom 15. Juni 1984, S. 1 - 6

Schlochauer, Hans-Jürgen
"Der Rechtsschutz gegenüber der Tätigkeit internationaler und übernationaler Behörden",
Frankfurt a.M. 1952

Schloss, Henry, H.
"The Bank for International Settlements",
Amsterdam 1958

Schmitthoff, Clive M.
"Zurückhaltende Praxis bei formellen Verzugserklärungen",
Neue Zürcher Zeitung vom 23. November 1982, S. 19

Scholze, Herbert
"Das Konsortialgeschäft der deutschen Banken",
Berlin 1973

Schulmann, Horst
"Knacken im Gebälk",
Wirtschaftswoche Nr. 7 vom 10. Februar 1984, S. 66 - 68

Schulz, Günther
"Entwicklungsformen internationaler Gesetzgebung",
Göttingen 1958

Schwarzenberger, Georg
"Die Internationalen Banken für Zahlungsausgleich und Agrarkredite",
Berlin 1932

Schwebel, Stephen M. (Hrsg.)
"The Effectiveness of International Decisions",
Leyden 1971

Schwelb, Egon
"Fundamental Change of Circumstances",
Zeitschrift für ausländisches öffentliches Recht und Völkerrecht 29/1969, S. 39 - 70

Scott, Hugh N.
"The Enforceability of Loan Agreements Between the World Bank and Its Member Countries",
American University Law Review 13/1964, S. 185 - 194

Seidl-Hohenveldern, Ignaz
"Die 'Charta' der wirtschaftlichen Rechte und Pflichten der Staaten",
Recht der Internationalen Wirtschaft 21/1975,
S. 237 - 239

--- "International Economic 'Soft Law'",
Recueil des Cours 163/1979 II, S. 165 - 246

--- "Das Recht der Internationalen Organisationen einschließlich der Supranationalen Gemeinschaften",
4. Auflage, Köln 1984

--- "Völkerrecht",
4. Auflage, Köln 1979

Seipp, Walter
"Erläuterung des Zwischenberichts der Commerzbank zum 31. Oktober 1986",
Bericht 53/86 der Abteilung Volkswirtschaft der Commerzbank vom 26.11.1986

Semkow, Brian W.
"Syndicating and Rescheduling International Financial Transactions: A Survey of the Legal Issues Encountered by Commercial Banks",
International Lawyer 18/1984, S. 869 - 927

Sereni, Angelo Piero
"International Economic Institutions and the Municipal Law of States",
Recueil des Cours 96/1959 I, S. 129 - 239

Seyersted, Finn
"Applicable Law in Relations Between Intergovernmental Organizations and Private Parties",
Recueil des Cours 122/1967 III, S. 427 - 616

Shonfield, Andrew (Hrsg.)
"International Economic Relations of the Western World 1959 - 1971", Volume II,
London 1976

Shuster, Milan R.
"The Public International Law of Money",
Oxford 1973

Silard, Stephen A.
"The Role of the International Monetary Fund",
American University Law Review 32/1982, S. 89 - 110

--- "Money and Foreign Exchange",
in Borislav T. Blagojević / Kenneth W. Dam (Hrsg.)
"International Encyclopedia of Comparative Law"
Vol. XVII Chap. 20,
Den Haag 1975

Simpson, Laurence P.
"Handbook of the Law of Contracts",
2. Auflage, St. Paul 1965 (Neudruck 1976)

Sinclair, Ian
"The Law of Sovereign Immunity. Recent Developments",
Recueil des Cours 167/1980 II, S. 113 - 284

Skubiszewski, Krzysztof
"Enactment of Law by International Organizations",
British Year Book of International Law 41/1965-66,
S. 198 - 274

Slater, Richard
"Syndicated Bank Loans",
Journal of Business Law Mai 1982, S. 173 - 199

Sloan, F. Blaine
"The Binding Force of a 'Recommendation' of the General Assembly of the United Nations",
British Year Book of International Law 25/1948,
S. 1 - 33

Sohn, Louis B.
"Expulsion or Forced Withdrawal from International Organizations",
Harvard Law Review 77/1963-1964, S. 1381 - 1425

Sommers, Davidson, Broches, Aron / Delaume, Georges R.
"Conflict Avoidance in International Loans and Monetary Agreements",
Law and Contemporary Problems 21/1956, S. 463 - 482

Sørensen, Max
"Principes de droit international public",
Recueil des Cours 101/1960 III, S. 1 - 254

Späth, Lothar / Dräger, Heinrich (Hrsg.)
"Zielsetzung Partnerschaft: Die weltwirtschaftliche Bedeutung von Auslandsinvestitionen und Technologietransfer",
Dokumente zum Malenter Symposium 84,
Stuttgart 1985

Spero, Joan
"The Failure of the Franklin National Bank",
New York 1980

Staff of Subcommittee on Foreign Economic Policy of Senate Committee on Foreign Relations, 95th Congress, 1st Session
"Report on International Debt, the Banks and U.S. Foreign Policy",
Washington, D.C. 1977

Starke, J.G.
"An Introduction to International Law",
London 1963

Stoakes, Christopher F.
"Getting Rid of Sovereign Debt",
Euromoney September 1986, S. 40 - 42

Stoakes, Christopher F. / Wilson, Chase deKay
"The Deals of 1983",
International Financial Law Review Januar 1984, S. 9 - 15

Storck, Ekkehard
"Umschuldungen im Euromarkt",
Die Bank 1983, S. 306 - 312

Stratmann, Günter
"Der Internationale Währungsfonds",
Göttingen 1972

Strupp, Karl / Schlochauer, Hans-Jürgen
"Wörterbuch des Völkerrechts",
2. Auflage, Berlin 1960 - 62

Surrey, Walter Sterling / Nash, Peri N.
"Bankers Look Beyond the Debt Crisis: The Institute of International Finance, Inc.",
Columbia Journal of Transnational Law 23/1984, S. 111 - 130

Tammes, A.J.P.
"Decisions of International Organs as a Source of International Law",
Recueil des Cours 94/1958 II, S. 261 - 364

Tapia, Enrique Castro
"Mexico's Debt Restructuring: The Evolving Solution",
Columbia Journal of Transnational Law 23/1984, S. 1 - 9

Taylor, Alexander L., III.
"The Vexing Question: Where Did All the Money Go?",
Time vom 2. Juli 1984, S. 6 - 7

Terray, Jacques
"Sovereign Restructuring Under Civil Law",
International Financial Law Review August 1984,
S. 23 - 28

Thornton, Henry
"An Enquiry into the Nature and Effects of the Paper Credit of Great Britain",
1802, Neudruck New York 1939

Tinnin, David B.
"The War Among Brazil's Bankers",
Fortune vom 11. Juli 1983, S. 50 - 55

Tomuschat, Christian
"Die Charta der wirtschaftlichen Rechte und Pflichten der Staaten",
Zeitschrift für ausländisches öffentliches Recht und Völkerrecht 36/1976, S. 444 - 491

Tunkin, Gregorij I.
"Völkerrechtstheorie",
Berlin 1972

Union of International Associations (Hrsg.)
"Yearbook of International Organizations 1983/84",
Volume I,
München 1983

U.S. Congress, House, Committee on Banking, Finance and Urban Affairs
"Authorization of U.S. Participation in the Supplementary Financing Facility of the International Monetary Fund",
Report No. 95-853, 95th Congress, 2nd Session,
January 27, 1978
Washington, D.C. 1978

Veit, Otto
"Internationale Inflation",
Zeitschrift für das gesamte Kreditwesen 1976,
S. 529 - 534

Venturini, Gian Carlo
"La portée et les effets juridiques des attitudes et des actes unilatéraux des états",
Recueil des Cours 112/1964 II, S. 363 - 466

Verdross, Alfred
"Entstehungsweisen und Geltungsgrund des universellen völkerrechtlichen Gewohnheitsrechts",
Zeitschrift für ausländisches öffentliches Recht und Völkerrecht 29/1969, S. 635 - 653

--- "Kann die Generalversammlung der Vereinten Nationen das Völkerrecht weiterbilden?",
Zeitschrift für ausländisches öffentliches Recht und Völkerrecht 26/1966, S. 690 - 697

--- "Völkerrecht",
5. Auflage 1964

Verdross, Alfred / Simma, Bruno
"Universelles Völkerrecht",
Berlin 1976

Walker, Mark
"Multi-Year Restructuring",
International Financial Law Review Oktober 1984, S. 5

Wall, Duanne D.
"Waiver of Sovereign Immunity Under United States Law",
International Financial Law Review November 1982, S. 28 - 34

Walter, Ingo
"Country Risk and International Bank Lending",
University of Illinois Law Review 1982, S. 71 - 88

Weber, Albrecht
"Die Satzungsnovelle des Internationalen Währungsfonds und das Völkerrecht",
in "Festschrift für F.A. Mann", S. 807 - 846,
München 1977

Wehberg, Hans / Goldschmidt, Hans-Waldemar
"Der Internationale Gerichtshof",
Berlin 1972

Weltbank
Jahresberichte

Wengler, Wilhelm
"Völkerrecht",
Berlin 1964

Westphalen, Jürgen
"Schuldenkrise und soziale Probleme in Lateinamerika",
Europa-Archiv 23/1986, S. 679 - 686

Wickersham, Warren G.
"Rescheduling of Sovereign Bank Debt",
International Financial Law Review September 1982,
S. 8 - 11

Wieczorek, Bernhard
"Zivilprozeßordnung und Nebengesetze", Band I,
2. Auflage, Berlin 1976

Williams, David
"Erhöhung der Fondsressourcen: Kredite",
Finanzierung & Entwicklung September 1976, S. 19 - 23

--- "Möglichkeiten und Grenzen im internationalen Kreditgeschäft",
Finanzierung & Entwicklung März 1983, S. 24 - 27

Williams, John
"Enforcement of Foreign Exchange Control Regulations in Domestic Courts: Banco Francês e Brasileiro S.A. v. John Doe No. 1, et al.",
American Journal of International Law 70/1976,
S. 101 - 111

Williams, John Fischer
"The Legal Character of the Bank for International Settlements",
American Journal of International Law 24/1930,
S. 665 - 673

Williams, John S.
"The Act of State Doctrine: Alfred Dunhill of London, Inc. v. Republic of Cuba",
Vanderbuilt Journal of Transnational Law 9/1976,
S. 735 - 770

--- "Extraterritorial Enforcement of Exchange Control Regulations Under the International Monetary Fund Agreement",
Virginia Journal of International Law 15/1975,
S. 319 - 396

--- "Foreign Exchange Control Regulation and the New York Court of Appeals: J. Zeevi & Sons, Ltd. v. Grindlays Bank (Uganda), Ltd.",
Cornell International Law Journal 9/1976, S. 239 - 250

Williams, Richard C. / Johnson, G.G.
"International Capital Markets: Recent Developments and Short-Term Prospects, 1981",
Washington, D.C. 1981

Wilner, Gabriel M. (Hrsg.)
"Jus et Societas",
Essays in Tribute to Wolfgang Friedmann,
Den Haag 1979

Wirth, Axel
"Zwischen Währungspolitik und Entwicklungshilfefinanzierung: Veränderte Aufgabenstellung des IWF",
Berlin 1981

Wolff, Ernst
"Das Londoner Schuldenabkommen",
Juristenzeitung 9/1954, S. 105 - 109

Wolff, Hans J. / Bachof, Otto
"Verwaltungsrecht", Band III,
4. Auflage, München 1978

Wood, Philip R.
"Debt Priorities in Sovereign Insolvency",
International Financial Law Review November 1982,
S. 4 - 11

--- "Law and Practice of International Finance",
New York 1983

Wright, E. Peter
"Weltbankkredite zur Strukturanpassung",
Finanzierung & Entwicklung September 1980, S. 20 - 23

Wulff, Otto
"Die Konditionalität des IWF",
Die Bank 1985, S. 605 - 610

--- "Zur Kritik an der Auflagenpolitik des Internationalen Währungsfonds",
Die Bank 1986, S. 20 - 27

Wynne, William H.
"State Insolvency and Foreign Bondholders", Volume II,
New Haven 1951

Yemin, Edward
"Legislative Powers in the United Nations and Specialized Agencies",
Leyden 1969

Zehetner, Franz
"Ansätze zu einem völkerrechtlichen Umschuldungsrecht?",
Österreichisches Bankarchiv 6/1984, S. 212 - 219

Zemanek, Karl
"Das Vertragsrecht der internationalen Organisationen",
Wien 1957

Zügel, Walther
"Sind die internationalen Verschuldungsprobleme lösbar?",
Zeitschrift für das gesamte Kreditwesen 1984, S. 18 - 20

Beiträge ohne Angabe des Verfassers

--- "Board Approves First Program Under New Low-Income Facility", IMF Survey vom 11. August 1986, S. 241, 253

--- "Bescheidene Bedeutung der Schuldenswaps", Neue Zürcher Zeitung vom 17. September 1986, S. 11 - 12

--- "Brasilien ohne Währungsfonds", Frankfurter Allgemeine Zeitung vom 27. November 1985, S. 13

--- "Les caracteristiques et les procedures du Club de Paris", unveröffentlichtes Erläuterungspapier des Pariser Clubs

--- "Am Crash vorbei", Interview mit dem Vizepräsidenten des Federal Reserve Board, Preston Martin, Wirtschaftswoche vom 4. Oktober 1985, S. 117 - 124

--- "De Larosière Says Fund Policies of Conditionality Received Unanimous Support During the Meetings", IMF Survey vom 12. Oktober 1981, S. 323 ff

--- "Don't Shake Hands in Texas", International Financial Law Review November 1986, S. 24 - 25

--- "G-10 Study Warns That Financial Innovations May Reduce Effectiveness of Monetary Policy", IMF Survey vom 2. Juni 1986, S. 161, 172 - 173

--- "Glück für die Deutschen", Wirtschaftswoche vom 14. Februar 1986, S. 14 - 17

--- "Guidelines on Enlarged Access to Resources Permit Up to 450 Per Cent of Higher Quotas", IMF Survey vom 26. Januar 1981, S. 17, 21

--- "How the Fund's Global Banking Statistics Aid in Analyzing Financial Developments", IMF Survey vom 11. August 1986, S. 250 - 252

--- "Kapitalflucht: Kein Thema", Wirtschaftswoche Nr. 42 vom 11.10.1985, S. 19

--- "Kieler Kritik am Baker-Plan", Börsenzeitung vom 5. Februar 1986, S. 6

--- "Lateinamerika droht leise mit dem Schuldnerkartell", Handelsblatt vom 19. September 1985, S. 7

--- "The Latin American Crisis: 1. Brazil -- 2. Venezuela -- 3. Argentina",
International Currency Review 15 / Juli 1983, S. 43 - 78

--- "Latin America's Control of Foreign Currency Outflows",
International Financial Law Review Oktober 1984, S. 9 - 14

--- "Peru kauft siebzig Tonnen Gold in Zürich",
Frankfurter Allgemeine Zeitung vom 26. Februar 1986, S. 13

--- "Polen in Zahlungsverzug",
Börsenzeitung vom 4. Januar 1986, S. 6

--- "Polen-Schulden: Leider nur ein Rinnsal",
Wirtschaftswoche Nr. 30 vom 20. Juli 1984, S. 21 - 22

--- "Power and the IMF: the Example of Bolivia",
Euromoney Januar 1982, S. 104 - 113

--- "Quadratur des Kreises",
Wirtschaftswoche Nr. 26 vom 22. Juni 1984, S. 72 - 76

--- "Die staatlichen Gläubiger drängen mehr und mehr auf Gleichbehandlung",
Handelsblatt vom 9. Januar 1986, S. 7

--- "US-Banken. Das lange Sterben",
Wirtschaftswoche vom 10. Oktober 1986, S. 138 - 143

--- "Umschuldung: was ist das?",
Finanzierung und Entwicklung September 1983, S. 26 - 30

--- "Die Vatikanbank will 250 Millionen Dollar zahlen",
Frankfurter Allgemeine Zeitung vom 3. März 1984, S. 12

--- "Weitere Kreditausstände bei der Weltbank",
Neue Zürcher Zeitung vom 20. August 1987, S. 13

--- "Vom Musterknaben zum neuen Krisenfall",
Neue Zürcher Zeitung vom 18. Februar 1986, S. 6

--- "Weltwirtschaftsgipfel: Eine zusätzliche Last",
Wirtschaftswoche Nr. 23 vom 1. Juni 1984, S. 22 - 23

--- "What was Agreed in Basle",
Euromoney Oktober 1974, S. 5